한국목간학회총서 33

木簡과 文字 연구

33

| 한국목간학회 엮음 |

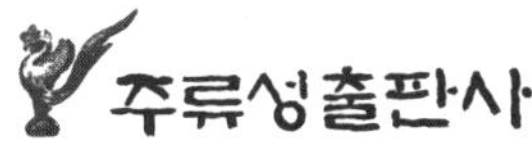

주류성출판사

| 차 례 |

논문

부여 석목리 143-16번지 유적 하층 출토 목간과 유적의 성격

이병호[*]

Ⅰ. 머리말
Ⅱ. 석목리 일대 유구 변화 양상과 상대 편년
Ⅲ. 석목리 출토 목간의 기재 내용과 의의
Ⅳ. 맺음말

〈국문초록〉

이 글은 2022년에 발굴한 부여 석목리 143-16번지 2문화층에서 출토된 목간 1점(석목리 143-16 17호)을 소개하고, 사비 도성 내에서 해당 유적이 갖는 위상을 파악하기 위해 작성되었다. Ⅱ장에서는 석목리 143-16번지와 그에 연접하는 석목리 143-15번지 유적에서 발굴된 층위와 유구의 변화상을 분석하였다. 이 일대의 층위는 크게 상층(3문화층)과 하층(1·2문화층)으로 구분되는데, 양자는 문헌사료에 나오는 612년 大洪水를 기점으로 나누어지는 것으로 여겨진다. 그 하층인 1·2문화층의 구분은 1문화층에서 579년에 주조하여 589년까지 사용한 太貨六銖錢이 발견되고, 또 연화문수막새와 녹유벼루다리 등이 발견되어 그 중심 시기는 6세기 후엽으로 추정된다. 2문화층의 경우 그보다 늦은 6세기 말부터 7세기 초라고 할 수 있다. 이 유적은 1·2문화층에서 3문화층으로 변화하지만 발굴된 유구나 유물 양상이 비슷해서 공방과 같은 수공업 생산시설로서의 성격이 시종일관 유지된 것으로 생각된다.

Ⅲ장에서는 2017년 상층에서 발견된 2점의 목간에 더하여 새로 발견된 목간 1점을 소개하였다. 신출토 목간의 경우 앞뒷면에서 묵서가 확인되지만 '前卩' 이외에는 확정할 수 있는 글자가 없다. 상층에서도 前部가 묵서된 목간이 발견되었지만 2점밖에 되지 않아 특별한 의미를 부여하기는 어렵다. 석목리 일대에서 목간뿐 아니라 중국 동전과 일본계 스에키, 고구려계 암문토기 등이 출토되어, 이 일대가 인접하는 쌍북리 56번지 유적과 유사하게 다양한 물품과 사람이 활발하게 왕래하는 물류거점이었음을 유추할 수 있다. 쌍북리·석목리 일대는 단순히 물품의 소비지나 저장시설뿐 아니라 청동이나 유리 제품을 생산하는 공방이 함

---

* 동국대학교 문화유산학과 부교수

께 존재하였다.

▶ 핵심어: 大洪水, 太貨六殊, 前部, 物類據點, 工房

I. 머리말

부여 석목리 143-16번지 유적은 부여읍의 북동쪽에 위치하며, 공주에서 부여로 진입할 때 처음 마주하는 쌍북리와 연접해 있는 지역이다. 백제 사비기에는 나성 북문이나 동문에서 부소산 남쪽의 관북리 일대로 이동할 때 반드시 거쳐야 하는 길목에 위치하고 있다. 2017년 부여농협협동조합에서 부여농협 주차장 조성 부지에 대한 공사 시행에 앞서 해당 부지에 대한 시굴 및 발굴 조사를 백제고도문화재단에서 실시하였다.[1] 발굴 결과 이 유적에서는 크게 삼국시대 문화층 4개층이 확인되었고, 2017년 당시에는 3단계와 4단계 생활면을 중심으로 조사가 이루어졌다.

그중 4단계 생활면에서는 백제 마지막 단계의 水路나 牛足痕, 기존 도로 시설 및 건물지군이 폐기되는 양상이 확인되었고, 3단계 생활면에서 우물과 도로 시설, 건물지, 크고 작은 수혈, 부엽시설, 구상유구 등이 조사되었다. 3단계 생활면의 건물지 내부에서는 소형 爐 시설과 도가니, 숫돌 등 공방 관련 유물과 더불어 2점의 목간과 大泉五十 동전, 문자기와 등이 출토되어 간단한 검토와 소개가 있었다.[2] 다만 당시 여러 사정으로 인해 3단계 문화층의 하부에 대한 발굴조사가 실시되지 못한 채 종료되었다가 2022년 同유적의 하층에 관한 발굴조사가 실시되어 최근 발굴보고서가 간행되었다.[3]

석목리 143-16번지 유적의 하층 유구에 관한 검토나 출토 유물에 관한 분석은 사비 도성이나 목간을 연구할 때 중요한 의미를 가지고 있다. 먼저 부여읍 북동쪽 일대에 자리하는 쌍북리·석목리 일대는 쌍북리 280-5번지와 56번지 유적을 중심으로 하여 그 주변에서 부여 지역에서는 가장 많은 수량의 목간이 발견된 곳이다.[4] 하지만 쌍북리·석목리 일대에 관한 기존 발굴조사는 사비기의 여러 문화층 가운데 가장 상층에 해당하는, 즉 가장 늦은 단계의 유구를 조사하는데 머물고 하층에 관한 조사는 경제적인 이유 등으로 거의 실시되지 못한 채 종료되는 경우가 많았다.

그나마 쌍북리 184-11번지나 184-16번지, 207-5번지 유적의 경우 하층 유구까지 발굴이 완료되어 층위 관계가 제시되었지만[5] 이러한 사례는 소수에 불과하다.[6] 예를 들어 論語 목간과 外椋宮 목간이 출토되

---

1) 심상육·이화영·박종현·김문옥, 2019, 『부여 석목리 143-1번지 백제유적』, 백제고도문화재단.

2) 심상육·이화영, 2019, 「부여 석목리 143-16번지 유적 문자자료 소개」, 『목간과 문자』 22.

3) 백제역사문화연구원, 2024, 『부여 석목리 143-16번지 백제유적-사비기 하층 생활면 중심으로』.

4) 심상육, 2023, 「부여 지역 백제 목간의 발굴 현황과 분포」, 『목간과 문자』 30, p.54.

5) 심상육·이화영·최유정, 2014, 『부여 쌍북리 184-11(부여 사비119안전센터부지) 유적』, 백제고도문화재단; 한국문화재보호재단, 2015, 「부여 상북리 201-4번지 유적」, 『2012년도 소규모 발굴조사보고서 V-부여2-』; 강산문화연구원, 2017, 『부여 쌍북

어 중요성이 강조되고 있는 쌍북리 56번지 유적의 경우도 전체 발굴 면적의 1/10에 미치지 못하는 좁은 범위에서 하층 유구에 대한 샘플 조사만 실시되었다.[7] 그런 점에서 석목리 143-16번지 유적의 하층 유구에 관한 발굴조사는 쌍북리·석목리 일대에서 공통적으로 확인되는 사비기 문화층의 層序 관계와 출토 유물·유구의 성격을 파악하고자 할 때 많은 시사점을 줄 수 있을 것이다.

석목리 143-16번지 유적은 그 인근에 143-15번지 유적, 143-7번지 유적과 연접해 있고, 또 인접하는 지역에 앞서 언급한 쌍북리 56번지 유적이 자리하고 있다(도면 1).[8] 쌍북리 56번지 유적 발굴 이후, 이 일대에서 확인된 爐 흔적이나 도가니, 숫돌, 슬래그 등이 발견된 것을 근거로 쌍북리·석목리 주변 지역에 공방 등 수공업 관련 시설이 입지했을 가능성이 제기되었으며, 특히 목간 등 출토 문자 자료에 관한 분석에

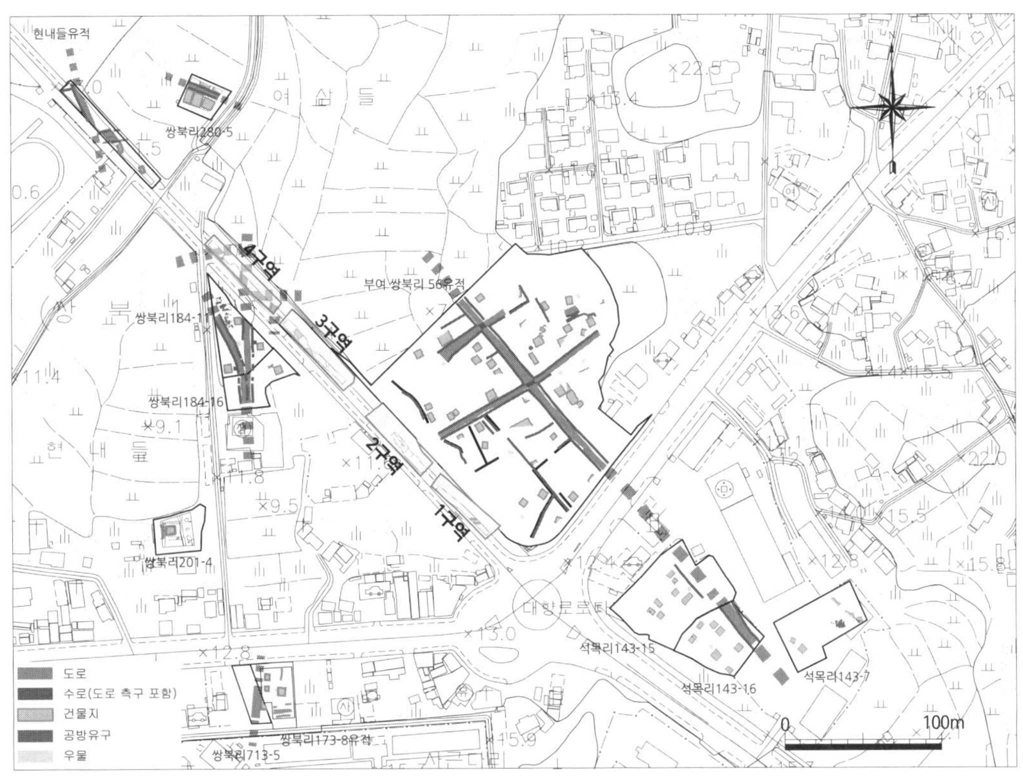

도면 1. 부여 쌍북리·석목리 일대 주요 유적 분포도

리 184-16번지 유적』.

6) 쌍북리 일대의 층서에 관한 기존 발굴보고서를 보면 크게 상층과 하층으로 나누고, 양자를 다시 2개층으로 나누어 크게 4개 문화층으로 설명하는 것이 일반적이었다. 하지만 발굴 기관과 비용 문제로 하층에 관한 조사까지 완료되는 경우는 그다지 많지 않았다. 사비도성의 층서 전반에 관한 검토는 다음을 참조. 정훈진, 2023, 「소규모 조사를 통해 본 사비도성의 층서」, 『사비백제에 선을 긋다』(2023년 국비지원 발굴조사 학술대회), 한국문화재재단.

7) 울산발전연구원문화재센터, 2020, 『부여 쌍북리 56번지 유적-부여 사비한옥마을 조성부지 내 유적 발굴조사보고서』, p.295.

8) 심상육·이화영·박종현·김문옥, 2019, 『부여 석목리 143-1번지 백제유적』, p.321(도면 66)을 부분 수정하여 전재함.

의해 外椋部와 같은 중앙행정관서나 이와 관련된 부속시설이 있었을 가능성이 제기된 바 있다.[9] 쌍북리 일대에서 가장 넓은 면적을 발굴한 쌍북리 56번지 유적과 그 주변 지역의 성격이나 변화 양상, 편년적 위치를 좀더 명확히 하고자 할 때 석목리 143-16번지와 그에 연접한 143-15번지 유적에 관한 발굴조사 내용은 많은 시사점을 준다. 외경부 관련 목간이 출토된 쌍북리 56번지나 280-5번지 유적에 관한 분석 결과를 바탕에 깔고, 석목리 143-16번지와 143-15번지 유적의 변화상을 함께 파악한다면 쌍북리·석목리 일대가 사비 도성에서 차지하는 위상이나 성격을 조금 더 명확하게 밝힐 수 있을 것으로 기대된다.

이 글은 부여 석목리 143-16번지 하층 유구에서 발굴된 목간 1점(석목리 143-16)을 분석하여, 목간의 기재 내용과 출토 정황을 소개하는데 1차적인 목적이 있다. 이를 위해 Ⅱ장에서는 목간이 출토된 석목리 143-16번지 유적과 143-15번지 유적에 대한 발굴조사 내용을 검토하면서 유구 변화 양상과 편년적 위치를 분석하고자 한다. Ⅲ장에서는 목간에 기재된 내용과 목간이 출토된 석목리 일대가 사비 도성 내부에서 차지하는 위상에 대해 약간의 고찰을 시도하였다. 석목리 143-16번지 유적과 143-15번지 유적은 발굴조사 기관이 달라 별개의 유적처럼 오해할 수 있지만,[10] 농협산지유통시설 주차장 부지를 절반으로 나누어 두 기관이 발굴한 것이라, 地番만 다를 뿐 동일 유적이라고 해도 문제가 없다. 이에 목간이 출토된 유구 등에 관한 설명에서는 두 기관에서 간행한 발굴보고서를 종합하여 함께 설명하고자 한다.

Ⅱ. 석목리 일대 유구 변화 양상과 상대 편년

석목리 143-16번지와 143-15번지 유적은 동쪽에 능산리산이 있고, 남서쪽에 금성산이 있는데 그 능선 사이에 형성된 谷間地에 위치한다. 사비 도성의 내·외를 구분하는 나성의 동문을 지나 도성 내부로 들어오는 길목에 해당하며, 현재도 부여와 논산을 잇는 교통로로 사용되고 있어 지리적으로 중요한 지점 중 하나라 할 수 있다. 유적 주변인 석목리와 쌍북리 일대는 부여읍 내에서는 비교적 넓은 저평지가 펼쳐져 있는데 이곳에는 백제 사비기의 도로와 건물, 우물, 공방 등이 다수 확인되었다(도면 1 참조).

석목리 143-16번지 유적과 143-15유적은 백제 사비기 동안 유적이 형성되고 폐기되는 과정이 반복적으로 이루어졌다.[11] 이 유적은 주변의 쌍북리·석목리 일원에 관한 기존 발굴조사 양상과 동일한 대지조성

---

9) 김창석, 2021, 「부여 쌍북리 출토 목간을 통해 본 사비도성의 관부 공간과 유교」, 『백제학보』 32; 심상육, 2023, 「부여 지역 백제 목간의 발굴 현황과 분포」, 『목간과 문자』 30; 이병호, 2023, 「부여 쌍북리 56번지 목간의 제작시기와 유적의 성격」, 『목간과 문자』 30; 심상육, 2023, 「부여 지역 백제 목간의 발굴 현황과 분포」, 『목간과 문자』 30; 이병호, 2024, 「백제 사비기 물자의 유통과 관리 체계」, 『목간과 문자』 33; 이화영·최형운·성정용, 2024, 「사비도성 내 수공업 공방의 양상과 외경부」, 『호서고고학』 59.

10) 가경고고학연구소, 2025, 『부여 석목리 143-15번지 유적』. 한편 석목리 143-15번지 유적과 143-16번지 유적 바로 인접한 지역에서 석목리 143-7번지 유적이 발굴되었다(이의지, 2019, 『부여 석목리 143-7번지 유적』, 금강문화유산연구원). 그러나 143-7번지 유적은 143-15번지와 143-16번지와 층위 관계나 조사 내용에 차이가 나서 별도로 파악할 필요가 있다고 생각한다.

양상을 보인다. 즉 저습한 곡간지를 기반층으로 하여 그 위에 누층적으로 부분적인 盛土를 실시하여 생활면
이 형성되는 양상을 보이고 있다.[12] 이는 사비 도성 내 국가적인 시설로 알려진 부여 관북리유적이나 화지
산유적의 경우 대규모 성토 작업과 削土 공사를 실시하여 대지를 조성한 뒤 기와 건물을 조영하는 양상과
다르며, 능산리사지나 왕흥사지처럼 구릉 말단부나 곡간부 저습지를 수평이나 경사 성토하여 대지를 조성
하는 양상과도 다르다. 석목리·쌍북리 일대는 그러한 국가적인 시설처럼 광범위한 대지조성 공사가 실시
되지 않았고, 기존 유구의 폐기 후 자연퇴적 또는 부분적인 성토에 의해 地面 상승이 이루어지는 것을 확인
할 수 있다.

　　이러한 양상은 토층 조사 결과에 의해 좀더 명확하게 확인할 수 있다.[13] 석목리 143-16번지와 143-15
번지 유적은 동일한 층위 양상을 보이는데, 상층부터 Ⅰ층군(근현대 경작층)- Ⅱ층군(자연퇴적층)-Ⅲ층군

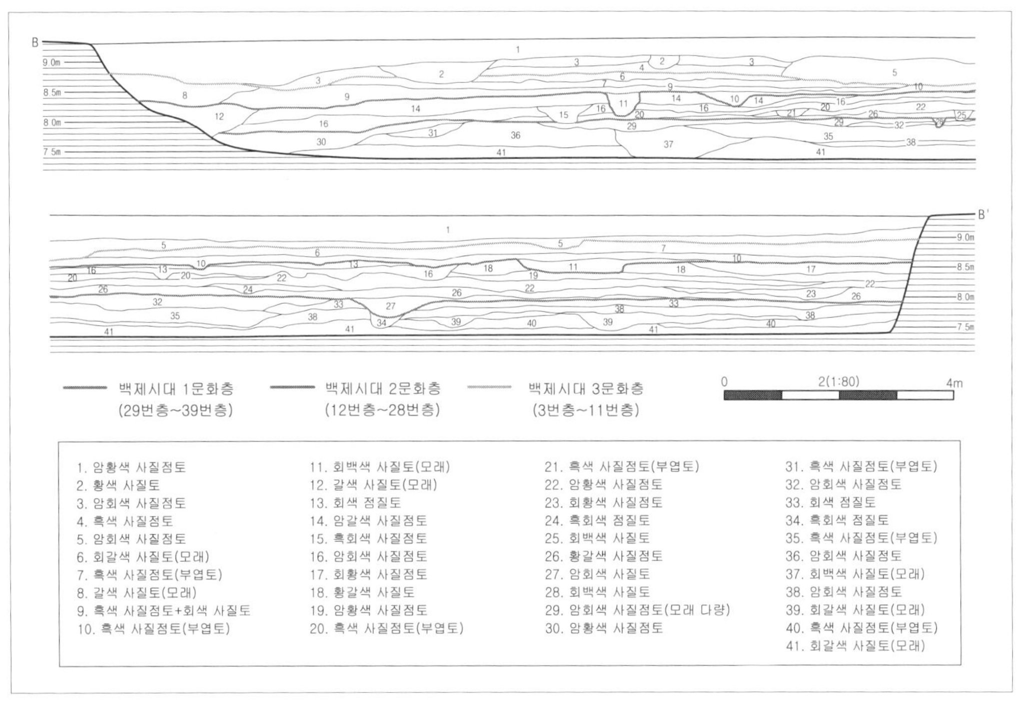

도면 2. 석목리 143-15번지 유적의 토층도

---

11) 대지조성에 관해서는 다음을 참고하여 정리하였음. 백제역사문화연구원, 2024, 『부여 석목리 143-16번지 백제유적』,
　　pp.144-145; 가경고고학연구소, 2025, 『부여 석목리 143-15번지 유적』, pp.299-302.

12) 심상육, 2022, 「백제 한성기와 시비기 대지조성」, 『공산성 왕궁유적 복원고증 심화연구Ⅱ-공주 공산성 대지조성과 기단2』, 공
　　주대박물관, pp.97-107.

13) 토층 조사 내용에 관해서는 다음을 참조하여 정리하였음. 심상육·이화영·박종현·김문옥, 2019, 『부여 석목리 143-1번지 백
　　제유적』, pp.42-44; 백제역사문화연구원, 2024, 『부여 석목리 143-16번지 백제유적』, pp.60-63; 가경고고학연구소, 2025,
　　『부여 석목리 143-15번지 유적』, pp.96-101.

(백제시대 3문화층)-Ⅳ층군(백제시대 2문화층)-Ⅴ층군(백제시대 1문화층)- Ⅵ층군(기반층)으로 구분된다. 석목리 143-16번지의 경우 2017년에 Ⅲ층군까지 조사가 이루어졌고, 2022년에 Ⅳ층군 이하에 관한 발굴이 실시되었다. 그로 인해 2017년과 2022년 조사한 토층도가 각기 별개로 보고서에 수록되어 한 눈에 볼 수 없는 한계가 있다. 다음에서는 석목리 143-16번지와 동일한 층위 양상을 보이는 143-15번지 유적의 토층도를 바탕으로 설명하기로 하겠다(도면 2).[14]

백제 멸망 이후의 Ⅰ층군과 Ⅱ층군에서는 별다른 유구가 확인되지 않으며 자연수로와 우족흔 정도만 확인된다. Ⅲ층군은 백제 사비기 3문화층(29번층~39번층)으로 해발 고도 8.7m 내외에 해당하고, 층의 두께는 40~70㎝로 남서쪽이 높고 북동쪽으로 점차 낮아진다. 2017년 조사에서 건물지군과 도로 시설, 우물, 부엽시설, 수혈, 구상유구 등이 검출되었다. 그 아래 Ⅳ층군은 백제 사비기 2문화층(12번층~28번층)으로 층의 두께는 45~65㎝ 정도이다. 2022년 조사에서 건물지와 부엽시설, 수혈, 도로, 우물 등이 확인되었는데 Ⅲ층과 Ⅳ층 사이에는 폭넓게 모래층이 확인된다. 143-16번지 층위 조사에서는 "두께 20~30㎝의 모래층이 형성되었는데 이 모래층의 퇴적 양상을 볼 때 이 일대 홍수나 범람에 의한 퇴적이 일어났던 것으로 보인다"고 언급하고 있다.[15]

그 아래 Ⅴ층군은 백제 사비기 1문화층(3번층~11번층)으로 층의 두께는 30㎝ 내외이다. 2022년도 조사에서는 건물지와 수로, 수혈 등이 검출되었다. Ⅴ층 아래 기반을 이루는 자연퇴적층이 확인되며 유물이 포함되지 않으며 모래층 및 부식되지 않은 초본이나 목재가 일부 확인되었다. 대지가 조성되기 전, 이 지역은 오랜 기간 점진적인 침식과 퇴적 작용을 거치면서 형성된 자연퇴적층이 형성된 상태였다.

도면 2를 중심으로 살펴본 석목리 143-16번지와 143-15번지 유적의 층위 양상은 쌍북리 56번지 유적 등 주변 지역의 퇴적 양상이나 변화상을 이해하는데 많은 시사점을 준다. 먼저 쌍북리 56번 유적의 경우 크게 상층과 하층 2개의 문화층으로 구분되지만,[16] 하층을 다시 2개의 문화층으로 세분할 수 있음을 알려주고 있다. 더욱이 상층과 하층 사이에는 20~30㎝ 정도로 두꺼운 모래층이 형성되어 있는데, 이는 쌍북리·석목리 일대의 여러 유적에서 공통적으로 확인되는 현상으로 무왕 13년(612)에 있었던 대홍수의 여파가 이 일대까지 미쳤을 가능성이 높다.[17]

이러한 점을 고려하면 612년 대홍수가 석목리 143-16번지와 143-15번지 유적에도 일정한 영향을 미쳤음을 유추할 수 있다. 석목리 143-16번지와 143-15번지의 1·2문화층과 3문화층 사이에서도 폭 넓게 모래층이 확인되었다. 따라서 양자는 612년을 경계로 나누어졌을 가능성이 높고, 그 이전의 문화층 역시 사비 천도 직후인 538년부터 612년까지 단일하게 유지된 것이 아니라 적어도 두 단계로 구분할 정도로 변화가 있었음을 짐작할 수 있다. 그렇다면 과거 하층 유구로 불렸던 1문화층과 2문화층의 구분은 언제 이루어졌

---

14) 가경고고학연구소, 2025, 『부여 석목리 143-15번지 유적』, p.98(도면 21)을 전재함.

15) 백제역사문화연구원, 2024, 『부여 석목리 143-16번지 백제유적』, p.63.

16) 울산발전연구원 문화재센터, 2020, 『부여 쌍북리 56번지 유적』, p.18.

17) 심상육·이화영·최유정, 2014, 『부여 쌍북리 184-11(부여 사비119안전센터부지) 유적』, pp.129-130; 이병호, 2023, 「부여 쌍북리 56번지 목간의 제작시기와 유적의 성격」, 『목간과 문자』 30, pp.104-105.

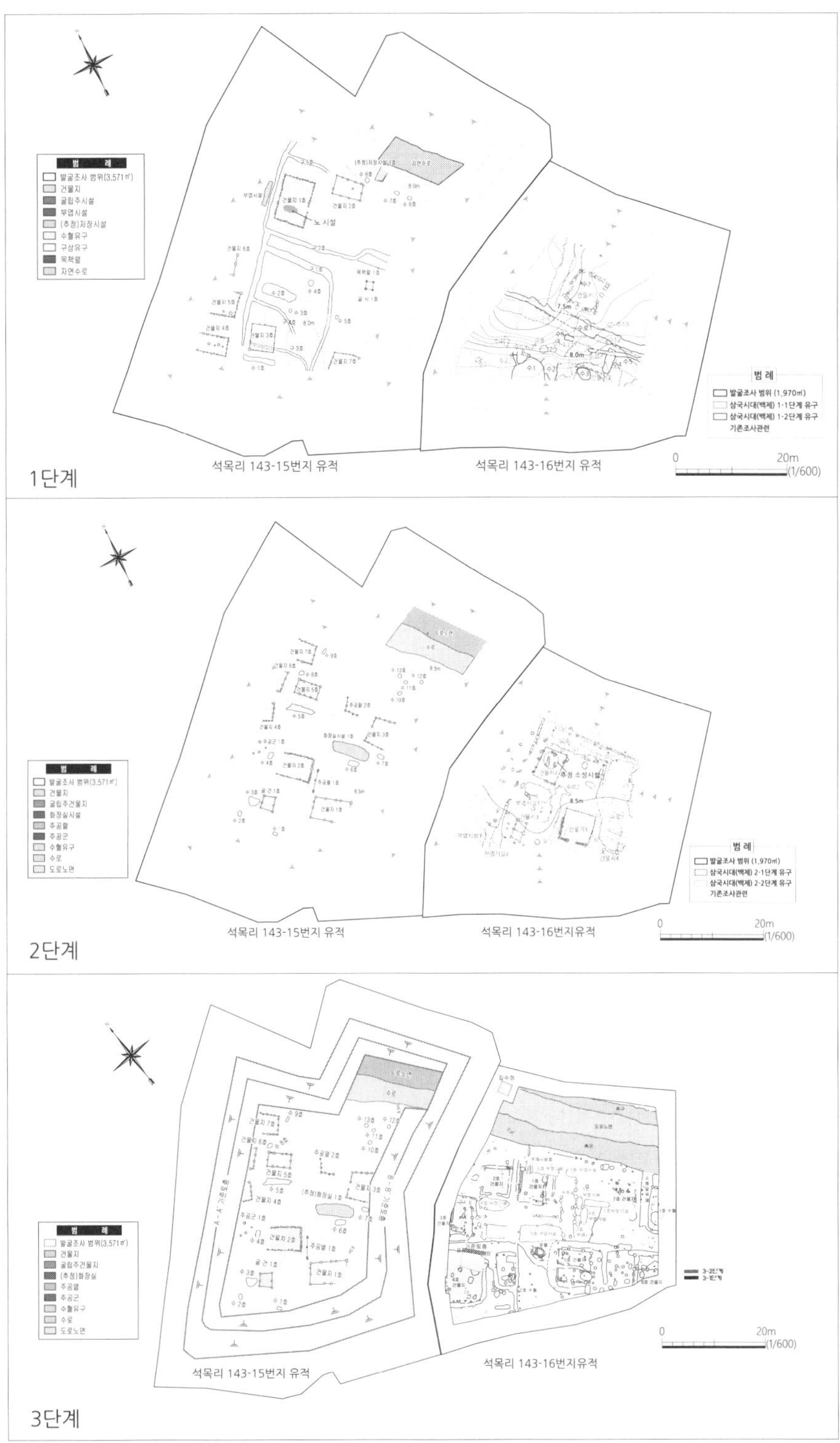

도면 3. 석목리 143-16과 143-15번지 유적의 단계별 유구 현황도

던 것일까.

　이를 파악하기 위해 석목리 143-16번지와 143-15번지의 단계별 유구 변화 양상을 파악할 필요가 있다. 도면 3은 두 유적의 단계별 공간 활용 양상의 변화를 보여주는 것이다.[18] 먼저 최하층의 1문화층에 대해 살펴보자. 석목리 143-16번지에서는 외곽으로 수로를 두른 건물지 2동과 크고 작은 수혈이 발견되었다. 공방 관련 유구는 확인되지 않지만 내부 퇴적토에서 공방 부산물이 다량 확인되고 수로에서 철제 집게, 도가니, 슬래그 등이 출토되어 인근에 공방과 관련한 시설이 있었을 가능성이 제기되었다. 이와 인접한 석목리 143-15번지 유적에서는 7동의 건물지와 수로, 저장시설, 수혈 등이 발견되었는데, 가장 규모가 큰 1호 건물지 내부에서는 爐 시설과 더불어 도가니, 곡옥, 구슬 같은 유물이 수습되어 공방과 관련된 유구로 생각되고 있다. 이 일대에서 가장 빠른 1문화층 유구들은 구 또는 수로에 의해 공간이 구분되고, 석목리 143-15번지 건물지1 노 시설을 중심으로 하여 주변에 창고 등이 배치된 공방 시설로 추정할 수 있다.

　2문화층은 자연 퇴적과 부분적인 성토에 의해 상승된 지면을 기반으로 형성되었다. 敷葉施設을 조성하여 연약 지반을 강화하고 구조물의 안정성을 확보하였는데, 수로나 구상유구에 의해 구획된 대지 안에 건물이 조성되었던 1문화층과 달리 수로가 확인되지 않는다. 석목리 143-16번지 유적의 경우 도로 시설이 조성된 남동쪽의 대지 범위 안에 5동의 건물지가 확인되는데 건물지2에서 爐로 추정되는 흔적이 3개소에서 확인되고 다량의 도가니편과 갈돌 등이 출토되었다. 도로 시설은 남서쪽 측구만이 발견되었는데 그 내부 퇴적토에서 목간 1점이 발견되었다. 이 도로 시설은 3문화층에도 확인되기 때문에 2단계에 조성되어 3단계까지 유지된 것으로 생각된다. 3단계에 확인된 도로는 길이 30.9m, 노폭 최대 6.0m 정도로, 진행 방향은 자북으로부터 31° 기울어져 서쪽을 향하고 있었다.[19] 석목리 143-15번지 유적의 2문화층에서는 공방 관련 흔적이 발견되지 않아 1문화층에서 확인된 공방 시설이 남동쪽인 석목리 143-16번지 일대로 옮겨간 것으로 생각된다. 중앙에 화장실로 추정되는 유구를 중심으로 불규칙하게 7동의 건물지가 배치되어 석목리 143-16번지에서 운영하던 공방과 관련된 부속시설이나 거주 공간으로 추정되고 있다.

　3문화층은 자연 퇴적토와 부분적인 성토에 의해 상승된 지면을 기반으로 조성되었는데, 특히 특히 자연 퇴적토의 경우 비교적 두꺼운 수성퇴적층으로 구성되었다. 이 수성퇴적층은 두꺼운 모래층으로 이루어져 있어 이 일대로 한번에 많은 물이 통과했을 것으로 보이며, 이러한 흔적은 612년 5월 대홍수와 관련시켜 볼 수 있음은 앞서 언급한 바와 같다. 석목리 143-16번지의 경우 앞 단계에 조성된 도로 시설과 우물을 개보수하여 유지하였고 7동의 건물지와 부엽시설, 수로 등이 조성되었다. 건물지의 경우 부뚜막시설과 구들시설 등 주거용 벽주건물뿐 아니라 4호 건물지의 경우 소형의 노 시설과 바닥 피열흔이 확인되어 공방 작업장 용도의 건물이었을 가능성이 제기되었다. 석목리 143-15번지 유적의 경우 5동의 건물지와 저장시설,

---

18) 심상육·이화영·박종현·김문옥, 2019, 『부여 석목리 143-1번지 백제유적』, p.39(도면 12)와 백제역사문화연구원, 2024, 『부여 석목리 143-16번지 백제유적』, pp.162-163(도면 80·81); 가경고고학연구소, 2025, 『부여 석목리 143-15번지 유적』, p.211(도면 105)을 바탕으로 일부 수정·조합한 것이다.

19) 심상육·이화영·박종현·김문옥, 2019, 『부여 석목리 143-1번지 백제유적』, p.46.

우물, 수혈유구, 구상유구 등이 확인되었다. 1호와 5호 건물지에서는 노 시설 등 공방 관련 흔적이 확인되며, 이를 운영하기 위한 창고나 우물 등이 함께 확인된다.

3문화층에서 확인된 건물지 가운데 석목리 143-16번지 3호 건물지와 143-15번지 4호 건물지에서는 鎭壇具로 추정되는 유물이 함께 발견되어,[20] 주변에 위치하는 다른 건물지나 시설보다 조금 더 위계가 높은 건물이었을 가능성이 없지 않다. 어쨌든 3문화층이 운영되던 단계에는 인접하는 석목리 143-7번지 유적에서도 노 시설과 용해로가 함께 운영되고 있어서,[21] 석목리 일대가 비교적 큰 공방이 운영되고 있었음을 유추할 수 있다. 즉 석목리 일대는 나성 내부에서 발견된 공방 관련 흔적들과 달리 1~2기의 노 시설을 중심으로 주변에 작업장과 우물·수혈, 창고 등이 일정 범위를 구성하고 있으며, 동일한 구조의 여러 구역들이 집적되어 있었던 것으로 추정된다.[22]

한편 석목리 143-16번지에서는 2017년에 19점의 도가니가 발견되었고, 2022년에는 하층에서 8점의 도가니가 발견되었으며, 석목리 143-15번지에서도 5점이 확인되었다. 이 도가니들에 대한 자연과학적인 분석이 실시되지는 않았지만 사비기 다른 유적에서 출토된 사례를 참고할 때 유리와 동 제품을 만들기 위한 도가니로 생각되고 있다.

이상의 검토에서 석목리 143-15·16번지 일대에서 확인되는 문화층은 공방 및 그와 관련된 부속시설이라는 특징을 공유하고 있었음을 확인할 수 있다. 이는 쌍북리 56번지 유적 하층에 관한 발굴에서도 상층과 유사하게 각종 건물지와 도로, 울타리 등이 확인되는 양상과도 궤를 같이 한다. 그렇다면 각 문화층의 편년적 위치는 어떨까. 3문화층의 경우 출토된 토기나 벼루 등을 참고할 때 7세기 전엽 이후, 특히 612년 대홍수 이후에 형성될 가능성이 높다는 것이 다시 한번 더 확인된다.

1문화층과 2문화층의 상대편년이 문제인데, 석목리 143-16번지 유적 발굴보고서에서는 1문화층에서 출토된 개배와 삼족기, 완, 심발형토기, 암문토기 등을 근거로 1단계의 중심연대를 6세기 중엽에서 후엽으로 설정하였다. 또 2문화층의 경우 자배기 개체수가 많아지고, 대상파수가 달린 호나 자라병이 확인되며, 대부완이 아직 확인되지 않는 등 토기의 변화 양상을 고려할 때 2단계의 중심연대는 6세기 후엽에서 7세기 전엽으로 추정할 수 있다고 하였다.[23] 이러한 구분은 출토 토기의 상대편년에 근거한 것이라서 안정적인 연대라고 말하기는 어렵다.

이때 주목되는 것이 석목리 143-15번지 1문화층의 1호 건물지에서 출토된 '太貨六銖' 동전과 연화문수막새이다(도면 4). 석목리 143-16번지 유적에 관한 2017년 발굴조사에서도 서기 7년 주조되어 14년까지 사용하다 폐지된 '大泉五十' 동전이 출토된 바 있다.[24] 하지만 '대천오십'전은 사비기와 시간적 거리가 지나

---

20) 심상육·이화영·박종현·김문옥, 2019, 『부여 석목리 143-1번지 백제유적』, p.81; 가경고고학연구소, 2025, 『부여 석목리 143-15번지 유적』, p.225.

21) 이의지, 2019, 『부여 석목리 143-7번지 유적』, pp.96-100.

22) 이화영·최형운·성정용, 2024, 「사비도성 내 수공업 공방의 양상과 외경부」, 『호서고고학』 59, pp.100-101.

23) 백제역사문화연구원, 2024, 『부여 석목리 143-16번지 백제유적』, pp.150-159.

24) 심상육, 2023, 「부여 지역 백제 목간의 발굴 현황과 분포」, 『목간과 문자』 30, pp.318-319.

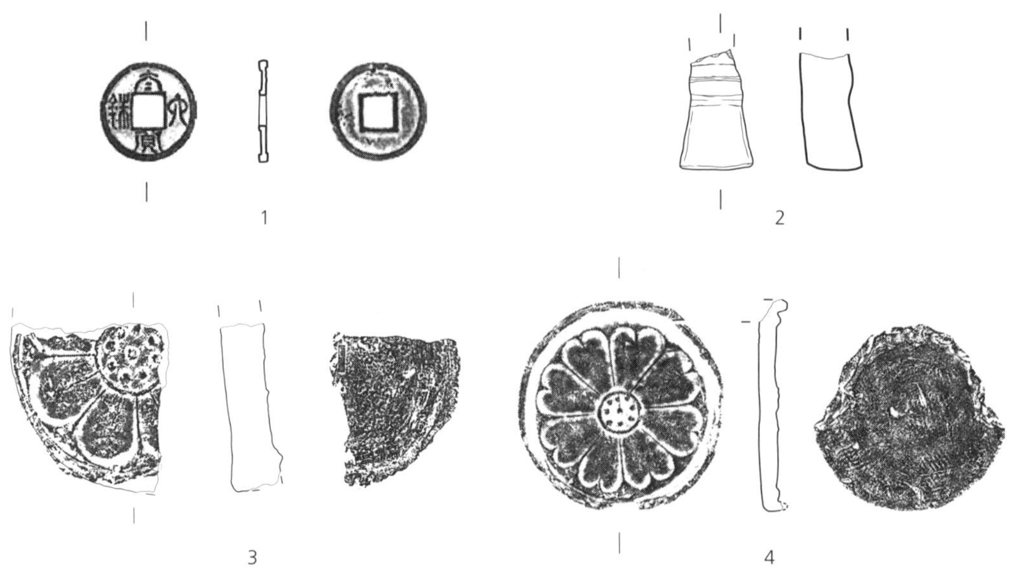

도면 4. 석목리 143–15번지 유적 출토 각종 유물

치게 멀어 편년 설정에 그다지 도움을 주지 못했다. 그에 반해 태화육수전은 남조 陳 宣帝가 太建 11년 (579) 주조한 화폐로 589년 진이 멸망할 때까지 사용하였다.[25] 『삼국사기』에 따르면 백제 위덕왕은 567년 9월 처음으로 진나라에 조공한 이후 577년과 584년, 586년에도 진에 사신을 보냈다. 579년에 태화육수전 이 처음 주조되었다는 점을 고려하면 백제에서는 그 뒤 곧바로 이 동전이 전해졌을 가능성이 있고, 적어도 589년 진이 멸망하기 전인 584년이나 586년 무렵에는 전해졌을 가능성이 있다.

한편 1문화층 1호 구상유구에서 출토된 수막새(도면 4-2)와 지표에서 수습한 수막새(도면 4-3), 2호 구상유구에서 출토된 녹유 벼루다리 파편(도면 4-4) 등도 주목할 필요가 있다. 먼저 도면 4-2의 연화문수막새는 현재 2개의 연꽃잎과 중방만 남아 있어 원래 형태를 알 수 없다. 중방에 1+8의 연자가 배치되었는데 중방이 테두리 선으로만 표현되었다. 발굴보고서에서는 연꽃잎이 삼각돌기식이라고 했지만 둥글게 융기하고 있는 느낌이 강하고, 연판 중앙에 능선이 배치된 것이 특징적이다. 파편으로 발견되어 부여 지역에서 출토된 수막새 가운데 어떤 기와와 동범품인지 알 수 없다. 다만 중방에 테두리를 두른 다음 연자를 배치하는 것은 7세기 이후에 나타나는 현상이라,[26] 6세기 중엽까지 소급시켜 보기는 어려울 것으로 생각된다.

하지만 중방에 1+8의 연자가 배치되고 연판이 하트형을 이루는 연화문수막새는 상대편년 자료로서 주목할 필요가 있다. 이와 동범품이 관북리유적과 부소산성, 익산 왕궁리유적 등 사비기의 왕궁 관련 유적에서 다수 출토되었기 때문이다.[27] 필자는 과거 관북리유적에서 출토된 이와 동범 수막새에 대해 일본 飛鳥

---

25) 가경고고학연구소, 2025, 『부여 석목리 143-15번지 유적』, p.342.

26) 이병호, 2014, 「7세기대 백제 기와의 전개 양상과 특징」, 『百濟文化』 50, pp. 287-295.

寺 창건기 수막새와의 비교에서 588년 瓦博士 파견 이전에 성립한 6세기 중후엽에 제작된 기와일 가능성을 제시한 바 있다.[28]

도면 4-4의 녹유 벼루다리 파편의 경우도 주목된다. 이 유물은 多足硯 형식의 獸足形 다리의 일부에 해당한다. 정선된 태토에 유약이 시유되어 있으며 앞부분에 2줄의 돌대가 지나가는 것 말고 별다른 특징이 없다. 하지만 부여 구아리 319번지 부여중앙성결교회 유적에서 출토된 청자 다족연의 다리 모양과 가장 유사하다고 할 수 있다. 구아리 319번지 출토 청자벼루는 다리가 36개 정도가 있었던 것으로 추정되며, 隋唐代에 제작된 것으로 추정된 바 있다.[29] 청자가 아닌 녹유 제품이라는 점을 함께 고려하면 이 유물은 6세기 후엽에서 7세기 초로 편년할 수 있을 것이다.[30]

이상의 검토 결과 석목리 143-15번지와 16번지 1문화층의 중심연대는 6세기 중후엽으로 설정할 수 있을 것 같다. 발굴보고서에서는 해당 유적의 상한을 백제가 부여로 천도한 538년과 가까운 6세기 중엽까지 소급시켜 볼 수 있을 것이라는 견해를 밝히고 있지만, 6세기 중엽 이전으로 편년할 수 있는 자료는 상대적으로 적은 것이 사실이다. 오히려 도면 4에서 제시한 태화육수전과 연화문수막새, 녹유다리파편 등의 연대를 고려할 때 6세기 후엽이 더 중심적인 연대일 가능성이 높다고 생각한다. 한편 2문화층의 경우 3문화층이 612년 대홍수 이후에 조성된 것이라는 점을 상기하면 6세기 말이나 7세기 초의 매우 단기간에 형성된 문화층이라 할 수 있고, 시기적으로는 1문화층과도 큰 차이를 보이지 않았을 가능성이 높다고 생각한다.

III. 석목리 출토 목간의 기재 내용과 의의

서론에서 언급한 것처럼 석목리 143-16번지 유적에서는 2점의 목간이 출토되어 학계에 소개된 바 있다 (도면 5). 2점 모두 3문화층의 도로 측구 퇴적토에서 출토되었다. 1호 목간(석목리 143-16 228호)은 아래가 결실된 상태로 출토되었고 한쪽 면에서만 묵서가 확인되었다. 2호 목간(석목리 143-16 229호)은 길이가 11.7㎝로 짧지만 결실된 부분이 없어 원형을 유지하고 있는 것으로 보인다. 상하단 2개소 양쪽에서 V자형으로 홈을 파서 끈으로 묶을 수 있도록 하였고 양쪽 면에서 묵서가 확인되었다. 발굴 당시부터 목간의 잔존 상태가 좋지 않았고, 보고서 등에서 제시한 적외선 사진 역시 상태가 좋지 않아 묵서의 일부 글자를 제외하고는 거의 판독할 수 없었다.[31]

---

27) 국립부여문화재연구소에서 111D-①c로 분류한 수막새를 가리키며, 사비기 왕궁 관련 유적에서 동범품이 다수 출토되었다. 이에 관해서는 다음을 참조. 국립부여문화재연구소, 2012, 『백제 사비기 기와 연구Ⅳ』, pp.14-77; 이병호, 2022, 「백제 사비기 왕궁과 사원의 기와 수급 방식과 와공의 동향」, 『馬韓百濟文化』 40, pp.55-60.

28) 이병호, 2014, 『백제 불교 사원의 성립과 전개』, 사회평론, pp.115-116.

29) 심상육·이미현·이명호, 2012, 『부여 구아리 319 부여중앙성결교회 유적 발굴조사 보고서』, 부여군 문화재보존센터, p.273.

30) 가경고고학연구소, 2025, 『부여 석목리 143-15번지 유적』, p.352.

31) 심상육·이화영, 2019, 「부여 석목리 143-16번지 유적 문자자료 소개」, 『목간과 문자』 22, pp.316-318; 심상육·이화영·박종

1호　　·「前部 ×

$$(8.4) \times 2.4 \times 0.9 \sim 1.1 (\text{cm})$$

2호　　·「∨膺□□□也∨」
　　　　·「∨□量好邪□∨」

$$11.7 \times 3.1 \times 3.4 (\text{cm})$$

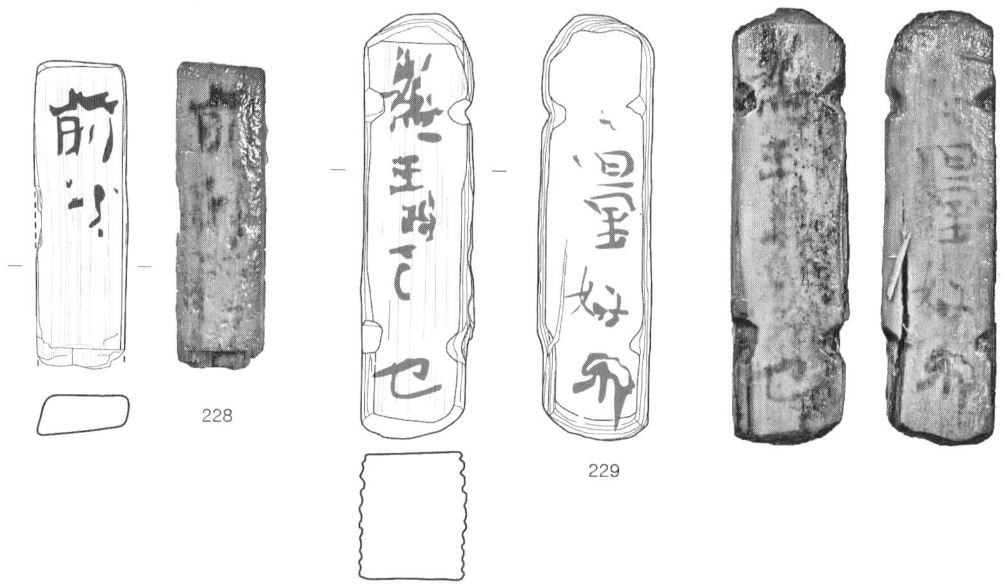

도면 5. 석목리 143-16번지 출토 목간(2017년 발굴)

　　한편 동일 유적의 하층 유구에 대한 2022년도 조사에서도 한 점의 목간이 추가로 확인되었다. 3호 목간 (29번 유물)이 발견된 층위와 위치는, 2문화층 도로 시설의 측구 내부 퇴적토에서 출토되었다(도면 6).[32] 2017년도 출토 목간의 경우도 도로 측구 퇴적토에서 출토되었기 때문에 이번에 새로 발견된 목간과 일정한 연관성이 있었을 가능성도 없지 않다. 하층에서 발견된 도로 시설은 기존 조사에서 발견된 도로와 달리 남서쪽 측구만이 유적 내 북동쪽 일대에 치우쳐 확인되었다. 보고서에서는 이 도로에 대해 2단계 시점에 도로에 대한 조성이 시작되어 3단계까지 유지되었던 것으로 추정하고 있다. 이 도로는 곡간부에 해당하는

현·김문옥, 2019, 『부여 석목리 143-1번지 백제유적』, p.338.

32) 백제역사문화연구원, 2024, 『부여 석목리 143-16번지 백제유적』, pp.111-114. 한편 해당 보고서에서는 목간 출토 정황을 담은 사진을 제시하면서 '사진145 2-1단계 부엽시설'에서 출토된 것으로 설명하였다(p.239), 그러나 발굴 담당자에게 문의한 결과 '2단계 도로 측구' 세부 사진을 잘못 표기한 것이라고 해서 수정하였다. 또 보고서에서는 목간이 출토된 위치가 누락되어 있는데, 담당자의 도움을 받아 도면 7과 같이 보완하였음을 밝힌다.

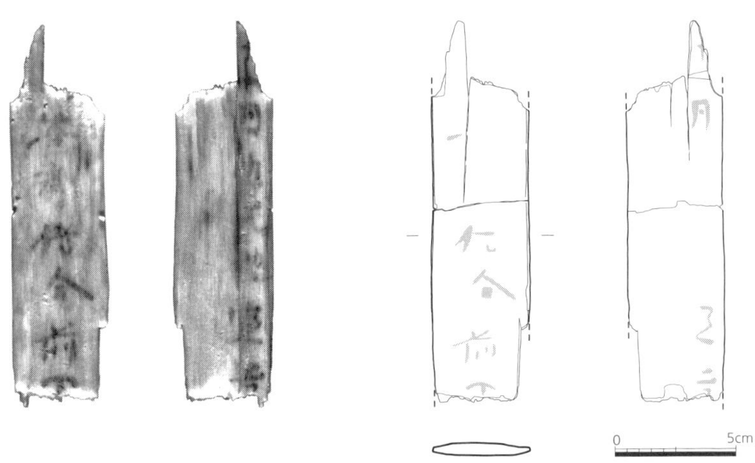

도면 6. 2문화층 도로 측구와 목간 출토 위치

유적 일대에서 해발이 가장 낮은 지점에 구축되었으며, 이는 양쪽 구릉 사면에서 내려오는 공간을 활용하기 위해 배수 및 통행에 용이하도록 의도한 것으로 추정된다.

3호 목간(석목리 143-16 29호)은 평면 형태가 장방형으로 상하단이 모두 결실된 채 발견되었다(도면 7). 양쪽 모두에서 묵흔이 발견되지만 판독이 가능한 글자는 많지 않다. 보고서에서는 앞면에 "□□□(侍, 符, 付)□(令, 今)前□"라는 묵서가 있고, 뒷면에 "十一□(月)□□(記)□□"라는 묵서가 있다고 했지만, 실제 판독이 가능한 것은 '前卩' 두 글자 뿐이다.[33]

3호   · × □□□□前卩 ×
      · × □□□□□□ ×
              日?

15.0×3.9×0.55(㎝)

다만 1면 하단의 '卩'자는 아래쪽 일부가 잘려 나가 다른 글자가 아닌지 의문이 제기될 수 있지는데 부여 지역에서 발견된 다른 목간의 사례를 참고할 때 이 글자로 확정해도 무리가 없다고 생각한다. 3문화층에서 발견된 1호 목간의 경우 '前部'로 표기한데 비해 3호 목간에서는 '前卩'로 표기한 차이가 있다. 부여 지역에서 발견된 사비기 목간의 경우 部자와 그 약자인 卩자가 통용되는 경우가 많아 두 목간 모두 사비기 도성의 행정구역인 5部 중 前部를 가리키는 것으로 이해할 수 있다. 다만 일본의 경우 卩자와 部자의 사용에 약간의 시기차가 반영되었을 가능성이 지적되고 있는 점을 참고하면,[34] 백제의 경우 2문화층과 3문화층 사이의 연대차에도 주목할 필요가 있지만 이러한 해석이 가능하기 위해서는 좀더 다양한 사례가 축적되어야 할 것

---

33) 다만 1면 3번째 글자가 '卅'자일 가능성이 있고, 2면의 2번째 글자가 '日'자일 가능성이 있다.
34) 이치 히로키(이병호 역), 2014, 『아스카의 목간』, 주류성, pp.232-233.

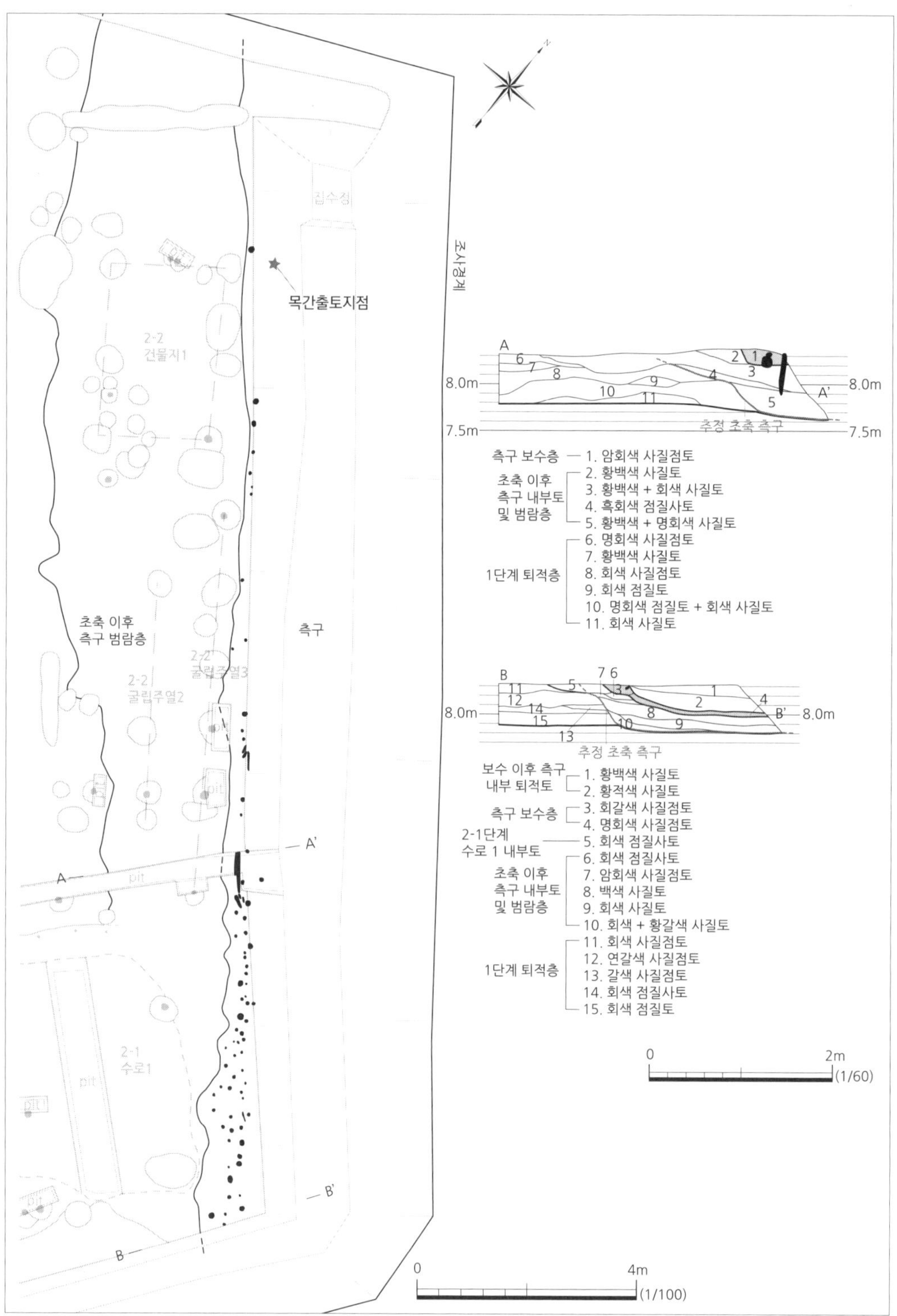

도면 7. 석목리 143–17번지 하층 출토 목간(2022년 발굴)

이다.

그렇다면 석목리 143-16번지 유적에서 출토된 목간은 어떤 의미가 있는 것일까? 2017년에 발굴된 목간에 대해 특히 2호 목간에 등장하는 '量'을 '糧'으로 볼 수 있기 때문에 '好邪'라는 문자와 연결시켜 식량이나 양식의 좋고 나쁨을 나타내며, 1면의 문자는 그것을 생산한 지명이 기록되지 않았을까 추정하기도 하였다.[35] 그러나 量을 糧으로 추정할 근거가 부족하고 '好邪'라는 문자 역시 확정하기 어렵기 때문에 이러한 해석에는 선뜻 동의하기 어렵다.

이러한 해석보다는 석목리 143-15번지와 16번지 일대에서 노 시설을 비롯하여 도가니, 철제 집게, 슬래그 등 공방과 관련된 유물들이 다수 출토된 점에 주목하여, 유적의 초기 단계부터 이 일대에 생산 관련 시설이 운영되고 추정한 견해가 주목된다.[36] 석목리 143-16번지와 연접하는 143-7번지 일대에서도 공방 관련 흔적이 확인되는 등 석목리 일대는 사비 도성 내부에서도 비교적 장기간에 걸쳐 청동이나 유리를 생산하던 공방 지대였을 가능성이 높다. 따라서 석목리에서 출토된 목간 역시 수공업 공방에서 생산하던 물품의 이동이나 이와 연관된 문서행정 과정에서 만들어져 사용하다가 폐기된 자료라 할 수 있다. 이와 유사한 사례로 쌍북리 56번지 유적과 173-8번지에서 다수의 목간과 함께 노 시설, 도가니, 집게, 숫돌, 슬래그 등이 확인된 점이 함께 참고된다.[37]

석목리 목간의 성격과 관련하여 석목리 143-15번지와 16번지 일대에서 중국 동전과 스에키 파편, 암문토기 파편 등이 출토된 점도 주목할 필요가 있다. 앞서 언급한 것처럼 석목리 일대에서는 大泉五十, 太貨六殊 동전이 발견되었는데 인접하는 쌍북리 일대에서는 이것 말고도 常平五銖錢과 五銖錢, 開元通寶 등이 발견된 바 있다.[38] 또 석목리 143-15번지의 2문화층과 3문화층에서는 일본산 스에키 파편이 발견되었다(도면 8-1~3). 이 유적과 인접하는 부여 쌍북리 280-5번지와 현내들유적에서도 이러한 왜계 스에키 파편이 다수 출토된 바 있어 참고된다.[39] 또한 이 유적에서는 고구려의 영향을 받아 제작된 것으로 알려진 暗文이 시문된 토기가 다수 출토되었다(도면 8-4~12). 부여 지역에서는 능산리사지 최하층을 비롯하여 정암리 가마터, 왕흥사지 및 가마터 등지에서 암문토기가 출토된 바 있다.[40]

부여 시가지 내부에서 석목리 일대, 나아가 쌍북리 일대에 중국이나 일본산 유물이나 고구려계 유물의 출토 빈도가 높다는 것은 이 지역이 다른 지역보다 상대적으로 외부와의 접촉이나 교류가 많았음을 시사한다. 이러한 점은 쌍북리 56번지와 주변 지역을 사비도성의 물류 거점이나 이를 지원하는 수공업 공방이 있

---

35) 심상육·이화영, 2019, 「부여 석목리 143-16번지 유적 문자자료 소개」, 『목간과 문자』 22, p.318.

36) 이화영·최형운·성정용, 2024, 「사비도성 내 수공업 공방의 양상과 외경부」, 『호서고고학』 59, pp.99-101.

37) 이병호, 2023, 「부여 쌍북리 56번지 목간의 제작시기와 유적의 성격」, 『목간과 문자』 30, p.116; 이병호, 2014, 「백제 도성의 수공업 생산체계-사비기를 중심으로」, 『역사문화연구』 52, pp.89-93.

38) 가경고고학연구소, 2025, 『부여 석목리 143-15번지 유적』, p.351.

39) 土田純子, 2014, 「왜(계) 유물과 공반된 백제토기」, 『백제토기 동아시아 교차편년 연구』, 서경문화사, pp.116-120.

40) 土田純子, 2009, 「사비양식토기에서 보이는 고구려토기의 영향에 대한 검토」, 『한국고고학보』 72, pp.139-140 ; 이명헌, 2022, 「고구려계 백제토기의 형성 과정과 그 배경」, 『백제학보』 39, pp.67-68.

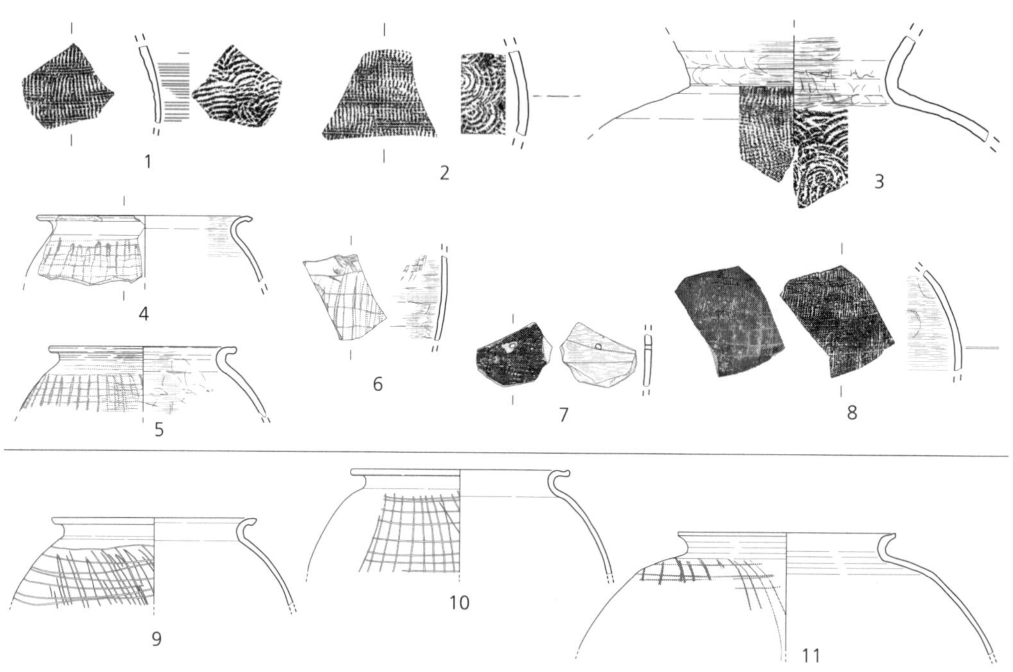

도면 8. 석목리 143-15·16번지 출토 토기류(1~3.16번지, 4~12.15번지)

없을 것이라는 기존의 추정과도 연결된다.[41] 석목리 143-15번지와 16번지 유적의 성격을 파악하기 위해서는 그와 연접하는 쌍북리 56번지 유적과 연계하여 파악할 필요성이 높은 것이다. 더욱이 쌍북리 56번지 유적에서 확인된 폭 4.5~6.1m, 길이 148m에 달하는 1호 도로는 석목리 143-15번지와 143-16번지에서 확인된 도로와 연결되었을 가능성이 매우 높다(도면 9).[42]

지금까지 발굴된 조사 성과에 비춰 볼 때 부여 쌍북리 일대는 많은 저장수혈과 저장용의 대형항아리, 가야토기·신라토기, 중국 동전, 일본산 스에키, 논어를 비롯한 외경부 목간 등이 출토되어 이 일대가 도성 내부로 물자가 유입되는 물류의 거점으로 추정되고 있다.[43] 그런 점에서 석목리 일대에서 발견된 목간을 비롯한 토기류나 건물지, 공방 관련 시설들은 쌍북리·석목리 일대에 단순히 물품의 소비지나 저장시설만 존재하는 것이 아니라 청동이나 유리 제품을 생산하는 공방들도 함께 존재하였음을 알려주는 자료라는 점에서 의의를 찾을 수 있을 것 같다.

---

41) 김창석, 2021, 「부여 쌍북리 출토 목간을 통해 본 사비도성의 관부 공간과 유교」, 『백제학보』 32, pp.68-69; 이병호, 2023, 「부여 쌍북리 56번지 목간의 제작시기와 유적의 성격」, 『목간과 문자』 30, pp.117-118.

42) 현재 공주에서 부여로 들어오는 도로에 의해 발굴조사가 실시되지 못했지만, 석목리 143-16유적에서 확인된 도로가 쌍북리 56번지 1호 도로와 연결되었음은 발굴된 유구나 유물의 유사성에 비춰볼 때 그 가능성이 매우 높고, 양자를 연결하면 대략 300m 정도 되는 것으로 추정된다.

43) 이병호, 2024, 「백제 사비기 물자의 유통과 관리 체계」, 『목간과 문자』 33, pp.149-150.

도면 9. 부여 쌍북리와 석목리 일대 유구 배치도

Ⅳ. 맺음말

　부여 석목리 143-16번지 유적은 공주에서 부여 시가지 내부로 진입할 때 반드시 거쳐야 하는 길목에 위치하며, 부여 나성 내부에서 목간 출토 빈도가 가장 높은 쌍북리 일대에 연접해 있다. 이곳에서는 2017년도 발굴에서 목간 2점(석목리 143-16 228·229호)이 출토되었지만, 당시에는 여러 가지 여건상 하층에 대한 조사가 실시되지 못한 채 상층의 3문화층까지만 조사되고 종료되었다. 2022년 동일 유적의 하층에 관한 발굴조사가 실시되어 2문화층과 1문화층에 관한 유구 양상이 새롭게 확인되었고, 2문화층에서 목간 1점(석목리 143-16 29호)이 추가로 발견되었다. 이 글은 2문화층에서 새롭게 출토된 목간을 소개하고, 사비도성 내에서 석목리 143-16번지 유적이 차지하는 위상을 파악하기 위해 작성되었다.

　Ⅱ장에서는 석목리 143-16번지 및 그와 연접한 석목리 143-15번지 유적의 층위와 유구의 변화상을 파악하고자 하였다. 이 일대의 층위는 크게 상층(3문화층)과 하층(1·2문화층)으로 구분되는데 그 사이에는 비교적 넓은 면적에서 두꺼운 모래층이 발견되었다. 이는 문헌사료에 나오는 612년 대홍수의 정황을 반영하는 것으로 이해할 수 있다. 다만 기존 발굴에서는 하층의 1문화층과 2문화층의 구분이 명확하지 않았는데 석목리 143-16번지와 연접하는 석목리 143-15번지 유적의 1문화층에서 남조 陳 宣帝가 579년에 주조하여 589년까지 사용한 太貨六銖錢이 발견되고, 또 그 주변에서 도면 4와 같은 수막새 2점과 녹유벼루다리 파편 등이 발견되어 1문화층의 중심시기가 6세기 후엽이었을 것으로 추정할 수 있었다. 2문화층의 경우 그보다 늦은 6세기 말부터 대홍수 이전의 7세기 초라는 매우 단기간에 형성된 문화층으로 생각된다. 1·2문화층에서 3문화층으로의 변화 과정은 爐 시설을 비롯하여 건물지 등 유구의 구성이 유사하고, 청동·유리 도가니나 슬래그 등 유물 출토 양상이 비슷해서 공방 시설로서의 성격이 처음부터 끝까지 유지되었던 것으로 여겨진다.

　Ⅲ장에서는 기존에 소개한 석목리 143-16번지 출토 목간 2점에 더하여 새로 발견된 목간 1점을 소개하였다. 신출토 목간의 경우 앞뒷면에 모두 묵서가 확인되지만 안타깝게도 1면의 '前卩' 이외에는 확정할 수 있는 글자가 없다. 하지만 2017년도에도 '前部'가 묵서된 목간이 발견되어 석목리 143-16번지 일대에서 생산한 물품과 사비 도성의 행정구역인 5부 중 전부와의 관련성이 상정될 수 있다. 그러나 이 목간들만으로 이곳이 前部에 해당하는 지역이었다고 단정할 수 없고, 또 卩자와 部자의 사용 구분이 어떤 것인지도 추정이 불가능하다. 다만 이 유적에서 목간뿐 아니라 중국 동전과 왜계 스에키, 고구려계 암문토기 등이 출토되어, 이 일대가 인접하는 쌍북리 유적과 유사하게 다양한 물품과 사람이 왕래하는 물류거점이었음을 추정할 수 있다. 도면 9처럼 석목리 143-15번지와 143-16번지에서 확인된 도로가 쌍북리 56번지에서 확인된 도로와 연결될 가능성이 높다는 것을 고려하면, 쌍북리·석목리 일대는 단순히 물품의 소비지나 저장시설뿐 아니라 청동이나 유리 제품을 생산하는 공방들도 함께 존재하였던 것으로 생각된다.

　투고일: 2025.04.18.　　　　심사개시일: 2025.05.30.　　　　심사완료일: 2025.06.16.

가경고고학연구소, 2025, 『부여 석목리 143-15번지 유적』.

강산문화연구원, 2017, 『부여 쌍북리 184-16번지 유적』.

국립부여문화재연구소, 2012, 『백제 사비기 기와 연구IV』.

김창석, 2021, 「부여 쌍북리 출토 목간을 통해 본 사비도성의 관부 공간과 유교」, 『백제학보』32.

백제역사문화연구원, 2024, 『부여 석목리 143-16번지 백제유적-사비기 하층 생활면 중심으로』.

심상육, 2022, 「백제 한성기와 시비기 대지조성」, 『공산성 왕궁유적 복원고증 심화연구II-공주 공산성 대지조성과 기단2』, 공주대박물관.

심상육, 2023, 「부여 지역 백제 목간의 발굴 현황과 분포」, 『목간과 문자』30.

심상육·이화영, 2019, 「부여 석목리 143-16번지 유적 문자자료 소개」, 『목간과 문자』22.

심상육·이화영·박종현·김문옥, 2019, 『부여 석목리 143-1번지 백제유적』, 백제고도문화재단.

심상육·이화영·최유정, 2014, 『부여 쌍북리 184-11(부여 사비119안전센터부지) 유적』, 백제고도문화재단.

울산발전연구원문화재센터, 2020, 『부여 쌍북리 56번지 유적-부여 사비한옥마을 조성부지 내 유적 발굴조사보고서』.

이명헌, 2022, 「고구려계 백제토기의 형성 과정과 그 배경」, 『백제학보』39.

이병호, 2014, 「7세기대 백제 기와의 전개 양상과 특징」, 『百濟文化』50.

이병호, 2014, 「백제 도성의 수공업 생산체계-사비기를 중심으로」, 『역사문화연구』52.

이병호, 2014, 『백제 불교 사원의 성립과 전개』, 사회평론.

이병호, 2022, 「백제 사비기 왕궁과 사원의 기와 수급 방식과 와공의 동향」, 『馬韓百濟文化』40.

이병호, 2023, 「부여 쌍북리 56번지 목간의 제작시기와 유적의 성격」, 『목간과 문자』30

이병호, 2024, 「백제 사비기 물자의 유통과 관리 체계」, 『목간과 문자』33.

이의지, 2019, 『부여 석목리 143-7번지 유적』, 금강문화유산연구원.

이치 히로키(이병호 역), 2014, 『아스카의 목간』, 주류성.

이화영·최형운·성정용, 2024, 「사비도성 내 수공업 공방의 양상과 외경부」, 『호서고고학』59.

정훈진, 2023, 「소규모 조사를 통해 본 사비도성의 층서」, 『사비백제에 선을 긋다』(2023년 국비지원 발굴조사 학술대회), 한국문화재재단.

土田純子, 2009, 「사비양식토기에서 보이는 고구려토기의 영향에 대한 검토」, 『한국고고학보』72.

土田純子, 2014, 「왜(계) 유물과 공반된 백제토기」, 『백제토기 동아시아 교차편년 연구』, 서경문화사.

한국문화재보호재단, 2015, 「부여 상북리 201-4번지 유적」, 『2012년도 소규모 발굴조사보고서V-부여2-』.

〈Abstract〉

Wooden Tablets and the Stratigraphic Character of the Seokmok-ri 143-16 Site in Buyeo

Lee, Byongho

This study introduces the wooden tablets excavated from the 2nd cultural layer at the Seokmok-ri 143-16 site in Buyeo and investigates the site's significance within the Sabi capital city. Chapter II analyzes the stratigraphy and structural changes of the Seokmok-ri 143-16 site and the adjacent Seokmok-ri 143-15 site. The stratigraphy of the area is broadly divided into an upper layer (3rd cultural layer) and lower layers (1st and 2nd cultural layers), both of which appear to be associated with the record of the great flood of 612 AD mentioned in historical texts.

The distinction between the 1st and 2nd cultural layers in the lower stratum is evidenced by the discovery of Taihua Six-Zhu(太貨六殊) Coin minted in 579 and used until 589, along with lotus-patterned roof tiles and green-glazed inkstone legs, suggesting that the 1st cultural layer dates to the late 6th century. The 2nd cultural layer likely corresponds to a slightly later period, from the late 6th to early 7th century. Despite the transition from the 1st and 2nd cultural layers to the 3rd cultural layer, the excavated structures and artifacts suggest a consistent function as craft production facilities, likely workshops, throughout all layers.

Chapter III introduces one newly discovered wooden tablet in addition to the two previously reported ones. The new tablet bears ink inscriptions on both sides, though only the character 'Jeonbu(前卩)' can be definitively identified. While similar wooden tablets with Jeonbu(前部) inscriptions were found in the upper layers, only two examples limits their interpretative significance. However, the presence of these tablets, along with Chinese coins, Japanese Sueki ware, and Goguryeo-style stamped pottery discovered in the surrounding area, suggests that the site served as a logistical hub facilitating the exchange of goods and people. This aligns with findings from the nearby Ssangbuk-ri 56 site, indicating that the Seokmok-ri and Ssangbuk-ri areas were not only consumption and storage centers but also housed workshops producing items such as bronze and glassware.

▶ Key words: Great Flood, Taihua Six-Zhu Coin, Jeonbu, Logistical Hub, Workshop

문자자료로 본 오금산성(舊 익산토성)의 축조 연대와 그 성격

이문형[*]

Ⅰ. 머리말
Ⅱ. 오금산성의 조사 현황
Ⅲ. 조사 성과
Ⅳ. 문자자료로 본 시기와 성격
Ⅴ. 맺음말

〈국문초록〉

본 논고에서는 익산 오금산성에서 출토된 문자자료를 분석하고 그 조성연대와 성격을 살펴보았다.

오금산성은 오금산 정상부와 그 남쪽의 계곡을 에워싸고 축조된 석축성(石築城)이다. 그러나 북쪽 성벽에서 석축 성벽 이전의 목책열이 확인되는 것으로 보아 석축 이전의 방어시설이 있었을 가능성이 있다. 그리고 남쪽 평탄지에서는 백제 시기 석축의 집수시설이 발견되었고 그 내부에서는 '칠피갑옷' 및 '봉축' 편 등 다양한 유물이 출토되었다.

오금산성에서 출토된 유물 가운데 「北舍」 명 토기편, 「首府」 명, 「五部」 명 인장와 등의 문자자료가 출토되었다. 해당 유물은 현재까지 부여와 익산지역에 한정되며 왕실과 연관된 국가시설물에서만 발견되고 있다. 특히, 익산지역의 오부명으로 추정되는 「上氵-中氵-下氵-前氵-後氵」 명 인장와의 「氵」는 익산의 백제 시기 지명인 '금마저(金馬渚)'의 '渚'의 '氵'변을 표현한 것으로 추정된다. 더불어 문서표지용 목간의 한 유형인 '봉축'이 우리나라에서 처음으로 출토되었다. 봉축의 한쪽 면에는 '丁巳 今在食(정사년 지금 남아있는 식량)' 이 서사되어 있다. 기존 연구에 의하면 봉축은 국가의 공식적인 문서에 사용된 것으로 알려져 있다. 따라서 오금산성 내에서 문서행정이 이루어졌거나 혹 이를 보관하던 건물이 존재했을 가능성이 높다.

오금산성의 사용 시기는 익산지역의 백제유적과 같은 시기에 운영된 것으로 추정된다. 그리고 봉축 편의 '정사(丁巳)' 기년의 연대는 의자왕 17년인 657년으로 판단된다.

---

* 원광대학교 마한백제문화연구소 연구교수

한편, 오금산성은 왕궁과 미륵사의 중간지점에 위치하는 것으로 보아 왕궁리유적과 오금산성은 '왕궁과 피난성'의 관계일 가능성이 높다. 따라서 오금산성은 왕궁의 피난성으로 볼 수 있다.

▶ 핵심어: 익산, 오금산성, 석축성, 집수시설, 백제

I. 머리말

오늘날 익산지역에는 오금산성[1]을 포함하여 모두 11곳 12개소의 산성이 자리하고 있다. 이들 산성은 금강변의 함라산 일대, 미륵산과 용화산의 금마면 일대, 그리고 동쪽 산악지역인 천호산 일대에 분포하고 있다.[2]

오금산성(五金山城)은 용화산(해발 321m)에서 남서방향으로 뻗은 오금산 줄기의 정상부에 자리하고 있다. 오금산 정상부(해발 120m)를 중심으로 봉우리와 남쪽으로 작은 골짜기를 에워싸고 축조된 포곡식 산

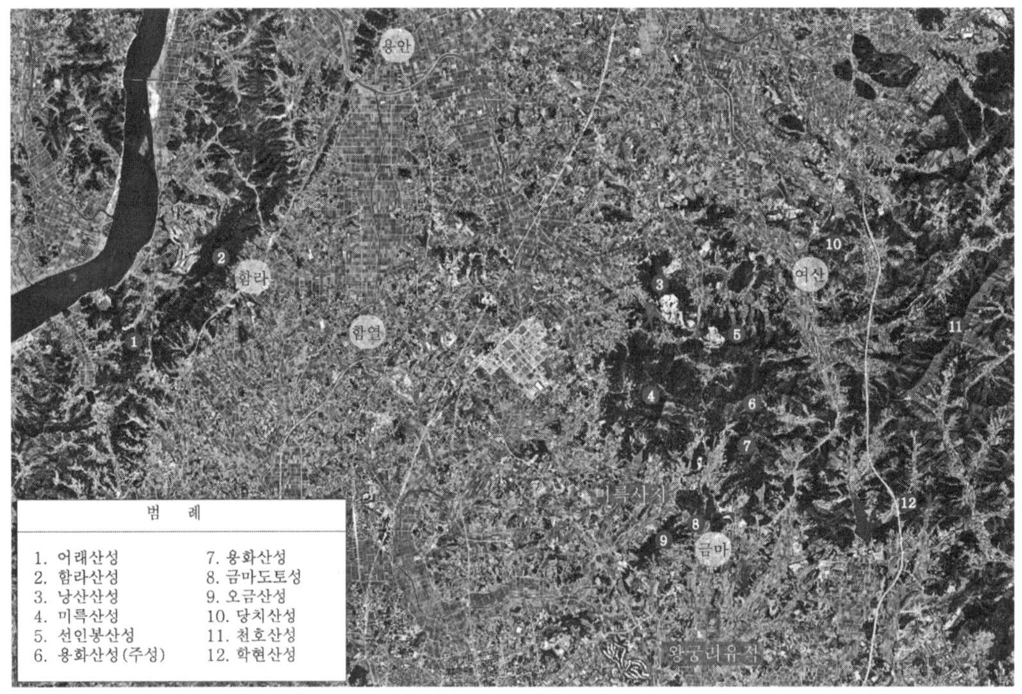

그림 1. 익산지역 관방유적 분포도(이문형, 2021, 37쪽, 수정 후 인용)

---

1) 2024년 10월 정식 명칭이 '익산토성'에서 '오금산성'으로 변경되었다.
2) 이문형, 2021, 「백제 무왕시기 익산지역의 방어체계」, 『중앙고고연구』 제34호, 중앙문화재연구원, p.37.

성으로 그 둘레는 690m, 내부 면적은 26,400㎡ 내외로 알려져 있다. 오금산성은 신라의 삼국 통일 직후 고구려 유민 안승을 이곳에 머물게 하고 치소로 삼았다 하여 일명 '보덕성(報德城)'으로도 불리고 있다.[3]

오금산성에 대한 발굴조사는 지난 1980년대 두 차례 걸쳐 실시된 바 있으며, 2016년부터 2025년 현재까지 연차적인 학술 발굴조사가 지속되고 있다.

본 글에서는 오금산성의 조사현황을 정리하고 특징적인 유물을 검토하여 오금산성의 조성연대와 그 성격을 살펴보고자 한다.

II. 오금산성의 조사 현황

오금산성에 대한 조사는 원광대학교 마한·백제문화연구소(이하 마·백연구소)에서 1980년과 84년 두 차례, 그리고 2016년부터 2025년 현재까지 학술 발굴조사를 실시하고 있다. 이를 정리하면 아래와 같다.[4]

① 1980년 조사(1980.11.03. ~ 1980.12.31. 조사일수: 60일)[5]

목적	남성벽 및 남문지 확인.	
조사 내용	※ (남)성벽 확인 : - 너비 45㎝, 길이 60㎝, 두께 50~60㎝의 장대석 석재 사용. 　- 내부에는 할석 등으로 적심을 채움(너비 약 5.2m). 　　(적심석 표면은 모래와 점토를 번갈아 판축기법(?)으로 채움) ※ 남문지 확인 : 남성벽을 서쪽으로 확장하는 과정에서 노출. 　- 규모 폭 4.8m, 길이 4.4m. 바닥에 전석(磚石) 흔적. 　- 문지 서벽 5단(수직) 높이 약 80㎝ 내외 잔존. 　- 문 지도리석 1매 발견. 　- 전면 계단시설 설치.	

3) 『新增東國輿地勝覽』 全羅道 益山郡 古蹟條 "報德城(在西一里遺址尙存)."

4) 조사현황은 필자의 2023년 논고 「최근 고고학적 성과로 본 익산토성의 성격」을 참고하여 수정·보완하였다.

5) 鄭明鎬, 1981,『報德城發掘 略報告(一名 益山土城)』, 원광대학교 마한·백제문화연구소.

② 1984년 조사(1984.07.21. ~ 1984.09.21. 조사일수: 65일)[6]

목적	남문지 확장과 토루 확인, 성의 체성부 확인.	
조사 내용	※ 남문지 및 수구면(水口面) : 후대 수구면의 판축토루를 깍아내고 이보다 4~6m 남쪽으로 낮게 사구석(四口石)으로 석축을 신축(新築), 서쪽면 한쪽에 남문을 설치. - 문지 규모: 남-북 길이 6m, 동-서 너비 4.5m. ※ 토루(현 남문지 서측 구릉) : 판축된 토루를 따라 주공열 확인. - 주공: 직경 30㎝, 간격 1~1.4m으로 서방 28m~20m 지점에 7개의 주공열 확인. - 폭 6m, 높이 3m 내외의 토루를 판축하고 그 외변에 주공과 호석을 설치한 구조의 체성부(토심석축)로 추정.	 
	※ 서변 및 북변 단면 조사(탐색Tr. 설치) : 서남모서리(2개소), 서(2개소), 북(3개소), 남(1개소) 설치, 그 결과 체성의 기단부 확인. - 서 4번: 생토면 밀림방지턱 조성한 후 너비 1.7m, 높이 1.2m(6~7단). - 북 2번: 4단 석축의 높이 0.8m. - 북 3번(사진): 너비 1.2m, 높이 0.8m.	
	※ 동남모서리(2개소 탐색Tr.)-망루(樓址) 조사 - 남 2번: 석열시설 확인, 상면 너비 2.5m, 외면은 3단, 높이 1m 내외. 석재 길이 50㎝, 폭 15~20㎝, 높이 20~30㎝ 내외의 절석 사용하여 축조. - 능선의 상부 평탄면에서는 적석시설과 고래(구들)로 추정되는 시설 확인.	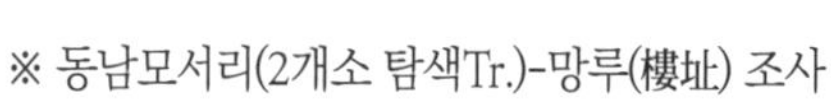 

출토 유물	백제 : 토기류(삼족토기, 개배, 전달린토기, 기대, 시루편 등), 기와류(연화문, 파문 수막새, 각종 인장와)
	통일신라 : 토기류(장경호, 파상문호, 대부완 등), 기와류(능형문, 사선문, 선문)
	고려 : 토기류(호편, 병형토기 등), 기와류(복합문, 「戊申年二月」명)

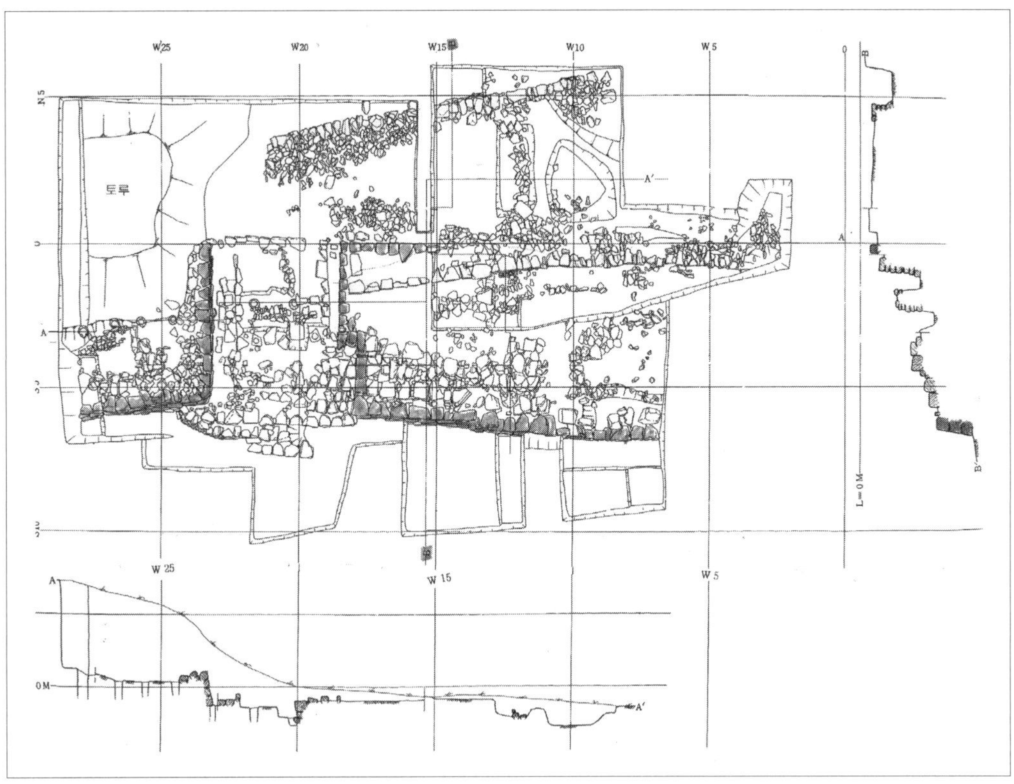

그림 2. 남문지 주변 실측도(원광대학교 마한·백제문화연구소, 1985, 圖 13. 수정 인용)

③ 2016~2018년 조사(시·발굴: 2016.08.01. ~ 2018.12.12. 조사일수: 235일)[7]

목적	정상부 평탄대지 유구 확인 : 건물지를 비롯하여, 서문지가 새롭게 확인	
조사 내용	※ 정상부 평탄대지 14개소 탐색 Tr. 설정. : 건물지 관련 기단석렬과 적심 등 확인. : 북서모서리 석렬유구 확인. : 탐색 Tr. 내부- 토기 및 기와 확인.	

---

6) 全榮來, 1985, 『益山 五金山城 發掘調査報告書』, 원광대학교 마한·백제문화연구소.

7) 원광대학교 마한·백제문화연구소, 2020, 『익산토성(사적 제92호)-서성벽·서문지-』.

	※ 서문지. : 서성벽 중심에서 북쪽으로 치우친 지점에 축조(북서모서리를 기준으로 약 50m 남쪽지점에서 확인). - 규모는 너비 4~4.6m 내외로 내부로 올라가는 개거식(開拒式)으로 추정됨. - 20~40㎝ 내외의 석재를 평적으로 축조하여, 최대 13단의 최대 높이 3m 잔존. - 문지는 호상의 형태로 서성벽과 연결된 암문(暗門)형태. - 문지는 후대(통일신라) 폐쇄, 이 과정에서 문지 등에 사용되었던 원형 초석 등이 발견. - 폐쇄된 계단 축조 수법이 현재 남문지의 계단시설과 매우 유사함.	 
조사 내용	※ 서성벽 - 30~40㎝ 내외의 치석된 석재 사용. - 일부 그렝이 공법 확인. - 문지 연결 구간은 최고 13단 높이 3m 내 잔존, 일부 남쪽 구간은 1단 정도 잔존. - 기단부는 'ㄴ'자상의 턱을 만들거나 일부는 암반층 바로 위에 벽석을 축조. 성벽 기단부 2~3단의 지대석을 축조 후 차진 점토로 메꾸어 견고성 확보. - 성벽의 축조와 동시에 할석과 흙으로 뒷채움, 일부 구간은 자연 암반층을 그대로 이용한 곳도 확인. - 내벽의 경우 개축시설로 일부 교란되었으나, 일부 구간에서 협축으로 판단되는 내성벽 확인.	 
	※ 개축시설 : 북서모서리 부근에서 남쪽으로 약 40m 내외 확인. - 전반적으로 서성벽의 상부, 서문지의 폐쇄부 위에 축조. - 너비 1.5~2m 내외로 장방형의 석재로 내·외면을 맞추고 내부에 소형의 할석이 채워진 형태, 최대 1단 잔존. - 축조 석재는 초축(선축) 성벽에 사용한 석재 활용. - 내부에서 수지문 계통, 복합문(수지+방곽) 계통 암키와 출토.	

	※ 저수조 : 서문지 동남쪽 정상부 대지상에 위치. - 평면형태는 원형, 단면형태는 상광하협. - 규모는 직경 100㎝, 깊이 90㎝ 내외. - 20~40㎝ 크기의 석재를 맞물려 평적하여 최고 6단으로 축조(그렝이 공법 확인) - 바닥은 물에 의한 산화망간층이 형성, 집수정 외부에는 누수 및 방수를 위해 회백색(황적갈색)점토 시설.	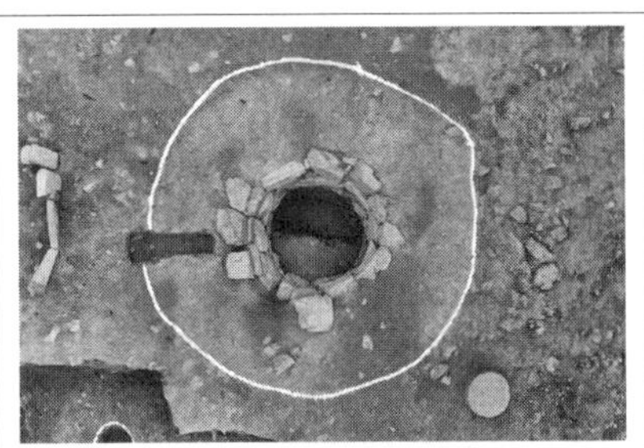
조사 내용	※ 정상부 건물지(?) 및 수혈유구 : 정상부 건물지와 관련된 기단시설, 그리고 초석과 적심으로 추정되는 유구 확인. - 표토층에서 바로 노출되는 관계로 심하게 파괴되어 일련의 정형성을 파악할 수 없음. - 일부 석재의 경우 인위적으로 가공(문양)한 석재 확인되어 성벽의 석재를 재사용 추정. - 1호 기단시설 : 장방형(1단)석재를 길이 6m, 너비 1m내외. : 집수정을 중심으로 주변에 원형 혹은 부정형의 수혈유구 확인. - 정형성은 명확하지 않으나 내부에서 백제시대부터 통일신라시대에 해당하는 유물 출토, 전반적으로 백제 토기와 기와(인장와 포함)가 다수를 점하고 있음.	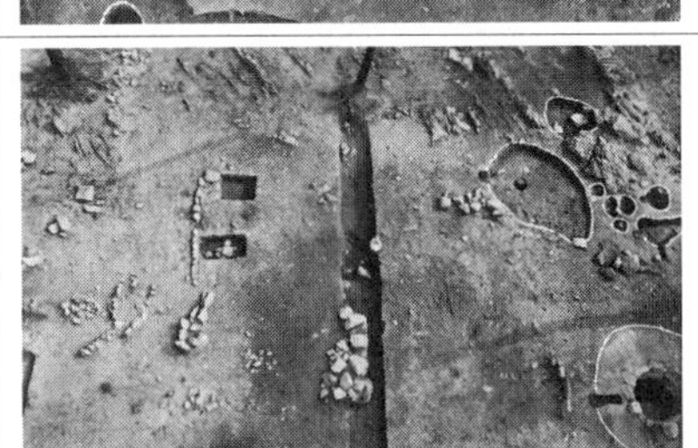 

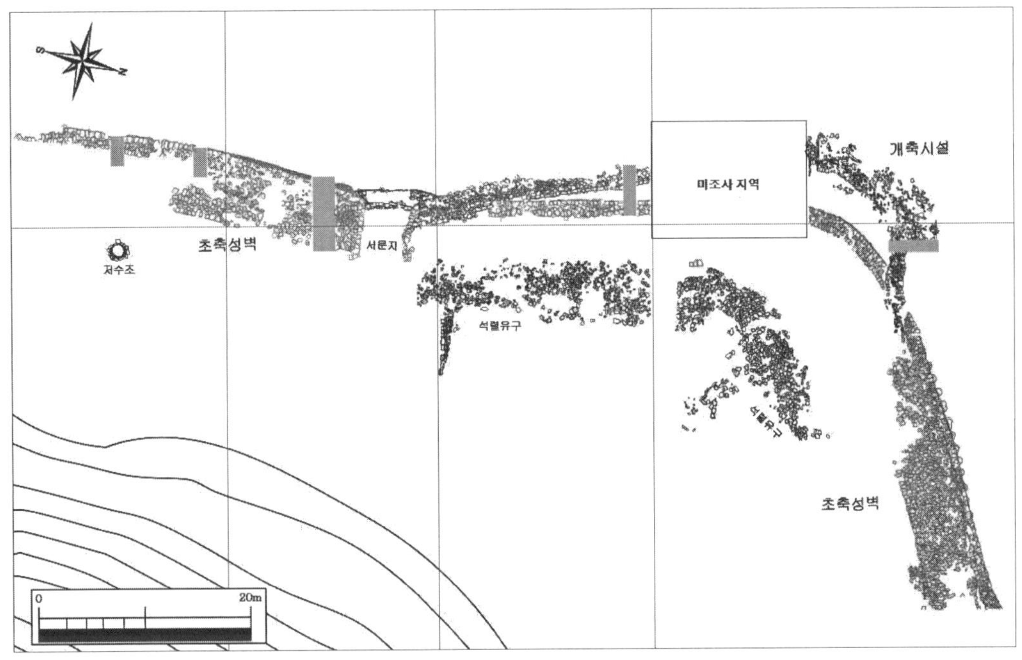

그림 3. 서성벽 및 북서모서리 현황도

④ 2021년 조사(시·발굴: 2021.03.31. ~ 2021.11.12. 조사일수: 87일)[8]

목적	북서모서리 체성부 축조 양상 파악	
조사 내용	※ 북서모서리 체성부 확인. : 북서모서리 부근에서 곡선형으로 축조된 초축(선축)성벽 확인. - 서성벽과 거의 직선 방향에 가깝게 이어지다 모서리에서 곡선형으로 축조. - 북서모서리는 주변지형에서 가장 높은 곳으로 현재 너비 1.7m, 성벽은 2~3단 정도 잔존. - 자연지형을 'ㄴ'자형으로 조성한 후, 외벽의 면을 맞추어 축조. - 후대의 개축시설 하부로 북성벽으로 연결. ※ 개축시설 : 기 조사된 개축시설 연장 확인. - 북쪽 초축(선축) 성벽 상부에 암갈색사질점토로 일정 부분 대지를 형성하고 그 상부에 시설.	

⑤ 2022년 조사(시·발굴: 2022.10.05. ~ 2023.03.31. 조사일수: 93일)[9]

목적	북성벽 체성부 축조방법 및 남동모서리 체성 확인.	
조사 내용	※ 북성벽 체성부 축조: 협축으로 확인. : 성벽 너비 최대 5.9m 내외, 내부에 흙과 할석으로 채움. - 외성벽 : 20~50㎝ 내외의 방형·장방형 할석재 사용 축조, 서고동저의 자연지형에 맞추어 성벽 축조. - 내성벽 : 최대 3단 잔존. - 외성벽 서쪽편으로는 기단석 전방 반원형 형태의 크기 50~60㎝ 내외의 주공열 확인, 주공의 간격은 40~60㎝ 내외. 일부 주공 내부에 목주 흔적 관찰. - 외성벽 동쪽편은 서쪽과 달리 암반을 'ㄴ'자로 밀림방지 턱 조성 후 성벽 축조. - 연화문, 파문 막새 및 인장와 다수 출토.	

---

8) 원광대학교 마한·백제문화연구소, 2025, 『익산 오금산성(Ⅲ-1·2구역) –북서모서리·북·남동성벽-』.

9) 원광대학교 마한·백제문화연구소, 2025, 『익산 오금산성(Ⅲ-1·2구역) –북서모서리·북·남동성벽-』.

조사 내용	※ 남동모서리 체성부 확인. : 체성부 굴광은 풍화암반층을 동-서 '凹'자형, 남-북은 계단상 　으로 조성, 내부에 외벽은 치석된 40 ~50㎝ 내외 석재, 내부 　에 최대 1m 내외의 장대석 사용하여 너비 2.5m 내외로 축 　조. - 남-북 방향의 경사진 지형을 고려, 계단식으로 조성. 　관련시설로 미루어 등성(登城)시설로 판단, 이와 연관된 주 　변에 문지가 있을 가능성 높음. - 석재와 축조방식으로 보아 후대에 시설된 것으로 파악. - 어골문, 복합문 계통 암키와 출토.	

⑥ 2023~2024년 조사(시·발굴: 2023.06.05. ~ 2024.10.08. 조사일수: 193일)[10]

목적	집수시설 및 남성벽 체성부 확인.	
조사 내용	위치 : 산성 내 남쪽 계곡부 평탄지 ※ 1980년대 조사 - 당시 집수시설 미확인 - 당시 호상의 석렬시설(現 집수시설 외곽시설로 확인)	
	※ 2023~24년 조사 : 특징- 평면형태 : 상부-원형, 하부-말각방형 　　　- 규 모 : 직경 10m내외, 최대 깊이 4.5m. 　　　- 북벽과 남벽 하단에 80㎝내외 단(段) 설치=="물방울 　　　　형" 　　　- 바닥면 : 자연 암반 인위적 홈 설치==중앙부로 집수 　　　- 벽석 축조 상태 : 상-하 벽석 차이로 보아 한차례 수축 :출토유물 : 바닥 두 번째 층인 흑회색니질점토층+석재함몰층 - 칠피갑옷편, 봉축편, 청동완, 목간형목제품, 기와 및 토기류	

---

10) 원광대학교 마한·백제문화연구소, 2024, 『익산토성 Ⅴ구역 발굴조사 약보고서』.

III. 조사 성과

오금산성의 발굴조사를 통해 밝혀진 주요 성과로는 1) 석축성(石築城) 확인, 2) 남문지 및 서문지 발견, 3) 백제 집수시설 발견 등을 들 수 있다.[11] 최근의 조사 성과를 중심으로 몇 가지 논점을 제시하고자 한다.

1. 초축의 석축성(石築城) 이전에 목책(?)으로서의 방어시설이 존재했다.

오금산성은 얼마 전까지 그 명칭이 '익산토성(益山土城)'으로 불렸다. 이는 석성이 아닌 토성으로서의 산성을 인식한 것이다. 1980년 조사 후 작성된 보고서에서도 가장 큰 성과로 '석성(石城)' 임을 밝히면서도[12] 오금산성은 지형을 고려하여 토축과 석축을 적절히 활용하여 축조한 것으로 파악하였다.[13] 발표자 역시 토성으로서 그 가능성의 견해를 제기한 바 있다.[14] 그 견해의 근거로 북성벽 체성부 하층에서 조사된 목책열과 남문지 서측 주공열을 제시하였다.

북성벽(20m 구간)에서 초축의 성벽, 기단석열 하층에서 원형의 주공군이, 즉 목책열로 판단되는 시설이 약 20m 구간에서 확인되었다.[15] 반원형 혹은 타원형 형태의 주공열은 40~60㎝ 간격, 직경 50~60㎝ 내외

---

11) 오금산성의 조사 성과는 필자의 2023년 논고 「최근 고고학적 성과로 본 익산토성의 성격」을 바탕으로 최근의 조사 성과를 수정 보완하였다.

12) 정명호, 1981, 앞의 보고서, p.1.

13) 전영래, 1985, 앞의 보고서, p.106.

14) 이문형, 2023, 「최근 고고학적 성과로 본 익산토성의 성격」, 『전북사학』 68, 전북사학회.

15) 원광대학교 마한·백제문화연구소, 2025, 『익산 오금산성(Ⅲ-1·2구역) −북서모서리·북·남동성벽−』.

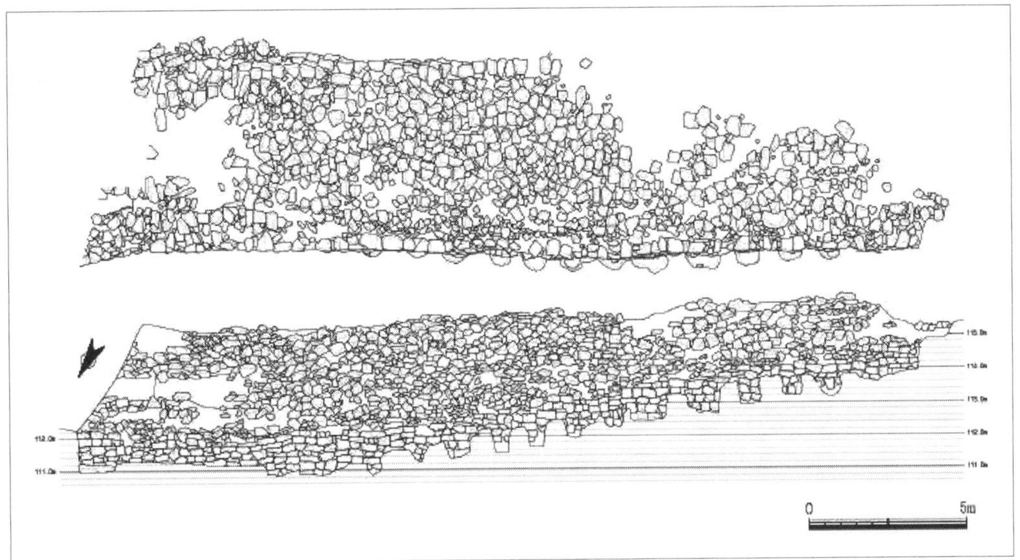

그림 4. 북성벽 평면 및 입면 모습

그림 5. 북성벽 하부 목책열 주공 세부 모습(원광대학교 마·백연구소 2025)

로 동-서 방향의 성벽을 따라 열을 맞추어 모두 13개소가 확인되었다. 그 용도에 대해서는 입목(立木)을 설치할 만한 공간이 없는 점, 또한 주공 내부에 성벽과 맞추어 석재가 채워진 점 등을 고려할 때 초축 성벽 이전 목책과 연관된 구조물일 가능성이 있다고 판단된다.

한편, 발표자는 북성벽과 연동하여 1984년 조사된 남문지 서측 토루와 주공열 역시 초축 성벽보다 먼저 조성된 것으로 판단한 바 있다[그림 6]. 당시 보고자가 [그림 6-上·下]의 협판지주(夾板支柱) 시설로 판단한 주공의 경우 그 깊이가 상대적으로 얕아 지주의 한계성을 지적하고 주공열과 석축열을 각각 별개의 시설로, 서쪽 토루를 초축 성벽보다 먼저 조성된 선행 유구로 의견을 제시한 바 있다.[16] 그러나 최근 남성벽의

---

16) 이문형, 2023, 앞의 논문, p.20: 이번 논고를 통해 기존 견해를 수정하고자 한다. 다만, [그림 6] 서측 토루 사진(右)에서 보듯이 일단의 주공열은 석열의 후면에 자리하고 있어 최근 보축 시설의 석재 사이의 주공이 자리한 것과 일정 부분 차이가 있어 앞서 제시한 선대유구일 가능성 또한 배제할 수 없다.

체성부 조사에서 초축 성벽을 앞쪽에서 보축 시설의 존재가 새롭게 확인되었다[그림 7].[17) 보축시설은 초축 성벽에 잇대어 면을 다듬지 않은 할석을 흙과 같이 쌓았다. 높이는 최대 7단(1.5m), 너비는 약 1m 내외로 중간에 70~100㎝ 간격으로 목주를 세웠던 흔적이 관찰되며, 그 바닥에서 원형의 주공이 확인되었다. 이는 일정한 간격으로 기둥을 세운 후 보축시설을 축조한 것으로 판단된다. 이와 같은 결과로 볼 때 북성벽은 목책열, 남성벽은 보축을 위한 목주로 각각의 성격을 정리할 수 있다.

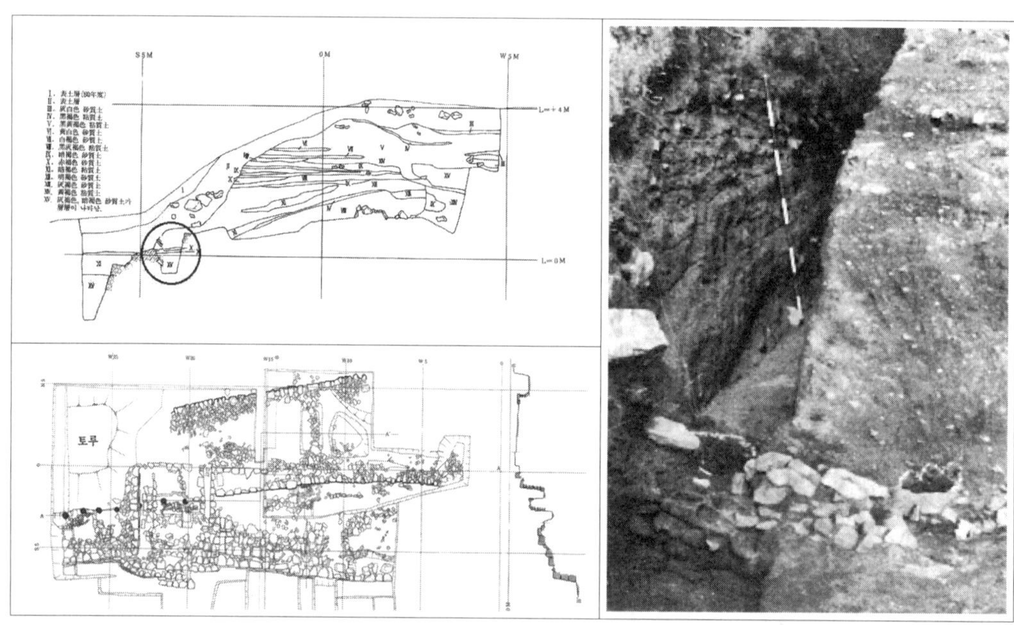

그림 6. 남문지 서측 토루 토층(上), 사진(右) 및 남문지 주변 초축성벽(下) (이문형, 2023 그림 7 인용)

그림 7. Ⅴ구역 초축 성벽 및 보축 모습(원광대학교 마·백연구소 2024)

---

17) 원광대학교 마한·백제문화연구소, 2024, 『익산토성 Ⅴ구역 발굴조사 약보고서』.

2. 백제 시기 초축 산성의 평면 형태는 전형적인 포곡식 산성의 '삼태기형'이다.

2023년 오금산성 남동쪽으로, 산성의 평면 형태에 있어 돌출 구간(Ⅲ-2구역)에 대한 조사가 실시되었다. 그 결과 명확한 성벽의 체성부가 확인되지 않고 기존 성벽 축조와 다른 석재를 사용하여 조성한 시설이 확인되었다.

그 조성 방법을 보면 기반층인 풍화암반층을 동-서 방향은 너비 2.5m 내외 'ㅵ'자상으로, 남-북 방향은 원래 지형을 고려하여 계단식으로 굴광하였다. 이후 동-서 방향 'ㅵ'자상 내부의 내·외면에 40~50㎝ 크기의 치석한 석재를 놓은 후, 내부에는 장대석을 놓아 수평을 맞추었다.

그림 8. Ⅲ-2구역 위치 및 관련 시설(원광대학교 마·백연구소 2025)

경사면 하단부인 남쪽에서 북쪽으로 오르는 지형을 고려하여 계단상으로 조성한 것으로 보아 구릉 상부, 일련의 시설물을 오르기 위한 등성(登城)시설로 추정된다. 해당 층위는 전반적으로 상부에서 아래로 함몰된 층으로 그 내부에서는 통일신라시대 이후의 어골문과 복합문 등의 평기와가 다수 출토되었다.

한편, 등성시설의 서측 상단부에 일부 석재가 확인되나 성벽의 체성부로 판단하기에는 명확하지 않다. 이와 관련, 금번 조사구역에 연접한 1985년 조사에서도 이와 유사한 시설이 보고된 바 있으며, 능선의 상부에서 구들시설과 함께 시루 등이 출토된 바 있다.[18]

---

18) 全榮來, 1985, 앞의 보고서, pp.27-28.

초축과 연관된 체성부의 부재와 축조 방법, 장대석 사용, 출토된 기와 등으로 미루어 통일신라시대에 축조된 것으로 추정된다. 이와 관련하여 최근 남문지 동쪽편에서 초축 성벽이 확인되었다. 초축 성벽은 너비 6m 내외의 협축식으로 동쪽방향으로 연장하면 동쪽에서 남문지로 내려오는 능선 즉, 현재 돌출된 능선이 아닌 북동쪽 정상부에서 남서방향으로 뻗은 능선과 자연스럽게 연결된다. 또한 동남쪽 설정한 탐색 Tr. 내부에서도 이와 연결되는 윤곽이 확인되었다.

따라서 이러한 점으로 볼 때 오금산성의 초축(석축)성벽의 평면 형태는 기존과 달리 산성 내부 중앙에 계곡을 둔 전형적인 삼태기 모양의 포곡식 산성으로 추정된다[그림 9].

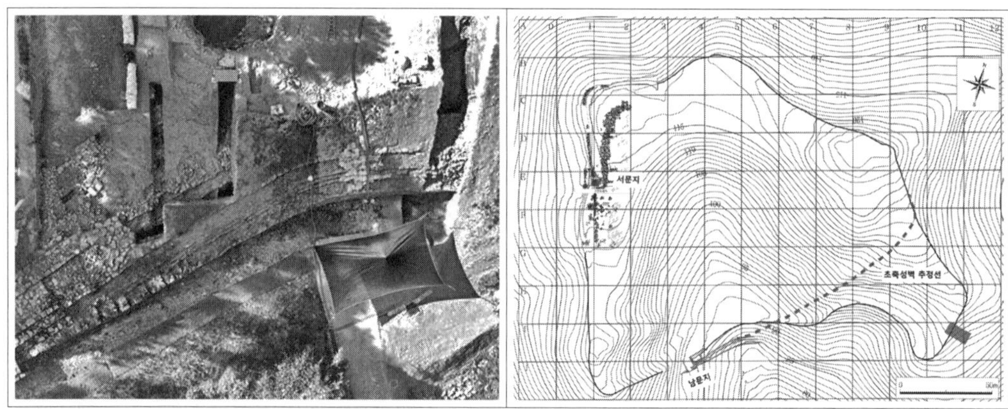

그림 9. 남성벽 모습 및 초축시기 평면형태

3. 백제 시기 집수시설이 발견되었다.

오금산성 내부 중앙 계곡 평탄지(V구역)에서 석축의 집수시설이 확인되었다. 규모는 직경 10.0m 내외, 최대높이는 4.5m(서벽), 바닥면은 남-북 3.6m 정도이다.

평면형태는 상부는 원형에 가까우며, 바닥에는 북쪽과 남쪽에 유선형의 석축 단(段)을 설치하여 위에서 보면 마치 '물방울' 모양의 형태이다. 최하단석 북동모서리에서 지속적으로 유입되는 유수를 바닥의 자연 암반층에 인위적인 홈을 내어 중앙부 구덩이에 고이도록 설계하였다. 이로 보아 '물방울' 모양의 석축 단 역시 중앙부로 물을 유도하기 위한 시설물임을 짐작할 수 있다. 이는 집수시설의 최하단 벽석과 맞물려 축조되고 있는 점에서 축조 당시부터 해당 시설을 계획하였음을 알 수 있다.

집수시설의 벽체는 바닥에서 약 1.8m 내외 높이에서 상단부와 하단부의 축조 상태가 명확하게 구분된다. 하단부는 길이 60~80㎝ 정도의 비교적 장방형과 방형의 할석을 허튼층쌓기로 축조하면서 벽석의 틈이 없고 견고한 반면, 상단부는 길이 10~60㎝ 정도의 다양한 크기의 할석재를 사용하여 역시 허튼층쌓기로 쌓았는데, 상대적으로 하단부에 비해 정형성이 떨어지고 불규칙하여 전반적으로 잔존상태가 양호하지 못하다.

이러한 상·하의 벽석의 축조양상은 해당 집수시설의 수축(修築)과 관련된 것으로 파악된다. 집수시설의

그림 10. 집수시설(左; 바닥면 입수부, 右; 남벽)

내부를 조사하는 과정에서 해당 기점을 경계로 하여 하층에서 다량의 석재가 함몰되어 있었다. 이러한 정황은 집수시설의 내·외곽 토층 양상에서도 확인되었다. 해당 층위는 하층에서 두 번째 해당하는 층으로 흑회색니질점토층+석재함몰층에 해당되는데 내부에서는 함몰된 석재와 함께 대부분의 유물이 해당 층에서 출토되었다.

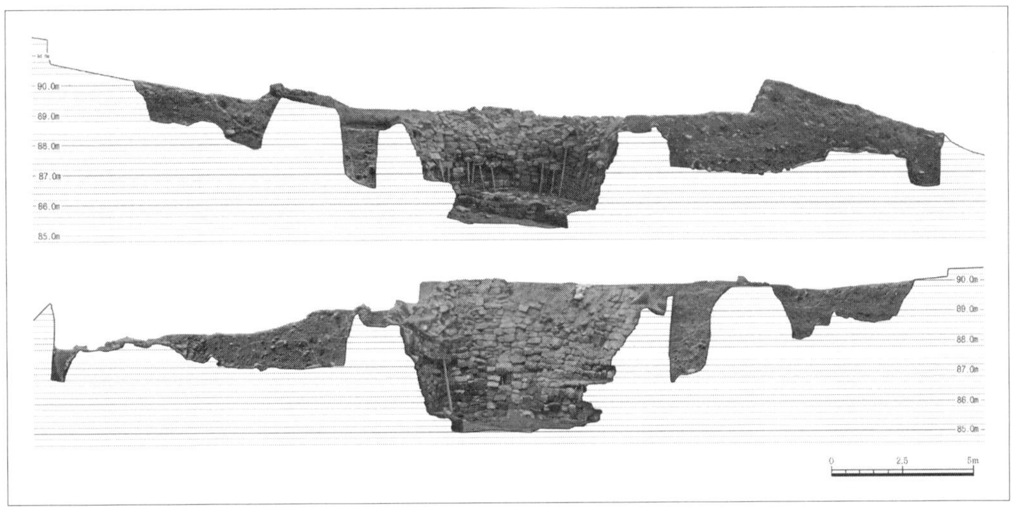

그림 11. 집수시설 내·외부 토층 양상

집수시설의 내·외부의 전체적인 양상으로 볼 때 먼저 축조 사용하던 집수시설이 어느 시점에 상부가 무너져 함몰되자 이후 함몰된 기점을 중심으로 일정 부분 정비하고 그 상부에 덧대어 보수·보축해서 사용하였던 것으로 추정된다.

IV. 문자자료로 본 시기와 성격

1. 자료의 검토

현재까지 오금산성에서는 삼국 시대(백제)~조선 시대에 이르는 유물이 출토되고 있다. 그러나 유물의 출토 빈도에 있어서는 백제 시기 유물이 다수를 차지하고 있다. 출토된 유물 중 문자자료를 통해 그 시기와 성격을 추론해 보고자 한다.

1) 「북사(北舍)」 銘 토기편

토기류의 가운데 「북사」 명 토기편이 특징적이다. 호형(壺形)토기 몸체에 원형의 「북사」 명 인장이 찍힌 것으로 현재까지 보고된 8점 가운데 부여지역 외 출토 예는 오금산성이 유일하다. 오금산성 출토 편은 대형 호의 동체부에 1조의 횡침선 하단에 원형의 「북사」명 인장이 찍혀 있는데 부여 금성산 출토 편과 크게 다르지 않다.

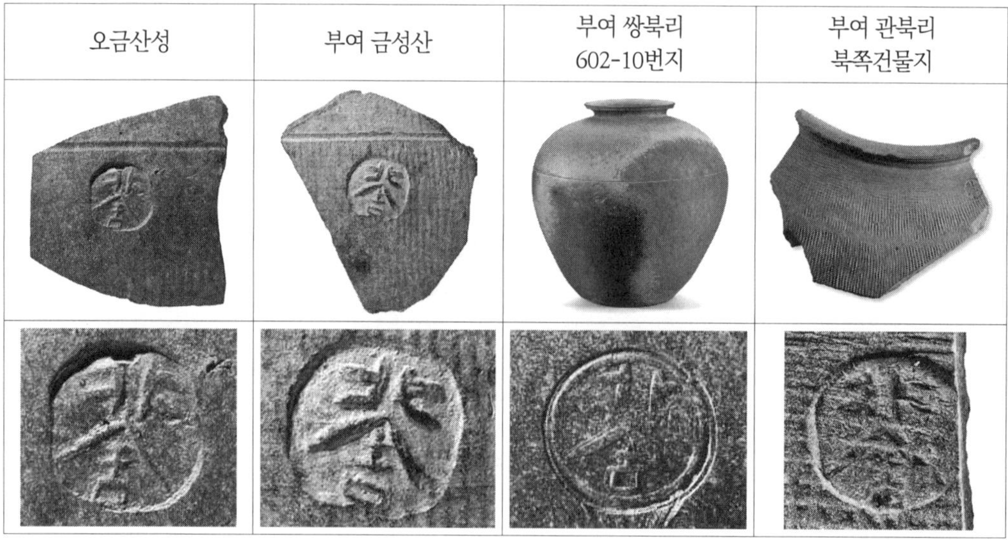

오금산성	부여 금성산	부여 쌍북리 602-10번지	부여 관북리 북쪽건물지

그림 12. 익산 및 부여지역 「北舍」 銘 토기편 출토 예(이문형, 2021, 40쪽. 인용)

「북사」 명 의미에 대해서 부여 관북리유적 출토품을 들며 '왕궁 북쪽에 자리한 관청'의 건물명으로 해석한 견해,[19] 그리고 중국 도성의 좌묘우사(左廟右社)의 '左廟'에 해당하는 도성 내부 '백제 시조묘'를 모신 건물(제사)로 인식한 견해 등이 있다.[20]

---

19) 서정석, 2014, 「부여 관북리 '北舍'명 토기 출토 건물지의 성격」, 『한국성곽학보』 제26집, 한국성곽연구회, p.57.
20) 충남대학교박물관, 1999, 『부여 관북리 백제유적 발굴보고(II)』, p.77.

현재까지 「북사」 명 토기편이 출토된 다수의 유적이 국가시설과 연관된 유구에서 출토되고 있어 오금산성 내부에 관청과 연관된 건물지가 있었을 개연성이 높다고 판단된다. 더불어 이들 건물에 토기를 납품하는 공방에서 찍었을 것으로 추정된다. 이와 유사한 사례로 익산 왕궁리유적과 부여 부소산성 출토 「서관(書官」 名 토기편을 들 수 있다.[21] 「서관」은 국가 행정에 필요한 서사(書寫)의 사무를 실질적인 전문인력이 소속된 관청으로 추정하고 있다.[22] 역시 「북사」 명 토기편과 동일하게 호형토기 동체부에 원형의 「서관」 명 인장이 찍혀 있다.

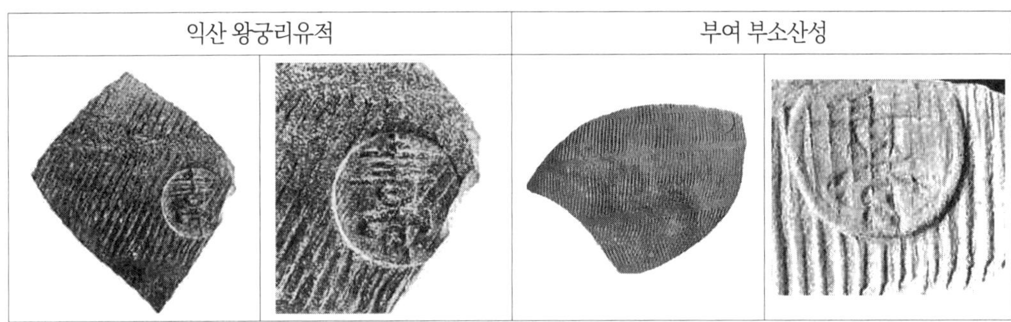

익산 왕궁리유적	부여 부소산성

그림 13. 「書官」銘 토기편 출토 예(원광대 마백연구소, 2020, 172쪽. 인용)

2) 「수부(首府)」 명 및 「오부(五部」 명 인장와

기와류는 막새기와, 평기와가 출토되었는데 평기와 중에서도 암키와가 다수를 점하고 있다. 특히, 집수시설 내부에서 많은 수량의 암키와가 출토되었다. 평기와 중 오금산성에서는 120여점 이르는 인장와가 출토되었다.

먼저 「수부(首府)」 명 인장와(1점)를 들 수 있다. 「수부」 명 인장와는 익산 왕궁리유적 10점, 부여 관북리유적 6점을 포함하여 5개소 유적에서 총 22점이 보고되었다.[23] 「수부」 명 인장와 역시 부여와 익산지역에서만 한정하여 출토되고 있다. 오금산성 출토품은 장방형(2.0×4.3㎝)형태의 양각 인장으로 「수부」 명이 선명하게 찍혀 있다.

---

21) 현재까지 부여 부소산성, 구교리 367번지 유적, 가탑리 가탑들 유적과 익산 왕궁리, 광암리·동촌리 유적을 포함 총 5점이 보고되었다.

22) 서관과 관련된 직접적인 기록은 『삼국사기』 권9, 신라본기, 경덕왕 6년조 '置國學諸業博士·助教'와 『삼국사기』 권38, 잡지 제7, 직관 상 '國學'과 연관하여 유추할 수 있다. 해당 기록은 신라의 기록이나 부여 부소산성과 익산 왕궁리유적에서 출토되고 있어 백제 시기에도 해당 관청이 있었을 것으로 추정된다.

23) 지금까지 「首府」銘 인장와는 익산에서는 왕궁리유적(10점)과 오금산성(1점), 그리고 왕궁리유적 출토품으로 알려진 원광대박물관(1점)과 한국교원대박물관(1점)이 있다. 부여지역에서는 관북리유적(6점), 부소산성(1점), 구드레유적(1점) 등이 있다(원광대학교 마한·백제문화연구소, 2020, 앞의 보고서, p.174).

오금산성	왕궁리유적

그림 14. 익산지역 「首府」 銘 인장와 출토 예(이문형, 2021, 40쪽. 수정 인용)

익산과 부여지역 출토 「수부」 명 인장와는 장방형의 형태와 크기, 서체 등에 있어 매우 유사한 형태이다. 이에 대해 해당 인장와는 동일시기에 같은 감독 관리하에서 제작되고 사용된 것으로 해석하고 있다.[24] 이러한 견해는 「수부」 명 인장와를 3D 촬영을 통해 일정 부분 확인할 수 있다. 3D 촬영으로 해당 유물을 관찰해 보면 오금산성-부소산성 출토품은 동일 인장으로 판단되며, 관북리유적 출토 2점의 인장와 역시 동일

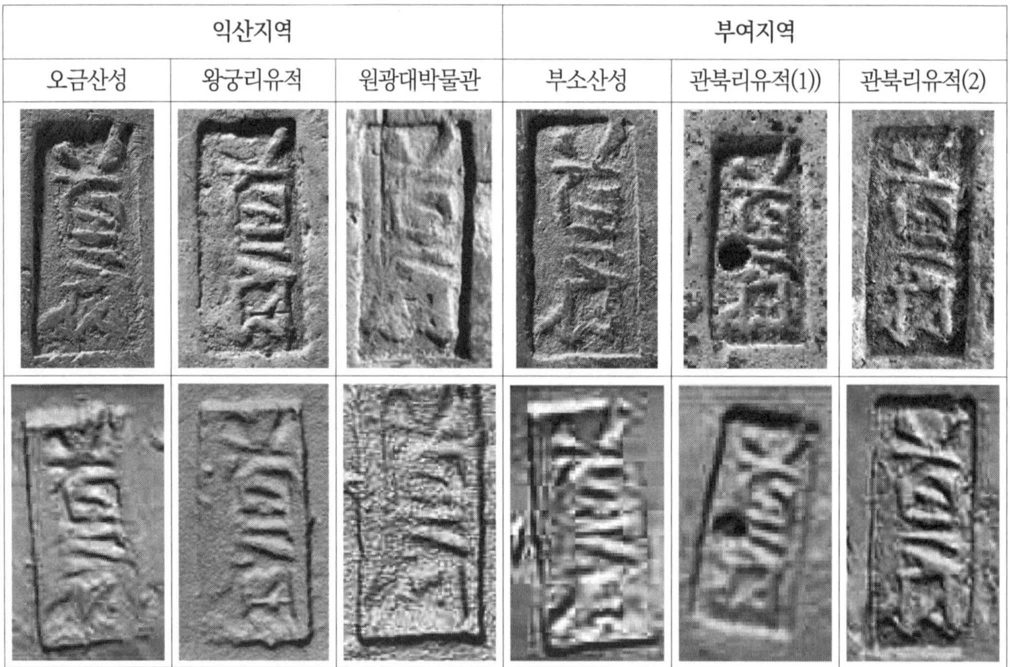

익산지역			부여지역		
오금산성	왕궁리유적	원광대박물관	부소산성	관북리유적(1))	관북리유적(2)

그림 15. 익산 및 부여지역 「首府」 銘 인각와 (박동범, 2024, 125쪽, 그림 6, 7 수정 인용)

---

24) 박순발, 2013, 「백제도성의 시말」, 『중앙고고연구』 제13호, 중앙문화재연구원, p.23.

인장을 사용한 것으로 판단된다.[25] 다만, 같은 인장을 사용함에도 인장의 반복적인 사용으로 인한 마모, 누르는 힘의 강·약 등 인장을 사용하는 전·후 과정에서 취급자에 의해 글자의 세부적인 차이가 발생할 가능성 또한 높다.

한편 백제 사비시기 기와류 가운데 특징적인 유물의 하나인 인장와(印章瓦) 역시 오금산성에서 「申阝甲瓦」, 「後阝乙瓦」, 「己(乙)丑」, 「辰」, 「pB」, 「申+斯」, 「己+首」 등 다양하게 출토되었다. 출토된 인장와는 미륵사지나 왕궁리유적 출토된 것과 큰 차이가 없다.

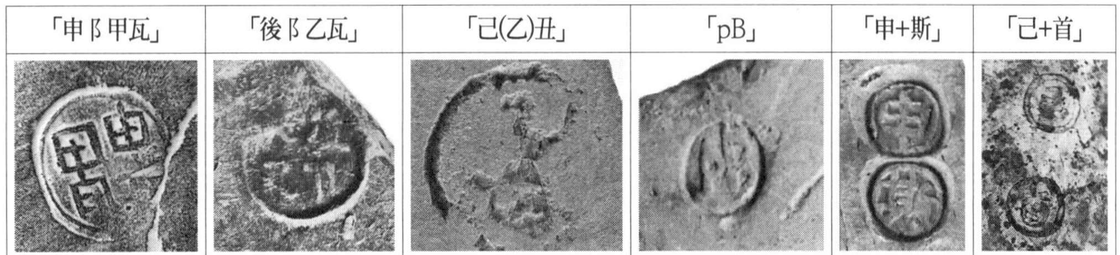

「申阝甲瓦」	「後阝乙瓦」	「己(乙)丑」	「pB」	「申+斯」	「己+首」

그림 16. 오금산성 출토 각종 인장와

출토된 인장와 가운데 오금산성에 다수가 출토된 「上氺」, 「中氺」, 「下氺」, 「前氺」, 「後氺」 명 원형 인장와가 주목되는데, 현재까지 타 유적 출토 예는 익산의 왕궁리유적(1점)이 유일하다.[26]

오금산성 출토 「上-中-下-前-後」 명 인장와를 관련하여 백제 사비 천도 후 시행된 五部-五巷制가 연상된다. 백제 오부-오항제에 대해서는 중국의 『周書』, 『隋書』, 『北史』 등에 비교적 소상하게 기록되어 있다.

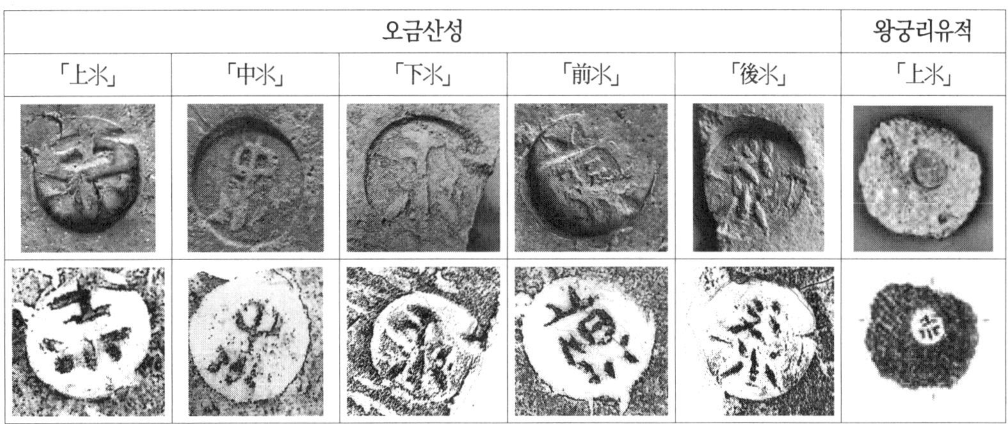

오금산성					왕궁리유적
「上氺」	「中氺」	「下氺」	「前氺」	「後氺」	「上氺」

그림 17. 오금산성 출토 「○氺」銘 인장와(박동범, 2024, 125쪽, 그림 8 인용)

---

25) 박동범, 2024, 「익산토성 출토 인각와의 의미와 시기」, 『호남고고학보』 77, 호남고고학회, p.124.

26) 왕궁리유적에서 「上氺」 명 인장와 1점이 보고(국립부여문화재연구소, 2008, 『왕궁리 Ⅵ』)된 바 있다.

백제 오부제와 연관된 유물은 부여, 익산을 비롯하여 정읍의 고사부리성, 나주 복암리유적 등 백제 故地에서 문자 자료로 실증되고 있다. 왕궁리유적을 비롯하여 미륵사지, 오금산성에서도 「申卩甲瓦」, 「後卩乙瓦」 등 오부와 연관된 인장와들이 출토되었다.

이와 달리 「○卩」가 아닌 「○氺」로 출토되는데, 더불어 「○氺」를 '물=水' 자로 인식해야 되는지, 그리고 '水'는 의미를 어떻게 해석해야 하는지, 이에 대해 필자는 현재까지 백제 고지에서 출토된 「전-중-하-전-후」 명 인장와의 출토 용례로 볼 때 오부와 연관된 것으로 판단하고 있다. 더불어 익산지역에서도 부여에서 출토되는 오부명 각종 인장와가 여러 유적에서 다양하게 출토되고 있다.

上卩甲瓦 	中(申)卩甲瓦 	下卩甲瓦 	前卩甲瓦 	後卩甲瓦 
上卩乙瓦 	中卩乙瓦 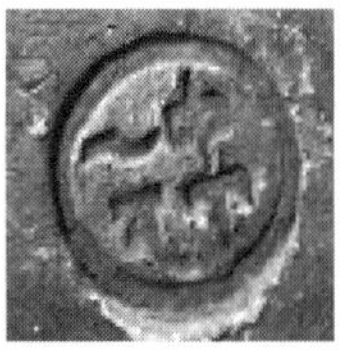	下卩乙瓦 	前卩乙瓦 	後卩乙瓦 

그림 18. 익산지역 출토 五部銘 인장와(박동범, 2024, 128쪽, 그림 10. 수정 인용)

오부는 사비 천도 후 수도를 편제한 제도로, 익산은 국내 기록 어디에도 백제의 수도로 기록되어 있지 않다. 다만, 백제 말 무왕시기(재위 600~641) 익산이 고대 도성으로서의 요건에 부합되는 여러 고고학적 유적이 확인되고 있으며,[27] 일본 청련원 소장의 『관세음응험기』에 천도 사실이 기록되어 있다. 따라서 이 같은 정황으로 미루어 백제 시기의 익산지역은 수도에 준하는 일련의 도성 체계를 갖추었다고 볼 수 있다. 이러한 점에서 현재까지 익산지역에서만 출토되고 있는 「上氺-中氺-下氺-前氺-後氺」 명 인장와는 익산지역 「오부」제의 편제와 관련된 유물로 파악된다.

「上氺-中氺-下氺-前氺-後氺」 명의 「氺」를 '물=水'로 볼 수 있는지 여부이다. 이를 참고할 수 있는 자료가 공주 공산성과 임실 성미산성 출토된 방형의 「上水」, 「中水」 명 인장와이다. 이들 인장와를 비교해 볼 때 상대적으로 오금산성 원형의 인장과 달리 방형의 인장은 확실하게 '水'로 인식할 수 있다. 방형의 인장와는 오금산성 출토 인장와보다 후행하는 형식으로, '水'의 인장와 출토 예와 '氺'의 자전 용례 등으로 볼 때 오금산

---

27) 이미 학계에 잘 알려진 바와 같이 익산지역에는 왕궁(왕궁리유적)-국가사찰(미륵사지/제석사지)-왕릉(익산쌍릉)-관방(오금산성 등)유적 등 고대 도성으로서의 요건을 갖추고 있다.

성 출토 「○水」 인장와 역시 '水'로 인식할 수 있다.

익산 오금산성		공주 공산성		임실 성미산성	
 上水	 後水	 上水	 中水	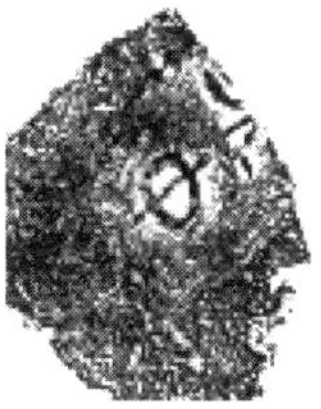 中水(?)	 ○水

그림 19. 「○水銘 인각와 및 「水銘 인각와(박동범, 2024, 129쪽, 그림 11 수정 인용)

　　한편 그 의미에 대해서는 '水'자는 '部'의 좌우 변의 '啇'자와 'β'자의 이체자나 간자체로 보면서 「上-中-下-前-後」의 사용된 용례를 들어 새로운 형태의 「五部」 명 인장와로 본 견해가 있다.[28] 더불어 방형의 '○水' 인장와에 대해서는 집수시설 인근의 건물지 내지는 배수시설에서 확인됨에 따라 물과 관련된 건물지에 사용된 기와로 본 견해도 있다.[29]

　　필자 역시 전자의 견해와 같이 새로운 「五部」 명 인장와일 가능성의 여지가 높다고 생각한다. 다만, '-水'의 의미에 대해서는 백제 시기 익산의 지명이 '금마저(金馬渚)' 임을 고려할 때 '渚'자의 'ⅰ' 변을 '水'로 표현한 것으로 추정하고 있다. 이는 앞서 살펴본 오부명 '上β甲와' 인장와에서 '部=β'의 표현 예에서 그 가능성이 높다고 판단된다.

3) 문서표지용 목간 「봉축(棒軸)」 편

　　문서표지용 목간의 한 유형인 '봉축'[30] 편은 집수시설 내부 흑회색니질점토층+석재함몰층 내부 층에서 여타의 다른 유물들과 함께 출토되었다. 길이 13.4㎝, 직경 2.2㎝ 내외의 둥근 타원형의 막대기 형태로 한쪽 부분은 파손된 채로 발견되었다. 봉(棒)의 한쪽 마구리 면에 '丁巳 今在食' 묵서가 유려한 서체로 서사되어 있다. '丁巳'는 의자왕 17년인 657년을, '今在食'는 '지금 남아있는 식량' 정도로 해석할 수 있다.

　　문서축(文書軸), 혹은 권축(卷軸)은 문서들을 두루마리(卷物)의 형태로 문서의 끝에 풀칠 등으로 하여 붙여서 심(축)으로 한 것인데[31] 일본에서는 축(軸)의 형태에 따라 '제첨축(題籤軸)'과 '봉축(棒軸)'으로 구분하고 있다.[32] 제첨축은 문자를 서사하는 머리 부분의 '제첨'과 문서를 지지하는 심의 역할을 하는 '축'으로 구성되

---

28) 박동범, 2024, 앞의 논문, p.129.

29) 이병호, 2022, 「한국 고대 문자기와의 전개양상」, 『한국학논총』 58, 국민대학교한국학연구소, p.21.

30) 봉축(棒軸)은 '목첨축(木簽軸)'이라고도 불린다.

31) 이경섭, 2007, 「함안 성산산성 출토 제첨축과 고대 동아시아세계의 문서표지 목간」, 『역사와 현실』 65, 한국역사연구회, p.189.

봉축 편 모습	디지털 카메라 촬영본	적외선 카메라 촬영본

그림 20. 집수시설 출토 봉축 편

어 있으며, 봉축은 둥근 형태의 봉형 축으로 축의 마구리(木口)에 문서 이름이나 내용을 기록한 것이다. 이러한 문서축은 문서를 직접 펼쳐 확인하지 않고도 그 내용을 파악할 수 있는 문서 표식(標識)의 역할을 하였다.[33] 우리나라와 달리 일본에서는 정창원(正倉院) 소장품을 비롯하여 적지 않은 유적에서 출토된 것으로[34] 알려져 있다.

봉축	제첨축

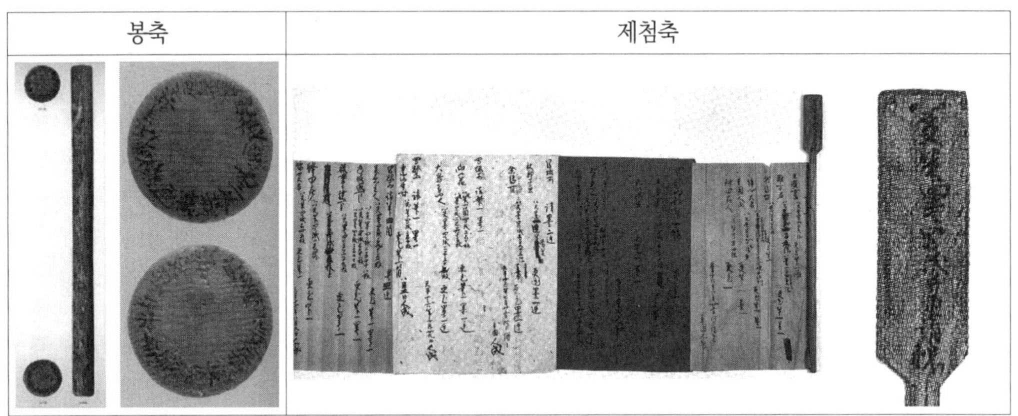

그림 21. 左: 일본 평성궁 출토 봉축, 右: 정창원 소장 제첨축(이경섭, 2007, 사진 1·2 수정 인용)

일본의 연구에 의하면 공식적인 문서에는 봉축을, 일상적인 장부 등의 경우에는 제첨축을 사용한 것으로 알려져 있다.[35] 또한 문서의 보관 방식에 있어서도 제첨축은 권축 머리가 위로 오도록 항아리나 상자 등에 수직으로 꽂아놓는 방식으로, 봉축은 권축 마구리(木口)가 보여야 하기에 선반에 수평으로 올려놓는 방

---

32) 木簡學會 編, 2003, 『日本古代木簡集成(解說)』, 東京大學出版會, p.92.

33) 이경섭, 2007, 앞의 논문, p.189.

34) 이경섭, 2007, 앞의 논문, 각주 11) 재인용, p.193.

35) 이경섭, 2007, 앞의 논문, p.189.

식으로 정리·보관되었을 것으로[36] 본다.

지금까지 우리나라에서 제첨축은 부여 궁남지와 함안 성산산성에서 출토된 바 있다. 그러나 봉축은 이번 오금산성 출토 예가 처음이라 할 수 있다. 고대국가의 공문서는 관료가 임의로 만드는 것이 아니라 법령에 따라 생산·보존·폐기되며, 이 과정 자체가 법령에 따라 정기적으로 조사 통제되는 점으로 미루어 고대 문서 행정은 율령체제와 불가분의 관계를 갖는다.[37] 이러한 점으로 볼 때 오금산성 내에서 문서 행정이 이루어졌거나 혹은 이를 보관하던 건물이 존재하였을 개연성이 높다. 봉축 편 이외에도 서사하지 않은 목간형 목제품도 일부 출토되었다.

2. 시기와 성격

전술하였듯이 오금산성에서 출토된 다수의 유물은 인근의 왕궁리유적을 비롯하여 미륵사지에서 출토된 백제 시기 유물과 큰 차이를 보이지 않는다. 이는 보아 오금산성 역시 주변의 여타 백제 주요 유적과 같은 시기에 운영된 관방시설로 볼 수 있다.

백제 시기 익산지역의 개발 시기에 대해서는 위덕왕-법왕-무왕 등 연구자 간 다양한 견해가 제기되고 있다. 그러나 최근 서동생가터로 전하는 유적에서 중국 북조 북주(北周)시기에 주조된(567년) '五行大布'가 출토되어 학계에 알려진 바 있다.[38] 이 같은 고고학적 정황으로 볼 때 위덕왕 시기부터 익산지역의 개발이 시작되었으며, 법왕과 무왕 대를 거치면서 오늘날과 같은 유적 경관이 이루어진 것으로 판단된다.

한편, 오금산성에서 직접적인 연대 추정자료로 '봉축'편 목구에 서사된 「丁巳」명 문자를 들 수 있다. 이와 같은 문자 자료는 왕궁리유적과 미륵사지에서도 인장와의 형태로 출토되고 있다.

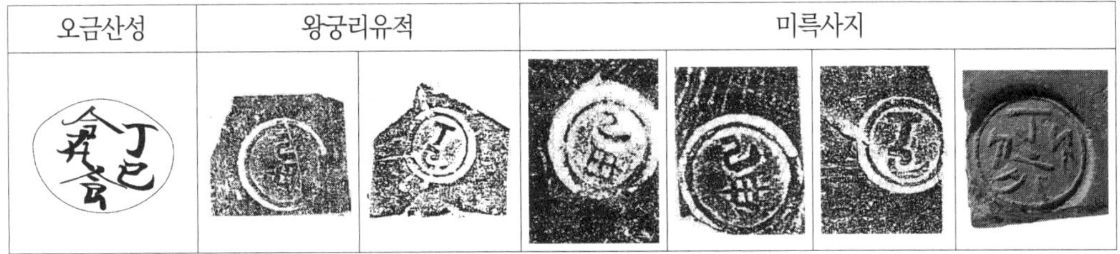

오금산성	왕궁리유적		미륵사지			

그림 22. 익산지역 출토 간지명 문자 자료

지금까지 출토된 기년명 문자 자료로는 「丁巳」, 「丁亥」, 「己丑」[39] 등이 있다. 기년에 대한 편년은 「丁巳」는 위덕왕 44년(597) 또는 의자왕 17년(657)으로, 「丁亥」와 「己丑」는 각각 무왕 27년(627)과 무왕 29년

---

36) 윤선태, 2007, 「백제의 문서행정과 목간」, 『한국고대사연구』 48, 한국고대사학회, p.317.

37) 윤선태, 2007, 앞의 논문, p.305.

38) 전북문화재연구원, 2023, 「傳 서동생가터 유적-서동생가터 유적 정비 문화재 정밀발굴조사 용역(2·3차)- 학술자문회의자료」.

39) 일부 연구자는 「乙丑」으로 판독하기도 한다.

(629)으로 보고 있다.

금번 오금산성 출토 봉축편에 서사된 '丁巳' 기년의 연대는 집수시설 내부 같은 층에서 출토된 칠피갑옷 편을 고려할 때 의자왕 17년(657)으로 추정된다.

한편 칠피갑옷(편)은 공주 공산성과 부여 관북리유적에 이어 이번 오금산성 출토가 세 번째 출토 사례에 해당한다.[40] 오금산성에서는 총 8개체에 이르는 편이 밀폐된 뻘층에 있었던 관계로 그 상태는 비교적 양호한 편이다. 해당 편의 크기는 길이는 8.5㎝, 너비 5.5㎝ 내외이다.

그림 23. 백제 '칠피갑옷' 출토 모습

오금산성 출토품은 공산성 출토 칠피갑옷 유형 분류 안에 의하면[41] 상찰 16-3유형으로 크기와 투공의 위치 등에서 동일한 부위에 해당하는 것으로 파악되었다.

공주 공산성과 부여 관북리유적 칠피갑옷은 전반적인 출토 양상으로 보아 백제 말 당나라와의 전란의 상황에서 형성된 것으로 인식하고 있다. 여기에 더하여 칠피갑옷의 백제 제작설과 당나라 제작설이 첨예하

그림 24. 공주 공산성 및 익산 오금산성 칠피갑옷

---

40) 최근 부여 관북리유적(16차) 발굴에서도 과거 23년 출토된 수혈유구(5호)의 미조사 지점을 비롯하여 다른 1호 수혈유구에서도 다량의 목탄과 함께 갑옷편이 출토 보고되었다(부여 관북리유적(16차) 발굴조사 7차 자문회의 자료집, 2024, 12, 국립부여문화유산연구소).

41) 유미나, 2023, 「백제지역 출토 갑주 현황과 연구 성과-공산성 칠피갑옷을 중심으로-」, 『경주 쪽샘지구 신라고분유적 XV-1-2, 쪽샘 C-10호 목곽묘 출토 찰갑 조사연구 보고서』, pp.64-67, 국립경주문화재연구소.

게 대립, 연구자 간 큰 이견이 있는 것으로 알고 있다. 다만, 백제 말 익산지역은 공주나 부여와 달리 당나라와의 직접적인 접촉이 없었던 지역이다. 여하튼 이번 오금산성 집수에서 출토된 칠피갑옷 편이 문제 해결의 실마리가 될 것으로 본다.

본 발표자는 과거 무왕시기 금마지역의 방어체계를 이원적 구조의 방어체계로 본 바 있다.[42] 즉, 자연하천을 이용한 왕궁방어 체계와 미륵사를 중심의 산성방어 체계가 그것이다. 현재 오금산성은 왕궁과 미륵사의 중간, 즉 이원적 방어체계의 중간 점이지대의 연결선 상에 자리하고 있다. 오금산성의 북으로는 미륵사가 한눈에 조망되고 지금도 미륵사 방향의 교통로가 있다. 왕궁리유적과는 직선거리로 약 2.3㎞ 떨어져 있는데 이 사이의 금마면소재지에서는 백제와 연관된 그 어떠한 유구도 발견된 바 없다. 따라서 백제 무왕시기 금마면소재지에 대해서도 국가 차원의 일정한 통제가 이루어졌을 가능성이 높은데,[43] 이 공간적 범위를 금원(禁園)으로 설정하고 금군(禁軍) 혹은 방어군의 주둔지로 본 견해가[44] 있다. 이를 감안할 때 백제 무왕시기에는 왕궁-(傳)서동생가터-오금산성-미륵사로 연결되는 교통로가 이용되었을 가능성이 높다고 판단된다.[45]

결과적으로 부여 관북리유적-부소산성과 같이 오금산성은 왕궁리유적의 피난성으로의 역할을 했던 것으로 해석할 수 있다.

V. 맺음말

오금산성은 오금산 정상부(해발 125m)와 남쪽의 계곡을 에워싸고 축조된 포곡식 산성으로 그 둘레는 690m이다.

오금산성은 1980년과 84년 두 차례 발굴조사 이후, 2016년부터 2025년 현재까지 지속적인 학술발굴 조사를 실시하고 있다. 지금까지의 조사 성과를 간략히 살펴보면 다음과 같다.

첫째, 오금산성은 석축성(石築城)이다. 그러나 석축성 이전 방어시설이 있었을 개연성이 있다. 이는 북성벽에서 초축 성벽 이전의 구조물일 가능성이 있는 원형의 목책열이 20m 구간에서 확인되었다. 둘째, 초축 산성의 평면형태는 전형적인 '삼태기형'의 포곡식 산성이다. 셋째, '물방울' 모양의 평면 형태을 지닌 백제시기의 집수시설을 발견하였고 그 내부에서는 '칠피갑옷' 및 '봉축' 편 등이 출토되었다.

한편, 오금산성에서는 「北舍」명 토기편, 「首府」명, 「五部」명 인장와 등 문자자료가 출토되었다. 해당 유물은 현재까지 부여와 익산지역에 한정되어 왕실과 연관된 국가시설물에서만 출토되고 있다. 특히, 익산지

---

42) 이문형, 2021, 앞의 논문, pp.44-50.

43) 이문형, 2021, 앞의 논문, p.49.

44) 박순발, 2010, 「익산 도시구조와 미륵사」, 『백제 불교문화의 보고 미륵사』, 국립문화재연구소, p.310.

45) 최근 서동생가터의 5차 발굴조사지역에서 오금산 방향의 백제 시기 도로유구가 확인된 바 있다(전북문화유산연구원, 2024, 서동 생가터 유적정비 문화재 발굴조사(5차) 학술자문회의 자료).

역의 오부명으로 추정되는 「上氷-中氷-下氷-前氷-後氷」 명 인정와의 「水」는 익산의 백제 시기 지명인 '금마저(金馬渚)'의 '渚'의 ' 氵 '변을 표현한 것으로 추정된다. 더불어 문서표지용 목간의 한 유형인 '봉축'이 우리나라에서 처음으로 출토되었다. 봉축의 한쪽 마구리 면에는 '丁巳 今在食(정사년 지금 남아있는 식량)' 이 서사되어 있다. 기존 연구에 의하면 봉축은 국가의 공식적인 문서에 사용된 것으로 알려져 있다. 따라서 오금산성 내에 문서행정이 이루어졌거나 또는 이를 보관하던 건물이 존재하였을 가능성이 높다.

오금산성의 축조 운용시기는 여타의 익산 백제 유적과 동 시기에 운영된 관방시설로 추정된다. 또한 봉축 편과 같은 층위에서 출토된 '칠피갑옷' 편을 고려할 때 '丁巳' 기년의 연대는 의자왕 17년인 657년으로 판단된다.

한편, '칠피갑옷' 편은 공주 공산성, 부여 관북리유적에 이어 세 번째 출토 사례로, 공산성 출토 칠피갑옷 유형의 상찰(16-3형)과 동일한 부위로 관찰되었다. 현재 공주와 부여지역 출토 칠피갑옷은 백제 제작설과 당나라 제작설 등 연구자 간 큰 이견이 있다. 이번 오금산성 출토 칠피갑옷 출토가 문제 해결의 실마리가 될 수 있을 것으로 보인다.

오금산성은 왕궁과 미륵사의 중간 연결선상에 위치하고 있는 점으로 볼 때 익산 왕궁리유적과 익산토성은 부여 관북리유적-부소산성의 관계, 즉 '왕궁과 피난성'의 관계일 가능성이 높다. 따라서 오금산성은 왕궁의 피난성으로 판단된다.

투고일: 2025.04.17.   심사개시일: 2025.05.30.   심사완료일: 2025.06.16.

『三國史記』

『新增東國輿地勝覽』

국립미륵사지유물전시관, 2017, 『일제강점기 사진으로 보는 익산의 문화유산』.

국립부여문화재연구소, 2008, 『왕궁리 Ⅵ』.

국립부여문화유산연구소, 2024, 「부여 관북리유적(16차) 발굴조사 7차 자문회의 자료집」.

문화재청, 2020, 『백제왕도 핵심유적 익산지역 발굴조사 마스터플랜 수립보고서』.

박동범, 2024, 「익산토성 출토 인각와의 의미와 시기」, 『호남고고학보』 77, 호남고고학회.

박순발, 2010, 「익산 도시구조와 미륵사」, 『백제 불교문화의 보고 미륵사』, 국립문화재연구소.

______, 2013, 「백제도성의 시말」, 『중앙고고연구』 제13호, 중앙문화재연구원.

서정석, 2014, 「부여 관북리 ʻ北舍ʼ명 토기 출토 건물지의 성격」, 『한국성곽학보』 제26집, 한국성곽연구회.

원광대학교 마한·백제문화연구소, 2016, 『익산의 성곽』.

______________________, 2020, 『익산토성-서문지·서성벽』.

______________________, 2024, 「익산토성 Ⅴ구역 발굴조사 약보고서」.

______________________, 2025, 『익산 오금산성(Ⅲ-1·2구역) -북서모서리·북·남동성벽-』.

유미나, 2023, 「백제지역 출토 갑주 현황과 연구 성과-공산성 칠피갑옷을 중심으로-」, 『경주 쪽샘지구 신라고분유적ⅩⅤ-1-2(쪽샘 C-10호 목곽묘 출토 찰갑 조사연구 보고서)』, 국립경주문화재연구소 .

윤선태, 2007, 「백제의 문서행정과 목간」, 『한국고대사연구』 48, 한국고대사학회.

이경섭, 2007, 「함안 성산산성 출토 제첨축과 고대 동아시아세계의 문서표지 목간」, 『역사와 현실』 65, 한국역사연구회.

이문형, 2016, 「익산지역 고대 성곽의 분포 현황과 특징」, 『마한·백제문화』 제28집, 원광대학교 마한·백제연구소.

______, 2021, 「백제 무왕시기 익산지역의 방어체계」, 『중앙고고연구』 제34호, 중앙문화재연구원.

______, 2023, 「최근 고고학적 성과로 본 익산토성의 성격」, 『전북사학』 68, 전북사학회.

이병호, 2022, 「한국 고대 문자기와의 전개양상」, 『한국학논총』 58, 국민대학교 한국학연구소.

전영래, 1985, 『익산 오금산성 발굴조사 보고서』, 원광대학교 마한·백제문화연구소.

______, 2003, 『전북고대산성조사보고서』, 한서고대학연구소.

전북문화재연구원, 2023, 「傳서동생가터 유적-서동생가터 유적 정비 문화재 정밀발굴조사 용역(2·3차)-학술자문회의자료」.

전북문화유산연구원, 2024, 「서동 생가터 유적 정비 문화재 발굴조사(5차) 학술자문회의자료」.

정명호, 1981, 『보덕성 발굴조사 약보고(일명 익산토성)』, 원광대학교 마한·백제문화연구소.

충남대학교박물관, 1999, 『부여 관북리 백제유적 발굴보고(Ⅱ)』.

Abstract

The Construction Date and Characteristics of Ogeumsanseong (old, Iksan Earthen Fortress) as
Revealed from Written Materials

Lee, Moon Hyoung

The present paper analyzes the written materials excavated from Ogeumsanseong in Iksan to examine its construction date and characteristics.

Ogeumsanseong is a stone-built castle located around the peak of Ogeumsan Mountain with a valley to its south. However, judging from the confirmation of a row of wooden palisades before the stone fortress wall on the northern wall, it is probable that there were defensive facilities prior to the stone fortress wall. In addition, a water collection facility made of stone during the Baekje period was discovered on the flat land to the south, and various relics such as 'lacquered leather armor' (漆皮盔甲) and pieces of "document index (棒軸)" were excavated from inside.

Among the relics excavated from Ogeumsanseong, there were pieces of pottery with the inscription "北舍" meaning northern residence, a seal with the inscription "首府" meaning government location, and a seal with the inscription "五部" meaning five sections. The relics are currently limited to Buyeo and Iksan regions and have only been found in the national facilities related to the royal family. In particular, the letter "水" in the sealed tiles for five presumed names of Iksan region "上氺-中氺-下氺-前氺-後氺" is thought to express "氵" in "渚" of "Geumma-jo (金馬渚)" which was the name of Iksan during the Baekje-period. In addition, a type of wooden tablet used for "document index (棒軸)" was excavated for the first time in Korea. On one side of the document index is written "丁巳 今在食, which means food remaining in the year of Jeongsa (丁巳)." According to the previous researches, the document index is known to have been used for official state documents. Therefore, it is possible that document administration was carried out within Ogeumsanseong or that there was a building which housed the documents.

It is supposed that Ogeumsanseong was put in use at the same time as other Baekje relics of the Iksan region. And the year of 'Jeongsa (丁巳)' in the document index is estimated to be AD 657, the 17th year of King Uija's reign.

Meanwhile, considering that Ogeumsanseong is located midway between the royal palace and Mireuksa Temple, it is highly likely that the Wanggung-ri site and Ogeumsanseong are in a relationship of 'royal palace and a refuge.' Therefore, Ogeumsanseong can be seen as a once refuge of the royal palace.

▶ Key words: Iksan, Ogeumsanseong, stone-built castle, water collection facility, Baekje

白前과 前白의 사이

– 신라 '백전'목간의 사례와 성립배경 –

김창석*

Ⅰ. 머리말
Ⅱ. 白前木簡의 검토
Ⅲ. 백전목간의 특징과 성립배경
Ⅳ. 맺음말

〈국문초록〉

신라의 백전목간은 6세기 중엽 이후 報告나 通知를 위해 사용된 公文書 목간이고, 나무를 25~35㎝ 길이의 굵기가 가는 4각주형으로 가공하여 〈발신처+白, 수신처+前, 전달할 정보〉의 기본서식을 따라 4면에 걸쳐 묵서로 작성한 것이다.

백전목간과 일본 고대의 전백목간은 출현시기뿐 아니라 형태, 서식, 용도 등이 서로 다르다. 전백목간은 대부분 발신처를 생략할 정도로 같은 관부 내, 領屬關係가 있는 관부 사이, 업무관계가 밀접한 관료끼리 사용되었는데, 백전목간은 사안이 중대하고 공식적이었으며 복수의 관부, 지역에 걸쳐 사용된 경우가 많아 발신자를 명시하여 책임 소재를 분명히 했다.

백전목간의 성립과 관련하여 口頭報告의 전통이 문자화된 것이라는 견해가 있다. 그러나 백전목간의 형태적 정형성, 비교적 정연한 서식을 볼 때 구두보고의 자의성, 무규범성 등을 피하고 의사전달의 질서를 부여하려는 의도를 강하게 확인할 수 있다. 白, 前의 표현을 갖고 구두보고 여부를 따질 수 없는 것이다.

신라는 3세기 후반 이래 낙랑·대방군 및 中原 정권과 교섭하면서 중국의 문서식을 배우고, 5세기부터는 여기에 더해 고구려로부터 문서행정 기술을 수용했다. 이는 곧 국왕의 외교문서로 출발한 '書'가 국내용 행정문서로 轉用·확산되는 과정이었다. 신라의 백전목간은 520년의 율령법에 의해 국가 행정제도의 하나로서 성립되었으며, 中古期 동안 가장 일반적인 문서로서 널리 사용되었다고 보인다.

▶ 핵심어: 白前木簡, 前白木簡, 문서행정, 신라, 書式, 발신자, 수신자, 謙辭

---

* 강원대학교 역사교육과 교수

I. 머리말

종래 한국 고대의 목간 중 '前白木簡'이라고 불려온 것이 있다. 목간 기록에 前, 白이 등장하기 때문인데, 고대 일본에서 유사한 書式의 문서목간이 사용되었다. 이로 인해 한국의 사례를 주목하여 일본 전백목간과 서식이 비슷하다거나, 한 걸음 더 나아가 일본 전백목간의 源流로 이해하는 연구가 이어지고 있다.[1]

경청할 바가 있는 주장이지만, 한국의 사례를 일본의 그것과 함께 '전백목간'이라고 일괄하여 파악하면 자칫 일본의 전백목간과 다른 점이 捨象되어 버릴 우려가 있다. 또한 이 종류 목간의 서식, 수발과정 등이 한반도로부터 일본 열도로 移植된 것처럼 단순하게 이해되고, 한국 내부의 자체 變異나 일본이 이를 수용한 후 나타나는 변용의 양상이 간과될 수 있다.

한편 일본 고대문서의 출현을 놓고, '口頭傳達로부터 문서로 변천'했다는 이해가 확산되면서 公式令에 의한 문서행정 체계가 성립되기 전부터 사용된 전백목간이 바로 구두전달의 내용을 기록한 초기의 문서형식이라는 견해가 제기된 바 있다.[2] 근래 한국학계에서도 한국의 이른바 전백목간이 구두전달의 잔영을 간직하고 있다고 보고, 전백목간의 성립배경으로 '구두의 세계'를 상정하는 견해가 나오고 있다.[3]

소위 한국의 전백목간론은 이처럼 초기 문서목간의 면모와 기능에 관한 문제제기라고 할 수 있고, 이것이 어떠한 기반 위에서 어떤 경로를 통해 성립하게 되었는가를 밝혀야 하는 중대한 과제를 내포하고 있다. 필자는 이를 해결하는 단서를 찾기 위해서 기왕에 한국의 전백목간으로 분류된 사례를 모두 재검토하고자 한다. 과연 한국의 사례가 일본의 전백목간과 유사한지, 그 원형이라고 할 수 있는지 점검하기 위해서이다. 그 결과를 기초로 하여 이 종류의 한국 목간 사례를 白前木簡이라고 새롭게 범주화해 보고자 한다. 그 과정에서 기왕의 논의의 여러 문제점이 드러날 것이다. 더불어 이 부류의 목간이 한국 고대국가에서 성립하게 된 배경도 탐색해 보려고 한다. 제현의 질정을 바란다.

---

1) 하남 이성산성 출토 문서목간이 일본 전백목간과 관련이 있을 것이라는 점은 李成市, 1996, 「新羅と百濟の木簡」, 『木簡が語る 古代史 上』, 東京, 吉川弘文館에서 처음 지적되었다. 이후 한국과 일본의 전백목간을 하나의 계보로 보는 연구가 잇달았다(윤선태, 2005, 「월성해자 출토 신라 문서목간」, 『역사와 현실』 56; 윤선태, 2008, 「목간으로 본 한자문화의 수용과 변용」, 『新羅文化』 32; 이경섭, 2013, 『신라 목간의 세계』, 景仁文化社; 市 大樹, 2019, 「일본 7세기 목간에 보이는 한국목간」, 『木簡과 文字』 22; 이치 히로키, 2023, 「일본 고대 文書木簡의 전개」, 『木簡에 반영된 古代 동아시아의 法制와 行政制度』, 중문).

2) 早川庄八, 1985, 「公式樣文書と文書木簡」, 『木簡研究』 7; 同, 1997, 「口頭の世界と文書の世界」, 『日本古代の文書と典籍』, 東京, 吉川弘文館; 渡邊晃宏, 2010, 「日本古代の都城木簡と羅州木簡」, 『6~7세기 영산강유역과 백제』, 국립나주문화재연구소.

3) 이경섭, 2013, 앞의 책; 동, 2021, 「신라 문서목간의 話者와 書者」, 『新羅史學報』 51이 대표적이다.

II. 白前木簡의 검토

1. 기보고 사례

한국 목간 자료 중 일본의 전백목간과 관련하여 거론된 사례는 다음과 같다. 이를 서식을 주의하면서 다시 살펴보고자 한다.[4]

① 성산산성 가야5598

1면　三月中　眞乃滅村主憹怖白

2면　□城在弥卽等智大舍下智前去白之

3면　卽白　先節六十日代法稚然

4면　伊乇罹及伐尺寀言廻法卅代告今卅日食去白之

* 書式을 보여주는 부분은 밑줄을 긋고 굵은 글씨로 표시함. 이하 동일.

함안 성산산성에서 출토되었으며, 길이가 34.4㎝, 각 면의 폭이 1.0~1.9㎝이다. 4면목간이고 결실이 없는 완형이다.[5] 면마다 單行으로 기록했다. 진내멸촌이 관할하던 지역에서 伊乇罹 及伐尺이 役任을 수행하던 중 문제를 일으켰고,[6] 이를 진내멸촌의 村主가 미즉등지 大舍와 하지라는 인물에게 보고했다고 해석된다.[7] 따라서 성산산성과 그 管下의 촌 사이에 오간 지방 城 단위의 문서이다.

첫머리에 보고 시점을 3월이라고 명기했고, 보고 주체(발신자)를 쓴 다음, 보고 대상(수신자)을 쓰고, 이어서 내용을 적었다. 보고 주체 앞에 '憹怖'라는 겸사를 붙이고, 그 뒤에 '白'을 써서 보고자임을 표시했고, 수신자 뒤에는 '前'을 썼다. 보고자는 직명만 쓰고, 보고를 받는 상위의 인물은 이름과 관등을 밝혔다. 4면 말미의 '白之'는 그 직전까지의 내용이 보고 사항임을 표시하는 어구이다.

② 성산산성 가야2645

1면　六月中□□馮成□□村主敬白之□□□成□之

2면　樂□智一伐大□□也　功六□大城従人丁六十日

3면　元彡走石日率此□卅更□□□

4면　窂日治之人此人烏□城置不行遣乙白

---

4) 판독은 기왕의 다수 의견을 바탕으로 하였으며, 필자가 일부 수정·보완한 부분이 있다.

5) 최장미, 2017, 「함안 성산산성 17차 발굴조사 출토 목간 자료 검토」, 『木簡과 文字』 18.

6) 金昌錫, 2017, 「咸安 城山山城 17차 발굴조사 출토 四面木簡(23번)에 관한 試考」, 『韓國史硏究』 177.

7) 이재환, 2019, 「함안 성산산성 출토 문서목간과 力役 동원의 문서 행정」, 『木簡과 文字』 22.

* 사각형 안의 글자는 추정자임.

** 점선 표시는 두 글자를 한 글자처럼 合字하여 쓴 것임.

함안 성산산성에서 출토되었으며, 크기는 길이 25㎝, 너비 3.4㎝, 두께 2.8㎝이다.[8] 4면목간이고 면마다 單行으로 기록되었다. 완형으로 보인다. 하단부에 4개 면을 돌아가며 홈이 새겨져 있어 끈으로 어딘가에 매달거나 연결했을 터인데 용도는 미상이다. ①처럼 맨 앞에 6월이라는 시점을 적었는데, 日字가 없는 것은 ①과 ②가 月 단위로 이뤄지는 보고였기 때문일 것이다. 어떤 지역의 촌주가 보고했음을 '白之'를 써서 표시했고, 겸사는 '敬'이다.

前 자는 보이지 않는다. 이 목간에서 '成'이 '城'의 의미로 쓰인 듯하므로 "□□馮成□□村主"는 □□馮成(城)의 □□村主라고 해석할 수 있다. 前 자를 포함하여 수신자를 생략한 것이라면, 촌주가 자신이 속한 상위 행정단위인 □□馮成에 보고하는 문서여서 굳이 중복 기재할 필요가 없었기 때문이라고 생각된다. 내용은 분명하지 않지만, 桑□智一伐이 60일간 人丁을 동원하여 徭役을 수행했으나 어떤 일이 생겨 烏□城과 관련된 일은 마치지 못했다는 것이라고 보인다. ①과 마찬가지로 □□馮成과 그 통할을 받는 촌 사이에 오간 지방의 문서이다.

4면의 끝에서 두 번째 글자는 그간 '之'라고 읽어왔으나 앞에 나오는 같은 글자와 字形이 다르고 之의 첫 획인 點이 없다. 따라서

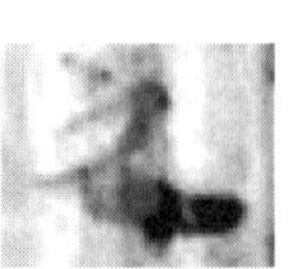

그림 1. 1·4면의 之

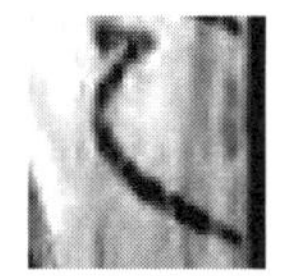

그림 2. 4면(좌)과 성산산성 가야2001(우)의 乙

이를 '乙'로 판독해 보았다. 그림 2에서 보듯, 성산산성 가야2001에서 乙자가 확인된다. 乙을 이두로 파악하면, 이 글자는 주로 목적격 조사로 쓰였으므로[9] 1면의 "□□□成□之"로부터 4면의 "烏□城置不行遣"까지 이르는 보고 내용을 한정하는 기능을 했다고 보인다.[10] ① 말미의 '白之'와 같은 역할이다.

③ 월성해자 2016-418

1면　典中大等敬白沙㖨及伐漸典前　　×

2면　阿尺山□舟□至若□省□事　　×

3면　急墮爲在之　　　　　　　×

4면　　　　文人周公智吉士·　　×

* ×는 떨어져나간 결실부를 표시함.

---

8) 국립가야문화재연구소, 2017, 『韓國의 古代木簡 Ⅱ』, 예맥, p.356.

9) 장지영·장세경, 1988, 『이두사전』, 정음사, p.19.

경주 월성해자에서 출토된 4면목간으로 25.9×2.5×2.2㎝ 크기이다. 면마다 單行으로 기록했다. 하단부에 떨어져 나간 흔적이 있으나 서식을 파악하는 것은 가능하다. '敬白' 앞에 붙은 典中大等이 보고자이고 '前' 앞의 沙喙及伐漸典이 수신자이다. 전중대등의 이름과 보고 시기는 쓰지 않았다. 겸사는 '敬'이다. 내용은 미상이지만, 배[舟]를 운영하다가 문제가 생겨 급히 어떤 조치를 취했다는 내용일 것이다. 4면의 吉士 뒤에 찍은 '·'은 이 문서의 終止符이다.[11] 발신자인 전중대등은 진흥왕 26년(565)에 설치된 典大等의[12] 이칭으로 보인다. 전대등은 집사부의 前身인 품주 조직에 속해 그 실무를 총괄하는 역할을 맡았을 것이다. 전대등이 11등 나마~6등 아찬까지의 관등을 갖고 있었으므로 14등 吉士인 문인 주공지는 품주 소속이지만 전대등보다 하위 관료였다.[13] '文人'이라는 직명으로 보아 목간을 작성한 것은 주공지였다. ①과 ②는 각각 보고자인 진내멸촌주와 □□촌주가 직접 작성했다고 보이는 데 비해 이 목간은 작성자와 보고 책임자가 달랐고, 그래서 작성자를 마지막에 기록하여 밝혔다.

수신자인 沙喙及伐漸典은 사훼부의 급벌점전이다. 「마운령 진흥왕순수비」를 보면, 수행원을 나열하면서 及伐斬典을 맡은 훼부의 夫法知 吉之가 나온다. 그런데 수행원[隨駕]의 분류가 沙門道人, 太等, 執駕人, 裏內從人, 騉人, 占人, 藥師, 奈夫通典, 裏內□□, 堂來客, 裏內客, 外客, 助人 등 인원이나 職名으로 되어있어, 그 가운데 하나인 及伐斬(漸)典 역시 관부 이름이 아니고 어떤 職任임을 알 수 있다.[14] 따라서 '사훼 급벌점전'은 결국 사훼부에 소속된 급벌점의 직임[典]을 맡은 직역자를 가리킨다고 보인다.[15] 이 문서는 王京에서 사용되었고, 관료끼리 주고받았다. 수발자의 이름은 생략되었다.

그리고 마운령비에서 급벌참전을 맡은 인물이 훼부의 14등 吉之(吉士)인데, ③의 급벌점전 인물은 비록 사훼부 출신이지만 훼부의 부법지와 같은 직임을 맡고 있으므로 비슷한 관등을 갖고 있었을 것이다. 그렇다면 그는 11~6등이 오를 수 있는 전대등보다 하위의 인물이 된다. 이 목간은 상위의 발신자가 하위의 수신자에게 보냈다고 추정된다.

④ 이성산성 보고서 3-1
1면　戊辰年正月十二日朋南漢城道便×

---

10) 李丞宰, 2013, 「함안 성산산성 221호 목간의 해독」, 『韓國文化』 61 또한 乙이 對格의 이두이고, 뒤에 나오는 白의 목적절을 표시한다고 보았다. 그러나 보고 내용에 대한 해석은 필자와 다르다.

11) 윤선태, 2018, 「월성 해자 목간의 연구 성과와 신 출토 목간의 판독」, 『木簡과 文字』 20, p.97.

12) 『三國史記』 卷38, 志7 職官 上 "執事省 本名稟主(或云 祖主) 眞德王五年 改爲執事部 …… 中侍一人 眞德王五年 置 …… 典大等二人 眞興王二十六年 置 景德王六年 改爲侍郎 位自奈麻至阿湌爲之".

13) 文人을 포함한 품주의 말단관이 진덕왕 5년에 집사부의 下級官인 史로 개편되었을 것이다(위의 책, 同條 "史十四人 文武王十一□年 加六人 景德王改爲郎 惠恭王復稱史 位自先沮知至大舍爲之").

14) 典이 관직명으로 쓰인 사례로서 給帳典에 典 4인이 있고, 寺院成典의 하위 관직인 史를 경덕왕 때 典이라고 개칭한 것(이상 『三國史記』 卷38, 雜志7 職官 上), 진평왕대 익선 아간의 관직인 幢典(『三國遺事』 卷2, 紀異2 孝昭王代 竹旨郎), 匠人을 칭하는 下典(동서, 卷3, 塔像 皇龍寺鍾 芬皇寺藥師 奉德寺鍾) 등을 들 수 있다.

15) 윤선태, 2018, 앞의 논문, p.97은 이를 '沙梁宮과 급벌점전'의 두 관부로 보고, 발신자인 전중대등 역시 관부의 의미로 쓰였다고 하여 관부간 수발된 문서라고 파악했다.

2면　須城道使村主前南漢城孤火□×
3면　城上甲蒲黃去□□□□□賜□×

이성산성 A지구의 1차 저수지 회색 뻘층에서 高杯, 盌, 盒 등 다양한 기종의 신라 토기와 동반 출토되었다. 현존 크기는 15×1.0~4.6×0.5~2.9㎝이며, 하단부가 결실되었다. 4각주형 목간으로 4면은 묵흔이 없다.[16] 冒頭에 干支年과 月, 日을 밝혔으며, 2면에 '前'이 보이므로 須城의 道使와 村主가 수신처에 속했다고 보인다. 1면의 결실부에 수신자가 더 있을 수 있다. 수신자가 복수인 경우는 ①, ⑥, 그리고 분명하지 않으나 ⑦에서 확인된다.

문제는 발신자인데, 1면의 하단부가 떨어져 나가 白 자가 있었는지 알 수 없다. 두 가지 가능성이 있는데, 1면의 결실부에 白이 있는 경우와 2면의 결실부에 있을 경우이다. 만약 '전백'목간의 형식이라면 2면의 결실부에 있어야 한다. 그러나 2면은 前 자의 뒤로 "南漢城孤火□"이 나오므로 결실부에는 이를 잇는 문서의 내용이 기재되었으리라 보인다. 따라서 1면의 결실부에 白 자가 있었을 것이다. 발신자는 南漢城道使[17] 등이고, 성내에 화재와 같은 돌발 상황이 발생하여 밀접한 관계를 맺고 있던 須城의 道使, 村主 등에게 통지한 문서목간이다.

지금까지 본 "…백…전…" 형식의 문서목간은 신라 中代 이후에도 사용되었다.

⑤ 안압지 1호
1면　×　洗宅白之　二典前四□子頭身沐浴□□木松茵
2면　×　□迎之入日□□　　　　　　　　×
3면　×　　　　　　十二月廾七日典大舍 思林　　　　×

月池에서 출토된 중대 이후의 목간이다. 크기는 31.9×3.0×1.5~1.6㎝이다. 4각주형이나 앞면, 좌측면, 뒷면의 3면만 묵서가 있고, 일부 파손되었지만 원형을 간직하고 있다고 보인다.

3면의 대사 思林은 어떤 典에 소속된 관료인데, 이 典이 1면에 나오는 二典 또는 그 가운데 하나의 전을 가리킬 것이다. 이 인물이 말미에 나오므로 이 목간의 작성자이고, 작성일자가 12월 27일이라고 보인다. 이 목간은 원래 세택이 작성해서 보낸 문서를 수신 측인 二典의 관리가 다시 정리해서 작성한 기록용 목간이라고 보인다.

원래 세택이 보낸 문서는 "洗宅白之 二典前"을 포함하고 있었고, 따라서 앞서 살핀 목간들과 동일 형식이

---

16) 金秉模 外, 1991, 『二聖山城(三次發掘調査報告書)』, 漢陽大學校·京畿道, pp.165·441-442.

17) '朋'을 明의 이체자로 보아 발신일의 구체적인 시간을 표시했으리라는 의견이 있었다(李成市, 1997, 「韓國出土の木簡について」, 『木簡研究』 19). 그 가능성과 함께 朋자 그대로 읽어, 남한성과 須城의 統屬·친연관계를 가리킨다고 볼 수 있지 않을까 한다. 그렇다면 뒤에 따로 겸사가 있었는지 알 수 없으나 붕자가 겸사를 대신하거나, 겸사를 강조하는 역할을 했다고 볼 수 있다.

었다. 그 내용은 洗宅이 二典에게 四口子頭身 이하의 물품을 보냈다는 것이라고 추정된다. 二典 소속인 思林이 이를 맞아들이며[迎乙入] 그 내역을 기록했다.[18] 세택과 이전의 상하관계를 알 수 없고, 이 記錄簡에는 겸사가 없는데 思林이 옮겨 쓰면서 원래 세택이 보낸 문서목간에 있던 겸사를 생략했을 가능성이 있다. 원목간은 세택이 二典으로 물품을 보내면서 그 내역을 적어 물품에 첨부했을 터이므로 관부 간 업무 연락용 문서였다고 보인다. 12월 27일은 思林이 이 기록간을 작성한 날짜이고, 원래의 목간은 그보다 앞서 만들어졌을 것이다.[19]

이상 다섯 예는 공통적으로 "…白 …前 …"의 형식을 갖추고 있다. 고대 일본의 전백목간이 "…前 …白 …"의 형식인 것과 완전히 순서가 바뀌어 있다. 이를 한국의 전백목간이라고 부른다면, 일본 전백목간의 한국적 유형이라는 오해가 생길 수 있다. 따라서 "…白 …前 …"의 서식을 따라 백전목간이라고 부르는 것이 온당하다.

2. 백전목간의 新例

이상 기왕에 한국의 전백목간이라고 알려진 사례를 몇 가지 재검토하고, 백전목간이라고 명명해보았다. 그런데 이밖에 새로이 백전목간이라고 짐작되는 자료가 있어 학계에 보고하고자 한다.

⑥ 월성해자 2018-006

1면　×□年正月十七日田□村□幢主再拜白□禀典太小舍前
2면　×□喙部弗德智小舍易稻參石粟壹石稗　參石大豆捌石
3면　　金川一伐上內之　所白人　豈彼花智一尺　文尺智連一尺

월성해자 출토 목간으로 1·2면의 상단부와 측면에 약간의 결실이 있다. 크기는 37×2.8~6×2~3㎝이며 단면 삼각형의 3면 문서목간이다.[20] 이 목간은 삼각주형이어서 ⑧의 원주형과 더불어 ①~⑤와는 형태가 다르다. 그러나 "…白 …前 …"의 기본 서식을 갖추고 있다. 1면의 마지막 글자는 그간 미상자로 처리 되어왔는데 필자는 이를 '前'이라고 판독했다.[21]

---

18) 김창석, 2020, 『왕권과 법 – 한국 고대 법제의 성립과 변천』, 지식산업사, p.193.
　　한편 이경섭, 2013, 앞의 책, pp.125-127은 '在'자를 '左'로 읽고, 세택이 給帳典으로 보낸 문서인데, 여기에 처리 일자와 담당자를 써넣은 것이라고 이해했다. 마치 발신처가 수신처의 처리일과 담당자를 지정한 듯한 해석이어서 동의하기 어렵다.
19) 윤선태, 2008, 앞의 논문, p.195; 하시모토 시게루, 2021, 「新羅 文書木簡의 기초적 검토 – 신 출토 월성해자 목간을 중심으로」, 『嶺南學』 77, pp.213-215는 세택이 보낸 원 문서의 작성일이 12월 27일이었다고 이해하고, 신라에서 문서의 작성일을 冒頭에 적던 기재 순서가 중대 이후 문서 말미로 바뀌었고, 이것은 唐 公式令의 영향이라고 주장했다. 그러나 이 날짜는 원 문서의 작성일이 아니라 이것을 轉載하여 思林이 이 목간을 작성한 일자라고 생각되므로 당 공식령과 관계를 논하기에 적당한 예가 아니다.
20) 전경효, 2021, 「2018년 출토 경주 월성 해자 삼면목간에 대한 기초적 검토」, 『木簡과 文字』 27.
21) 이에 대해서는 김창석, 2023, 「부여 동남리 49-2번지 출토 백제 목간의 내용과 용도 – 목간 1·2를 중심으로」, 『韓國古代史研

1면의 첫머리에 깨진 곳을 포함하여 干支年이 나오고, 정월 17일이라는 목간의 작성일자가 기록되었다. 발신자는 囲□村의 □幢主, 수신자는 □禀典의 太小舍이다. 겸사는 再拜이다. 발신자가 촌의 당주인 데 비해 수신자는 중앙 관부의 관원이어서 관원 간의 문서이고, 지방으로부터 왕경으로 전달된 문서이다. 백전목간의 하나로 파악할 수 있다.[22]

그림 3. ⑥ 1면의 추정 '小舍前' 부분(국립경주문화재연구소, 2022, 『신라 왕경 목간』, p.340)

흥미로운 것은 수신자인 □禀典의 太小舍이다. 前 앞에 '卄'처럼 보이는 자형이 있으나, 뒤에 나오는 ⑩의 小舍 합자를 보면 舍의 口가 마치 다른 글자처럼 쓰여 있다. 卄보다는 舍 자의 하부 口의 획이라고 보인다. 太小舍는 太舍 즉 大舍와 小舍(舍知)를 가리킨다고 보인다. ⑧을 보면, 寺典 大宮士等처럼 複數의 관원이 발신자로 등장한다. 이처럼 관부명과 함께 복수의 발신자, 수신자를 기재함으로써 실제로 해당 업무를 담당하는 관료를 부각시키는 효과를 거둘 수 있었을 것이다.

보고 내용은 "어느 部의 불덕지 小舍가(에게) 稻 3석 등의 곡물을 수령(지출)했고[易], 금천 一伐이 (위의 곡물을) 납입했다[上內]."는 것이다.[23] 말미에 적힌 所白人은 一尺(외위 9등)의 하위 인물이어서 囲□村의 □幢主와 다른 사람이다. 뒤에 재론하겠지만 당주는 보고의 책임자이고, 이 문서목간을 지참하고 가서 제출함으로써 보고를 실제 수행한 사람이 기피례지 일척이다. 그는 囲□村의 재지 세력으로서 당주의 명령을 받아 왕경을 왕래했다. 따라서 所白人을 따로 밝히지 않은 경우는 보고 책임자가 직접 보고했거나, 자신과 다른 목간 전달자의 기재를 생략했다고 생각된다. 文尺 역시 一尺 관등을 가진 재지 인물로서 ③의 文人처럼 書記 역할을 맡아 당주 휘하에서 이 목간을 작성했다. 끝에 마침표는 없는 듯하다.

⑦ 이성산성 보고서8-5[24]

1면　□軍公白三引□□□□□□□前作蒵課□□九□×
2면　　　節□蒵二□□□九負住不長九負三丹【　】×
3면　　　　　　　　【　　　　　　　】×
4면　　　　　　【　　　】蒵二□長九負□　　　×

* 【　】는 자획이 보이지만 글자 수를 확인할 수 없는 부분을 표시함.

究』 111, pp.310-311을 참조하기 바란다.

22) 하시모토 시게루, 2021, 앞의 논문, pp.194-198은 2면의 易자를 前이라고 판독하고, 지방의 당주가 중앙으로 물품을 진상하는 내용이라고 해석했다.

23) 김창석, 2023, 앞의 논문, p.312.

24) 이성산성 출토 목간의 사진은 國立加耶文化財硏究所, 2011, 『韓國 木簡字典』, 예맥, p.242·297-298을 따랐다. 판독문 역시 이를 참고하되 필자가 수정·보완하였다.

그림 4. ⑦의 1~4면(좌로부터)

　　이성산성의 C지구 저수지의 5문화층에서 출토된 4면목간이다. 흑색 격자타날문의 평저토기, 帶狀把手 등 고구려계 토기와 동반 출토되었다고 한다. 목간은 하단부가 결실되었으며, 잔존 크기는 길이 35㎝, 폭 1.1~1.3㎝, 두께가 1.0~1.3㎝이다.[25]

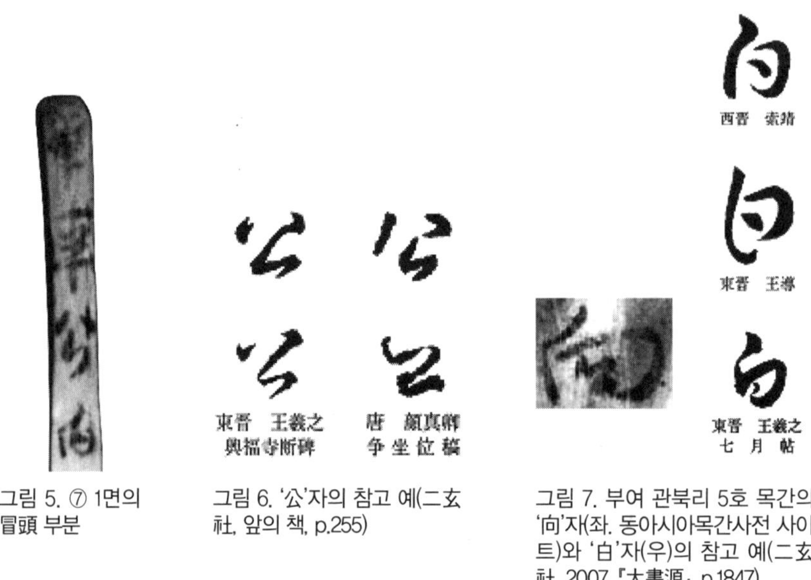

그림 5. ⑦ 1면의 冒頭 부분

그림 6. '公'자의 참고 예(二玄社, 앞의 책, p.255)

그림 7. 부여 관북리 5호 목간의 '向'자(좌, 동아시아목간사전 사이트)와 '白'자(우)의 참고 예(二玄社, 2007, 『大書源』, p.1847)

　　보고서는 冒頭 부분을 "辛卯五月八日向"이라고 판독했으나 자형 상 인정하기 어렵다. 〈그림 5〉을 보면, 글자 크기와 字間으로 보아 네 글자라고 판단되며 특히 뒤의 두 글자는 '公'과 '白'으로 읽힌다. 公 자를 八日로 보기에는 자간이 매우 좁고, 管見으로는 日 자를 가운데 가로획을 이처럼 생략해서 쓴 예가 없는 듯하다. 公 자로 보는 데는 마지막 획을 아래로 흘려 내린 것이 약점이나 〈그림 6〉에 이러한 획 처리가 보이므로 이 글자를 公이라고 판독하고자 한다. 白은 보고서가 向 자로 판독했다. 향은 〈그림 7〉의 관북리 목간에서 보듯이 1획이 3획의 가로 길이보다 짧은 것이 특징이다. 중국 남북조 시기의 예를 보아도 확인된다. 이에 비해 ⑦의 해당 글자는 1획이 길게 써졌다. 白 자의 5획 부분이 트여 있으나 〈그림 7〉에 유사한 자형이 보인다. 3획의 끝부분을 위로 감아 올리고 이어서 가운데 가로획을 그었다고 보인다. 가운데 획이 마치 △ 모양으로 보이는데, △ 모양의 아래 가로획만이 굵고 진하다. 네 번째 가로획을 쓰면서 위쪽으로 먹이 번진 결과가 아닐까 한다.

　　1면 중간에 前 자는 분명히 판독된다. □軍公이 작성하여 보고한 백전목간일 것이다. 단, 前 자 앞에 미상 글자가 많아 수신자가 누구인지 알 수 없다. 이 공간에 9개 글자가 들어갈 수 있는데, ①의 경우 '□城在彌卽等智大舍下智'처럼 수신자를 길게 기록했다. 이 목간도 수신자의 소재지(지명)와 복수의 인물이 나열되

---

25) 金秉模 外, 2000, 『二聖山城(第8次 發掘調査 報告書)』, 漢陽大學校 博物館, pp.78·124-136.

었을 가능성이 있다. 지방에서 오간 문서로 보이지만 수신처 중 이성산성만 알 수 있고, 나머지 수신처와 발신자의 소재지는 불명이다. 白 앞에 겸사는 쓰지 않았다. 내용은 불명자가 많아 추정하기 어려우나 蒜, 九負, 三丹을 단서로 삼을 수 있겠다. 蒜는 龍葵라고 불리는 약초이며,[26] 三丹은 이 판독이 맞는다면 도교 용어인 丹田의 세 가지를 가리키거나 三丹草라는 약용식물과 관련이 있을 것이다. 이를 재배한 9負의 경작지 또는 作況에 관한 내용을 보고했다고 보인다.

3. 변이형의 검토

앞서 살펴본 예가 백전목간의 典型이라면, 그것과 기본 형식이 어긋나 보이는 목간이 있다.

⑧ 월성해자 10호

1행　寺典大宮士等敬白　□典前老□
2행　又□女等□可【　　　　　】場□
3행　× □事□麻□家□□小此時四
4행　× 田至【　　　　　　】宛
5행　× □還不后斤□
6행　【　　　　　　　】走支符先□□

월성해자에서 출토된 원주형 목간이다. 돌아가며 6행을 書寫했는데, 3~5행이 적힌 면의 상단부는 떨어져 나갔고 글자도 일부 손상을 입었다. 길이 20.8㎝, 직경 3.35㎝이다.

발신자는 '寺典大宮士等'인데, 大宮이 만약 왕궁을 가리킨다면 寺典을 대궁보다 앞에 기록할 수 없었을 것이다. 그러므로 '사전과 대궁의 士'보다는 '사전의 대궁사'라고 보아야 하겠다.[27] 신라는 寺典이라고 불린 두 관부가 있었으니, 內省에 속한 사전과, 일명 사전이라고 불린 大道署가 그것이다. 내성이 진평왕 44년 (622),[28] 대도서는 그 2년 후인 624년에[29] 각기 설립되었다. 대도서의 관원은 大正, 主書, 史이어서 대궁사와 유사한 것이 없다. 내성 소속 寺典의 관원은 전하지 않으나 내성에 속한 관부 가운데 村徒典, 尻驛典, 靑淵宮典 등에 '宮翁'이라는 관직이 있으므로 大宮士는 궁옹 계열의 직명이라고 추정된다. 이를 감안하면 寺典

---

26) 諸橋轍次, 1984, 『大漢和辭典(修訂版) 九』, 東京, 大修館書店, p.822.
　　한편 金秉模 外, 2000, 위의 보고서, pp.280-281은 1면에서 '褥薩'이 판독된다고 하여 이 유물이 고구려 목간이라는 근거로 삼은 바 있다. 그러나 이 글자는 '作蒜'이고, 목간의 형태와 서식이 신라 백전목간의 특징을 갖추고 있다.

27) 李成市, 2009, 「韓國木簡硏究の現在 - 新羅木簡硏究の成果を中心に」, 『東アジア古代出土文字資料の硏究』, 東京, 雄山閣, pp.214-215는 寺典을 미상자로 처리하고, '大宮'을 양궁, 사량궁과 병칭된 대궁, '士等'은 3궁의 장관인 私臣이라고 추정한 바 있다. 그러나 寺典은 판독 가능하다고 판단된다.

28) 『三國史記』卷4, 新羅本紀4 眞平王 44年 "二月 以伊湌龍樹爲內省私臣 初王七年 大宮·梁宮·沙梁宮三所各置私臣 至是置內省私臣 一人 兼掌三宮".

29) 위의 책, 卷38, 雜志7 職官 上 大道署.

大宮士는 內省에 소속된 寺典의 관원일 가능성이 높다. 따라서 이 목간은 622년 이후 대궁사를 포함하여 사전의 여러 관원이 □典이라는 관부로 보낸 문서라고 생각된다.

어떤 관원이 다른 관부로 보낸 사례인데, 그 관부와 寺典의 상하관계는 분명치 않다. 양자가 모두 某'典'이라는 관부명을 갖고 있어 □典도 내성 예하의 관부일 가능성이 크지 않을까? 그렇다면 이 문서는 관부를 기준으로 보면, 대등한 관계에서 주고받은 것이라고 할 수 있다. 그럼에도 불구하고 '敬'이라는 겸사가 사용되고 있어 ③의 예와 더불어 겸사의 형식화를 보여준다. 발신 시점을 생략한 것도 ③과 공통되는데, 중앙의 관원 사이 혹은 관원과 관부 사이에서 급박한 일을 알릴 때 또는 일상적인 업무 연락용으로 이 문서가 쓰였음을 시사한다.

통지 내용은 미상자가 많아 파악하기 어려우나 麻, 此時, 田, 굮, 還不后斤, 支符先 등의 구절을 실마리로 삼아야 한다. "麻田의 경작이 어려워져[굮] 반환을 할 수 없게 되자[還不] 대신 어떤 符節을 징표로 준다[支符]."라고 하는 내용을 떠올려볼 수 있다.

형태가 원주형인 점은 앞서 살펴본 4면의 角柱形 목간과 다르다. 6행으로 필기한 점 역시 차이이다. 월성해자 12호 목간의 경우 원주형이지만 내용은 典太等의 敎를 전하는 것이어서 ⑧과 용도, 성격이 다르다. ⑧은 분명히 발신자와 수신자가 명시된 문서목간이고 "…白 …前 …"의 서식을 갖추고 있어 비록 형태는 다르지만 ①~④ 및 ⑥, ⑦과 同種으로 분류되어야 한다. 이를 고려하면 ⑧은 백전목간이지만 형태적 變異를 보여주는 사례이다.

⑨ 월성해자 2017-001
1면　兮智尒公節別白□□□×
2면　米卅斗酒作米四斗幷卅四斗□□六十×
3면　公取□用原·　×
4면　【　　　　　　　　　　】日×

월성해자에서 출토된 4각주형의 4면 목간으로 잔존 크기는 15.0×2.1×2.2㎝이다. 1면의 公 다음 글자를 '前' 자로 읽고[30] 뒤에 白자가 나오므로 신라의 前白목간의 사례로 소개되기도 했다.[31] 그러나 〈그림 8〉을 보면, 月에 해당하는 부분의 아래쪽에 필획이 보인다. 머리 부분의 竹은 흔히 艸(艹, ⺾) 형태로 서사되므로 '節(節)'자라고 보인다. 그렇다면 1면은 "혜지이공이 (이때를) 즈음하여[節] 따로 아룁니다."라고 시작된다.[32] 발신자의 이름에 경칭인 '公'을 붙인 예는 ⑦의 □車公이 있다.

---

30) 윤선태, 2018, 앞의 논문, p.98.

31) 市 大樹, 2019, 앞의 논문, pp.117-118.

32) 최근 하시모토 시게루, 2024, 「신 출토 월성 해자 목간의 재검토」, 『新羅史學報』 62, p.532는 4면을 "□月□□日[ ]村□□白"이라고 판독하고 이 목간의 1면이라고 보았다. 자형을 확인하기 어려우나 앞으로 재판독이 필요하다.

백전목간의 套式을 따르면 수신자는 別白 뒤에 있어야 하나 목간에는 결실부 때문인지 前 자가 보이지 않아서 수신자를 알 수 없다. 하지만 수신처가 생략되었을 수 있다. 왜냐하면 別白이 별도 보고를 가리키기 때문이다. 6세기 초의 신라 비문인 「포항냉수리비」와 「울진봉평리비」를 보면, 본래의 敎가 먼저 서술되고 이를 보완하거나 추가되는 내용이 '別敎'로 부가되고 있다. 別白 또한 본래의 백전문서가 있고, 여기에 부가된 별도의 문서, 하지만 본문서와 무관한 것이 아니라 본래 문서의 하위문서임을 표시하는 용어라고 생각된다. 같은 이유로 겸사가 앞에 나왔다면 중복을 피해 생략했을 것이다.

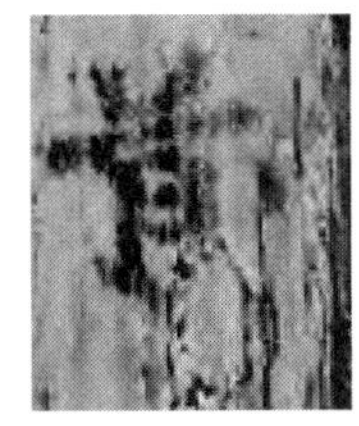

그림 8. ⑨의 추정 '節' 자(국립경주문화재연구소, 2022, 앞의 도록, p.330)

다른 목간에 기록된 본 문서에는 당연히 某前이라고 하여 수신처가 표시되었을 것이다. 이와 연계되어 작성되고 제출되었을 別白목간에는 만약 본 백전문서와 수신처가 동일하다면 생략되는 것이 자연스럽다. 이 목간의 모두에 年次가 없고 '(이때를) 즈음하여[節]'라고 한 이유도 본문서의 연차 기록과 중복을 피하기 위해서였다고 여겨진다.[33]

보고 내용은 兮智小公이 쌀, 술 등의 식품을 얼마만큼 취하여 어디에 사용했다는 내역이다. 연차, 수신처가 생략되었을 수 있다는 점에서 백전문서의 변이형이라고 할 수 있다. 그러나 본래의 백전문서가 전하는 사안과 밀접히 관련되어 작성되었으며, 따라서 백전문서와 함께 이동·제출되었을 것이다. 잠정적으로 이런 형식의 문서목간을 백전목간의 하위 범주로서 別白木簡이라고 부르면 어떨까 한다.

⑩ 월성해자 2016-392

前

앞면　×　□小舍<u>敬呼白遣</u>　居生<u>小烏</u>之
　　　　　宿二言之　此二□　官言囯

월성해자에서 출토된 짐꼬리표 형태의 목간이며, 잔존 크기는 19.2×3.9×0.8㎝이다.[34] 상부가 떨어져나갔고, 하단부는 오른쪽 귀가 결실되었는데 잔존 형태로 보아 하단부를 圭首形으로(V 모양) 가공한 듯하다. 1면에만 兩行의 묵서가 있으며, 뒷면에는 묵흔이 없다.

상부가 결실되어 작성 시기, 발신자가 기재되었는지 알 수 없다. 특이한 점은 小舍와 敬자 사이에 공간이 없어 그 오른편에 '前'을 쓴 것이다. 이로 인해 前 자는 1행의 행 밖으로 삐져나와 있다. 백전목간 가운데 이런 식으로 前 자를 서사한 예가 없으므로 書式을 따라 일부러 그렇게 썼다고 할 수 없다. 필기자가 어떤 이

---

33) 3면의 끝에 □은 필획이 분명치 않으나 그 뒤가 여백으로 남아있어 ③처럼 마침표를 찍었을 가능성이 있다. 그러나 4면에 다시 묵흔이 보이므로 終止符가 아니라 글자의 일부일 여지가 있다. 종지부가 맞는다면, 종지부 뒤에 여백이 있음에도 면을 바꾸어 추가 기록을 해나가는 방식도 일반적인 백전목간에서 볼 수 없는 것이다.

34) 전경효, 2018, 「신 출토 경주 월성 해자 묵서 목간 소개」, 『木簡과 文字』 20.

유인지 "…小舍敬呼白…"을 먼저 쓰고 나서 前을 빠뜨린 사실을 알고 1행의 오른쪽 여백에 追記한 결과라고 보인다.[35]

某小舍가 수신자임은 분명하다. 발신자는 누구일까? 결실부에 발신자가 들어있을 수 있으나 가능성이 크지 않다. 왜냐하면 '敬呼白'의 앞에 그 주체인 발신자가 기재되어야 마땅하지만 그 대신 수신자가 나오기 때문이다. 필기자는 아마 수신자를 강하게 의식하여 그를 먼저 쓰고, 보고자(발신자) 쓰기를 일부러 누락시켰거나, 아니면 발신자 기록이 빠졌음을 알아차리고 前 자처럼 보입하고자 했으나 여백이 모자라 생략했으리라 추정된다.

그림 9. ⑩ 앞면의 적외선 사진(국립경주문화재연구소, 2022, 앞의 도록, p.324)

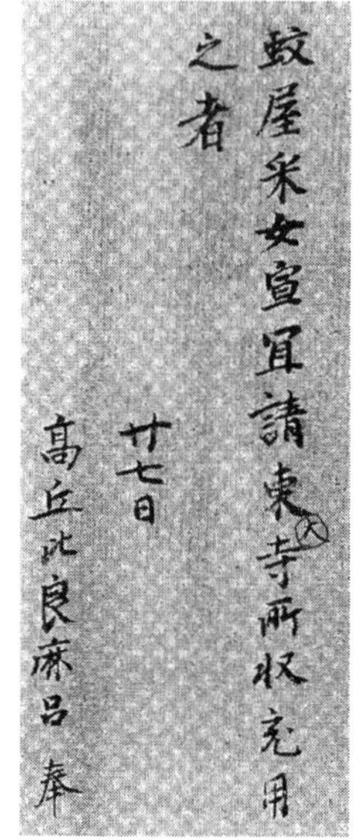

그림 10. 목간과 종이문서의 추기 사례. 좌는 부여 동남리 출토 백제 목간(울산문화재연구원 제공)의 '金五主'. 우는 일본 나라시대의 宣旨 말미에 보이는 '大'(早川庄八, 1997, 앞의 책, p.16)

어느 쪽이든 발신자는 결실부에 없고 이 문서에 기록되지 않은 셈이다. 발신자를 생략해도 무방할 정도로 수신자와 업무상 긴밀한 관계를 맺고 있는 관료이고, 사안 역시 특이 사항이 아닌 通常의 보고 또는 정보였을 것이다. 겸사로 敬(呼)가 쓰였다. 내용은 불명하다.

이 목간의 가장 큰 특징은 백전목간의 일반적인 형태인 4각주형이 아니라 짐꼬리표 형태라는 점이다. 원래 짐꼬리표였다가 牒書用으로 재활용되었을 가능성이 제기되었으나[36] ②도 하단부에 홈이 있어서 다른 목간과 함께 묶여서 사용되었으리라는 견해가 나온 바 있다.[37] 이 목간이 다른 목간에 첨부된 것이라면 발신자는 중심이 되는 목간에 표기되었을 것이다. 어쨌든 짐꼬리표 형태이고, 한 면에 양행 묵서가 이뤄졌으

---

35) 西域 樓蘭에서 출토된 3세기 후반~4세기 초의 종이 書信을 보면, 날짜 오른편에 '수신자前'을 작은 글씨로 쓴 것이 있다. 퇴고하면서 추기한 부분이라고 추정된다(東野治之, 1983, 「木簡に現われた「某の前に申す」という形式の文書について」, 『日本古代木簡の硏究』, 東京, 塙書房, pp.261-262).

36) 윤선태, 2018, 앞의 논문, p.96.

37) 이재환, 2019, 「함안 성산산성 출토 문서목간과 力役 동원의 문서 행정」, 『木簡과 文字』 22, pp.52-53. 그리고 홍승우, 2022, 「韓國 古代 文書木簡의 書式과 서사재료」, 『동서인문』 19, 경북대학교 인문학술원은 문서목간이 여러 개 편철되거나 종이 문서에 부속되어 사용되는 형태를 상정한 바 있다.

며 발신자가 보이지 않는다는 점에서 백전목간의 변이형이다.

　⑪ 월성해자 2호
　1면　大鳥知郎足下万拜白□
　2면　經中入用思買白不踓紙一二个
　3면　牒垂賜教在之　後事者命盡
　4면　使□

　　완형의 4각주형 4면목간이며 크기는 18.95×1.2×1.2㎝이다. 足下는 陛下, 殿下, 閣下와 마찬가지로 상대에 대한 존칭어로 쓰이지만,[38] 이 목간에서는 글자의 뜻대로 '발 아래'로 해석하는 것이 맞다. 족하를 大鳥知郎에 대한 존칭이라고 보면, 郎 역시 존칭이어서 과연 스스로를 '대조지랑 족하'라고 칭했을지 의문이다. ⑦의 □車公, ⑨의 兮智尒公 사례를 보면, 모두 발신자인데 이름 뒤에 존칭어로 '公'을 붙였을 뿐이다.[39] 존칭으로서의 足下는 他稱으로 쓰이는 용어이다. 종래 연구가 지적했듯이 여기서 足下는 '(고위의 인물)께'라는 의미로 쓰였으며,[40] 대조지랑이 수신자이다.

　　지금까지 검토한 사례와 비교하면 이 목간은 족하가 前 자의 역할을 한다. 이렇게 고위의 수신자를 표시하는 '족하'가 쓰였고, 더욱이 白 자보다 앞서 나왔다는 점이 ⑪을 백전목간의 특수 예라고 분류하는 이유이다. ⑩처럼 발신자가 생략된 것도 일반 백전목간과 다른 점이다. 발신자가 수신자와 긴밀한 관계이고, 수신자와 상당한 격차가 있는 하위 인물이어서 수신자를 표기하는 것이 우선이었고, 굳이 자신을 밝힐 필요가 없었다고 보인다. 겸사는 万(萬)拜이다.

　　내용은 不踓紙 약간[一二]을[41] 구입하려고 아뢰었는데[白], 이를 허가하는 명령이 牒으로 내려졌고, 그에 따라 命대로 수행했음을 보고한 것이라고 보인다. 여기서도 ⑤처럼 앞서 있었던 관련 백전문서의 내용을 2면에 요약하여 인용했다. 즉 "經中入用思買白不踓紙一二个"는 "경에 들여 쓰려고 생각하여 사려고 아뢴 불유지 약간"이라고 해석된다. 종이 구입과 같은 일은 실무를 맡은 인물이 요청하고 대조지랑이 허가하면 곧 이행되는 관행적인 通常 업무였던 것이다. 문서에 보고 시점이 없는 까닭도 이 사안의 일상성 때문이라고

<hr>

38) 李泳鎬, 2019, 「月城垓子 2號 木簡에 보이는 尊稱語 '足下'에 대하여」, 『嶺南學』 71.

39) 유례로서 문헌에 車得公, 述宗公, 庾信公, 春秋公 등이 확인된다.

40) 윤선태, 2005, 앞의 논문; 市 大樹, 2008, 「慶州月城垓字出土の四面墨書木簡」, 『日韓文化財論集Ⅰ』, 奈良文化財研究所; 權仁瀚, 2013, 「목간을 통해서 본 신라 사경소의 풍경」, 『震檀學報』 119; 김병준, 2018, 「월성 해자 2호 목간 다시 읽기 – 중국 출토 고대 행정 문서 자료와의 비교」, 『木簡과 文字』 20.

41) 그간 '白不踓紙一二个'에 대해 여러 판독과 해석이 시도 되어왔다. 필자는 白을 1면의 백자처럼 '보고하다.'라는 동사로, '一二个'는 '작은 분량'으로 해석하고자 한다. 一二가 원래 소량, 少數의 의미를 갖고 있다. 실례로서 薛仁貴의 서신에 "今遣王所部僧 琳潤 賷書佇布一二"라는 표현을 들 수 있다(『三國史記』 卷7, 新羅本紀7 文武王 11年). 佇布를 '가만히 피력한다.'라고 해석하기도 하나, 관견이지만 그런 용례를 찾을 수 없었다. 苧布나 紵布의 刊誤라고 여겨지며 '모시 베 약간'이라는 의미일 것이다. 설령 전자의 뜻이라 하더라도 一二가 약간, 조금이라는 의미는 변하지 않는다.

생각된다.

III. 백전목간의 특징과 성립배경

이상 검토한 바를 종합하여 어떤 목간을 백전목간으로 분류할 수 있는지 정리하고, 그런 특징이 문서 유형의 하나로서 성립하게 된 배경을 살펴보고자 한다.

먼저 형태를 보면, 四角柱形의 4면목간이 ①②③⑦⑨⑪, 4각주형-3면 書寫가 ④, 3각주형-3면 서사가 ⑥, 원주형-6행 서사가 ⑧, 집꼬리표형-1면 양행서사가 ⑩이다. ⑧⑨⑩⑪을 변이형으로 제외하면, 4각주형으로 각 면마다 單行으로 서사한 4면목간이 기본형이었고, 기록량에 따라 일부 면을 공백으로 남겼다고 보인다. ⑥은 지방에서 중앙으로 송달된 것이고, 후술하듯이 書式을 가장 잘 갖추고 있다. 그럼에도 형태가 독특한 3각주형을 띠게 된 것은 발신 지역인 畐口村 목간 작성의 특성이라고 여겨진다.

크기는 깨지거나 부러진 개체가 많아서 통계의 의미가 없다. 그러나 典型의 예 가운데 완형이 남아있는 ①과 ②를 기준으로 삼으면, 길이 25~35㎝, 각 면의 폭 1.0~3.5㎝ 정도를 평균 크기로 잡을 수 있을 것이다.[42] 수축 등 변형을 감안하더라도 길이와 폭 모두 편차가 커서, 백전목간의 크기에 대한 엄격한 제도적 규제는 없었다고 보인다. 제작의 편의성과 함께 문서목간은 발신처로부터 수신처까지 이동해야 하므로 所持의 편리성이 우선 고려되었을 것이다.

다음으로 서식을 살펴보자. 〈보고시기 - 발신자 - 겸사 - 白 - 수신자 - 前 - 내용 - 보고자·작성자〉로 정리할 수 있는데, 이는 가장 완비된 형식으로서 ⑥에서 확인된다. 백전목간의 대부분은 위 서식의 일부가 빠져있다. 보고 시기가 빠진 것은 ③⑦⑧⑨⑪이고, ⑤는 말미에 月, 日을 적었으나 이는 백전문서의 보고 시점이 아니고 이를 인용한 기록간을 작성한 시점이다. 결실부가 있어 알 수 없는 경우는 ⑩이다. 11점 가운데 ⑤ 자체는 백전목간이 아니어서 제외하면, 10점 중 5점이 보고 시기가 없고, 1점은 불명이다. 시기가 적힌 4점은 모두 冒頭에 이를 기록했고, ①②는 月만을, ④⑥은 (干支)年, 月, 日을 적었다. 따라서 보고 시기를 기록하게 되면 첫머리에 적는다는 원칙만 확인될 뿐 시기에 관한 일관된 서식이 드러나지 않는다. 사안의 성격, 즉 정기성, 일상성, 긴급성 등을 고려하여 보고 시기를 생략하거나 年月日 중 일부만 기록하는 것이 허용되었다고 보인다.

발신자는 職名을 쓴 경우가 ①②③④⑥⑧이고, 이름이 ⑦⑨, 관부명을 쓴 경우가 ⑤이며, 생략된 것이 ⑩⑪이다. 11점 중 9점이 발신자를 밝히고 있으므로 발신자 표시는 백전목간 서식의 가장 중요한 원칙이라고 여겨진다. 앞서 언급했듯이 발신자와 수신자의 관계, 사안의 일상성 때문에 예외적으로 발신자가 생략되는 경우가 있었다. 발신자는 개인이면 직명, 관부면 관부명을 쓰도록 했고, 개인일 경우 이름을 쓰기도 했는데 이들은 모두 '公'이라는 존칭 어미를 붙이고 있어 흥미롭다. 발신자가 복수인 ⑧, 불명인 ④를 제외하면, 발

---

42) 18.95×1.2×1.2㎝ 크기인 ⑪도 완형이 남아있으나 변이형이어서 백전목간의 평균 크기를 어림하는 데 활용하지 않는다.

신자는 단수이다.

겸사는 懼怖 ①, 敬(呼) ②③⑧⑩, 再拜 ⑥, 万拜 ⑪이고, 겸사를 생략한 예는 ⑦, 불명은 ④⑤⑨이다. 겸사를 분명히 생략한 것은 하나의 사례밖에 없으므로 서식 상 겸사를 쓰도록 했다고 보이고, 그중 '敬'이 일반적이었다. 뒤에 재론하겠으나 ③은 及伐漸典보다 상위의 관직자인 전중대등이, ⑧은 대등한 관부라고 추정되는 寺典과 □典이 주고받은 문서에서 겸사인 敬이 쓰였다. 겸사가 상행문서에만 사용되었으리라는 추정에 대한 反證이다.

白은 ①②③⑤⑥⑦⑧⑨⑩⑪에서 확인되고, ④가 불명이지만 결실부에 白 자가 쓰였을 가능성이 높다. 백은 이 문서목간의 필수 서식이며, 백자 앞에 나오는 職任者나 관부가 발신자임을 표시한다. ②⑤의 경우 白이 들어갈 자리에 白之가 쓰였으며, ①②는 보고 내용 뒤에 (乙)白之를 붙여, 白과 (乙)白之 사이에 내용이 들어가 있음을 명시하고자 했다.

수신자 표기는 이름+(관등)이 ①⑩⑪이고, 직명이 ③④, 관부명+(직명)이 ⑤⑥⑧이다. 불명인 것은 ②⑦⑨인데, ②는 생략 가능성 있고 ⑦은 직명일 가능성이 크다. 복수 수신자인 경우는 ①④⑥이다. 11점 가운데 생략 가능성이 있는 예가 하나뿐이므로 수신자 표기는 필수였다고 보아도 좋다. 표기 방식은 이름, 직명, 관부명이 고르게 나타난다.

前 자는 ①③④⑤⑥⑦⑧⑩⑪에서 확인되는데, ⑪은 足下를 대신 썼다. ②⑨는 불명이다. 수신처 뒤에 前을 쓰는 것이 필수 요소로서 서식으로 굳어졌고, 수신자가 고위 귀족인 경우 또는 발신자와의 인격적 관계에 의해 足下와 같은 용어가 사용되었다. 그리고 보고, 통보의 책임자와 실제 보고자(목간 제출자)가 다를 경우는 말미에 所白人을 밝혔으며, 文尺·文人이라고 하여 작성자를 밝히기도 했다.

이상 2점의 新例를 포함하여 문서목간 11점의 서식을 검토한 결과 몇몇 요소의 유무, 순서와 표현의 차이가 발견됨에도 불구하고 〈발신자白, 수신자前, 내용〉의 기본 형식을 갖추고 있음을 알 수 있다. 비록 소수이지만 현존하는 한국 고대목간의 전체 개체수를 고려하면 무시할 수 없는 숫자이다. 그리고 이 정도의 공통성을 보인다면, "…白 …前 …" 형식의 목간을 고대 문서목간 중 하나의 범주로 설정할 수 있지 않을까? 그 명칭은 서식을 유념하여 白前木簡이라고 불러야 마땅하다.

백전목간은 중앙과 지방 모두에서 사용되었다. 수발 관계를 보면, 지방 행정구역 안에서 전달된 ①②④⑦과 중앙에서 사용된 ③⑤⑧⑨⑩⑪, 지방에서 작성되어 중앙으로 전해진 ⑥의 사례가 있다. 이 가운데 지방으로부터 중앙으로 上申되는 문서가 가장 충실한 서식을 갖추고 있어 주목된다. 중앙과 지방 사이의 위계질서는 물론 중앙이 지방 사회를 문서행정을 통해 규제하는 현실, 그럼에도 불구하고 목간의 형태는 3각주형의 전통 형식을 고수함으로써 중앙과 지방이 길항하는 모습을 엿볼 수 있다.

受發 관계를 보면, 개인 간 전달된 ①③④⑦, 개인 간 사용되었다고 추정되는 ⑩⑪, 관부 간 전달된 ⑤, 개인(관부명 포함)과 관부(상위 관직명 포함) 간 전달된 ⑥⑧이 있다. 단수의 개인, 관부 사이에 수발된 예가 대부분이지만 발신자, 수신자가 복수인 경우도 있었다. 뿐만 아니라 상신할 때는 물론이고, ③⑧처럼 상위 관직자가 하위 관리에게 하달 혹은 통보할 때나 대등한 관부 사이에서도 백전문서가 쓰였다. 그리고 대부분의 경우 상황과 사안에 따라 일부 서식의 생략이 허용되었다. 이는 행정의 편의성과 효율성을 높여주었

고, 이로 인해 백전목간의 사용자와 대상 범위가 확대될 수 있었다고 보인다. 그 과정에서 변이형이 출현하게 되었을 것이다.

전달된 정보를 보더라도 ①②力役 동원, ④城의 돌발 상황, ⑤물품 공급, ⑥물품 출납, ⑦약용작물의 작황, ⑧마전 경작, ⑨쌀, 술의 사용 등으로 다양하여, 중앙과 지방의 물자관리와 지출, 수취, 군사에 걸쳐 있다. 그러나 사안의 공통점으로 財政과 軍事라고 하는 公的인 영역을 도출할 수 있다. 백전목간은 국가운영을 행정적으로 뒷받침하는 실용적인 公文書였다.

백전목간은 지금까지 신라의 것만 발견되었다. 월성해자 목간이 대략 6세기 중엽~7세기 전반에 제작되었다고 알려져 있고, 성산산성 목간의 작성 시기를 6세기 후반,[43] ④목간의 戊辰年을 608년으로 비정하는 견해를[44] 참고하면, 백전목간은 신라에서 늦어도 中古期 후반 이후 사용되기 시작하여 ⑤의 월지 목간처럼 중대 이후까지 사용되었다.

이상을 종합하면, 한국 고대의 백전목간은 신라에서 6세기 중엽 이후 보고나 통지를 위해 사용된 공문서 목간이고, 나무를 25~35㎝ 길이의 굵기가 가는 4각주형으로 가공하여 〈발신처+白, 수신처+前, 전달할 정보〉의 기본서식을 따라 4면에 걸쳐 묵서로 작성한 것이라고 규정할 수 있다.

이는 고대 일본의 前白木簡과 분명한 차이를 보여준다. 전백목간은 아스카시대 후기인 7세기 중엽~8세기 초에 사용된 초기의 문서목간이다. '누구 앞에[前] 아뢴다[白].'는 어구로 시작하는 上申文書이고, 白자 대신 申, 請, 牒, 啓, 解자가 쓰이기도 했다. 또 백자 앞에 두려움을 표시한 恐, 謹, 頓首, 拜 등의 부사구가 나온다. 형태는 잣대 모양의 短冊形이며, 수신처를 첫머리에 기록하고 발신처는 자주 생략하며, 날짜를 기록하지 않은 것이 많다. 내용은 청구, 의뢰 목적이 많고, 주로 관료 및 승려들 사이에서 사용되었으며 神에게 기원하는 사례도 있다고 한다.[45]

서두에서 언급했듯이 백전목간의 성립시기가 전백목간보다 100년 정도 앞선다는 사실과, 前과 白자가 공통적으로 나타난다는 점을 주목하여 한국의 백전목간을 일본 전백목간의 원류로 설정하고, 이를 '한국의 전백목간'이라고 파악·명명하기도 했다. 그러나 이는 피상적인 비교를 통해 나온 것이어서, 이른바 한국의 전백목간이란 한국 목간 중 '前' 자를 수반하는 것이라고 막연히 규정하고 있다.[46]

양자는 출현 시기뿐 아니라 형태, 서식, 용도 등이 서로 다르다. 특히 서식에서 '백전'과 '전백'의 차이는 단순히 두 글자의 순서가 다른 것에 그치지 않는다. 白과 前 자는 각기 발신자와 수신자를 표지하므로 각 문서형식이 발신자와 수신자 가운데 누구를 더 중시하고 우선시하는지, 서두에 보고자를 명시함으로써 보

---

43) 김재홍, 2019, 「함안 성산산성과 출토 목간의 연대」, 『木簡과 文字』 22.

44) 金秉模 外, 1991, 앞의 보고서; 朱甫暾, 1991, 「二聖山城 出土의 木簡과 道使」, 『慶北史學』 14; 李道學, 1993, 「二聖山城 出土 木簡의 檢討」, 『韓國上古史學報』 12; 李成市, 1997, 앞의 논문.

45) 市 大樹, 2010, 「前白木簡に關する一考察」, 『飛鳥藤原木簡の研究』, 東京, 塙書房.
   한편 일본 전백목간의 연구사에 대해서는 마루야마 유미코(丸山裕美子), 2023, 「율령제 연구와 목간 연구 - 아스카기요미하라 슈과 '前白'목간을 중심으로」, 『木簡에 반영된 古代 동아시아의 法制와 行政制度』, 중문, pp.218-222를 참조하기 바란다.

46) 市 大樹, 2019, 앞의 논문, pp.115-122.

고의 책임을 명확히 하는지 여부를 반영하고 있기 때문이다. 전백목간이 발신처를 생략할 정도로 관부 내부나 領屬關係가 있는 관부 사이, 업무관계가 밀접한 관료끼리 사용되던 것과 비교해 볼 때 백전목간이 발신의 주체를 분명히 한 것은 수발 관계가 관부 간은 물론 지방의 행정구역 간, 지방과 중앙 사이처럼 발신자와 수신자의 소속 지역, 관부가 서로 다른 상황에서 주로 사용되던 현실을 반영한다. 사안이 복수의 관부, 지역에 걸쳐 있어 그만큼 중대하고 공식 절차를 따라 처리해야 했기 때문에 발신자를 명시하여 책임소재를 분명히 하고 의사전달의 신뢰성을 높이려고 한 것이다.

일부 연구자가 일본 전백목간과 연결시켜 이해한 ④는 앞서 보았듯이, 1면의 南漢城道便 뒤 결실부에 白 자가 있으리라 추정되고, ⑨번 목간의 '前'別白이라고 한 판독은 '節'別白으로 바꿔 읽어야 한다. ⑩은 前이 白 자보다 앞서 나오지만, 편법으로 옆 여백에 前 자를 써넣은 것에서 알 수 있듯이 필기자의 실수로 비롯되었다고 보인다. ⑪은 '足下…白'의 서식이어서 전백목간과 유사하나 고위의 인물에게 보고된 문서여서 백전목간의 일반형이라고 할 수 없다. 따라서 현재까지 발견된 11점의 이른바 전백목간 유사 사례 가운데 ⑩, ⑪을 제외한 9점이 白前의 서식을 갖추고 있다. 이에 비해 前白의 서식과 유사한 것은 변칙으로 작성된 ⑩, 그리고 藤原京 시기까지 일본 목간에서는 확인되지 않는 足下를 쓴 ⑪뿐이다.[47]

여전히 신라의 백전목간이 일본으로 전래되어 전백목간이 성립되었다고 보고, 그 과정에서 일본의 전통적인 행정 방식과 특수한 상황이 영향을 미칠 수밖에 없으므로 양자의 많은 부분이 일치해야 하는 것은 아니라고 주장할 수 있다. 그러나 위와 같이 기본 서식에 차이가 있고 형태와 용도가 다르다면 양자는 구분해서 접근하는 것이 합당할 것이다.[48]

이러한 형식적 정형성을 갖춘 백전목간이 신라의 지배체제 발전 과정에서 어떻게 성립될 수 있었을까? 문서행정보다 앞서 口頭행정이 이뤄지고 있었고 이것이 백전목간의 형식으로 문서화되었다는 주장이 있다. 신라 문서목간 서식의 특징이 '白'이라는 동사 표현을 중심으로 하고 있는데 白은 '아뢰다.'와 같이 하급자가 상급자에게 입으로 보고한다는 뜻을 갖고 있기 때문이라는 것이다.[49]

白 자의 뜻이 자신보다 높은 상대에게 어떤 사항을 보고·稟申한다는 것은 분명하다.[50] 그러나 이 글자가 곧 구두보고를 보증하는가? 秦漢代 이래 법률 문서를 포함한 중국 고대 공문서에서 '上言' '告曰' '敢言之' 등이 상투적으로 보이는데[51] 상부에 보고한다는 일반적 의미로 쓰였을 뿐 특정한 보고 방식을 가리키지 않는

---

47) 수신자 뒤에 붙이는 前과 같은 서식 요소를 일본에서는 脇附라고 하는데, 足下라는 협부는 8세기 正倉院文書와 9·10세기 중국의 『敦煌寫本 書儀』에 보인다고 한다(丸山裕美子, 2006, 「日本古代國家·社會における書儀の受容に關する基礎的研究」, 平成15年度~平成17年度科學研究費補助金基盤研究C研究成果報告書, pp.20-22). 마루야마 선생의 논문은 경북대 方國花 선생을 통해 구할 수 있었다. 두 분께 이 자리를 빌려 감사의 뜻을 표한다.

48) 일본 학계 일각에서 한반도 前白系 목간과 일본 전백목간의 차이를 지적하면서 일본의 전백목간이 한반도보다는 중국 『書儀』의 서식을 적용한 것이라는 이해가 제기된 바 있다(마루야마 유미코(丸山裕美子), 2023, 앞의 논문, pp.222-224).

49) 이경섭, 2013, 앞의 책, pp.404-411; 동, 2021, 앞의 논문.

50) 漢語大詞典編纂處 編, 1993, 『漢語大詞典』, 上海, 上海辭書出版社의 白자 항목에 의하면, 동사로서 表明, 辯白, 稟報, 陳述, 上告 등의 의미를 갖는다.

51) 籾山 明, 2005, 「中國の文書行政 - 漢代を中心として」, 『文字と古代日本 2』, 東京, 吉川弘文館; 戴衛紅, 2023, 「三至九世紀東亞

다. 보고 방식에는 구두보고뿐 아니라 書面, 즉 목간을 제출하는 방식이 있고, 업무 책임자 간의 직접 對面 혹은 대리 접수의 상황, 사안의 복잡성과 경중에 따라서 구두보고와 서면 제출이 결합되거나 서면 제출만 이뤄지기도 했을 것이다. 한편 구두보고는 문서행정이 전면화 된 다음에도 소멸되지 않고 문서보고와 공존했음은 자명한 사실이다. 예를 들어, 안악3호분 벽화의 省事는 묘주에게 書物을 들고 입을 벌려 낭독하거나 보고하는 모습이어서[52] 서면과 구두보고가 병행하는 양태를 보여준다. 752년 신라의 金泰廉 일행이 訪日했을 때 일본 조정이 신라 측에 국왕의 친조와, 만약 使臣이 오게 되면 國書를 지참하도록 요청했고[53] 신라는 이후에도 구두외교를 견지한 것이야말로 구두와 문서의 대립 양상을 보여주는데, 이는 양국의 외교 분쟁을 배경으로 하여 나타난 특수한 상황이었다.

　물론 신라에 文字와 문서행정이 전래되기 전에는 음성언어를 이용한 구두보고가 중심이고, 북·징과 같은 器具音,[54] 烽燧 같은 연기와 불꽃, 기호를 나무에 새기는 방법[55] 등을 통해 정보가 전해졌을 것이다. 그러나 전술한 바와 같이 백전 목간의 白, 前은 발신자와 수신자를 지시하는 서식 상 용어였고, 白은 '보고하다.' '통지하다.'의 의미로 쓰였다. ⑥을 보면, 􀀀􀀀村􀀀幢主가 白의 주체이고, 所白人과 文尺을 따로 명기했다. 文尺은 이 목간 작성자이고, 􀀀􀀀村􀀀幢主가 발신자이다. 그런데 所白人이 따로 있다는 것은 소백인이 실제 보고자로서 이 목간을 지참하고 간다는 의미라고 보아야 한다. 􀀀􀀀村􀀀幢主가 발신자이나 왕경의 􀀀稟典에 가서 보고하고 문서를 제출한 것은 소백인 豈彼𧖨智一尺이었다. 그럼에도 􀀀􀀀村􀀀幢主再拜'白'이라 쓴 것은 白 자가 구두보고

그림 11. 안악3호분 묘주도의 省事와 門下拜(朝鮮畵報社出版部 編, 1985, 『高句麗古墳壁畵』, 朝鮮畵報社)

的"白"文書」, 『第二屆中日韓出土簡牘研究國際論壇 論文集』, 石家庄, 河北師範大學歷史文化學院.

52) 宋基豪, 2002, 「고대의 문자생활 - 비교와 시기구분」, 『강좌 한국고대사 5』, (재)가락국사적개발연구원; 고광의, 2004, 「高句麗古墳壁畵에 나타난 書寫 관련 내용 검토」, 『韓國古代史研究』 34.

53) 『續日本紀』 巻18, 天平勝宝4年 6月 壬辰 "又詔 自今以後 國王親來 宜以辞奏 如遺餘人入朝 必須令齎表文".

54) 가와다 준조, 2004, 『무문자 사회의 역사』, 논형을 따르면, 아프리카의 모시족은 의례에서 북소리로왕의 계보를 재현하여 알리고 전승했다.

55) 『梁書』 巻54, 列傳48 新羅 "無文字 刻木爲信 語言待百濟而後通焉". 이를 漢字를 사용하지 않는 사회에 대한 중국인의 일반적 기술이라고 보기도 하는데, 『史記』는 흉노에 대해 문서가 없고 언어로 약속한다고 하여 의사전달의 구체적인 방법을 전한다. 『양서』 신라전의 기록은 501년에 이미 「포항중성리비」가 작성되었으므로 과장된 것이 분명하지만, 나무 조각을 이용하여 정보를 전하던 신라 사회의 전통적인 방식에 대한 중국인의 인식이 바탕이 되었다고 생각한다.

를 가리키는 것이 아니라 발신자 혹은 보고의 최종 책임자임을 표시함을 알려준다.[56] 所白人이 구두보고를 했는지, 목간 제출로 그쳤는지, 양자를 병행했는지는 미지의 영역에 속한다.

요컨대 白, 前의 표현을 가지고 구두보고 여부를 따질 수 없다. 분명히 구두보고로부터 문서보고로의 이행이 행정 방식의 발전 과정에서 중요한 문제이나 백전목간이 이를 가늠할 수 있는 소재는 아니다.[57] 초기의 문서목간에 구두보고의 흔적이 남아있었으리라는 추정은 가능하다. 그러나 백전목간의 형태적 정형성, 비교적 정연한 서식을 볼 때 구두보고의 흔적이라기보다는 오히려 구두보고의 자의성, 무규범성 등을 피할 뿐 아니라 의사전달의 질서를 부여하기 위해 기왕의 문자 기록조차 형식화, 규율화 함으로써 그간 문서 보고의 한계를 극복하려는 의도를 강하게 확인할 수 있다.[58]

백전목간의 성립과 관련하여 주목되는 것은 謙辭의 사용법이다. 11점 중 7점이 겸사를 썼고, 불명이 3점이고, 분명히 생략한 예는 1점뿐이다. 겸사가 확인되는 7점 중 상행문서는 5점이고, 나머지 2점 가운데 ③은 하행, ⑧은 평행문서라고 추정한 바 있다. 대등한 관부 간의 통지나 자신보다 하위 관원에게 정보를 전할 때 만약 구두보고라면 겸사를 쓰는 것은 상상하기 어렵다. 하지만 ③과 ⑧ 모두 '敬'이라는 겸사를 사용했다. 하행, 평행문서에서 겸사가 불필요하지만 이를 굳이 사용한 것은 근본적으로는 신라 중고기의 공문서 체제가 미숙하여 하행, 평행, 상행문서의 서식이 분화·정립되지 못했기 때문이다.

그러나 문서행정, 나아가 한자 문화 자체가 외래 문물이므로 중국 고대의 문서양식 도입이라는 측면으로부터도 접근할 필요가 있다. 즉 중국으로부터 이미 확립된 기성의 문서형식을 배워서 사용하는 경우 겸사 같은 요소는 修辭의 성격이 강하고, 그 종류가 많아서 신라인으로서는 그 의미를 구분하여 사용하기 어려웠을 것이다. 이로 인해 겸사를 그 글자의 의미를 의식하지 않고 서식의 하나로서 사용하게 되면 겸사는 일종의 상투구서 형식화되어 평행, 하행문서에도 나타날 수 있게 된다. 백전목간은 공문서 체제의 미숙성과 중국식 문서의 도입이라는 양면이 함께 작용한 결과라고 여겨진다.

일찍이 일본 藤原宮 시기의 전백목간이 중국 晋代와 南朝시기의 書翰 형식이 한반도를 거쳐 들어가 성립되었으리라는 주장이 있었다.[59] 이 논자가 제시한 사례를 보면, 목간 또는 종이 서한의 본문이나 이를 봉함

---

56) 「포항중성리비」에 보고한다는 의미의 '白'과 구두로 복명·복창한다는 의미의 '白口'가 구분되어 쓰인 것도(최연식, 2016, 「新羅의 變格漢文」, 『木簡과 文字』 17; 김창석, 2020, 『왕권과 법 – 한국 고대 법제의 성립과 변천』, 지식산업사, pp.70-81) 참고가 된다.

57) 이밖에 일본 前白木簡과 구두보고를 연결시키는 논의에(早川庄八, 1997, 앞의 논문) 의거하여 발신 年次와 발신자가 생략된 것을 구두보고의 증거로 들고 있으나, 신라 백전목간 가운데 보고 시점과 발신자가 기록된 예가 다수여서 이를 적용할 수 없다. 서식 중 일부 요소의 생략은 전달 내용의 경중, 발신자와 수신자의 특수한 관계 때문에 나타날 수 있는 현상이다. 백전목간에서 일부 吏讀와(백두현, 2018, 「월성 해자 목간의 이두 자료」, 『木簡과 文字』 20) 한국어순을 따른 漢文이 발견지만, 이 역시 한문 작문의 초보성을 보여주는 것이지 이것을 구두전달의 근거로 삼기는 부족하다. 예를 들어, 전백목간의 某前白은 "누구에게 아뢴다."가 되어 일본어순과 맞지만, 백전목간의 某白某前은 "누가 아뢴다. 누구에게"가 되어 한국어순과 맞지 않는다.

58) 일본의 전백문서에 대해서도 7세기에 이미 문서양식으로 정형화되어 있어서 구두전달을 옮긴 것이 아니라 이와 병행한 문서 형식이라고 보아야 하고, 大寶令 시행 후 중국 公式令의 영향을 받아 解로 바뀌었다는 견해가 있다(鐘江宏之, 2006, 「口頭傳達과 文書·記錄」, 『列島の古代史6 – 言語と文字』, 東京, 岩波書店).

59) 東野治之, 1983, 앞의 논문.

한 檢에 "白…前…在…"의 서식이 확인된다. 백 자 앞에 발신자가 보이지 않는 예가 대부분이나 봉함에 발신자가 없는 경우는 본문에, 본문에 없는 경우는 봉함이나 포장지에 발신자가 기록되었다고 보는 것이 합리적일 것이다. 이는 당시 중국에서 서신을 보낼 때 본문과 봉함이 세트로 사용되었음을 전제한 것이다. 백전목간은 白자 앞에 발신자가 명기되어 있으므로 檢과 같은 봉함용 목간이 함께 사용되지 않았다고 추론할 수 있다.

근래 들어서는 晉보다 앞선 삼국시기 吳簡 중 白자가 들어간 상행문서가 보고되었다. 호남성 長沙市 走馬樓에서 발견된 吳의 230년대 木牘 가운데 호구를 檢括한 결과를 장부로 만들어 상위 기구에 제출하면서 일종의 送狀으로서 같이 보낸 문서라고 한다. 서식은 〈발신자(鄕의 관리), 겸사(叩頭死罪), 내용, 발신자와 겸사 반복, 수신자(縣의 戶曹), 월일〉로 이뤄져 있고, 발신자 뒤에 白, 수신자 앞에 詣 자가 있다.[60]

그런데 더 거슬러 올라가 이미 前漢 말 이후가 되면 그간 개인 서신에서 사용되던 어휘가 공문서에 도입되어 白, 足下, 坐前의 용어는 물론 伏地, 頓首, 再拜 등 각종 겸사가 쓰였음이 지적되었다.[61] 居延漢簡과 東牌樓漢簡 중 白, 言 자 앞에 발신자와 겸사를 넣고, 수신자는 경의를 표하기 위해 行을 바꾸어 쓰고 뒤에 坐前 등을 쓰는 예가 확인된다.[62] 따라서 중국에서 늦어도 後漢 이래 〈발신자+겸사+白 등, 수신자+坐前 등, 내용〉을 기본 서식으로 하는 문서가 사용되었고, 이 형식이 중국으로부터 전래되었다고 상정할 수 있다.

이런 문서형식이 언제, 어떻게 남만주와 한반도 지역으로 전해졌는지 보여주는 구체적인 자료는 없다. 하지만 그 유력한 통로 가운데 하나로 외교교섭의 장을 상정할 수 있을 것이다. 외국 문자인 漢字를 사용해서 문서를 작성해야 하는 이종족 정치체로서는 외교교섭을 벌일 때 사용되는 국서 등의 외교문서 작성과 교환이 중국식 문서제도와 서식을 배우는 최적의 기회였을 것이기 때문이다. 문헌사료를 따르면, 한국 고대의 국왕문서 중 가장 이른 형태가 '書'로 나타나는데, 이것은 중국 정치체와의 교섭은 물론 삼국 간 외교에 사용된 국왕 명의의 외교문서를 가리켰다.[63] 한국 고대의 외교용 '書'로서 어느 정도 내용을 알 수 있는 가장 빠른 시기의 것은 다음과 같다.

> 貽書曰 寡人愚昧 獲罪於上國 致令將軍 帥百萬之軍 暴露弊境 無以將厚意 輒用薄物 致供於左右[64]

대무신왕이 고구려를 침공한 後漢의 요동태수에게 사죄하는 내용의 서이다. 기사가 소략하여 그 서식을 알 수 없는데, 신라 문무왕이 당의 薛仁貴에게 보낸 書가 참고가 된다.

---

60) 關尾史郎, 2015, 「魏晉簡牘のすがた」, 『國立歷史民俗博物館研究報告』 194, pp.229-232.

61) 김병준, 2018, 앞의 논문, pp.158-161.

62) 高村武幸, 2015, 「漢代文書行政における書信の位置付け」, 『秦漢簡牘史料研究』, 東京, 汲古書院, pp.26-29.

63) 金昌錫, 2021, 「한국 고대 國王文書의 기초 검토 - 국내용 문서의 사례와 기원」, 『木簡과 文字』 27.

64) 『三國史記』 卷14, 高句麗本紀2 大武神王 11年.

大王報書云 先王貞觀二十二年入朝 面奉太宗文皇帝恩勅 …… 天兵未出 先問元由 緣此來書 敢
陳不叛 請摠管審自商量 具狀申奏 雞林州都督·左衛大將軍·開府儀同三司·上柱國·新羅王 金法
敏白[65]

이 역시 『삼국사기』에 실릴 때 원래 書의 서두 부분은 생략되었다고 보인다. 그러나 말미가 남아있어
〈발신자의 관직, 이름, 白〉으로 끝나는 서식이었음을 알 수 있다. 앞서 설인귀가 보낸 書는 "行軍摠管薛仁貴
致書新羅王 …… 今遣王所部僧琳潤 賚書佇布一二"로 되어 있어 〈발신자의 관직·이름, 致書, 수신자, 내용, 문
서 지참자, 종결사〉의 서식이다. 양자 모두 書信의 형태를 띠고 있다.[66]

초기의 외교교섭은 정치체 首長이 주도하고, 그 과정에서 교환된 문서는 발신자와 수신자가 분명하므로
서신의 형태로 출발했을 가능성이 높다. 한국 고대의 정치체가 中原의 국가 또는 漢郡縣과 접촉하면서 문
서를 작성할 때 서신의 형식을 먼저 익힐 필요가 있었던 것이다. 앞서 언급한 후한 이래의 〈발신자+겸사+
白 등, 수신자 坐前 등, 내용〉을 기본 서식으로 하는 문서양식이 유용하게 활용되었을 것이다.[67] 그 결과가
『삼국사기』에 일부 전하는 삼국 초기 이래의 외교용 '書'이다.

이후 신료급도 '書'를 사용하게 되고 국내용으로 용도가 확대되어 나갔다.[68] 그 서식, 발행 절차는 서로
달랐겠지만, 국내용 문서 중 발신자와 수신자를 명기한 것은 삼국 초기의 외교용 書로부터 출발했고 그 서
식의 영향을 받아 출현했으리라고 보인다.[69] 신라에서 백전목간이 출현하는 시기는 늦어도 6세기 후반이므
로 6세기 중엽 이전에 이미 중국으로부터 발신자, 수신자를 명기하는 문서의 작성법이 전래되었다고 보아
야 한다. 그 통로는 외교교섭, 교역, 중국계 識者의 유입을 통해 자연스럽게 수용, 확산되지 않았을까 한다.

斯盧國이 辰韓의 맹주로 부상하여 중국과 접촉한 시기는 3세기 후반경이고, 교섭 상대는 西晉이었다.[70]
이후 4세기 후반 前秦에 衛頭를 파견하고, 5세기에는 중국과 교류가 없다가 6세기에 北魏, 梁과 교섭이 재
개된다. 5세기 對中 교섭의 공백을 메워준 것이 고구려였다. 따라서 5세기 이래 고구려를 통해 중국의 문서

---

65) 위의 책, 卷7, 新羅本紀7 文武王 11年.

66) 일찍이 『春秋』에서 '書'가 서신의 의미로 쓰인 예가(『左傳』 昭公6年 "叔向使詒子産書曰 始吾有虞於子 今則已矣 …… 復書曰 若
吾子之言 僑不才 不能及子孫 吾以救世也 旣不承命 敢忘大惠") 보인다. 주지하듯이 '書'는 이후 중국에서 문체의 하나로 성립되
며 서신, 서한의 형식을 갖는다.

67) 이런 점을 유의할 때 '某前'으로 시작하는 일본의 전백문서는 오히려 중국, 신라와 다른 독특한 서식이라고 할 수 있다. 전백목
간은 일본에 한자가 전래된 이후 官府 내 좁은 유통을 위해 자체 발생했거나, 百濟의 문서목간이 영향을 끼쳤을 가능성이 있
어 이와 관련된 백제 목간의 출토를 주시할 필요가 있다.

68) 金昌錫, 2021, 앞의 논문, pp.257-259.

69) 중국의 모범적인 서신 사례를 모은 書儀類가 백전문서 성립을 자극했을 가능성이 있다. 西晉代 인물인 索靖의 『月儀帖』을 보
면 白, 足下 등 용어가 등장한다. 그러나 삼국시기에 이 月儀가 전래되었다는 사료적 근거가 없다. 더욱이 이 책은 정월~12월
까지 각각의 절후에 해당하는 인사말과 미사여구가 나열되어 있어 전래되었더라도 공문서보다는 개인 서한을 작성하는 데
활용되었을 것이다. 신문왕 때 들어온 『文館詞林』이나 그 전에 도입되었다고 보이는 『文選』 역시 이 가운데 書와 같은 문체의
형식이 공문서 작성에 간접 영향을 주었을 터이나 주로 개인 서한이나 문장 작성에 영향을 끼쳤으리라 보인다.

70) 『晉書』 卷97, 列傳67 辰韓 "武帝太康元年 其王遣使獻方物 二年復來朝貢 七年又來".

행정이 신라로 전해지는 루트를 염두에 두어야 한다. 신라는 지리적 격절성 때문에 고구려, 백제보다 상대적으로 중국계 식자가 유입될 여지가 적었다.

신라는 3세기 후반 이래 낙랑·대방군 및 중원 정권과 교섭하면서 중국의 문서식을 배우고, 5세기부터는 여기에 더해 고구려로부터 변용된 문서행정을 수용했을 것이다. 이는 곧 국왕문서로 출발한 '書'가 국내의 부서 간 행정 문서로 전용·확산되는 과정이었다. 초기의 국내 행정용 문서는 서식이나 목간의 형태가 균일하지 않았을 것이다. 이런 상황에서 점차 목간을 角柱形으로 제작하여 서사면을 多面으로 만들고, 1면에 1행씩 下行으로 쓰며 오른쪽으로 돌리면서 기록하는 방식으로 수렴되어 백전목간이 성립되었다. 봉함목간을 따로 만들지 않은 것도 신라 백전목간의 특징이다.

이러한 목간이 국가 행정문서의 하나로 제도화되고 규격과 서식이 정해진 것은 역시 법흥왕 7년(520)의 율령법 반포에 의한 것이라고 하지 않을 수 없다. 물론 신라에서 6세기 초 이전에 백전목간의 선구적 형태가 사용되었을 것이다. 그러나 그 시기의 목간은 아직 발견되지 않았으므로 실체를 알 수 없다. 그런데 현존하는 백전목간은 형태와 서식이 상당한 정도의 통일성을 보이므로 율령법 반포를 백전문서가 제도적으로 성립하는 기점으로 삼은 것이다. 신라의 백전목간은 520년의 율령법에 의해 국가 행정제도의 하나로서 성립되었다고 본다.

그러나 백전문서도 소수나마 ⑧의 원주형, ⑩의 白, 前 도치와 같이 변이형이 보이는 것은 아직 그 문서 형식이 완비·정착되지 못했기 때문이다. 상행, 하행, 평행의 문서가 백전문서라는 형식을 빌려 혼용되고, ⑪의 足下와 같이 서식 요소의 용어가 통일되지 못한 점, 年次 표기가 간지년부터 월일까지 갖춘 경우, 월만 쓰거나 생략하는 경우 등으로 다르고, 발신자와 수신자를 쓸 때 관직, 관부, 이름 표기 등 방식이 다르며, 내용 역시 일상 보고, 업무 연락, 急傳, 지시 등으로 다양하다. 서사할 때의 공간 배치도 ②처럼 위, 아래를 빽빽하게 채워 쓰는 것, ⑪처럼 위쪽에 일정한 여백을 남기는 것, 하나의 목간에서 면마다 여백이 다른 것 등 일정하지 않다.

이러한 면모는 다른 한편으로 생각하면 형식적 유연성이 될 수 있어서 백전목간이 공문서로서 광범한 용도로 쓰이게 된 이유라고 생각된다. 출토 상황을 통해 알 수 있듯이 백전목간은 신라 중고기에 가장 일반적으로 사용된 문서 종류였다고 보인다. 그러나 이 시기에 ⑪에 보이듯 이미 牒 문서가 사용되고 있고, 典太等의 명령[敎]을 전하는 하달용 문서 목간도 확인된다. 복수의 문서 종류가 병존·시행되고 있어 이들 상호 간의 경합을 통한 역할 분담과 결합을 예상할 수 있고, 고구려, 唐으로부터 서적과 율령이 도입되면서 새로운 행정 기술이 소개되어 신라의 백전문서는 서식과 용도가 분화·변천해 갔으리라 전망된다.

IV. 맺음말

그간 前白木簡이라고 파악되어 온 한국 고대의 문서목간을 재검토했다. 이 가운데 두 점은 판독을 새롭게 하여 白과 前 자를 찾아냈다. 월성해자 출토 ⑥은 村의 幢主가 중앙 관부의 관원에게 보낸 문서이다. 당주는 보고의 책임자이고 所白人이 문서목간을 지참하고 가서 실제 보고를 수행했다. 하남 이성산성 출토 ⑦은 지방에서 오간 문서인데, 수신처 중 이성산성만 알 수 있고, 발신자의 소재지와 나머지 수신처는 불명이다.

新例를 포함하여 문서목간 11점의 서식은 몇몇 요소의 유무, 순서와 표현의 차이가 발견됨에도 불구하고 〈발신자白, 수신자前, 내용〉의 기본 형식을 갖추고 있다. 이 정도의 공통성을 보인다면, "…白 …前 …" 형식의 목간을 고대 문서목간 중 하나의 범주로 설정할 수 있고, 서식을 유념하여 白前木簡이라고 불러야 마땅하다.

한국 고대의 백전목간은 신라에서 대체로 6세기 중엽 이후 보고나 통지를 위해 사용된 公文書 목간이고, 나무를 25~35㎝ 길이의 굵기가 가는 4각주형으로 가공하여 〈발신처+白, 수신처+前, 전달할 정보〉의 기본 서식을 따라 4면에 걸쳐 묵서로 작성한 것이라고 규정할 수 있다.

백전목간과 일본 고대의 전백목간은 출현 시기뿐 아니라 형태, 서식, 용도 등이 서로 다르다. 특히 서식에서 '백전'과 '전백'의 차이는 단순히 두 글자의 순서가 다른 것에 그치지 않는다. 전백목간은 발신처를 생략할 정도로 동일 관부 내부나 領屬關係가 있는 관부 사이, 업무 관계가 밀접한 관료끼리 사용되었는데, 백전목간은 발신자를 명시하여 책임소재를 분명히 해야 할 정도로 사안이 중대하고 공식적이었으며 복수의 관부, 지역에 걸쳐 사용되었다.

백전목간의 성립에 관해 구두보고의 전통이 문자화된 것이라는 견해가 있다. 그러나 그 형태적 정형성, 비교적 정연한 서식을 볼 때 구두보고의 자의성, 무규범성 등을 피하고 의사전달의 질서를 부여하기 위해 문자 기록조차 형식화, 규율화 하려는 의도가 엿보인다. 무엇보다 白, 前의 표현을 갖고 구두보고 여부를 따지는 것은 단순한 접근이다.

신라는 3세기 후반 이래 낙랑·대방군 및 中原 정권과 교섭하면서 중국의 문서식을 배우고, 5세기부터는 여기에 더해 고구려로부터 변용된 문서행정을 수용했다. 이는 곧 외교용 국왕문서로 출발한 '書'가 국내용 행정 문서로 전용·확산되는 과정이기도 했다. 신라의 백전목간은 이러한 국내·외의 수용과 변형을 거쳐 520년의 율령법에 의해 국가 행정제도의 하나로서 성립되었다고 보인다.

투고일: 2025.04.22.   심사개시일: 2025.05.30.   심사완료일: 2025.06.16.

『左傳』『史記』『晉書』『梁書』『月儀帖』(索靖)

『三國史記』『三國遺事』

『續日本紀』

「포항중성리비」「울진봉평리비」

國立加耶文化財硏究所, 2011, 『韓國 木簡字典』, 예맥.

국립가야문화재연구소, 2017, 『韓國의 古代木簡 II』, 예맥.

국립경주문화재연구소, 2022, 『신라 왕경 목간』, 디자인U.

金秉模 外, 1991, 『二聖山城(三次發掘調査報告書)』, 漢陽大學校·京畿道.

金秉模 外, 2000, 『二聖山城(第8次 發掘調査 報告書)』, 漢陽大學校 博物館.

朝鮮畵報社出版部 編, 1985, 『高句麗古墳壁畵』, 朝鮮畵報社.

장지영·장세경, 1988, 『이두사전』, 정음사.

二玄社編集部 編, 2007, 『大書源』, 東京, 二玄社.

諸橋轍次, 1984, 『大漢和辭典(修訂版) 九』, 東京, 大修館書店.

漢語大詞典編纂處 編, 1993, 『漢語大詞典』, 上海, 上海辭書出版社.

동아시아목간사전(http://eawd.knu.ac.kr/main)

가와다 준조, 2004, 『무문자 사회의 역사』, 논형.

김창석, 2020, 『왕권과 법 – 한국 고대 법제의 성립과 변천』, 지식산업사.

이경섭, 2013, 『신라 목간의 세계』, 景仁文化社.

고광의, 2004, 「高句麗 古墳壁畵에 나타난 書寫 관련 내용 검토」, 『韓國古代史硏究』 34.

權仁瀚, 2013, 「목간을 통해서 본 신라 사경소의 풍경」, 『震檀學報』 119.

김병준, 2018, 「월성 해자 2호 목간 다시 읽기 – 중국 출토 고대 행정 문서 자료와의 비교」, 『木簡과 文字』 20.

김재홍, 2019, 「함안 성산산성과 출토 목간의 연대」, 『木簡과 文字』 22.

金昌錫, 2017, 「咸安 城山山城 17차 발굴조사 출토 四面木簡(23번)에 관한 試考」, 『韓國史硏究』 177.

金昌錫, 2021, 「한국 고대 國王文書의 기초 검토 – 국내용 문서의 사례와 기원」, 『木簡과 文字』 27.

김창석, 2023, 「부여 동남리 49-2번지 출토 백제 목간의 내용과 용도 – 목간 1·2를 중심으로」, 『韓國古代史硏究』 111.

渡邊晃宏, 2010, 「日本古代の都城木簡と羅州木簡」, 『6~7세기 영산강유역과 백제』, 국립나주문화재연구소.

마루야마 유미코(丸山裕美子), 2023, 「율령제 연구와 목간 연구 - 아스카기요미하라 令과 '前白'목간을 중심으로」, 『木簡에 반영된 古代 동아시아의 法制와 行政制度』, 중문.

백두현, 2018, 「월성 해자 목간의 이두 자료」, 『木簡과 文字』 20.

宋基豪, 2002, 「고대의 문자생활 - 비교와 시기구분」, 『강좌 한국고대사 5』, (재)가락국사적개발연구원.

市 大樹, 2019, 「일본 7세기 목간에 보이는 한국목간」, 『木簡과 文字』 22.

윤선태, 2005, 「월성해자 출토 신라 문서목간」, 『역사와 현실』 56.

윤선태, 2008, 「목간으로 본 한자문화의 수용과 변용」, 『新羅文化』 32.

윤선태, 2018, 「월성 해자 목간의 연구 성과와 신 출토 목간의 판독」, 『木簡과 文字』 20.

이경섭, 2021, 「신라 문서목간의 話者와 書者」, 『新羅史學報』 51.

李道學, 1993, 「二聖山城 出土 木簡의 檢討」, 『韓國上古史學報』 12.

李承宰, 2013, 「함안 성산산성 221호 목간의 해독」, 『韓國文化』 61.

李泳鎬, 2019, 「月城垓子 2號 木簡에 보이는 尊稱語 '足下'에 대하여」, 『嶺南學』 71.

이재환, 2019, 「함안 성산산성 출토 문서목간과 力役 동원의 문서 행정」, 『木簡과 文字』 22.

이치 히로키, 2023, 「일본 고대 文書木簡의 전개」, 『木簡에 반영된 古代 동아시아의 法制와 行政制度』, 중문.

전경효, 2018, 「신 출토 경주 월성 해자 묵서 목간 소개」, 『木簡과 文字』 20.

전경효, 2021, 「2018년 출토 경주 월성 해자 삼면목간에 대한 기초적 검토」, 『木簡과 文字』 27.

朱甫暾, 1991, 「二聖山城 出土의 木簡과 道使」, 『慶北史學』 14.

최연식, 2016, 「新羅의 變格漢文」, 『木簡과 文字』 17.

최장미, 2017, 「함안 성산산성 17차 발굴조사 출토 목간 자료 검토」, 『木簡과 文字』 18.

하시모토 시게루, 2021, 「新羅 文書木簡의 기초적 검토 - 신 출토 월성해자 목간을 중심으로」, 『嶺南學』 77.

하시모토 시게루, 2024, 「신 출토 월성 해자 목간의 재검토」, 『新羅史學報』 62

홍승우, 2022, 「韓國 古代 文書木簡의 書式과 서사재료」, 『동서인문』 19, 경북대학교 인문학술원.

高村武幸, 2015, 「前漢後半期の書信簡牘の分類と檢討 - 書信簡牘試論」, 『秦漢簡牘史料研究』, 東京, 汲古書院.

高村武幸, 2015, 「漢代文書行政における書信の位置付け」, 『秦漢簡牘史料研究』, 東京, 汲古書院.

關尾史郎, 2015, 「魏晉簡牘のすがた」, 『國立歷史民俗博物館研究報告』 194.

戴衛紅, 2023, 「三至九世紀東亞的"白"文書」, 『第二屆中日韓出土簡牘研究國際論壇 論文集』, 石家庄, 河北師範大學歷史文化學院.

東野治之, 1983, 「木簡に現われた「某の前に申す」という形式の文書について」, 『日本古代木簡の研究』, 東京, 塙書房.

市 大樹, 2008, 「慶州月城垓字出土の四面墨書木簡」, 『日韓文化財論集Ⅰ』, 奈良文化財研究所.

市 大樹, 2010, 「前白木簡に關する一考察」, 『飛鳥藤原木簡の研究』, 東京, 塙書房.

李成市, 1996, 「新羅と百濟の木簡」, 『木簡が語る古代史 上』, 東京, 吉川弘文館.

李成市, 1997, 「韓國出土の木簡について」, 『木簡研究』 19.

李成市, 2009, 「韓國木簡研究の現在 - 新羅木簡研究の成果を中心に」, 『東アジア古代出土文字資料の研究』, 東京, 雄山閣.

籾山 明, 2005, 「中國の文書行政 - 漢代を中心として」, 『文字と古代日本 2』, 東京, 吉川弘文館.

早川庄八, 1985, 「公式樣文書と文書木簡」, 『木簡研究』 7.

早川庄八, 1997, 「口頭の世界と文書の世界」, 『日本古代の文書と典籍』, 東京, 吉川弘文館.

鐘江宏之, 2006, 「口頭傳達と文書·記錄」, 『列島の古代史6 - 言語と文字』, 東京, 岩波書店,

丸山裕美子, 2006, 「日本古代國家·社會における書儀の受容に關する基礎的研究」, 平成15年度~平成17年度 科學研究費補助金基盤研究C研究成果報告書.

〈要約〉

白前と前白の間
- 新羅「白前」木簡の事例と成立背景 -

金昌錫

　新羅の白前木簡は、6世紀中葉以降の報告や通知のために使用された公文書の木簡である。木を
25~35㎝の長さの太さが細い四角柱形に加工し、＜発信先＋白、宛先＋前、伝達する情報＞の基本
書式に従って4面にわたって墨書で作成した。

　白前木簡と日本古代の前白木簡は出現時期だけでなく、形態、書式、用途などが互いに異なる。
前白木簡は、発信先を省略するほど官府内部や領屬關係がある官府の間、業務関係が密接な官僚
の間で使用された。しかし、白前木簡は発信者を明示して責任所在を明確にしなければならない
ほど記録された事案が重大で公式的であり、複数の官府、地域にわたって使用された。

　白前木簡の成立に関して口頭報告の伝統が文字化されたものであるという見解がある。しか
し、その形態的整形性、比較的一定の書式を見ると、口頭報告の恣意性、無規範性などを避けるだ
けでなく、文書報告としても意思伝達の秩序を付与しようとする意図を強く確認することができ
る。白、前の表現を持って口頭形式で報告が行われたかどうかを問うことはできない。

　新羅は3世紀後半以来、樂浪・帶方郡および中原政権と交渉しながら中国の文書式を学び、5世紀
からはここに加え、高句麗からその変容された文書行政を受け入れた。これはすぐに国王文書と
して出発した「書」が国内用行政文書として轉用・拡散される過程でもあった。新羅の白前木簡は
520年の律令法により国家行政制度の一つとして成立し、中古期の間に最も一般的な文書として広
く使われてきた。

▶ キーワード: 白前木簡, 前白木簡, 文書行政, 新羅, 書式, 發信者, 受信者, 謙辭

〈Abstract〉

Between 白前 and 前白:

Examples of Silla '白前' Wooden Slips and the Background to Their Creation

Kim, Chagseok

白前 wooden slips from Silla are official documents used for reports and notifications from the mid-6th century onwards. The wood was carved into a thin rectangular prism 25~35cm long and written in ink on all four sides according to the basic format of 〈recipient + 白, destination + 前, information to be transmitted〉.

白前 wooden slips and ancient Japanese 前白 wooden slips differ not only in the time of their appearance, but also in their shape, format and use. 前白 wooden slips were used within government offices, between government offices with territorial ties, and among bureaucrats with close business relationships, so much so that the recipient was omitted. However, 白前 wooden slips were used across multiple government offices and regions because the matters recorded were so important and official that the sender had to be clearly stated and the responsibility clarified.

There is a view that 白前 wooden slips were created as a written version of the oral report tradition. However, their regular form and relatively consistent format strongly confirm the intention to avoid the arbitrariness and randomness of oral reports, as well as to impart order to the communication of intentions in written reports. It is not possible to ask whether a report was made in oral form based on the expression 白, 前.

Since the second half of the 3rd century, Silla learned Chinese writing systems while negotiating with Lelang, Daifang Commandery, and the Chinese central government, and from the 5th century, it also adopted the modified written administration of Goguryeo. This was also the process by which 書, which started out as royal documents, was adapted and spread as domestic administrative documents. Silla's 白前 wooden slips were established as one of the national administrative systems by the Law Code of 520, and were widely used as the most common document during the 中古 period of Silla.

▶ Key words: 白前 wooden slips, 前白 wooden slips, Administration by documents, Silla, Document format, Sender, Recipient

신라 청제비 연구의 성과와 과제[*]

이동주[**]

Ⅰ. 머리말
Ⅱ. 그간의 성과
Ⅲ. 연구의 쟁점
Ⅳ. 향후 과제의 모색
Ⅴ. 맺음말

〈국문초록〉

본고는 신라시대 고대 저수지인 菁堤와 그 축조 과정을 기록한 菁堤碑에 관한 기존 연구의 주요 성과를 정리하고, 향후 연구 과제를 도출하는 것을 목적으로 한다.

청제비는 丙辰銘과 貞元銘으로 구성된 양면비이다. 그간의 연구성과를 고고학적 양상을 아울러 검토해 보았다. 병진명 연구를 통해 청제 축조 연대, 역역 동원 방식, 도량형 적용 사례, 수리시설 관련 용어의 해석 등 고대 수리 사업의 구체적 양상이 규명되었다. 정원명 연구에서는 원성왕대 전국적 제방 수리 사업과의 연계성, 지방 유력자의 성장 양상, 法工夫에 대한 다양한 해석이 이루어졌다. 신라의 사회, 경제 문제를 확인할 수 있는 당대의 자료라는 점에서 그것이 가진 의미는 지대하다.

아울러 청제비는 섬록암 재질이며, 외면에 총탄에 의한 인위적 손상이 확인되는 등 문화재적 관점에서도 주목할 만한 점이 많다. 이에 따라 향후 청제비의 원위치 확인, 석재 산지의 추적, 손상 흔적의 역사적 맥락 분석을 포함하는 종합적 고찰이 요구된다. 이러한 접근은 청제비가 지닌 역사적 가치를 심화시켜줄 수 있을 것이다.

▶ 핵심어: 청제비, 병진명, 정원명, 섬록암, 인위적 손상

* 이 논문은 2019년 대한민국 교육부와 한국연구재단의 지원을 받아 수행되었다.(NRF-2019S1A6A3A01055801)
** 경북대학교 인문학술원 HK사업단 HK연구교수

I. 머리말

청제는 경북 영천시에 위치한 신라의 저수지이다. 현재의 영천시 완산동 및 북안면 일대에는 골벌국이라 불리는 삼한시대 소국이 있었다. 골벌국은 골화국, 골벌소국, 골화소국 등으로도 불렸다. 벌판을 의미하는 火나 伐이 국명에 사용된 것에서 유추할 수 있듯 넓은 들판을 물적 기반으로 정치체가 성장했던 것 같다. 『三國史記』 지리지에는 "조분왕이 골화소국을 쳐서 縣을 삼았다"라고 하고,[1] 同書 신라본기 조분왕 7년(236)에는 "골벌국왕 아음부가 무리를 이끌고 와서 항복하였다"라고 한다.[2] 이를 미루어보면 3세기 중엽에는 신라에 병합된 것으로 보인다. 지증왕 5년(504) 9월에는 골화성을 쌓았는데,[3] 이 성은 신라말 황보능장의 근거지가 되었다. 경덕왕대 지명개정 시 영천지역은 臨皐郡·長鎭縣·臨川縣·道同縣·新寧縣·黽白縣으로 1군 5현으로 개명하였다.[4] 혜공왕대 지명복고가 이루어졌고, 신라 하대에 이르러 府가 설치되면서 高鬱府가 되었다.[5] 고려시대 임천현은 임고군 군치, 도동현을 통합시켜 永州로 개편하였는데 고울부라고도 했다고 한다.[6] 高鬱의 정확한 의미를 가늠하기는 어려우나 소국명인 骨의 음차가 아닌가 한다.

조선 태종 13년(1413) 작은 군현은 州를 사용하는 것을 금하고 山과 川을 사용하라는 명이 있었다. 그 이후 永州에서 永川으로 개정되어 현재에 이른다. 永川은 지명에서 연상되듯 물과 친연한 지역이다. 永은 두 물이 합류하는 곳에 고을이 위치하였기 때문에 사용이 되었으며, 본디 二水를 뜻한다.[7] 二水의 합자가 바로 永이기 때문이다. 여기서 이수는 보현산에서 발원한 남천과 북천을 말하며, 현재의 금노동 조바골에서 합류해서 금호라는 이름으로 서쪽으로 흘러 낙동강과 합류한다. 합류지점인 조바골 일대를 東京渡라 부르는데, 김유신과 백석과의 설화가 전한다. 당시 김유신은 骨火川에 유숙하며 호국삼신과 어울렸다.[8] 골화천은 금호강의 신라 당시의 이름일 것이다. 영천을 관류하는 남천과 북천은 지역명에 차용될 만큼 강렬한 지세였던 것이다.

청제는 이수가 합류한 지점과 멀지 않은 곳에 위치한다. 신라 법흥왕대 축조되었으며, 축제비가 있어 축조의 시말을 알 수 있는 동아시아의 보기 드문 고대 저수지이다. 사실 김제 벽골제나 상주 공검지, 제천 의림지 등 고대 저수지가 없지 않으나 대개 원형을 상실한 상태여서 청제와 견주어 보기는 어렵다. 그런데 청제비로 인해 축조와 정비 과정의 대강을 파악할 수 있다는 점에서 의미가 깊다. 이처럼 청제는 당시의 비석과 함께 실물로 현전하고 있다는 점에서 그것이 가지는 의미는 지대하다. 다시말해 청제의 역사적 가치는

---

1) 『三國史記』 卷34, 雜志3 地理1 新羅 臨川縣, "助賁王王時, 伐得骨火小國, 置縣. 景德王改名. 今合屬永州."

2) 『三國史記』 卷2, 新羅本紀2 助賁尼師今 七年(236), "春二月, 骨伐國王阿音夫率衆來降, 賜第宅·田莊安之, 以其地爲郡."

3) 『三國史記』 卷4, 新羅本紀4 智證 麻立干 五年(504), "秋九月, 徵役夫, 築波里·彌實·珍德·骨火等十二城."

4) 『三國史記』 卷34, 雜志3 地理1 新羅 臨皐郡.

5) 『三國史記』 卷50, 列傳10 甄萱, "進襲新羅高鬱府. 逼新羅郊圻, 新羅王求救扵太祖."

6) 『高麗史』 卷57, 志11 地理2 慶尙道 東京留守官 慶州, "永州高麗初, 合新羅臨皐郡·道同·臨川二縣, 置之【一云高鬱府】."

7) 『新增東國輿地勝覽』 卷22, 慶尙道 永川郡, "北川.【在郡北六里. 出母子山西, 至淸通驛南, 與南川合爲東京渡. 郡在二水合流之內, 故名永州, 永字乃二水也】."

8) 『三國遺事』 卷1, 紀異1 金庾信, "至骨火川留宿又有一女忽然而至. 公與三娘子喜話之時娘等以美菓餽之."

바로 여기서 찾아진다고 해도 과언이 아니다.

청제비는 1968년 12월 27일 신라삼산오악학술조사단에 의해 비로소 학계에 알려졌다. 석비는 2기인데 둑에서 북쪽으로 약 40m 떨어진 골짜기 비탈에서 발견되었다고 한다. 5m 정도 간격을 두고 향 우측에 세워진 것이 청제비, 향 좌측에 세워진 것이 청제중립비이다. 청제비는 1969년 11월 21일에 보물 517호로 지정되었다가 마침내 2025년 6월 20일 국보로 승격되었다. 아울러 청제는 2005년 3월 14일 경상북도 시도기념물 제152호로 지정되어 현재에 이르고 있다.

본고는 이러한 청제의 가치와 중요성을 염두에 두면서 향후 연구의 진전을 위해 검토해 볼 문제들을 거론해 보고자 하였다. 우선 Ⅱ장에서는 청제와 청제비를 둘러싼 그간의 주요 연구 성과를 검토하였다. 청제비는 발견 이후, 狀의 성격 규명, 저수지 축조에 적용된 도량형, 역역 편성과 조직, 관개 제도, 몽리지의 성격 등 다양한 관점에서 연구가 진행되어 왔다. 일정 부분 연구 성과가 축적되었음에도 불구하고 여전히 검토의 여지가 존재한다. Ⅲ장에서는 청제와 관련된 연구상의 쟁점을 정리하고 그 타당성을 점검하였다. 특히 배수와 관련된 배굴리 문제, 역역 운영 방식, 손상된 보제의 성격 등은 추가 논의가 필요하다. 마지막으로 Ⅳ장에서는 청제비 연구의 진전을 위해 해결해야 할 과제를 제시하였다. 청제비 자체에 대한 관심이 필요하며, 비문의 원위치, 석재의 산지, 인위적 손상 흔적 등은 향후 연구의 진전을 위해 반드시 검토되어야 할 부분이다.

Ⅱ. 그간의 성과

청제비는 신라삼산오악학술조사단에 의해 학계에 알려졌다. 조사단은 정부의 지원 없이 한국일보 단독으로 1964년 10월 24일 신라오악학술조사사업으로 시작하였다. 오악은 中祀의 제장이며, 그 일대에 산재한 유적을 조사하려는 목적이었다. 단장은 사회학자이자 역사학자인 이상백이 맡았고, 위원은 황수영, 진홍섭, 김원룡, 이기백, 최순우, 김영하가 위촉되었으며, 간사는 정영호였다. 사업이 망외의 성과를 거두자 3년 뒤 조사 범위가 삼산으로 확대되었다. 삼산은 대사의 제장으로 경주의 나력, 영천의 골화, 청도의 혈례산이 거론되었다. 조사대상 범위가 넓어지다 보니 자연스레 조사단의 이름 역시 신라삼산오악학술조사단으로 부르게 되었다. 그리고 단장은 1966년 타개한 이상백을 대신하여 김상기가 맡았다. 아울러 홍사준, 박경원 등 위원이 보강되었고, 사업기간 역시 1972년까지 연장되었다.

신라삼산오악학술조사단은 1968년 12월 17일부터 24일까지 골화의 舊址를 찾기 위해 현장 답사를 단행하였다.[9] 조사단은 정보 수집차 지역유지들과 사전 면담을 한 듯하다. 실제 영천 읍내에서 지역 유지 盧漢容으로부터 "청못에 唐碑가 있다고 한다"는 중요한 정보를 입수하였기 때문이다. 영천의 읍지 『永陽誌』에는 "당나라 정관 때의 記事碑가 있다"라고 하며, 1940년 윤성영이 편찬한 영천의 역사지리서인 『永川全誌』

---

9) 정영호, 1969, 「영천청제비의 발견」, 『고고미술』 102, 한국미술사학회, p.1.

에는 "당태종이 신라를 쳤을 때 위징이 菁川堤를 막았는데 비를 세워 그 공을 기록했다"라고 전한다. 비에 당의 貞元 연호가 적혀있었던 터라 唐碑로 인식하였지만, 貞觀으로 잘못 읽혀 부회되었던 것 같다.

조사단에 정보를 제공한 노한용은 成均館 典學을 역임한 인물이자, 영천의 시문학 단체인 朝陽詩社의 결사멤버였고, 운암서실을 운영한 한학자이다. 그는 청제 인근의 대창면 직천리 지주였기에 주변 지세에도 밝았다고 여겨진다. 정보를 입수한 조사단(홍사준, 이기백, 정영호)은 古老의 도움을 받아 19일 오후 마침내 청제비를 실견하게 된다.

청제는 병진명 축제 당시 另邑谷大塢로 불리다가, 적어도 정원명 단계에서 菁堤로 불렸다. 무읍곡은 청제가 있던 마을의 이름일 것이다. 청제비는 발견 당사자인 이기백에 의해 기초적인 검토가 이루어졌다. 당시까지만 하더라도 신라 중고기 금석문이 거의 없었으므로 고대 사회상을 구명할 수 있는 중요한 자료로 취급되었다. 청제비 병진명은 연대문제, 역역동원방식, 지방통치제도, 제방 관련 용어, 배굴리의 성격문제 등이 다루어졌다. 그리고 정원명은 원성왕대 전국적인 제방 수리기사와 호응한다는 점, 공사 책임자인 소내사가 지방 유력자로서 성장을 반영하고 있다는 점, 역역 동원된 법공부를 법당 군단 소속의 군인으로 간주하는 등의 성과가 있었다.[10]

청제비의 건비연대는 병진년을 『三國史記』 신라본기 법흥왕 18년(531) '유사에게 명하여 제방을 수리하게 했다'는 기사와 연동시켜 536년으로 보는 것이 대세였다. 그러나 신라 중고기 인명 나열 법칙에 어긋난다 해서 한 갑자 올려 476년으로 보거나,[11] 연대를 특정하지는 않았지만 법흥왕 23년 이전인 5~6세기 경으로 연대관을 넓게 유보한 경우도 있었다.[12] 하지만 여타 신라 중고기 비처럼 자연석에 별다른 가공 없이 글을 새긴 점, 관등에 第가 동반되는 점 등을 고려하면 특별히 536년을 부정할 이유는 찾아지지 않는다.

역역동원과 관련해서 분담조직의 구성을 밝힌 성과에서는 병진명에 "將上三將作人 七千人△二百八十方"이란 구절에서 7,000명이 280방으로 구분된다고 보고, 25명을 단위로 한 분담된 조직들이 축조에 동원된 것으로 보았다. 280방을 25명 단위의 분담조직이란 지적은 인력을 조직적으로 분배하고 관리하였다는 사실을 논증했다는 점에서 연구사적 의의는 지대하다.[13] 이는 280방을 면적으로 본 기존의 견해[14]와는 분명 차별되는 것이었다. 즉 고대 수리 사업에 있어서 소규모 집단 단위로 작업을 나누고, 책임을 묻기 위한 구조로 25인 단위가 적절했을 가능성을 시사한다. 이는 집단 책임제와 인력 관리의 효율성을 높이기 위한 방식으로 사용된 것으로 여겨진다. 한편 이 견해는 전국적으로 280곳의 마을에 25명씩 차출작업을 하였을 것이라는 시각에 귀중한 암시를 주었다.[15] 다만 전국적인 규모의 인원 차출이라는 견해는 위화감이 들어

---

10) 홍승우, 2023, 「신라사 속에서의 청제비」, 『동아시아 농업 토목공사 문화유산, 청제와 청제비』 자료집, pp.28-29.

11) 김창호, 1983a, 「신라중고 금석문의 인명표기(II)」, 『역사교육논집』 4, 역사교육학회; 1988, 「永川 菁堤碑 丙辰銘의 建碑年代」, 『伽倻通信』 17, 伽倻通信편집부; 2007, 『고신라 금석문의 연구』, 서경문화사에 재수록

12) 李宇泰, 1985, 「永川 菁堤碑를 통해 본 菁堤의 築造와 修治」, 『邊太燮博士華甲紀念史學論叢』, 三英社, pp.107-108.

13) 오성, 1978, 「永川 菁堤碑 西辰銘에 대한 再檢討」, 『歷史學報』 79, 역사학회.

14) 李基白, 1969, 「永川菁堤碑의 丙辰築堤記」, 『考古美術』 106·107合, 한국미술사학회; 1974 「永川 菁堤碑의 丙辰築堤記」, 『新羅政治社會史研究』, 一潮閣에 재수록

적극적으로 수용하기 어렵다. 정원명에는 절화, 압탁의 노동력이 동원되었다. 그런데 助役이라는 표현이 동반되므로 이 인원들은 보조역 정도의 인력으로 파악하는 것이 대세였다. 그러나 정원명에 14,140명이라는 연인원이 나오므로 두 군에서 한 번에 100명씩 200명을 61일간 동원한 것이라는 견해가 제기되었다. 즉 왕실직할지의 인원이 아닌 일반적인 지방민의 역역 동원 사례라는 것이다.[16] 정원명의 법공부 14,140명을 공사의 동원 인원수로 보기에는 너무 많은 인원이다. 이에반해 병진명의 7,000명은 공사 규모에 비해 적기 때문에 동원 인원수일 것으로 본 것이다.[17]

한편 정원명의 법공부를 법당군단 소속의 군인이 아닌 신라 율령에 규정된 공역 단위로 본 견해가 제기되었다. 즉 인민의 노동량을 계수화하여 식량을 공급받는 역역 동원의 용어라는 것이다. 동아시아의 시각에서 법공부를 노동량의 단위를 표현한 용어인 점을 지적했다는 점에서 의미가 있었다.[18] 또한 병진명 단계에 축조에 동원된 작인은 衆祀村이 관여했고, 이 지역은 육로와 금호강을 통해 외부와 연결되는 교통상 결절지임을 지적하기도 하였다.[19] 그런데 무술오작비나 임당고비 등의 중고기 금석문도 금호강 유역에 있었음을 간과해서는 안된다. 금호강 유역의 농경지가 신라의 주요 경제기반이었다.[20] 물과 관련된다는 점에서 교통로보다는 경제기반과 연동될 가능성이 배제할수 없기 때문이다.

그리고 정원명에 보이는 배굴리를 수문의 기능을 갖는 굴통으로 파악한 것은 저수지의 구조를 이해하는 데 일조하였다.[21] 수문을 갖춘 저수지라는 점에서 병진명 단계부터 있었다는 견해와 정원명 단계에 새로 설치되었다는 견해로 구분된다. 제방의 손상 원인에 대해서는 홍수가 아닌 가뭄에 의한 의도적인 훼손이 원인이 된 것으로 보고, 공사의 목적을 상배굴리의 설치에 있다고 추정하기도 하였다.[22] 다만 적극적인 증거가 뒷받침되지 않은 한계가 있다.

도량형과 관련해서는 그간 병진명에 將으로 판독해 오던 것을 淂으로 고쳐 읽고, 남조척의 길이 단위인 淂이 적용되었음을 입증한 것이다.[23] 남조의 도량형을 청제비 병진명에 적용해 보면 弘 61淂(122m), 鄧 92淂(184m), 澤廣 22淂(44m), 高 8淂(16m), 上 3淂(6m)으로 환산된다. 그리고 제방의 모식도를 제시하여 현재와 거의 변함없는 규모임을 지적했다. 축조 당시 제방의 규모를 정확하게 복원하였다는 점에서 연구사적 의의가 크다. 최근 조사된 GPS 정보를 통해 여수로를 포함한 제방의 길이는 243.4m, 제방 내 수변까지 너

---

15) 李宇泰, 1985, 「永川 菁堤碑를 통해 본 菁堤의 築造와 修治」, 『邊太燮博士華甲紀念史學論叢』, 三英社, pp.110-114.

16) 橋本繁, 2017a, 「영천 청제비의 재검토」, 『사림』 60, 수선사학회; 2023, 「永川·菁堤碑貞元銘よりみた統一新羅の王室直轄地支配と力役動員」, 『東アジアにおける朝鮮史の展望』, 汲古書院.

17) 橋本繁, 2017b, 「朝鮮半島古代の石碑文化」, 『古代日本と朝鮮の石碑文化』, 朝倉書店. p.41.

18) 이미란, 2019, 「8세기 후반 동아시아 役制변화를 통해 본 영천청제비 정원명의 法功夫」, 『韓國古代史研究』 65, 한국고대사학회; 2022, 「신라 중고기 국가 조영사업 연구」 부경대학교 사학과 박사학위논문.

19) 이미란, 2024, 「영천 청제비 병진명으로 본 신라 중고기 塢의 축조와 그 운영」, 『신라문화』 64, 동국대 신라문화연구소.

20) 주보돈, 2022, 「경산 소월리 출토 목간과 금호강(琴湖江)」, 『경산 소월리 목간의 종합적 검토』, 주류성.

21) 金昌鎬, 1983b, 「永川 菁堤碑 貞元十四年銘의 再檢討」, 『韓國史研究』 43, 한국사연구회.

22) 장재선, 2012, 「영천 청제비의 도형분석-정원명을 중심으로」, 『목간과 문자』 9, 한국목간학회, pp.213-241.

23) 李宇泰, 1985, 「永川 菁堤碑를 통해 본 菁堤의 築造와 修治」, 『邊太燮博士華甲紀念史學論叢』, 三英社.

비 33.8m, 상단부 너비 3.5~3.8m, 높이 12.3~12.4m으로 확인되었다.[24] 여러 여수로가 존재한다는 점에서 후대의 증축 가능성이 있다고 한다.[25]

정원명 공사의 원인인 狀堤의 손상과 관련해서 양자를 서로 다른 시설로 파악하기도 하였다. 즉 저수지 아래로 흐르는 낮은 물막이 시설이 狀인데, 논으로 물을 공급하는 관개시설이라는 것이다. 아울러 당시의 공사가 주변 논과 관개시설에 대한 국가적인 확충공사의 일환이라 하였다.[26] 최근 堤를 저수지, 狀는 논에 물을 대기 위한 물막이로 보고 배굴리를 후대의 수통과 같은 배수시설로 보았다. 아울러 상배굴리란 용어를 통해 적어도 상·하 혹은 상·중·하 배굴리가 있었을 것으로 추정한 견해도 있었다.[27]

몽리지의 성격과 관련해서 정원명에 보이는 所內가 內省의 이표기로 보고, 이 지역이 내성의 녹읍으로 추정하였다.[28] 신라의 내성은 왕실과 왕실의 일상을 지탱한 관청이다. 따라서 소내는 王有, 왕실직속이므로 내성의 녹읍일 수는 없다는 비판이 생겼다.[29] 내성도 엄연히 국가의 공적기관인 만큼 관의 소유일 수는 없으며, 왕실직할지라는 것이다. 두 견해의 차이는 소내를 왕실의 일상서무를 관할하는 내성을 포함한 관청으로 보느냐, 아니면 왕실 그 자체로 보느냐의 관점의 차이에서 비롯된 것 같다. 한편 비문에 村主가 보이지 않으므로 병진명 단계에서 지방관이 배제된 채 왕실이 직접 간섭한 것으로 보았다.[30] 특히 그간 典柒로 판독한 것을 典大ホ으로 새로 읽었다. 전대등이 집사부의 차관인 만큼 그의 역할과 왕실 소유지의 성격을 특정하였다. 즉 이 일대 토지의 성격을 왕실의 직할지임을 밝힌 것이다.

저수지를 가리키는 용어와 관련해서는 오와 제가 시기를 반영한 용례로 보기도 한다. 예컨대 오는 하천의 흐름을 막아 농경지를 보호하는 일종의 언에 해당하는 수리시설이며, 제는 계곡 사이를 흐르는 물을 가두었다가 필요에 따라 목통을 통해 농경지에 취수하는 수리시설이라는 것이다. 그래서 청제는 536년에는 배굴리가 없는 塢형의 수리시설이었다가 이후 이것을 설치하면서 堤형 수리시설로 바뀌었다고 한다. 그리고 정원명 단계에 제의 둑이 손상되고 배굴리가 막히게 되자 제를 수리하게 된 것으로 보았다. 정원명 단계에 기존 배굴리에 이어 붙여 연장한 것을 상배굴리라 불렀다고 한다.[31] 대부분의 연구자들이 저수둑의 높낮이를 기준으로 상배굴리를 설정하였다면, 김재홍은 기존 배굴리에 연장한 부분을 그렇게 보았다는 점에

---

24) 진성섭, 2023, 「영천 청제의 구조와 그 의미」, 『동아시아 농업 토목공사 문화유산, 청제와 청제비』, p.88.

25) 세종문화재연구원, 2023, 『영천 청제 사적 지정을 위한 정밀지표조사 보고서』.

26) 노용필, 2009, 「통일신라의 논농사」, 『진단학보』, 107, 진단학회, pp.69-92.

27) 노중국, 2010, 「금석문·목간 자료를 활용한 한국고대사 연구 과제와 몇 가지 재해석」, 『한국고대사연구』 57, 한국고대사학회, pp.5-44.

28) 濱田耕策, 1986, 「新羅村落文書'研究の成果と課題―その作成年および內省の祿邑説を中心に」, 『律令制―中國朝鮮の法と國家』, 汲古書院, pp.595-596.

29) 하일식, 1997, 「신라 통일기의 왕실 직할지와 군현제 - 菁堤碑 貞元銘의 力役運營 사례 분석-」, 『동방학지』 97, 연세대학교 국학연구원, p.11.

30) 하일식, 2005, 「신라 왕실 직할지의 초기 형태에 대하여 - 청제비 병진명의 정밀판독과 분석-」, 『동방학지』 132, 연세대학교 국학연구원, pp.18-21.

31) 김재홍, 2022, 「금호강 유역 소월리 목간의 '堤'와 水利碑의 '塢'·'堤'」, 『경산 소월리 목간의 종합적 검토』, 주류성, p.254; 2023, 「영천 청제비의 종합적인 분석」, 『동아시아 농업 토목공사 문화유산 청제와 청제비』 국제학술세미나 발표자료집, p.58.

서 시각차가 있다.

청제의 저수용량을 GIS 정보를 바탕으로 가늠하기도 하였다. 그리고 수문학적 해석 모형을 이용하여 저수량과 관개 가능량을 추산하였다. 이에 따르면 청제는 채약산에서 발원한 두 물줄기에서 유입되는 연간 수량은 585,200㎥으로 31.5㏊ 관개면적에 안정적으로 용수를 공급할 수 있다고 한다.[32]

청제의 축조를 국가권력과 연결시킨 경우도 있었다. 구체적으로 청제를 위트포겔의 동양적 전제주의에서 제시된 수리 가설에 대한 반대 논거로 활용하였다. 위트포겔은 대규모 관래수리시설의 축조가 국가단계 사회의 출현에 결정적인 역할을 했다는 모토에 정면으로 반박하였다. 한국의 경우 청제는 수리시설 축조를 지휘, 감독하는 관리를 임명하여 파견했다는 것은 결국 중앙집권적 정치조직체 성립에 결과이지 요인이 아니라는 것이다.[33] 청제의 의미를 농업생산력 향상을 통해 국가 재정의 증대, 중앙집권체제가 뒷받침된 역역동원, 토목기술의 발전, 공사에 동원된 인민들에게 진휼미를 지급하여 빈민 구휼의 의미도 갖는다고 보기도 한다.[34]

청제를 농업생산성과 관련시켜 삼국시대 초기 소하천이나 계곡의 물을 보와 같은 시설을 설치해서 안정적인 벼농사가 가능했다고 한다. 이에 청제비의 상배굴리는 적어도 7세기 중반 무렵에 배수시설로 수통이 설치된 만큼 통일신라 관개기술의 발달을 보여주는 중요한 사례로 보았다. 이러한 배수시설의 설치를 통해 전답의 비중이 높아지고 결국 농업생산성의 향상으로 귀결되었다는 것이다.[35]

한편 청제의 운영과 관련하여 菁堤文簿의 실체가 드러나기도 하였다. 비록 1929년부터 1976년까지의 기록이지만 청제의 몽리민 주체의 청제회의 공식 장부라는 점에서 의미가 있었다. 여기서는 물을 빼는 굴 안 혹은 굴안이를 위해 堤有畓 7두락을 무상으로 경작하는 권리가 명시되어 있었다.[36] 목숨을 걸고 물을 빼는 대가였던 셈이다.

III. 연구의 쟁점

지금까지 청제비를 연구하여 망외의 성과를 올렸다. 그럼에도 여전히 미흡한 부분과 향후 논의될 부분도 적지 않다고 여겨진다. 여기서는 논의의 확장을 유념하면서 쟁점들을 서술해 보고자 한다.

---

32) 김현준·장철희, 2014, 「수문학적 분석을 통한 고대 수리시설의 농업 생산력(農業生産力)에 관한 고찰(考察) -경북 영천 청제(菁堤)-」, 『인간과 하천』 4, pp.73-78.

33) Bong W. Kang. 2006, 「Large-scale Reservoir Construction and Political Centralization: A Case Study from Ancient Korea」, 『Journal of Anthropological Research』, vol. 62, pp.193-216; 2009, 「한국 고대 국가 형성에 있어서 관개 수리 역할의 재고」, 『역사와 담론』 52, 호서사학회, pp.1-42.

34) 노중국, 2015, 「한국고대 수리시설의 역사성과 의미」, 『신라문화』 45, 동국대 신라문화연구소.

35) 전덕재, 2010, 「삼국 및 통일신라의 수리시설」, 『한국고대의 수전농업과 수리시설』 한국고고환경연구소 학술총서 8, pp.316-339.

36) 權丙卓, 1986, 「菁堤文簿 資料解說」, 『민족문화연구』 7, 영남대 민족문화연구소, p.207.

첫째, 건비일이 착공일인가, 준공일인가에 대한 논란이 있다. 병진명에는 병진년 2월 8일이라 날짜가 나온다. 아마 2월이라는 시기성 때문일 것이다. 착공일로 보는 견해는 공사를 시행하기에 추운 겨울이므로 적합하지 않다고 보거나,[37] 조영책임자를 명시하고 공사규모에 따른 필요인원을 기입한 것으로 보았다.[38] 이에 반해 준공일로 보는 견해는 공사규모가 명기되었으므로 완공 후에 건비되었다고 본다.[39] 음력 2월이면 양력 3월에 해당하므로 본격적인 농번기 전 공사를 하기에 적합한 시기라고 할 수 있다. 신라 중고기 비석의 대부분이 토목공사가 완료된 이후에 세워지는 점을 감할 필요가 있을 것 같다. 동시에 토목공사는 계획과 완공 사이에 엄연한 차이가 있다. 따라서 병진명의 공사내용은 완공 이후의 최종상황이 반영된 것이 아닌가 한다.

둘째, 역역 동원과 운영 문제 역시 쟁점이 될 수 있다. 고대의 노동력 징발에는 공동체적 노동, 국가 권력에 의한 징병, 무상노동(잡역), 고용에 의한 유상노동 등 세 가지 형태가 있었다.[40] 대개 국가 권력에 의한 노동이 많았을 것으로 보인다. 정원명 공사가 신라 왕실이 궁핍한 백성들에게 일자리를 창출하기 위해 계획된 것으로 보는 견해가 많다. 즉 청제를 수치할 시기를 전후하여 자연재해의 빈도가 높았으므로 당시 노동자들은 역역 동원이 된 게 아니라 임금을 지급받은 임노동자라는 것이다.[41] 그런데 정원명의 법공부를 어떻게 보느냐가 문제가 된다. 애초 정원명 공사에 법당 군단 소속의 군인이 동원되었다는 것이 널리 지지 받았다. 법공부를 법당군단과 등치 시킨 것이었다. 급기야 법당이 7세기 후반 군제개혁 시 소멸되었지만 법당 소속의 역부라는 명칭은 정원명 단계까지 유지되고 있었다는 견해로 까지 확대되었다.[42] 여기서 법을 어떻게 파악하느냐가 관건이다. 이에 법을 신라 국법에 의해 징발된 역부의 의미로 파악한 견해가 제기되었다.[43] 그리고 법을 규정 정도로 파악하고, 규정에 의해 동원된 인원으로 파악하였다가,[44] 좀더 적극적으로 신라 국법을 의미한다고 보기도 한다.[45]

셋째, 노동과 관련된 부분도 쟁점이 될 수 있다. 병진명에 의하면 공사 인원은 7,000명으로 확인된다. 앞서 언급하였다시피 비문에 보이는 二百八十方을 25명으로 구성된 공사그룹으로 파악한 것은 정당한 지적이다. 다만 536년 단계에서 계량화된 노동량을 기반으로 역역동원이 되었는가가 관건이 될 것 같다. 최근에 구장산술에 산출된 1인 봄철 표준 노동량(783.36尺³)을 바탕으로 청제 저수둑의 체적을 구한 견해가 있

---

37) 이기백, 1970, 「영천청제비의 병진명」, 『고고미술』 106·107합집, 한국미술사학회, pp.31-32.

38) 이미란, 2022, 「신라 중고기 국가 조영사업 연구」 부경대학교 대학원 사학과 박사학위논문, p.96.

39) 하일식, 2005, 「신라 왕실 직할지의 초기 형태에 대하여 - 청제비 병진명의 정밀판독과 분석-」, 『동방학지』 132, 연세대학교 국학연구원, p.14.

40) 北川峰生, 2011, 「일본 고대의 수리개발과 사쓰마유적의 저수지」, 『동북아시아의 고대 수리시설과 축조기법』, 학연문화사, p.317.

41) 李宇泰, 1985, 「永川 菁堤碑를 통해 본 菁堤의 築造와 修治」, 『邊太燮博士華甲紀念史學論叢』, 三英社, p.123.

42) 이문기, 2018, 「신라법당연구의 진전을 위한 기초적 검토」, 『신라사학보』 42, 신라사학회, pp.309-315.

43) 木村誠, 2006, 「統一期新羅村落支配の諸相」, 『人文學報』 368.

44) 橋本繁a, 2017, 「영천 청제비의 재검토」, 『사림』 60, 수선사학회.

45) 橋本繁, 2023, 「永川·菁堤碑貞元銘よりみた統一新羅の王室直轄地支配と力役動員」, 『東アジアにおける朝鮮史の展望』, 汲古書院, p.375.

기 때문이다.[46] 고대 토목 작업의 표준화된 노동량 계산의 적용은 가능할 수 있겠으나, 변수가 있을 수 있다. 이 계산식으로는 후속하는 二百八十方을 합리적으로 설명할 수 있을지가 관건이다. 25명씩 280조로 나눈 것은 작업의 역할분담이 분명해 보인다. 제방의 축조는 단순히 흙을 쌓는데 그치는 것이 아니라 다양한 노역, 예컨대 토사 채취, 운반, 다짐, 목재 운반, 자귀질 등 다양한 노동의 결과물이다. 그럴 경우 표준화된 노동량 계산 방식은 너무 단순화되어 정확성을 저해할 수도 있다. 병진명에 보이는 분담조직은 노동자의 효율성, 즉 노동의 표준화를 목적으로 조직된 것일 개연성이 높다. 정리하자면 노동량을 산출한 수학식에서 발생할 수 있는 모순의 핵심은 표준화된 노동량과 현실적인 작업 상황 간의 차이이다. 아울러 7,000명이 연인원이 아니라 동원 인원수라고 한다면 계산이 틀려지게 된다. 그러므로 다양한 변수, 즉 재료, 계절, 노동자의 효율성 등을 고려하지 않고 하나의 고정된 수치로 계산하게 되면 실제 토목 공사에서 발생할 수 있는 세부적인 차이를 충분히 반영하지 못할 수 있다. 따라서 계산된 노동량과 실제 작업에서 요구되는 노동량 간의 차이가 발생할 가능성을 염두에 두어야 할 듯 하다.

넷째, 병진명 말미에는 촌락의 명칭, 곧 중사촌의 여부나 성격을 두고 논의가 확대될 수 있다. 문건의 서문에는 무읍곡이 나오다가 마지막에 촌명이 나오는 것도 어딘가 어색하다. 촌명으로 추정되는 부분은 衆△△,[47] 衆社村,[48] 衆□村,[49] 衆杚利,[50] 衆社利,[51] 衆礼村,[52] 衆□□,[53] 衆祀利,[54] 衆祀村[55]으로 읽고 있다. 이 부분을 촌락명으로 보는 경우는 대개 청제가 소재한 □□의 상위촌으로 간주하고 있기 때문이다. 또 이러한 추정의 근거는 대구 무술오작비에 另冬里村且只□塢에 대응시켜 본 것이다. 여기에 더해 최근에는 영천이 대사의 제장인 점에 착안하여 여러 제사를 지내는 촌락으로 추정하기도 하였다.[56] 하지만 여러 판독안이 병존하고 있는 상황이고, 현재 철안이 없는 상태이다. 따라서 제사와 관련시킨 견해는 병진명의 衆祀村이란 판독이 확정되어야 성립할 수 있다. 그런데 村으로 판독한 부분을 보면 나무목변 보다 오히려 禾볼 여지가 커 촌명이 아닐 여지도 있다. 그래서인지 이 부분을 직역명으로 추정하기도 한다.[57]

---

46) 이미란, 2024, 「영천 청제비 병진명으로 본 신라 중고기 塢의 축조와 그 운영」, 『신라문화』 64, 동국대 신라문화연구소.

47) 정영호, 1969, 「영천청제비의 발견」, 『고고미술』 102, 한국미술사학회, p.3.

48) 이기백, 2012, 「永川 菁堤碑의 丙辰築堤記」, 『新羅政治社會史研究』, 一潮閣, p.299; 오성, 1978, 「永川 菁堤碑 西辰銘에 대한 再檢討」, 『歷史學報』 79, 역사학회; 田中俊明, 1983, 「新羅の金石文 第2會 永川菁堤碑丙辰銘」, 『韓國文化』 5-2.

49) 石上英一, 1974, 「古代における日本の税制と新羅の税制」, 『古代の日本と朝鮮』, 龍鷄書舍; 황수영, 1976, 「한국금석유문」, 일지사; 1999, 「금석유문」 黃壽永全集4, 혜안, p.48.

50) 金昌鎬, 1983, 「新羅中古 金石文의 人名表記(II)」, 『歷史敎育論集』 4, 역사교육학회.

51) 許興植, 1984, 『韓國金石全文-古代-』, 亞細亞文化社, p.30; 김재홍, 2023, 「영천 청제비의 종합적인 분석」, 『동아시아 농업 토목공사 문화유산 청제와 청제비』 국제학술세미나 발표자료집, p.50.

52) 국립경주박물관, 2017, 『新羅文字資料 I』, 비에이디자인(서울), p.167.

53) 橋本繁, 2017a, 「영천 청제비의 재검토」, 『사림』 60, 수선사학회, p.110.

54) 韓國古代社會研究所編, 1992, 『譯註韓國古代金石文』 2(신라1·가야편) p.21. 주보돈 판독안; 하일식, 2005, 「신라 왕실 직할지의 초기 형태에 대하여 - 청제비 병진명의 정밀판독과 분석-」, 『동방학지』 132, 연세대학교 국학연구원, p.12

55) 이미란, 2024, 앞의 논문.

56) 이미란, 2024, 앞의 논문.

57) 橋本繁, 2017, 「영천 청제비의 재검토」, 『사림』 60, 수선사학회.

다섯째, 정원명 공사의 원인인 손상된 보제의 관계를 두고 논의가 있다. 대개 중고기 때는 오를 사용 하다가 통일기에 이르러 제로 명칭이 변경되었다고 한다. 병진명과 정원명만 놓고 보면 개연성이 있어 보인다. 그러나 최근 발견된 경산 소월리 목간에도 堤와 畓, 창녕진흥왕 척경비(561)에도 畓이 보인다. 답은 논을 의미하며 중국과 일본에서는 보기 힘든 용례이다. 신라인들은 논과 밭을 구분하여 쓸 정도로 농업지식이 있었다는 말이다. 소월리 목간이 6세기로 추정된다는 점에서 신라인들은 이미 저수지에 대한 지식이 상당했다고 여겨진다. 따라서 통일기가 되면서 일률적으로 오에서 제로 명칭이 변경되었다고 보는 견해는 재고의 여지가 있다.

그렇다면 정원명 단계에서 공사의 원인이 된 보제의 관계를 어떻게 볼 것인가가 문제이다. 우선 洑堤는 모두 물을 저장하는 시설로 볼 수 있다. 그렇다고 둘 다 동일한 성격을 가졌다고 보기는 어렵다. 즉 보와 제로 구분해서 보는 것이 타당하다.[58] 堤는 청제의 제방은 분명하다고 여겨진다. 洑는 堤와 함께 공사의 원인이었으므로 양자는 상호 관련이 있다. 사실 제방에서 물을 배수하면 바로 논으로 보내지 않는다. 제방 아래에는 물을 모아 원하는 방향으로 보내는 방수시설이 있다. 때로는 필요한 방향으로 물을 보내기 위해 한쪽을 판자 등으로 막아두기도 한다. 청제는 하단부 중앙에 세 개의 유로가 확인된다. 바로 이 지점이 방수시설이 설치된 곳으로 보인다. 그렇다면 정원명 공사는 상배굴리를 정비함과 동시에 방수시설도 동반해서 수리된 것을 의미하지 않을까. 향후 정치한 분석이 요구된다.

여섯째, 배굴리의 성격 문제를 빼놓을 수 없다. 영천에서는 굴통을 빼구리로 모아 물을 배수하는 시설로 보는 데는 이견이 없는 것 같다. 발견 초기 정원명 분석을 시도한 연구에서도 "배굴리를 해석은 어려우나 대구무술오작비를 대비해 보았을 때 堤의 廣을 나타내는 말이 아닐까 생각한다"라고 하였다.[59] 청제비가 학계에 보고된 직후 영천의 향토사학자를 중심으로 배굴리의 성격이 제시되었다. 영천 사투리 중에 "굴통을 빼구리라 하므로 배굴리는 이와 관련되며, 상배굴리는 배굴리 가운데 위의 것을 의미한다"라고 지적하였다.[60] 이 해석은 청제의 구조를 파악할 때 귀중한 암시를 주었다. 그래서 배굴리를 수문의 기능을 하는 배수관으로 보기도 하고,[61] 손상된 제방을 수리하는 공정인만큼 '(제방) 상부에 뚫린 구멍' 정도의 의미가 아닌가 추정하는 견해도 있었다.[62] 배굴리가 상배굴리로 표기된 점을 근거로 기존 배굴리에 정원명 단계에 새로 공사하면서 덧댄 부분을 의미하는 것으로 보기도 한다.[63] 또한 병진명에는 하배굴리가 명기되지 않았으므로 병진명 이후 정원명 이전에 설치한 것으로 파악하기도 한다.[64] 심지어 정원명 공사를 상배굴리를

---

58) 노중국, 2023, 「동아시아 관점에서 본 청제와 청제비, 그 문화유산으로서의 가치」, 『동아시아 농업 토목공사 문화유산, 청제와 청제비』 자료집, p.14

59) 이기백, 1969, 「영천청제비 정원명의 고찰」, 『고고미술』 102, p.6.

60) 金昌鎬, 1983, 「新羅中古 金石文의 人名表記(Ⅱ)」, 『歷史敎育論集』 4, p.119.

61) 李宇泰, 1985, 「永川 菁堤碑를 통해 본 菁堤의 築造와 修治」, 『邊太燮博士華甲紀念史學論叢』, 三英社, p.118.

62) 橋本繁, 2017, 앞의 논문, p.114.

63) 김재홍, 2023, 「영천 청제비의 종합적인 분석」, 『동아시아 농업 토목공사 문화유산 청제와 청제비』 국제학술세미나 발표자료집, p.58.

64) 小山田宏一, 2018, 「古代菁堤の基礎的研究」, 『大阪府立狹山池博物館研究報告』 8, p.40.

새로 설치하기 위한 공정으로 본 견해도 있었다.[65] 상배굴리가 새로이 등장하는 만큼 기존에는 배굴리 하나만 있다가 새로 하나 더 설치한 후 상하로 구분해서 불렀을 것이라는 의미로 받아들여진다. 하지만 정원명의 冒頭에서 修治란 용어가 나오기 때문에 상배굴리를 새로이 신축했다고 보기는 어렵다. 아울러 기존 배굴리에 덧대어 새로운 것을 상배굴리로 했다는 점도 어딘가 어색하기는 마찬가지이다. 修治란 용어는 기존의 것을 수리하거나 고쳤다는 의미로 이해되기 때문이다. 배굴리와 관련하여 설명의 편의를 위해 수통의 모식도를 정리한 것이 아래 〈그림 1〉이다.

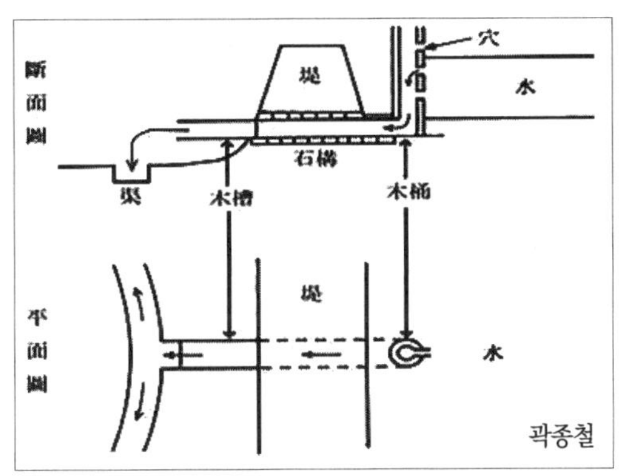

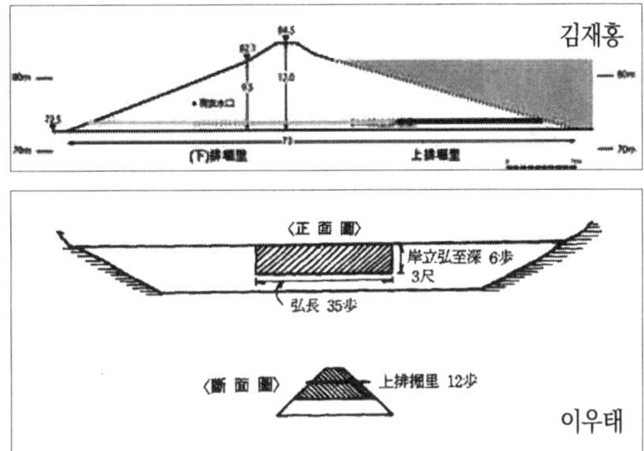

그림 1. 수통의 모식도

지금까지 논의되고 있는 저수지 수통의 모식도는 여럿 확인되며, 청제 배굴리의 구조를 이해하는데 중요하다. 우선 곽종철의 수통 복원안을 보면 목통을 세워 여러 개의 구멍을 통해 배수할 수 있도록 설계되었다. 저수지의 수위별로 물을 뺄 수 있도록 복원한 것이 특징이다. 다만 이 모식도의 문제는 저수지 둑과 목통 간의 간격이 지나치게 벌어져 있다는 점이다. 저수지의 수압이 아무리 약할지라도 저런 구조로는 몇 년을 버티지 못하기 때문이다. 아울러 물이 배수되는 부분도 저렇게 바로 도랑으로 흘러버리는 것이 아니라 어느 정도 물을 모을 수 있는 방수구를 만든 후 좌, 우, 중앙 등 원하는 방향으로 물을 보내도록 설계된다. 만약 저 상태가 유지된다면 배수구 인근에는 거대한 물웅덩이가 생겼을 것이다. 후술하겠지만 저수지 수통은 둑방에 직접 설치하는 게 일반적이다.

다음 김재홍의 모식도는 기존 청제의 배굴리에 정원명 공사 시 덧댄 부분이 상배굴리로 파악하였다. 청제 조사 시 저수둑의 양단은 청석 암반지대였고, 중앙부가 깊었다고 한다. 1972년 청제는 배수관로 교체공사를 하였다. 당시 청제의 수심은 제일 깊은 곳이 7~8m였는데, 그나마 바닥의 퇴적물을 준설하지 않고 공사를 한 상태였다. 그래서 퇴적물 2m 아래 고배수관이 남아 있을 것으로 추정한 것이다.[66] 이 고배수관이 신라시대 하배굴리일 가능성이 높다. 실제 청제의 관리부서인 영천시청에서 파악하고 있는 청제의 규모는

---

65) 장재선, 2012, 「영천 청제비의 도형분석-정원명을 중심으로」, 『목간과 문자』 9, 한국목간학회.
66) 이보경, 2023, 「청제의 토목기술사적 의의」, 『동아시아 농업 토목공사 문화유산, 청제와 청제비』 자료집, p.103.

길이가 244m, 깊이가 12.5m이다.[67] 김재홍의 모식도대로라면 굴안이는 적어도 십 수미터 이상 잠수 능력이 있어야 한다. 이러한 관점에서 정원명 공사를 상배굴리의 신축으로 보는 것도 문제의 소지가 있다는 점을 지적해 두고 싶다. 상배굴리 공사 이전에 물을 배수할 때 잠수 깊이 역시 납득하기 어렵기 때문이다. 청제문부에 따르면 이른 봄 물을 빼는 窟案이 잠수하는 깊이가 16척이다.[68] 단순 계산해도 5m 정도이다. 굴안이는 3~4분 동안씩 몇 번이고 물속에 들어가서 작업 후 봉굴목을 뺀다. 올라온 굴안이의 얼굴이 새파랗게 질렸다는 증언은 과히 틀림이 없어 보인다. 다만 16척의 깊이는 다소 과장된 것이라 여겨지며, 향후 정치한 검토가 요구된다.

마지막 이우태의 모식도는 상배굴리의 위치를 기계적으로 대입한 느낌이다. 상배굴리의 위치가 그곳이 맞다고 하더라도 배수관을 수평으로 설계하다 보면 배출되는 물로 인해 못둑이 상하게 된다. 오히려 원활한 배수를 위한 것이라면 수직으로 목통을 설치하고 배수구는 중배굴리, 하배굴리와 함께 연결된 구조가 더 합리적이지 않을까. 참고로 월지 배수구의 경우 물이 빠지는 구멍은 여러 개이지만 하나의 배수관을 공유하고 있음도 참고된다. 아울러 논으로 직접 물이 보내기 전 한 곳에 모아 인간이 의도한 방향으로 흘려보낸다. 그럴 경우 저 복원안도 한계가 많다는 점을 일단 지적해 두고 싶다.

저수지는 기본적으로 적재적소에 물을 공급하는 것이 목적이었다고 생각된다. 그렇다면 언제든 물을 뺄 수 있는 상태를 유지할 필요가 있고, 어느 정도 잠수능력을 가진 사람도 있어야 한다. 즉 수위에 따라 물을 빼려면 배굴리를 많이 설계하는 것이 유리하지 않을까. 이러한 이해의 선상에서 청제는 처음 축조할 당시부터 상, 하 혹은 상, 중, 하 배굴리가 설치되었다고 보는 것이 온당하지 않을까 한다.[69]

배굴리의 구조와 관련하여 그간 간과해온 자료가 바로 월지 배수구이다. 월지는 문무왕 재위 기간인 674년 조영되었으며, 입수구와 출수구를 갖춘 원지이다. 입수구는 거북이 형상의 석제로 구성되어 있고, 연못의 내부에 3개의 섬을 조영하여 신선의 세계를 구현하였다. 신라 멸망 이후 오랜기간 동안 잊혀 있다 1975년 발굴이 되어 그 전모가 드러나게 되었다. 발굴결과 수많은 유물들이 쏟아져 나왔고, 신라의 궁정문화의 일면을 이해하는데 유용한 정보를 확보할 수 있었다. 특히 아래 〈그림 2〉는 출수구는 월지 호안석축 北岸과 西岸에서 확인된 출수구를 정리한 것이다.

우선 좌측 상단의 사진을 보자. 돌로 짠 출수구 내부에 다듬은 목재를 넣었다. 목재는 내부를 C자형으로 파낸 후 4조각을 결합시켰다. 주변부 석축은 수압이나 외부 충격, 장기간 침수로 인한 목재의 팽창을 억제하도록 설계된 것으로 추정된다. 우측 상단 사진은 수위를 조절하는 판석이 무너져 내린 전경이며, 중앙의 사진은 북안에 복원된 출수구이다. 아래 사진은 현재 복원된 출수구의 전경이다. 4개의 출수구와 제일 하단 큰 출수구가 확인된다. 각 출수구는 하나의 배수관을 공유하고 있다. 월지 출수구는 청제의 배굴리를 이

---

67) 영천시, 2018, 『영천 청제비』 정밀실측조사보고서, 영송출판사(전주), p.72.

68) 권병탁, 1986, 「菁堤文簿 資料解說」, 『민족문화연구』 7, 영남대 민족문화연구소, p.207.

69) 노중국, 2023, 「동아시아 관점에서 본 청제와 청제비, 그 문화유산으로서의 가치」, 『동아시아 농업 토목공사 문화유산, 청제와 청제비』 자료집, p.15.

그림 2. 월지 출수구의 노출전경 및 복원상태

해하는데 시사하는 바가 크다고 여겨진다. 즉 청제의 배수관은 여러 개의 수위 조절 구멍(상, 하 혹은 상, 중, 하)을 가진 목재 통이 수직으로 세워진 형태였을 것이다. 각 구멍으로 유입된 물은 가장 하단에 위치한 배수관을 통해 청제 둑 외부로 출수되는 구조로 보인다.

IV. 향후 과제의 모색

청제비는 시기를 달리하는 명문이 양면에 새겨져 있다. 편의상 앞면을 병진명, 뒷면을 정원명으로 부른다. 이에 반해 청제중립비는 제액이 있는 부분이 앞면이며, 중립에 관여한 인물의 명단이 뒷면에 해당한다. 그래서 비각을 기준으로 보면 두 비의 앞면은 서로 어긋나 있다. 그래서인지 청제비의 정원명을 전면, 병진명을 후면으로 사용하는 경우도 종종 확인된다.[70] 다만 청제비 병진명을 새길 당시 시점을 유의할 필요가 있지 않을까 싶다. 병진명은 축제의 시말을 기록한 것이므로 독자의 시점은 둑과 함께 비석의 명문이 조망될 필요가 있었을 것이다. 그럴 경우 비석의 면과 둑의 방향이 나란하다. 중고기 입비의 담당자는 후대에 명문을 새로 추가될 가능성을 염두에 두면서 세운 것이 아니기 때문이다. 그렇다면 굳이 앞면, 뒷면을 따질 것이 아니라 병진명, 정원명으로 부르는 것이 불필요한 오해가 생기지 않을 듯싶다. 오히려 중요한 점은 비석의 원 위치라고 여겨진다. 우선 아래 〈그림 3〉은 1968년 청제비 발견 당시의 모습이다.[71] 비의 상태를 보면 정영호의 글에서처럼 두 비의 간격이 5m 정도 이격되어 보인다. 그는 둑에서 비까지 거리를 40m라고 했다. 현재 비각에서 저수둑 상부까지 거리는 약 90m 정도 떨어져 있다. 40m라는 수치가 당시 계측의 결

그림 3. 1968년 청제비 발견 당시 모습(©경북대학교 박물관) 및 현재의 비각

---

70) 영천시, 2018, 『영천 청제비』 정밀실측조사보고서, 영송출판사(전주), pp.116-117.

71) 1968년 청제 및 청제비 발견 당시의 사진은 경북대 박물관 이재환 학예연구사께서 제공한 것이다.

과가 반영되었는지 눈대중으로 어림잡았는지 알기는 어렵다.

현재 청제비는 보존을 목적으로 1979년 신축한 보호각 내부에 보관되어 있다. 〈그림 3〉에서 보다시피 청제비와 청제중립비는 상당한 비탈에 세워져 있었다. 조사자 2명은 앞굽이 자세로 균형을 잡고 있을 정도이다. 그런데 현재 비각 내 2비를 보면 상황이 전혀 다르다. 청제비를 기준으로 청제중립비를 옆으로 옮긴 것인지, 아니면 2기 모두 다른 곳에 옮겨 세웠는지 단정하기 어렵다. 지금의 비각 주변은 평탄화되어 있고, 바닥도 정지된 상태이다. 아울러 청제비는 발견 당시보다 수십㎝ 더 아래로 묻혀 있다. 원상태가 상당 부분 변형된 셈이다.

최근 청제비와 관련된 한 연구에서는 발견 지점에 그대로 서 있다는 점에서 사료상의 가치가 크며, 다른 국보로 지정된 중성리비, 냉수리비, 봉평리비가 건립지점을 특정하기 어려운 상황과도 비교된다고 한다.[72] 그러나 현 상황만으로는 원위치를 단정하기 어렵다. 비의 가치는 원위치에 원상태를 유지하고 있을 때 더 의미가 있다. 1979년 보호각 신축계획 시 비의 이전 정비에 대한 계획도 동반되었을 것이다. 비에 대한 기초적인 정보라는 점에서 원위치 문제는 반드시 짚고 넘어갈 문제라고 생각된다.

한편 비면에 대한 정밀한 분석이 필요하다. 청제중립비에 의하면 順治 癸巳(1653)년에 어떤 사람에 의해 비가 절단되어 땅속에 매몰되었다고 한다. 비를 절단하고 매몰할 정도였다면 청제의 몽리지 경영과 관련하여 불만을 가진 사람일 수 있다. 강희 27년 戊辰(1688)년 9월에 다시 일으켜 세웠고 그 전말을 기록하였다고 한다. 1688년에 절단된 청제비를 다시 세우고, 청제중립비를 세웠던 것이다. 참고로 〈그림 4〉는 발견 당시의 청제비와 현재 비각 안의 모습이다.

그림 4. 청제비 발견 당시 하단부(©경북대학교 박물관)와 현재의 하단부 모습, 3D 스캔 우측면

---

72) 김재홍, 2023, 「영천 청제비의 종합적인 분석」, 『동아시아 농업 토목공사 문화유산 청제와 청제비』 발표자료집, p.49.

발견 당시 청제비는 현 비각에서와는 달리 하단부가 상당히 노출되어 있다. 그런데 공교롭게도 하단부에 완만한 U자형 균열(⇧부분)이 확인된다. 이 부분을 자세히 보면 박편이 떨어져 나간 것처럼 깔끔하다. 특히 3D스캔 사진을 보면 떨어져 나간 범위가 제법된다. 뭔가 외부 충격으로 몸돌에서 탈락된 것이 아닌가 한다. 조선시대 청제중립비의 기록처럼 어떤 사람이 절단했고, 그것을 다시 맞추어 세웠다면 이 균열면을 주목할 필요가 있을 듯하다. 하단부의 균열이 비 전체를 포괄하고 있다면 조선시대 당시의 손상으로 볼 여지가 있기 때문이다. 현재의 수준은 자연과학적인 비파괴 분석도 가능하다. 후대 보수하면서 에폭시 형태의 보형물로 메웠지만, 향후 추가 분석이 필요해 보인다.

한편 비의 석질에 대한 산지 분석도 요구된다. 청제비는 발견 당초 화강암으로 보고되었으나 2000년 실시된 문화재청의 암질조사에서 섬록암으로 밝혀졌다. 이와 관련하여 북한산비가 참고된다. 북한산비는 신라 진흥왕 561년에 세워진 것으로 추정된다. 비의 재질을 검토해 본 결과 놀랍게도 북한산 지역의 돌이 아니라 경주지역의 돌과 가장 유사한 것으로 드러났다.[73] 북한산은 그 자체가 거대한 암산이다. 그럼에도 경주지역의 돌로 제작한 비를 세웠다. 비를 세우겠다는 모종의 계획 아래 왕경에서 한산주로 운반되었었던 것이다. 청제비도 이러한 시각에서 파악될 필요가 있다. 청제 인근의 지질도를 보면 섬록암 산지는 영천은 고경면 일대, 경주는 선도산, 모량리 일대에 분포한다. 자연과학적 분석이 이루어지면 좀 더 분명해지겠지만, 일단 청제비는 외부에서 가져온 돌에 새겼음은 분명한 사실이다. 청제의 축조가 왕실이 관여되었다면 일정한 계획 아래 공사가 진행되었을 것이다. 그럴 경우 공사의 경위, 책임자의 명시는 무엇보다 중요한 기록의 대상이 된다. 특히 경주 선도산은 노두가 그대로 드러나 있다. 공사를 감독하러 갈 때 약간의 수고로움만 감수한다면 충분히 가져올 여지는 있었을 것이다.

현재 청제중립비에는 여러 곳에서 인위적인 손상 흔적이 확인된다. 일전 청제비를 정밀조사한 결과에서는 이런 손상을 "문화재의 경우 대개 총탄의 흔적"이라고 한다[74]고 하였다. 이는 매우 중요한 지적이다. 한국전쟁을 거치면서 총탄흔에 의한 손상이 비석에서 제법 확인되기 때문이다. 〈그림 5〉에서 보다시피 청제비를 잘 관찰하면 인위적인 손상 흔적이 보인다. 물론 청제비 하단의 1곳 정도를 인위적인 손상으로 언급되었을 따름이다. 청제비 9행 3번째 글자는 판독미상인 □이다. 보고서에는 총탄흔으로 보이는 부분을 오염물로 정리하였다. 그런데 □은 인위적인 손상이므로 향후에도 판독은 불가능하다. 다만 상부획은 손상되었지만 아래 儿같이 남아 있어 자획으로 존중될 필요가 있다.

청제비는 어떤 경위로 손상을 입었을까? 1968년 발견 당시 사진에서 이미 손상 흔적이 확인되므로, 적어도 그 이전에 발생한 것이다. 청제비와 함께 발견된 청제중립비 역시 총탄에 의한 인위적 손상이 확인되었기 때문에, 두 비석이 공존했던 기간 중에 손상되었다.

영천은 흔히 '호국의 고장'으로 불린다. 이 지역은 임진왜란 당시 권응수 장군이 이끄는 의병에 의해 전

---

73) 노중국, 2010, 「금석문·목간 자료를 활용한 한국고대사 연구 과제와 몇 가지 재해석」, 『한국고대사연구』 57, 한국고대사학회, pp.18-19.
74) 영천시, 2018, 『영천 청제비』 정밀실측조사보고서, 영송출판사(전주), p.113.

그림 5. 영천 청제비 정원명의 인위적 손상흔

국 최초의 복성 전투가 벌어진 장소이며, 한국전쟁 시기에는 국군 제8사단이 영천 대회전을 통해 북한군의 9월 대공세를 좌절시키며 전세를 역전시킨 주요 전장이었다. 따라서 청제비의 손상이 총탄에 의한 것이라면, 한국전쟁 당시 영천전투(1950년 9월 5일~13일)를 시야에 넣을 필요가 있을 듯하다.

현재 청제비의 손상 면은 비각을 기준으로 정면인 청제중립비와 청제 정원명에서만 확인된다. 이는 손상이 발생한 당시 총격의 방향과 관련된다. 다시말해 총탄의 진행 방향이 청제의 안쪽에서 둑 방향이었음을 의미한다. 당시 북한군 제15사단은 영천 대의리에 사단 본부를 설치한 후 대의리를 넘어 유상, 유하 지역에서 청제비가 있는 구암리 방향으로 이동하였다. 특히, 1950년 9월 7일 청제 일대에서는 국군 제8사단에 배속된 제1사단 제11연대와 북한군 제15사단 제56연대 간의 치열한 공방전이 벌어졌다.

비면의 손상 방향을 종합적으로 고려했을 때, 청제비가 훼손은 북한군 제15사단 제56연대의 총격으로 발생하였을 개연성이 높다. 청제비에 남은 인위적 손상 역시 특정 사건의 흔적이라면 충분히 역사적 가치를 가진다. 이 점 청제비를 고찰할 때 반드시 고려해야 할 사안이 아닌가 한다.

V. 맺음말

지금까지 영천 청제와 청제비에 대한 연구 성과와 과제를 되짚어 보았다. 청제는 고대 저수지의 실물과 축조 과정을 기록한 비석이 공존하는 동아시아 유일의 사례로, 그 가치는 매우 독창적이다. 그러나 이러한 중요성에도 불구하고, 청제와 청제비는 학문적·문화재적 가치가 충분히 평가되지 못한 인상을 준다.

청제와 관련된 연구는 丙辰銘과 貞元銘을 중심으로 진행되었다. 병진명에 대한 연구는 주로 연대 문제, 역역 동원 방식, 지방 통치 제도, 제방 관련 용어, 그리고 排窟里의 성격 문제를 중심으로 이루어졌다. 문헌에 기록된 법흥왕대 저수지 축조 기사와 병진명이 호응한다는 점, 배굴리가 저수지의 물을 배출하는 수통이라는 점, 청제비에 기록된 도량형의 적용 사례, '塢'가 저수지를 의미한다는 점 등 여러 부분이 청제비의 발견을 통해 해명되었다.

정원명은 원성왕대 전국적인 제방 수리 기사와 호응한다는 점, 공사 책임자인 소내사가 지방 유력자로 성장했음을 반영한다는 점, 그리고 역역 동원된 法工夫에 대한 다양한 해석 등을 주요 성과로 남겼다. 이를 통해 청제와 청제비는 고대 수리 사업의 기술적·사회적 배경을 이해하는 데 중요한 사료로 자리매김했다.

그러나 여전히 몇 가지 논의가 남아 있다. 병진명의 경우, 건비일이 착공일인지 준공일인지에 대한 해석의 차이가 존재하며, 역역 동원과 운영 방식, 노동 동원의 실질적인 과정 등에 대해서도 추가적인 논의가 필요하다. 정원명의 경우, 중사촌의 판독 문제, 공사의 원인이 된 손상된 보제의 상관성, 그리고 핵심적으로 배굴리의 성격 문제가 대표적인 쟁점으로 꼽힌다. 특히, 월지의 출수구 구조는 청제의 배굴리를 상상하는 데 중요한 단서를 제공하며, 이를 통해 당시 공학적 기술과 수리 구조의 구체적인 이해가 가능해질 것이다.

또한, 청제비의 보존 방식과 위치에 대한 문제도 제기할 수 있다. 현재 청제비는 보존을 위해 비각에 안치되어 있으나, 이는 원위치를 벗어난 상태라고 판단된다. 문화유산은 원래의 위치에 있을 때 그 역사적·문화적 가치를 온전히 발휘할 수 있다. 보존상의 문제로 비각 내에 위치하였더라고 원위치에 대한 정보는 반드시 필요하다.

청제비의 암질인 섬록암에 대한 산지 추정 작업 역시 진행되어야 한다. 섬록암은 영천 고경면과 경주 선도산, 모량리 일대에서 산출되며, 청제비가 섬록암으로 제작되었다는 점은 공사 당시 기록의 필요성 때문에 의도적으로 옮겼음을 의미한다. 이를 통해 청제 축제와 공사 과정에 중요한 기록의 대상이었음을 짐작해 볼 수 있다.

아울러, 청제비에 남아 있는 여러 인위적 손상 흔적 역시 고찰의 대상으로 삼을 수 있다. 현재까지 확인된 손상은 총탄에 의한 것으로 보이며, 이는 한국전쟁기 영천 대회전과의 연관성을 암시한다. 이러한 맥락에서 청제비에 남아 있는 손상은 단순한 훼손으로 보기보다는 특정 시대의 역사적 흔적으로 평가될 수 있다.

투고일: 2025.04.30.   심사개시일: 2025.05.30.   심사완료일: 2025.06.16.

참고문헌

1. 사료

『三國史記』, 『三國遺事』, 『高麗史』, 『新增東國輿地勝覽』

2. 단행본

국립경주박물관, 2017, 『新羅文字資料Ⅰ』, 비에이디자인(서울).

김창호, 2007, 『고신라 금석문의 연구』, 서경문화사.

영천시, 2018, 『영천 청제비』 정밀실측조사보고서, 영송출판사(전주).

이기백, 1974, 『新羅政治社會史硏究』, 一潮閣.

세종문화재연구원, 2023, 『영천 청제 사적 지정을 위한 정밀지표조사 보고서』.

허흥식, 1984, 『한국금석전문-고대편-』, 아세아문화사.

한국고대사회연구소 편, 1992, 『역주 한국고대금석문』 Ⅱ, 가락국사적개발연구원.

황수영, 1976, 『한국금석유문』, 일지사.

황수영, 1999, 『금석유문』 황수영전집4, 혜안.

3. 연구논문

Bong W. Kang. 2006, 「Large-scale Reservoir Construction and Political Centralization: A Case Study from Ancient   Korea」, 『Journal of Anthropological Research』, vol. 62.

강봉원, 2009, 「한국 고대 국가 형성에 있어서 관개수리 역할의 재고」, 『역사와 담론』 52, 호서사학회.

權丙卓, 1986, 「菁堤文簿 資料解說」, 『민족문화연구』 7, 영남대 민족문화연구소.

김재홍, 2022, 「금호강 유역 소월리 목간의 '堤'와 水利碑의 '塢'·'堤'」, 『경산 소월리 목간의 종합적 검토』, 주류성.

김재홍, 2023, 「영천 청제비의 종합적인 분석」, 『동아시아 농업 토목공사 문화유산 청제와 청제비』 발표자료집.

김창호, 1983a, 「신라중고 금석문의 인명표기(Ⅱ)」, 『역사교육논집』 4, 역사교육학회.

金昌鎬, 1983b, 「永川 菁堤碑 貞元十四年銘의 再檢討」, 『韓國史硏究』 43, 한국사연구회.

김창호, 1988, 「永川 菁堤碑 丙辰銘의 建碑年代」, 『伽倻通信』 17, 伽倻通信편집부.

김현준·장철희, 2014, 「수문학적 분석을 통한 고대 수리시설의 농업 생산력(農業生産力)에 관한 고찰(考察) -경북 영천 청제(菁堤)-」, 『인간과 하천』 4.

노용필, 2009, 「통일신라의 논농사」, 『진단학보』 107, 진단학회.

노중국, 2010, 「금석문·목간 자료를 활용한 한국고대사 연구 과제와 몇 가지 재해석」, 『한국고대사연구』 57, 한국고대사학회.

노중국, 2015, 「한국고대 수리시설의 역사성과 의미」, 『신라문화』 45, 동국대 신라문화연구소.

노중국, 2023, 「동아시아 관점에서 본 청제와 청제비, 그 문화유산으로서의 가치」, 『동아시아 농업 토목공사 문화유산, 청제와 청제비』 자료집.

李基白, 1969, 「永川菁堤碑의 丙辰築堤記」, 『考古美術』 106·107合, 한국미술사학회.

오성, 1978, 「永川 菁堤碑 西辰銘에 대한 再檢討」, 『歷史學報』 79.

이문기, 2018, 「신라법당연구의 진전을 위한 기초적 검토」, 『신라사학보』 42, 신라사학회.

이미란, 2019, 「8세기 후반 동아시아 役制변화를 통해 본 영천청제비 정원명의 法功夫」, 『韓國古代史硏究』 65, 한국고대사학회.

이미란, 2022, 「신라 중고기 국가 조영사업 연구」 부경대학교 사학과 박사학위논문.

이미란, 2024, 「영천 청제비 병진명으로 본 신라 중고기 塢의 축조와 그 운영」, 『신라문화』 64, 동국대 신라 문화연구소.

이보경, 2023, 「청제의 토목기술사적 의의」, 『동아시아 농업 토목공사 문화유산, 청제와 청제비』 자료집.

李宇泰, 1985, 「永川菁堤碑를 통해 본 菁堤의 築造와 修治」, 『邊太燮博士華甲紀念史學論叢』, 三英社.

장재선, 2012, 「영천 청제비의 도형분석-정원명을 중심으로」, 『목간과 문자』 9, 한국목간학회.

전덕재, 2010, 「삼국 및 통일신라의 수리시설」, 『한국고대의 수전농업과 수리시설』 한국고고환경연구소 학 술총서 8.

정영호, 1969, 「영천청제비의 발견」, 『고고미술』 102, 한국미술사학회.

진성섭, 2023, 「영천 청제의 구조와 그 의미」, 『동아시아 농업 토목공사 문화유산, 청제와 청제비』 자료집.

주보돈, 2022, 「경산 소월리 출토 목간과 금호강(琴湖江)」, 『경산 소월리 목간의 종합적 검토』, 주류성.

하일식, 1997, 「신라 통일기의 왕실 직할지와 군현제 – 菁堤碑 貞元銘의 力役運營 사례 분석-」, 『동방학지』 97, 연세대학교 국학연구원.

하일식, 2005, 「신라 왕실 직할지의 초기 형태에 대하여 – 청제비 병진명의 정밀판독과 분석-」, 『동방학 지』 132, 연세대학교 국학연구원.

한국고대사연구회, 1988, 「한국고대사연구회 회보」 13.

홍승우, 2023, 「신라사 속에서의 청제비」, 『동아시아 농업 토목공사 문화유산, 청제와 청제비』 자료집.

木村誠, 2006, 「統一期新羅村落支配의 諸相」, 『人文學報』 368.

北川峰生, 2011, 「일본 고대의 수리개발과 사쓰마유적의 저수지」, 『동북아시아의 고대 수리시설과 축조기 법』, 학연문화사.

濱田耕策, 1986, 「新羅村落文書'硏究의 成果와 課題ーユ作成年および內省の禄邑説を中心に」, 『律令制ー 中國朝鮮の法と國家』, 汲古書院.

石上英一, 1974, 「古代における日本の税制と新羅の税制」, 『古代の日本と朝鮮』, 龍鷄書舍.

小山田宏一, 2018, 「古代菁堤の基礎的硏究」, 『大阪府立狹山池博物館硏究報告』 8.

田中俊明, 1983, 「新羅の金石文 第二會 永川菁堤碑 . 丙辰銘」, 『月刊韓国文化』42.

橋本繁, 2017a, 「영천 청제비의 재검토」, 『사림』 60, 수선사학회.

橋本繁, 2017b, 「朝鮮半島古代の石碑文化」, 『古代日本と朝鮮の石碑文化』, 朝倉書店.

橋本繁, 2023, 「永川·菁堤碑貞元銘よりみた統一新羅の王室直轄地支配と力役動員」, 『東アジアにおける 朝鮮史の展望』, 汲古書院.

〈Abstract〉

A Study on the Achievements and Future Tasks of Research on the Cheongje Stele of Silla

Lee, Dong-joo

This study aims to summarize the main academic achievements concerning the Cheongje Stele(菁堤碑), which records the construction process of the ancient reservoir Cheongje in the Silla period, and to propose future research tasks. The stele is a double-sided monument inscribed with the Byeongjin Inscription(丙辰銘) and the Jeongwon Inscription(貞元銘). Previous research has explored both philological and archaeological aspects. Studies on the Byeongjin Inscription have clarified the construction date of the reservoir, methods of mobilizing labor, application of measurement systems, and interpretation of technical terms related to hydraulic facilities. Meanwhile, research on the Jeongwon Inscription has examined its connections with nationwide embankment repairs during King Wonseong's reign, the rise of local elites, and various understandings of the term Beop-gongbu(法工夫). The stele serves as a valuable historical source for understanding the socio-economic conditions of the Silla period.

Additionally, the Cheongje Stele was made of diorite and displays intentional damage likely caused by bullets, which invites further consideration from a heritage preservation perspective. Future research should include comprehensive investigations into its original location, provenance of the stone material, and historical context of the damage. Such interdisciplinary approaches will contribute to deepening our understanding of the stele's historical significance.

▶ Key words: Cheongje Stele, Byeongjin Inscription, Jeongwon Inscription, Diorite, Intentional Damage

영천 청제비 병진명, 정원명의 몇 가지 재해석[*]

하시모토 시게루[**]

〈국문초록〉

이 글은 영천 청제비 병진명(536년)과 정원명(798년)의 내용을 보다 정확히 이해하는 것을 목표로 한다.

병진명의 내용은 4단락으로 나눌 수 있고, 역역 동원에 관한 제3단락을 재검토한다. 먼저 그동안 여러 판독이 제시된 제4행 제4자를 '別'자로, '方'으로 판독된 같은 행 제9자를 새로 '兩'자로 판독하였다. 兩자에 는 25명의 편제 단위라는 뜻이 있으므로 제3단락 '作人/七千人別二百八十兩'은 "작인 7000인을 280량으로 나누었다"라는 뜻으로 이해된다. 이 작인에 대해 지방민을 전국적으로 동원한 것으로 보는 설도 있지만, 역 명 부분에 지방민이 2명밖에 없고 대부분이 왕경인이기 때문에 왕경에서 동원되었다고 이해된다. 동원 기 간을 대구 오작비와 비교해서 계산한 결과 10일 이하였다고 추측하였다.

정원명의 내용도 4단락으로 나눌 수 있다. 제2단락 (1)에서는 제2행 제5자가 종래 '湺'로 판독되어 수리 시설로 해석되었지만, 삼수변이 없는 것을 근거로 '狀'자로 판독하는 것이 옳다고 보고 공문서 양식의 일종 일 가능성을 지적하였다. '謂狀堤傷'이라는 부분을 "내용은 다음과 같다. 狀에 따르면 제방이 상하였다고 한 다."라는 뜻으로 해석하였다.

제2단락 (2)의 제방 규모에 관한 부분에서 '上排堀里'가 종래 새로 설치된 배수관으로 해석되었지만, 길

---

* 이 논문은 2019년 대한민국 교육부와 한국연구재단의 지원을 받아 수행된 연구임(NRF-2019S1A6A3A01055801).

　이 논문은 2024년 11월 28일에 개최된 영천시 주최 국제학술세미나 『영청 청제의 가치와 활용』에서 「청제비로 본 청제의 역 사적 가치 -제방의 축조·수리 규모, 力役동원을 중심으로」라는 제목으로 발표한 내용의 일부를 수정, 보완한 것이다. 토론을 맡아 주신 임동민 계명대학교 교수님을 비롯하여 의견을 주신 여러 선생님들께 감사드린다.

** 경북대학교 인문학술원 HK연구교수

이 12보(21.6m)가 제방 폭에 비해서 짧으므로 그렇게 보기 어렵다고 지적하였다. 한자 뜻으로 해석해서 "제방 윗부분을 물리쳐 판 부분", 즉 제방이 상한 부분의 폭을 뜻하는 것으로 보았다.

제4단락의 수리 공사 담당자에 관한 부분에서는 해석의 전제로 비문 앞부분과 대응하는 것을 지적하였다. 종래 제12행 '加大守須梁'를 군태수가 부명을 가지고 있는 것으로 해석되었지만, 제3단락에 나오는 '典大等'에 대응한다고 보는 것이 타당하다고 지적하였고 구체적인 해석을 몇 가지 제시하였다.

▶ 핵심어: 영천 청제비, 병진명, 정원명, 역역 동원, 제방

I. 머리말

청제비는 앞면에 丙辰銘(536년, 법흥왕 23), 뒷면에 貞元銘(798년, 원성왕 14)이 새겨져 있다. 1968년 12월에 신라삼산학술조사단이 발견하였고[1] 발견자 가운데 한 명인 이기백이 처음 전체적인 검토를 하였다.[2] 발견 당시에는 6세기 전반까지 올라가는 유일한 신라 비석이었고 정치·사회를 밝히는 자료로 주목되어 비문의 판독이나 내용에 대해 꾸준히 연구되었다.[3] 그중에서도 내용을 이해하는데 큰 성과라고 할 수 있는 것이 병진명에서는 이우태가 제방 크기를 밝혀낸 것,[4] 정원명에서는 하일식이 '所內'가 왕유·왕실직속을 뜻하므로 이 지역이 왕실 소유지였다고 지적한 것이다.[5]

최근에도 청제 자체에 대한 정밀 조사가 이루어졌고[6] 관련된 심포지엄이 잇따라 개최되는 등[7] 연구가 계속되어 있다. 다만, 비문 판독이나 해석에는 아직 과제가 남아 있다. 판독할 수 없는 글자나 판독에 논란

---

1) 정영호, 1969, 「영천 청제비의 발견」, 『고고미술』 102, 한국미술사학회.

2) 이기백, 1969, 「영천 청제비정원명의 고찰」, 『고고미술』 102, 한국미술사학회; 이기백, 1970, 「영천 청제비의 병진명」, 『고고미술』 106·107, 한국미술사학회(1974, 『신라정치사회사연구』, 일조각에 재수록).

3) 오성, 1978, 「영천 청제비 병진명에 대한 재검토」, 『역사학보』 79, 역사학회; 김창호, 1983, 「영천 청제비 貞元十四年銘의 재검토」, 『한국사연구』 43, 한국사연구회; 田中俊明, 1983a, 「新羅の金石文第二回 永川菁堤碑·丙辰銘」, 『韓国文化』 42, 韓國文化院; 田中俊明, 1983b, 「新羅の金石文第三回 永川菁堤碑·貞元銘」, 『韓国文化』 44, 韓國文化院; 주보돈, 1992, 「영천 청제비」 「영천 청제비 정원명」, 『역주한국고대금석문II(신라1·가야편)』, 한국고대사회연구회 편, 가락국사적개발연구원.

4) 이우태, 1985, 「永川 청제비를 통해 본 청제의 築造와 修治」, 『辺太燮教授華甲紀念史学論叢』, 辺太燮教授華甲紀念史学論叢刊行委員會 편, 三英社; 이우태, 1992, 「신라의 水利技術」, 『신라문화제학술발표회논문집』 13, 동국대학교 신라문화연구소.

5) 하일식, 1997, 「신라 통일기의 왕실 직할지와 군현제-청제비 정원명의 역역운영 사례 분석」, 『동방학지』 97, 연세대학교 국학연구원, pp.5-11. 하일식은 병진명 단계에 이미 왕실 직할지였다고 추정하였다(하일식, 2005, 「신라 왕실 직할지의 초기 형태에 대하여-청제비 병진명의 정밀판독과 분석」, 『동방학지』 132, 연세대학교 국학연구원).

6) 세종문화재연구원, 2023, 『영천 청제 사적 지정을 위한 문화재 정밀지표조사 보고서』.

7) 영천시 주최 국제학술세미나, 2023년 11월 24일, 『동아시아 농업 토목공사 문화유산 청제와 청제비』에서 직접 청제비와 관련된 발표로 홍승우, 「신라사 속에서의 청제비」, 김재홍, 「영천 청제비의 종합적인 분석」이 있다. 영천시 주최 국제학술세미나, 2024년 11월 28일, 『영천 청제의 가치와 활용』에서는 이동주, 「영천 청제와 청제비의 연구성과」, 하시모토 시게루, 「청제비로 본 청제의 역사적 가치」 등이 있다.

이 있는 글자들이 있고, 내용도 잘 이해하지 못하거나 근거가 충분하지 않은데 통설처럼 되어 있는 것이 있다. 특히 제방 구조나 역역 동원 같은 비문의 핵심적인 부분에 이러한 문제가 있어 재검토가 필요하다. 필자는 지금까지 2편의 논문을 발표해서 판독문을 수정하고 새로운 이해를 시도하였다.[8] 이 글도 비문 조사[9]를 바탕으로 해서 몇 글자 판독을 수정하고, 또 관련되는 자료를 참조하면서 비문 이해를 진전시키는 것을 목표로 한다.

II. 병진명의 재해석

1. 판독문과 전체 내용

병진명에서는 역역 동원과 관련된 부분을 재해석하고자 한다.

먼저 검토의 전제가 되는 필자 판독문과 비문 이해를 제시한다.[10] 판독문의 '□'은 미판독자, '乂'은 단정하기 어려운 글자, '別'은 새로 판독한 글자를 뜻한다. 이하 본문에서 비문 글자를 제시할 때 제1행 제1자를 '①1'처럼 쓴다.

판독문

① 丙辰年二月八日另□谷大

② 塢弘六十一淂鄧九十二淂□

③ 廣卅二淂高八淂上三淂作人

④ 七千人別二百八十兩

⑤ 使人喙安尺斯知大舍第

⑥ □□鄒小舍第烋利大烏第

⑦ 尸支小烏末玳兮小烏一支

⑧ 客人次斯尒尼乃利內丁兮

⑨ 使□乂只玳巴伊卽刀

⑩ 衆□□只尸利干支徒尒利

비문 내용은 4개 단락으로 나눌 수 있다.

---

8) 橋本繁, 2017, 「영천 청제비의 재검토」, 『사림』 60, 수선사학회; 橋本繁, 2023, 「永川·菁堤碑貞元銘よりみた統一新羅の王室直轄地支配と力役動員」, 『東アジアにおける朝鮮史の展望』, 李成市先生退職記念論集編集委員會 편, 汲古書院.

9) 2024년 10월 15일에 비문을 직접 조사하였다. 조사를 허락하여 주신 영천시 강석영 학예연구사, 조사를 직접 도와주신 경북문화재단 김진성 주임 연구원님께 감사드린다.

10) 판독문과 전체 이해는 橋本繁, 2017, 앞의 논문 참조.

제1단락 ①1~②1 '丙辰年二月八日 另□谷 大塢'는 표제이다. '另□谷 大塢'는 대구 오작비(578년) 제1행 '另冬里村 且只谷 塢'에 대응하여 〈~谷＋塢〉라는 내용이며 '另□谷'이 오의 소재지다.

제2단락 ②2~③10 '弘六十一濤 鄧九十二濤 □ 廣卅二濤 高八濤 上三濤'은 제방의 크기이다. 이우태의 견해를 따라 '弘'은 제방 아랫부분의 길이, '鄧'은 제방 윗부분의 길이, '廣'은 제방 아랫부분의 폭, '高'는 제방의 높이, '上'은 제방 윗부분의 폭, 숫자 다음의 '濤'은 길이 단위인 尋으로 이해한다.[11]

제3단락 ③11~④9 '作人七千人 別二百八十兩'은 역역 동원에 관한 기록이다. 여러 판독안이 있던 ④4를 '別'로, 그동안 '方'으로 판독된 ④9를 '兩'으로 새로 판독하였다. 이에 대해서는 2절에서 자세히 검토한다.

제4단락 ⑤1~⑩11은 제방 축조와 관련된 歷名이다. 역명 이해에 관해서 해석이 엇갈리는 부분이 많지만, 여기서는 전고의 결론만 〈표 2〉로 제시한다. 여기서 중요한 것은 11명으로 추정되는 역명 가운데 지방민이 마지막 2명만이라고 생각되는 점이다.

표 2. 병진명 역명

직역명	출신지	인명	관등	등급
使人	喙	安尺斯知 □□鄒 烋利 尸支 末珎兮	大舍第 小舍第 大烏第 小烏 小烏	12 13 15 16 16
一支客人		次斯尒利 乃利內丁兮		
使□八		只珎巴 伊卽刀		
衆□□		只尸利 徙尒利	干支	⑦

2. 3단락 '作人' 부분의 이해

제3단락 역역 동원에 관한 부분에 주목하고 싶다.

먼저 ④4자는 그동안 '刱', '劊' 같은 글자로 판독되었지만, '別'로 판독하는 것이 타당하다고 생각한다. 오

---

11) 이우태, 1985, 앞의 논문, pp.102-109.

1심은 8척인데 병진명 당시 1척의 길이에 대해서는 논란이 있다. 이우태는 청제 제방의 길이를 측량한 결과 약 225m인 것을 근거로 1심=2.4m, 1척=30㎝로 추정하였다. 김재홍은 삼국시대의 척이 南朝尺 25㎝인 것을 근거로 1심=2m로(김재홍, 2021, 「금호강 유역 신라 소월리 목간의 '堤'와 水利碑의 '塢'·'堤'」, 『동서인문』 16, 경북대학교 인문학술원, p.171), 장재선은 제방 윗부분의 원래 폭이 4.6m였다고 추정하여 기준척이 19.5㎝의 周尺이었다고 보았다(장재선, 2012, 「영천 청제비의 도형분석 - 정원명을 중심으로」, 『목간과 문자』 9, 한국목간학회, pp.222-227). 그런데 세종문화재연구원의 측량 결과(세종문화재연구원, 2023, 앞의 보고서, p.52)와 비교하면 어느 주장을 취해도 숫자가 맞지 않는 부분이 있다(표 1). 비문의 제방 크기가 어느 지점을 기준으로 한 것인지 과제로 남는다.

표 1. 병진명의 제방 크기

	1尺	1尋	弘 61濤	鄧 92濤	廣 32濤	高 8濤	上 3濤
이우태	30㎝	2.4m	146.4m	220.8m	76.8m	19.2m	7.2m
김재홍	25㎝	2m	122m	184m	65m	16m	6m
장재선	19.5㎝	1.56m	95.16m	143.52m	49.92m	12.48m	4.68m
측량결과			243.4m	약 55m		12.4m	3.8m

그림 1. ④4 사진과 '別'의 서체

른쪽이 'ㅣ'인 것은 확실하고, 왼쪽 하부는 자획을 명백히 구별하기 어렵지만 상부는 'ノフ' 같은 자획이 명백하다. 이는 '別'자 口 부분에 해당하는 자형이니 '別'자로 보는 것이 가장 무리가 없다고 생각된다.(그림 1)

그리고 ④9는 그동안 주로 '方'으로 판독되었다.

이기백은 280方이 면적을 나타내는 것으로 보고 저수지나 蒙利土地를 표시한 것으로 이해하였다.[12] 오성은 '方'을 一派, 갈래라는 뜻으로 해석하여 "將作人 7,000名을 280個의 組로 나누어 1組를 25名씩으로 하여 노력동원을" 시킨 것으로 보고 "新羅時代 국가에서 동원한 노동력을 부리는데 있어 25名이 하나의 기본 단위"였다고 하였다.[13] 이우태는 촌락문서 B촌에서 동원된 '余子'가 25명으로 계산할 수 있는 것을 근거로 "국가에서는 한 자연촌락을 대상으로 25人의 노동력을 징발하는 것을 원칙으로 하였다"라고 하였다.[14] 이 부분이 신라시대의 노동력 편제나 징발을 추정하는 데 중요한 자료가 되고 있는 것이다.

그런데 ④9는 '兩'자로 판독하는 것이 타당하다고 생각한다. 자형 하부가 'ㄨ'처럼 되어 있어서 兩자의 초서체와 비슷하기 때문이다.(그림 2)

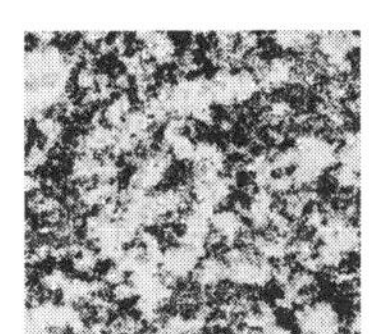

그림 2. ④9 탁본, 사진, '兩'의 초서체

이 '兩'자에는 25명의 편제 단위라는 뜻이 있다.

> 모든 백성의 卒伍를 모아서 쓰는데 다섯 사람을 伍로 삼고 5오를 兩으로 삼고 4량을 卒로 삼고 5졸을 旅로 삼고 5여를 師로 삼고 5사를 軍으로 삼아서 軍旅를 일으키고 사냥 훈련을

---

12) 이기백, 1974, 앞의 책, p.301.

13) 오성, 1978, 앞의 논문, p.177.

14) 이우태, 1985, 앞의 논문, pp.110-115.

시키고 도둑과 도적을 추격하여 잡는 일을 돕게 하고 공물과 세금을 내도록 명령한다.[15]

이는 『周禮』 小司徒에 있는 구절이며 사람들을 조직할 때 5명을 '伍', 5伍=25명을 '兩'으로 하였다고 한다. 그렇다면 병진명 제3단락은

作人 7,000人을 280兩으로 나누었다(別).

라는 뜻으로 이해할 수 있다.

그런데, 이렇게 이해할 수 있다고 하더라도 기존 연구처럼 25명이 노동력을 편제하거나 징발하는 기본적인 단위였다고는 하기 어려울 것이다. 그 이유는 오작비나 남산신성비를 비롯한 역역 동원과 관련된 비문에는 25명을 단위로 하였다고 볼 수 있는 내용이 없기 때문이다. 또한, 『周禮』에는 '兩' 이외에도 5명을 '伍', 100명을 '卒', 500명을 '旅', 2,500명을 '師', 12,500명을 '軍'으로 하였다고 하는데, 이러한 편제 단위도 신라에 있었다고 볼 수 있는 기록이 없다. 따라서 당시에 25명 단위를 '兩'이라고 한다는 지식만 있어 '작인'을 25명씩으로 나누고 그렇게 불렀던 것으로 이해된다. 즉, '兩'은 이 공사에 한정된 일시적인 작업 편제 단위에 불과하였다고 생각된다.

그리고, 이들 작인 7,000명에 대해 이우태는 280개 지역에서 징발되었다고 보고 "〈新羅村落文書〉와 비슷한 종류의 문서를 토대로 하여 各郡別, 村落別의 징발 인원이 책정"되었다고 보았다.[16] 하지만, 만약 그랬다면 명활산성비나 남산신성비처럼 동원된 지방민이나 동원을 담당한 지방관이 비문에 기록되었을 것인데, 앞에서 지적하였듯이 병진명 역명 부분에는 지방민이 2명밖에 나오지 않고 대부분이 왕경인이다.[17] 그래서 작인은 왕경에서 동원되었다고 보는 것이 타당할 것이다.[18] 왕경인도 역역에 동원되었던 것은 남산신성비 제3비에서 '喙部 主刀里'가 축성을 담당한 것으로 확인된다.

왕경에서 7,000명이나 동원하는 것이 6세기에 가능하였느냐는 의문이 제기될 수도 있다. 이점과 관련해서 『삼국사기』 소지마립간 8년(486) 정월조에

一善界의 장정 3,000명을 징발해서 삼년성과 굴산성 두 성을 고쳐 쌓았다.[19]

---

15) '乃會萬民之卒伍而用之. 五人爲伍 五伍爲兩 四兩爲卒 五卒爲旅 五旅爲師 五師爲軍. 以起軍旅 以作田役 以比追胥 以令貢賦.' 번역은 지재희·이준영, 2002, 『주례』, 자유문고, p.136을 참조하였다.

16) 이우태, 1985, 앞의 논문, p.114.

17) 橋本繁, 2017, 앞의 논문, pp.117-118.

18) 하일식, 2005, 앞의 논문이 추정하듯이 병진명 단계에 이미 왕실 직할지였다면 이 지역을 개발하기 위해 탁부를 중심으로 한 왕경인을 동원하였다는 것이다. 이는 왕실의 경제 기반 형성을 생각하는데 있어서 흥미롭다.

19) 『삼국사기』 권3, 신라본기3 소지마립간 8년(486) "徵一善界丁夫三千, 改築三年·屈山二城."

라는 기사가 있다. 一善은 현재 경상북도 구미시 해평면 낙산리 일대로 비정되고 '界'는 구체적으로 어떤 범위인지 알기 어려우나 5세기 말에 지방에서 3,000명을 축성에 동원할 수 있었다는 것은 확실하다. 그렇다면 그 50년 후에, '일선계'보다 인구가 많았을 왕경에서 7,000명을 동원하는 것도 충분히 가능하였을 것이다.

그리고, 동원된 기간은 길지 않았을 가능성이 크다.

병진명에는 동원 기간에 관한 기록이 없지만, 같은 제방 축조에 관한 비문인 대구 오작비를 참조해서 어느 정도 추측이 가능하다. 병진명과 오작비의 제방 크기를 비교하면 폭은 2.13배, 높이는 1.88배, 길이는 오작비의 '長'이 제방 아래쪽인지 위쪽인지 알 수 없지만, 아래쪽이면 1.63배, 위쪽이면 2.45배이다.(표 3)

표 3. 오작비와 병진명의 제방 크기 비교

	a. 오작비	b. 병진명	b/a
폭	'廣' 20보=120척	'廣' 32심=256척	2.13배
높이	'高' 5보4척= 34척	'高' 8심= 64척	1.88배
길이	'長' 30보=300척	'弘' 61심=488척	1.63배
		'鄧' 92심=738척	2.45배

병진명의 제방 크기는 오작비의 2.13*1.88*1.63~2.45=6.53~9.81배가 된다.[20] 오작비의 작업량은 312명*13일=4,056이니 병진명의 작업량은 그 6.53~9.81배인 26,485~39,789가 된다. 이를 작인 7,000명으로 나누면 3.78~5.68이니 동원 기간은 4~6일로 추측된다. 물론 이는 공사 공법의 차이 등을 무시한 단순한 계산에 불과하다. 작인들이 제방을 쌓는 작업만 한 것이 아니라 물을 경작지에 공급하는 수로 등 여러 시설을 동시에 만들었을 가능성도 상정된다. 하여간 정원명처럼 동원 기간이 두 달이나 되지는 않았을 것이고 10일 이하 정도로 상정해 볼 수 있다.

정리하면 병진명은 왕경에서 7,000명을 동원하고 이를 280집단(兩)으로 나누어서 작업하게 한 것이고, 그 기간은 10일 이하였다고 추측된다.

III. 정원명의 재해석

1. 판독문과 내용

정원명 판독문과 전체 내용을 정리한다.[21]

---

20) 병진명 塢의 체적이 오작비의 4.48배라는 추정이 있다(이미란, 2024, 「영천 청제비 병진명으로 본 신라 중고기 塢의 축조와 그 운영」, 『신라문화』 64, 동국대학교 신라문화연구소, p.118). 이는 오작비의 체적을 廣 120척, 高 34척, 長 300척을 단순히 곱한 1,224,000척으로 계산한 결과이며 제방 단면을 폭 120척, 높이 34척의 직사각형으로 보는 것이 되어 버린다. 흙으로 쌓은 제방 단면은 사다리꼴형이어야 할 것이니 이 추정은 따르기 어렵다.

21) 橋本繁, 2017, 앞의 논문; 橋本繁, 2023, 앞의 논문.

판독문

① 貞元十四年戊寅四月十三日菁堤

② 治記之謂狀堤傷故所內使

③ 以見令賜矣弘長卅五步岸

④ 立弘至深六步三尺上排堀里

⑤ 十二步此如爲二月十二日元四月十三

⑥ 日此間中了治內之都合斧尺

⑦ 百卅六法功夫一万四千百卌人

⑧ 此中典大ホ角助役切火押梁二

⑨ 郡各﹝百﹞人尓起使內之

⑩ 節所內使上干年乃末

⑪ 史湏大舍

⑫ ﹝加大□顚﹞梁玉純乃末

정원명도 4개의 단락으로 나눌 수 있다. 이두로 쓰여 있으며 이하 해석은 남풍현의 견해를 주로 참조하였다.[22]

제1단락 ①1~②3 '貞元十四年戊寅四月十三日 菁堤治記之'는 표제이다. 貞元은 당 德宗의 연호이며 14년 戊寅은 798년, 신라 원성왕 14년이다. 4월 13일은 뒤에 나오는 공사가 끝난 날짜와 같다. 마지막은 "菁堤를 수리(治)하고 기록(記)한다"라는 뜻이다.

제2단락 ②4~⑥8은 수리 경위이며 (1)所內使의 파견, (2)제방 규모, (3)공사 일정 3부분으로 나눌 수 있다.

(1)②4~③5 '謂 狀堤傷 故所內使以見令賜矣'의 所內는 머리말에서 언급하였듯이 왕유·왕실직속을 뜻하고 '所內使'는 임시로 파견된 사자로 이해된다.[23] 이 부분에 대해 자세하게는 다음 2절에서 검토하는데, 전체는 "내용은 다음과 같다. 狀에 따르면 제방이 상하였다고 한다. 그래서 所內使로 하여금 보게 하였다"라고 이해된다.

(2)③6~⑤3 '弘長卅五步 岸立弘至深六步三尺 上排堀里十二步'는 제방의 규모이다. 종래 수리한 규모로 보는 것이 일반적이지만, 상한 규모로 보고 싶다. 이에 대해서는 3절에서 검토한다.

(3)⑤4~⑥8 '此如爲二月十二日元四月十三日此間中了治內之'는 공사 일정이다. "이와 같이 하여 2월 12일부터(시작하여) 4월13일, 이 사이에 수리하기를 마치었다"라고 해석된다.

제3단락 ⑥9~⑨9 '都合斧尺百卅六 法功夫一万四千百卌人, 此中 典大ホ角助役切火·押梁二郡 各﹝百﹞人尓起

22) 남풍현, 2000, 『이두연구』, 태학사, pp.386-393.

23) 하일식, 1997, 앞의 논문, pp.5-13; 木村誠, 2009, 「統一新羅의 王室과 內省 -「所內」와 「官」을 실마리로」, 『한국 고대사 연구의 현단계』, 석문 이기동교수 정년기념논총 간행위원회 편, 주류성.

使內之'는 역역 동원의 구체적인 내용이다. '典大木(=等)'은 집사성(집사부) 차관이다.

　　제4단락 ⑩1~⑫7 '節所內使上干年乃末, 史湏大舍, 加火□頂梁玉純乃末'은 수리공사 담당자의 역명이다. 4절에서 검토한다.

2. '謂狀'에 대해

　　제2단락 (1) 부분 ②5는 종래 주로 '洑'자로 판독되었다. 그리고, '洑堤'를 '洑의 堤'로 해석하여 "흐르는 河川의 물을 막아 만든 貯水池"[24]로 보거나 '洑와 堤'로 해석하여 洑를 "물막이 시설물로서 '河'와 '川'의 군데군데에 조성되어 주변의 畓으로 농업용수를 공급해줄 수 있게 해주는 (중략) 水利 灌漑 施設物"[25]로 보는 견해 등이 있다. 그런데 일찍이 田中俊明이 지적한 대로 삼수변을 확인하기 어려우니 '狀(=狀)'으로 판독하는 것이 타당하다.[26] 정원명의 삼수변은 2·3획을 'レ' 같이 이어 쓰는데, ②5에는 그런 자형을 확인할 수 없다.(그림 3)

그림 3. ②5 '狀(狀)'과 삼수변의 글자(②1 '治', ④4 '深', ⑥6 '治', ⑦4 '法')의 탁본(위)·사진(아래)

　　②4~5 '謂狀'에 대해 田中俊明은 '狀'을 書狀, 그 앞의 '謂'를 취지라는 뜻으로 보고 "취지를 쓴 서장"으로 해석하였다. 그런데 '狀'은 일반적인 서장이 아니라 공문서 양식의 일종일 가능성이 있다. 당나라에서는 '狀'이 관인이 황제나 근신, 상관에게 올리는 上行文書이며 다양한 내용의 문서로 사용되었다.[27] 신라 국내에서 狀이 사용된 사례는 확인되지 않지만, 당나라 대신으로 보낸 외교문서로서는 확인할 수 있고, 또 836년에 집사성이 일본 太政官에게 보낸 牒 안에 '得三津等狀'이라는 구절이 나오는 것을 근거로 신라에서도 문서 양

---

24) 이기백, 1974, 앞의 책, p283.

25) 노용필, 2009, 「신라의 벼농사와 수리」, 『역사학연구』 36, 호남사학회, p.8.

26) 田中俊明, 1983b, 앞의 논문, p.37. 이를 지지하는 견해로 小山田宏一, 2018, 「古代菁堤の基礎的研究」, 『大阪府立狭山池博物館研究報告』 9, pp.38-39 및 김재홍, 2023, 「영천 청제비의 종합적인 분석」, 『동아시아 농업 토목공사 문화유산 청제와 청제비 발표자료집』, pp.51-52가 있다.

27) 中村裕一, 1996, 『唐代公文書研究』, 汲古書院, pp.102-104.

식으로 狀이 있었을 가능성이 지적되고 있다.[28]

　'謂'에 대해 김재홍은 '구두명령'의 뜻으로 보고 "청제의 둑이 상하였다는 보고(書狀)가 있으므로 소내사에게 살펴보라고 구두로(謂) 명령하였다"라고 해석하였다.[29] 하지만, 소내사에게 명령하였다는 뜻이면 '謂'자가 소내사의 바로 앞이나 뒤에 와야 할 것이다. 남풍현이 말하였듯이 '謂'에는 '이른바, 말하자면'이라는 뜻이 있으므로 "앞에서 '記之'라고 한 것을 받아서 '그 내용으로 말할 것 같으면…'"[30]으로 해석하는 것이 타당하다고 생각된다.

　그래서 '謂狀堤傷' 부분은 "내용은 다음과 같다. 狀에 따르면 제방이 상하였다고 한다."로 해석할 수 있다.

3. 제방이 상한 규모와 '上排堀里'

　제2단락 (2)의 '弘長' '岸立弘至深' '上排堀里'는 일반적으로 수리 규모로 해석된다. 그리고 '上排堀里'에 대해서는 여태까지 '배굴리'가 배수관을 뜻하고 '상'배굴리와 대조되는 '하'배굴리가 있었다고 추정되어 그 실태가 여러 가지로 추측되었다. 다만, 다르게 해석할 여지가 있다고 생각된다.

　먼저, '上排堀里'가 배수관을 뜻한다는 해석은 노재환·박홍배가 "윗(上) 빼구리(現在도 굴통을빼구리라함)"이라고 한 것[31]을 김창호가 "「上排堀里」에 대해 현재의 永川 지방에서 굴통을 빼구리라고 함에 의해 「排堀里」를 굴통으로 보고 있다"[32]라고 인용한 것이 그 이후에 통설로 된 것이다.

　그런데 '上排堀里'를 배수관으로 보는 것에도 의문의 여지가 있다.

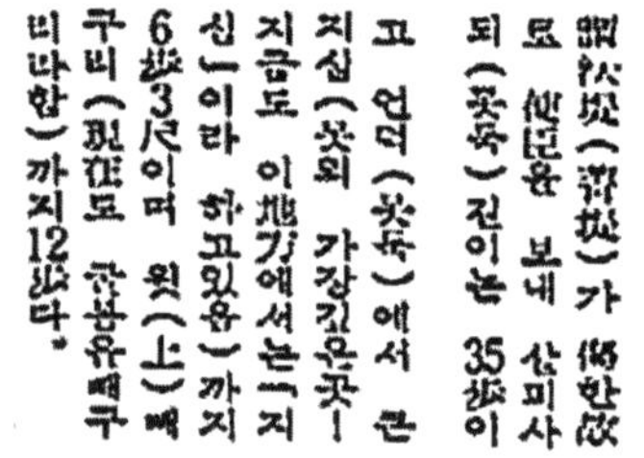

　영천 지방에서 굴통을 빼구리라고 하는 것이 검토의 전제처럼 되고 있지만, 노재환·박홍배는 정확하게는 "굴통을 빼구리라함"이라고만 하였고 영천 지방의 말이라고는 하지 않았다.(그림 4) 바로 앞에 나오는 '至深'에 대해 "못의 가장깊은곳-지금도 이地方에서는 「지심」이라 하고 있음"이라고 해서 '이地方' 즉 영천 말이라고 하였을 뿐이다. 한편, 함순섭 전 국립경주박물관장에 따르면 경주에서 저수지의 배수관을 빼구리라고 부른다고 한다. 정원명 비문에는 작성자에 대한 기록이 없지만, 경주에서 온 사람이 만들었을 가능성도 있을 것이다. 다만, 현대 영천이나 경주에서 배수관을 '빼구리'라고 한다고 하더라도 과연 1000년 이상 이전의 '排堀里'가 똑같은 뜻이라고 단정할 수 있을지는 의문이다.

　더 큰 문제는 배수관으로 이해할 때 '12보'를 설명하기 어려운 점이다.

　제방 하단의 폭이 주11에서 인용한 현재 측량으로 약 55m인 것에 비해 12보=72척=약 21.6m는 너무 짧

그림 4. 노재환·박홍배 글 해당부분

---

28) 윤선태, 2002, 「신라의 문서행정과 목간」, 『강좌한국고대사5』, 가락국사적개발연구원, p.77.

29) 김재홍, 2023, 앞의 논문, p.53.

30) 남풍현, 2000, 앞의 책, p.388.

31) 노재환·박홍배, 1969, 「永川 菁堤碑에 대한 小考」, 『매일신문』 9월17일, 19일.

32) 김창호, 1983, 앞의 논문, p.119.

다. 그래서 이우태는 임시의 배수를 위해 하배굴리를 설치하였고 그 위에 수문의 기능을 하는 상배굴리를 설치하였다고 보았다.[33] 그 이후 상·하배굴리가 설치된 시기에 대해서는 여러 해석이 있지만,[34] 제방 아래쪽에는 하배굴리가, 위쪽에 상배굴리가 있는 것으로 이해되었다. 하지만, 이러한 구조는 김재홍이 지적하였듯이 현실적으로 불가능할 것이다.[35] 이 부분이 구조적으로 약해지고 제방이 무너지기 쉬워지기 때문이다. 구체적인 구조를 알 수 있는 고대 일본의 저수지 사야마이케(狹山池)를 봐도 배수관은 제방 바닥에 설치되었다.[36] 그것을 전제로 김재홍은 기존에 놓여 있던 배굴리를 (하)배굴리라고 하고 정원명 때 연장된 배굴리를 상배굴리라고 불렀다고 추정하였다.[37] 그런데 이 추정도 직접적인 근거는 없다. 김재홍은 법공부로 14,140인이라는 많은 인원을 동원한 것이 제방을 수리한 것이 아니라 확장하였다고 보는 근거로 들고 있지만, 연인원으로 해석하면 수리만 하였다고 해도 무리한 숫자가 아니다. 결국, '上排堀里'를 배수관으로 이해하면 '12보'를 해석하기 어렵다.[38]

그렇다면 전고에서 지적하였듯이 '上排堀里'를 한자 뜻으로 해석할 가능성도 충분히 있다고 생각한다.[39] 그 이유는 제방의 규모를 표현한 '弘長' '岸立弘至深'을 한자 뜻으로 해석할 수 있기 때문이다. '弘長'의 '弘'은 병진명에서 제방 아랫부분의 길이를 뜻하는 말로 사용되었고, 여기서는 제방이 상한 부분의 길이를 뜻한다고 해석된다. '岸立弘至深'은 '뚝에 서서 弘에 이르는 깊이'라는 신라어 어순으로 한자를 배열한 것이다. 그렇다면 '上排堀里'도 한자 뜻으로 해석하는 것이 타당할 것이다.

먼저 '上'은 下에 대한 上이 아니라 병진명에 나오는 '上' 즉 제방 윗부분의 너비를 뜻하는 말로 볼 수 있다. '弘'이 병진명에서 제방 아랫부분 전체 길이를 뜻하는데 정원명에서 파손된 제방의 아랫부분 길이를 뜻하듯이, 병진명에서 제방 윗부분 너비를 뜻한 '上'이 정원명에서 파손된 제방의 윗부분 너비를 뜻한다고 해석할 수 있지 않을까. 다음 '排'는 '밀치다', '물리치다'라는 뜻이 있고, '堀'에는 '(땅을) 파다'라는 뜻이 있다. 그래서, '上排堀里' 전체는 "제방 윗부분을 물리쳐 판 부분" 정도로 해석할 수 있을 것이다. 이를 그림으로 제

---

33) 이우태, 1985, 앞의 논문, pp.117-121.

34) 전덕재는 초축 시에는 배굴리가 설치되지 않았지만, 하배굴리는 정원명 이전에 설치되었다고 하였다(전덕재, 2007, 「통일신라의 수전농법과 영천청제」, 『한·중·일의 고대수리시설 비교연구』, 계명사학회 편, 계명대학교 출판부, pp.162-163). 노중국은 정원명 초축시에 이미 상·하배굴리가 설치되었다고 하였다(노중국, 2010, 「한국고대의 수리시설과 농경에 대한 몇 가지 검토」, 『한국고대의 수전농업과 수리시설』, 한국고고환경연구소 편, 서경문화사, p.27). 장재선은 원래 있던 하배굴리의 기능이 상실되었기 때문에 하배굴리를 다시 설치하고 상배굴리를 신규로 설치하였다고 하였다(장재선, 2012, 앞의 논문, pp.217-222).

35) 김재홍, 2021, 앞의 논문, p.176.

36) 大阪府立狹山池博物館, 2017, 『大阪府立狹山池博物館 圖錄1 常設展示案內』, p.20.

37) 김재홍, 2021, 앞의 논문, pp.177-181. 김재홍, 2023, 앞의 논문, p.57.

38) 小山田宏一, 2018, 앞의 논문, pp.39-40은 "'상배굴리'는 廢絶된 前代의 '하배굴리'를 제거하여 새로 설치한 底樋의 배수관으로 생각한다. '상배굴리'와 '하배굴리'는 底樋이며..."라고 하고 도8을 참조하면 제방 바닥에 설치된 배수관의 일부만을 교체하여 바로 위에 새로 설치한 것을 '상배굴리'라고 한 것으로 보는 것 같다. 이렇게 보면 '12보'를 설명할 수 있으나 배수관을 교체하였다는 것은 어디까지나 상정에 불과하며 적극적인 근거가 없다.

39) 橋本繁, 2017, 앞의 논문, p.114.

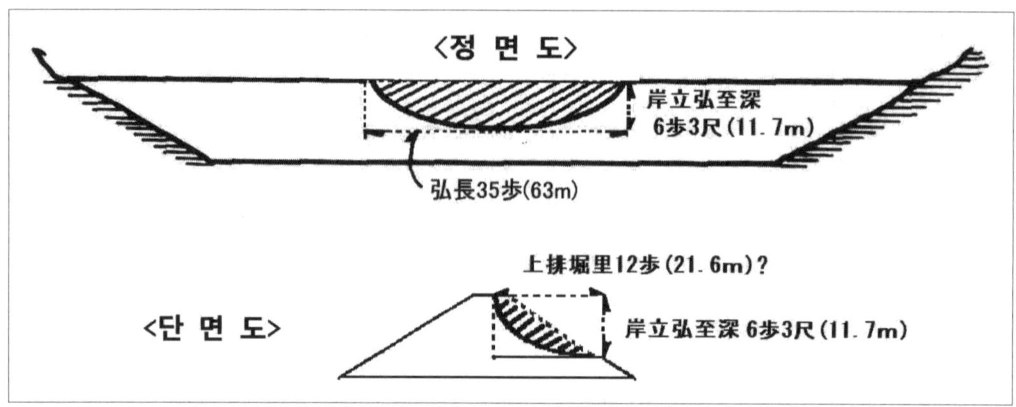

그림 5. 정원명 해석안

시하면 〈그림 5〉와 같다.

그리고, 상배굴리가 배수관이 아니라 붕괴한 부분을 뜻한다는 이 이해가 맞다면 제방이 병진명에 '塢', 정원명에 '堤'로 나오는 것에 대한 "'제'는 배굴리라는 목통이 전제가 된 수리시설" "오와 제의 구분은 배굴리(목통)의 유무에 있었던 것"이라는 견해[40]는 근거를 잃게 된다. 신라에서 저수지를 표기하는 한자가 시대에 따라 변화하였다고 보는 설[41]이 타당할 것이다.

또, '상배굴리'를 배수관으로 해석하는 것은 제2단락 (2)에 기록된 제방 규모를 수리한 결과로 보는 것이지만, 위와 같이 이해할 수 있다면 수리 규모가 아니라 붕괴한 규모를 소내사가 보고한 것으로 해석된다. 이 보고 내용을 바탕으로 역역 동원 규모가 결정되어 2월 12일부터 4월 13일까지 공사가 진행되었다고 생각된다.

상정되는 경위와 비문 해당 부분을 정리하면 아래와 같다.

① 청제의 제방이 상하였다는 보고('狀')가 있었다(제2단락 (1) 전반).
② 보고를 받아 소내사를 파견하여 제방의 상태를 확인하게 하였다(제2단락 (1) 후반).
③ 소내사가 상한 상태를 구체적으로 보고하였다(제2단락 (2)).
④ 2월 12일부터 공사를 시작하여 4월 13일까지 끝냈는데(제2단락 (3)), 이를 위해 전대등이 절화·압량 양군에서 역역을 동원하였다(제3단락).
⑤ 이상의 경위를 기록한 비문을 4월 13일에 세웠다.(제1단락)

---

40) 김재홍, 2021, 앞의 논문, p.178.

41) 노중국, 2010, 앞의 논문, p.20. 다만, 노중국은 "통일 신라시기에 와서 堤로 표기한 것"으로 보았지만, 경산 소월리 목간에 '堤' 자가 나오므로 쓰기 시작한 연대는 더 올라간다고 봐야 할 것이다.

4. 수리 공사 담당자

제4단락인 제10~12행은 수리 공사 담당자이며 이 부분에도 여러 해석이 있다. 제10~11행에 대한 전고의 결론만 제시하면 "節 所內使上인 干(관직) 年(이름) 乃末(관등)과 史(관직) 湏(이름) 大舍(관등)"로 해석된다.[42] '所內使上'까지를 役名으로 본 것인데 '~上'이라는 역명은 안양 중초사지 당간지주명(827년)의 '徒上二智生法師·眞方法師, 作上 秀南法師'라는 사례가 있다. 관직 '干'에 대해서는 『삼국사기』 직관지에 내성 관하 관청으로

> 村徒典. 문무왕 10년(670)에 설치하였다. 干은 1명이다. 宮翁은 1명이다. 大尺은 1명이다. 史는 2명이다.[43]

라는 기사가 있다. 이 이외에도 御龍省 관하 麻典·肉典 등의 장관인 干이 있지만 촌락과 관련된 관청으로 추측되는 촌도전의 장관으로 보는 것이 타당할 것이다.[44] 촌도전의 장관인 '干'과 사무관인 '史'를 '소내사상'으로 파견하여 제방 피해를 보게 하였던 것으로 해석된다.

여기서는 마지막 12행을 재검토한다.

먼저 분석의 전제가 되는 것은 제12행 마지막에 관등 '乃末'이 나오는 것이다. 제10~12행에 관등 乃末11-大舍12-乃末11의 순서로 나오기 때문에 제12행의 인물은 제10, 11행의 2명과는 다른 역명이나 직명을 가졌을 것이다. 〈표 4〉로 알 수 있듯이 '加大□頓梁玉純'에 '소내사상'에 해당하는 역명이나 '干' '史'에 해당하는 직명, 그리고 인명이 있었을 것이다.

표 4. 정원명 수리 공사 담당자

역명	직명	인명	관등	등급
所內使上	干	年	乃末	11
	史	湏	大舍	12
加大□頓梁玉純			乃末	11

이기백이 ⑫1~5를 '加大守須梁'으로 판독하여 '大守'는 군태수이고 '加'는 정식 군태수가 아니라 다른 직위를 가진 것을 임시로 군태수격으로 삼아 파견한 것, 須梁은 沙喙로 본 이래[45] 이 해석이 통설로 되고 있다. 그러나 몇 가지 의문점이 있다.

첫째, '加'가 관직명 앞에 붙어 임시로 파견하였다는 뜻으로 사용된 사례가 신라에 없다.

둘째, ⑫3 '守'자 판독에 문제가 있다. 노재환·박흥배가 '音'자로 판독하고[46], 김창호도 이와 비슷한 글자로 보았듯이[47] '守'자로 단정하기 어렵다.[48]

---

42) 橋本繁, 2023, 앞의 논문, pp.370-371.

43) 『삼국사기』 권39, 직관지 '村徒典, 文武王十年置. 干一人, 宮翁一人, 大尺一人, 史二人.'

44) 木村誠, 2009, 앞의 논문, pp.653-654.

45) 이기백, 1974, 앞의 책, p.291. 이기백 판독은 '梁'자 삼수변을 'ㅁ'로 한 글자다.

46) 노재환·박흥배, 1969, 앞의 논문.

47) 김창호, 1983, 앞의 논문. p.117.

48) 橋本繁, 2017, 앞의 논문, p.113에서는 '音'자로 판독하였지만, 해석이 불확실하므로 이 글에서는 미판독자로 한다.

셋째, '須梁'을 沙喙로 보았지만, 이 시기에 이처럼 인명 표기에 부명을 명기하는 사례가 없다.

이 점에 대해서는 더 자세한 검토가 필요하다. 종래 竅興寺 鐘銘(856)이 비슷한 시기에 인명 표기에 부명이 사용된 사례로 지적되었다. 관련되는 부분만 인용하면 다음과 같다.

> 節縣令含梁萱榮
> 　　時都乃　　聖安法師
> 上村主三重沙干堯王
> 第二村主沙干龍□
> 第三村主乃干貴珎
> 大匠大奈末□猒溫衾

이기백은 '節縣令' 다음 '含梁'은 舍梁을 오독한 것이며 沙梁이 舍梁나 정원명의 須梁 등 여러 가지로 표기되었다고 하였다.[49] 그런데 '含梁' 부분은 달리 이해할 여지가 있다.

먼저 유의해야 할 것은 규흥사 종명은 현재 실물이 남아 있지 않고, 일본 에도(江戶)시대에 만들어진 기록에 인용되어 남아 있을 뿐이라는 점이다.[50] 그래서 판독문 자체가 정확하지 않을 수 있다.

그리고 다른 인명의 표기는 '上村主-三重沙干-堯王' '第二村主-沙干-龍河' '第三村主-乃干-貴珎' '大匠-大奈末-□猒溫衾'처럼 [직명-관등-인명]으로 쓰여 있다. 그것을 전제로 하면 '縣令' 다음의 '含梁'도 부명이 아니라 관등으로 보는 것이 타당할 것이다. 그렇다면, '梁'은 '粲'자를 잘못 판독한 가능성이 있다. 粲은 주지하듯이 관등 표기에서 湌, 干에 해당하는 글자로 사용되었다. 『삼국사기』 권38 직관지 상에는

> 1등은 伊伐湌이다(혹은 伊罰干, 干伐湌, 角干, <u>角粲</u>, 舒發翰, 舒弗耶이라고도 하였다)
> (중략)
> 6등은 阿湌이다(혹은 阿尺干, <u>阿粲</u>이라고도 하였다)[51]

라는 기록이 있다. 금석문으로는 聖住寺址 朗慧和尙塔碑(890?)에 '韓粲' '乙粲', 鳳巖寺 智證大師塔碑(924)에 '韓粲', 淨土寺 法鏡大師慈燈塔碑(943)에 '沙粲' '阿粲', 泰安寺 廣慈大師塔碑(950)에 '沙粲'이라는 사례들이 있다. '粲' 표기가 9세기 말 이후에 확인되는데 856년의 竅興寺 鐘銘에서 사용되었을 가능성도 충분히 있다. 『삼국사기』 직관지에 따르면 현령의 관등은 先沮知에서 沙湌까지니 '含梁'은 부명 沙梁이 아니라 관등 沙粲

---

49) 이기백, 1974, 앞의 책, p.291 주13.

50) 末松保和, 1933, 「逸新羅竅興寺鐘銘釋文」, 『靑丘學叢』 11, 靑丘學會(1954, 『新羅史の諸問題』, 東洋文庫에 재수록).

51) 『삼국사기』 권38, 직관지상 "一曰伊伐湌[或云伊罰干, 或云干伐湌, 或云角干, 或云角粲, 或云舒發翰, 或云舒弗耶] (중략) 六曰阿湌 [或云阿尺干, 或云阿粲]."

(沙淀)이나 及粲(級淀)이었다고 추측된다.

규흥사 종명을 이렇게 해석할 수 있다면, 동시대 인명 표기에 부명을 쓴 사례가 하나도 없게 된다. 그래서 정원명 마지막 행의 '須梁'도 부명이 아닌 다른 뜻으로 이해해야 할 것이다.

여기서 또 하나 해석의 전제가 되는 것이 제4단락 역명 부분은 비문의 앞부분과 대응한다는 점이다. 제10~11행 '소내사상'은 제2행에 나오는 '소내사'를 구체적으로 기록한 것이다. 그렇다면 제12행의 인물은 제3단락 '典大朩角助役切火·押梁二郡…' 부분과 대응할 가능성이 크다. 종래 통설은 '切火·押梁二郡'의 군태수로 해석한 것인데, 그렇게 보기 어려운 이상 그 앞에 나오는 전대등과 대응한다고 생각하는 것이 타당할 것이다. 즉, 제2행 소내사의 구체적인 인원이 제10~11행에 나오듯이, 제12행에는 제8행 전대등과 관련된 내용이 나온다고 볼 수 있다.

그런데, 더 구체적인 내용에 대해서는 판독하기 어려운 글자도 있어 확실한 해석을 제시하기가 어렵다. 이하에서는 몇 가지 가능성을 제시하고 싶다.

먼저, ⑫1 '加'는 부사 '더'로 해석된다. 菁州 蓮池寺鐘銘(833년)에

合入金七百十三廷 古金四百九十八廷 加入金百十廷
(도합 넣은 쇠는 713정인데, 묵은 쇠가 498정이고, 더 넣은 쇠가 110정이다.)

라는 사례가 있다. 3절에서 말하였듯이 먼저 소내사가 왕경에서 파견되어 제방이 상한 상황을 확인하였고, 뒤에 전대등이 수리하기 위해 인원을 동원하였다면 나중에 관여한 전대등을 '加'로 표현하였다고 이해해도 무리가 없을 것이다.[52] 결국, ⑫2~7 '大□頓梁玉純' 부분이 전대등과 관련되는 인물의 역명이나 직명, 인명이었다고 추정된다.

그리고, 이 부분이 보통 1명으로 해석되지만 2명일 가능성도 있다고 본다.

먼저 이 부분이 1명일 가능성을 검토한다.

⑫5 '梁'은 '둑, 제방'이라는 뜻이 있다. '梁'자 앞의 ⑫4는 종래 '須'로 판독되었지만 왼쪽 부분에 세로획이 보여 '頓'으로 판독되고 이 글자는 '꺾이다' '무너지다'라는 뜻이 있다. '頓梁'이 되어 '무너진 제방'으로 해석해 볼 수 있다.[53] 守나 音으로 판독되는 ⑫3은 구체적인 판독을 제출할 수 없지만, 무너진 제방을 '고치다' '수리하다' 같은 글자로 추측할 수 있으면 ⑫2~5 '大□頓梁'을 '무너진 제방을 수리하다'라는 뜻이 된다. ⑫6~7 '玉純'을 이름으로 보고 이 사람이 수리를 담당한 전대등으로 해석하는 것이다. 전대등의 해당 관등은 奈麻에서 阿淀까지니 '乃末'이어도 문제가 없다. 다만, 이것은 ⑫2~3 '大□'의 판독과 해석에 문제가 남고, 앞에서

---

52) 심포지엄 발표에서는 ⑫2를 '火'자로 판독할 가능성을 제시하고 '加火'로 '더불어'라는 이두일 가능성을 지적하였다. 하지만, ⑫2는 '大'자로 보는 것이 타당하므로 본문처럼 수정한다. 교시를 주신 일분국립역사민속박물관 三上喜孝 교수님께 감사드린다.

53) 왼쪽을 土偏으로, 오른쪽을 真(眞)으로 보고 '메우다', '채우다'를 뜻하는 '塡'자일 가능성도 있다. '塡梁'이면 '둑을 메우다, 채우다'가 되어 붕괴한 제방을 수리하였다는 뜻이 될 수 있다. 하지만, 왼쪽 위의 삐침 같이 보이는 자획이 있으므로 본문처럼 頓으로 판독한다.

는 제방을 '堤'로 썼는데 여기서 '梁'으로 표현한 이유도 설명하기 어렵다.

다음은 2명의 인명으로 보는 가능성이다.

이는 切火과 押梁 2군에서 '助役'을 동원한 것과도 대응한다고 할 수 있다. 여기서 또 참조되는 것이 전대등 다음의 '角助役' 해석이다. 종래 '角'을 '징발하다'의 뜻으로 보거나[54] '角'의 訓을 빌려서 '부리다'의 뜻으로 사용된 것으로 보는 해석,[55] '角助'를 숙어로 보고 '헤아려서 돕는다' '돕는 것을 헤아린다'라는 해석[56] 등이 있다. 그런데 '角'자에는 '겨루다, 경쟁하다' '견주다, 비교하다'라는 뜻도 있으니 2명을 시켜 切火, 押梁에서 똑같은 인원을 동원하여 공사를 겨루게 하였다는 뜻으로 해석해 볼 수 있다.

이 부분이 2명있다면 구체적인 해석에 두 가지 가능성이 있다.

하나는 ⑫3을 '舍'로 판독하는 것이다. ⑫2에 이어 '大舍'가 되는데 여기서는 관등이 아니라 집사성의 관직으로 보고 '大舍(관직)인 頓梁(인명)과 玉純(인명) 乃末(관등)'로 해석된다. 집사부 대사의 대응 관등은 舍知에서 奈麻까지니 내말이어도 문제는 없다. 다만, '舍'라는 판독 자체에 어려움이 있다.(그림 6)

또 하나는 '大□頓梁玉純'을 '大□頓'과 '梁玉純'라는 전대등

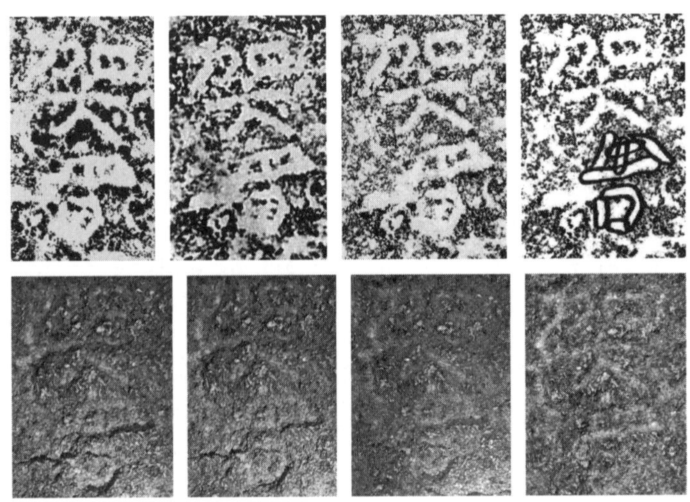

그림 6. ⑫1~3 탁본(상단)과 사진(하단). 상단 오른쪽은 '舍' 추정 자획

2명의 인명으로 보는 것이다. 정대등의 정원은 2명이며 대응 관등은 나마에서 아찬이니 모순되지 않다.

다만, 2명이었다고 할 때 앞 사람의 관등이 없는 것이 문제가 된다. 뒤 사람의 내말과 같았으니 생략되었다고 생각해야 하는데, 과연 관등을 이렇게 생략할 수 있었을까는 문제다. 그런데, 앞에서 인용한 규흥사 종명 마지막 행 '大匠 大奈末 □猒溫歆'이 '□猒'과 '溫歆'이라는 2명이었다면[57] '□猒'과 '溫歆'이 둘 다 대나말인데 '大奈末 □猒, 大奈末 溫歆'라고 쓰지 않고 후자의 '대나말'을 생략하였다고 볼 수 있다. 관등 표기가 인명의 앞과 뒤라는 차이가 있지만, 같은 관직으로 같은 관등을 가진 사람일 경우 생략할 수 있었을 가능성이 있다. 즉, 원래는 '大舍인 頓梁 乃末과 玉純 乃末 또는 '大□頓 乃末, 梁玉純 乃末'인데 앞의 '乃末'이 생략되었

---

54) 田中俊明, 1983b, 앞의 논믄, p.40.

55) 하일식, 1997, 앞의 논문, p29.

56) 木村誠, 2009, 앞의 논문.

57) 末松保和, 1954, 앞의 책, p.484.

다고 볼 수 있을 가능성이 있다.

구체적인 해석에는 과제가 남지만, 제12행 인명 부분은 전대등과 관련된 인물이었을 가능성을 지적하였다.

IV. 맺음말

이 글은 영천 청제비 병진명과 정원명의 내용을 더 정확히 이해하는 것을 목표로 하였다.

병진명에서는 '作人'에 관한 단락을 검토하여 '作人/七千人別二百八十兩'라는 새로운 판독을 제시하여 兩에는 25인이라는 의미가 있는 것을 지적하여 "작인 7000인을 280량으로 나누었다"라는 뜻으로 해석하였다. 작인 7000인은 지방민을 동원한 것으로 보는 주장도 있지만 왕경에서 동원된 것으로 이해하였다. 동원 기간을 대구 오작비와 비교해서 10일 이하였다고 추측하였다.

정원명에서는 종래 '牒'로 판독된 글자를 '狀'으로 판독하여 공문서 양식의 일종일 가능성을 지적하고, '謂狀堤傷' 부분이 "내용은 다음과 같다. 狀에 따르면 제방이 상하였다고 한다."라는 뜻으로 해석하였다. 제방 규모에 관한 부분에서는 '上排堀里'를 종래 새로 설치된 배수관으로 보았지만, 이두가 섞인 한자 뜻으로 "제방 윗부분을 물리쳐 판 부분"이라는 제방이 상한 부분의 폭을 뜻하는 것으로 해석하였다. 수리 공사 담당자 부분에서는 비문 앞부분과 대응하는 것을 지적하였다. 종래 제12행 '加大守須梁'를 군태수가 부명을 가지고 있는 것으로 해석되었지만, 전대등이나 집사부의 인원이라는 해석을 제시하였다. 구체적인 인원 해석으로 1명일 가능성과 2명일 가능성을 제시하였다.

투고일: 2025.04.28.　　　　심사개시일: 2025.05.30.　　　　심사완료일: 2025.06.16.

1. 단행본

남풍현, 2000, 『이두연구』, 태학사.

세종문화재연구원, 2023, 『영천 청제 사적 지정을 위한 문화재 정밀지표조사 보고서』.

영천시, 2023, 『동아시아 농업 토목공사 문화유산 청제와 청제비』(국제학술세미나 자료집).

영천시, 2024, 『영천 청제의 가치와 활용』(국제학술세미나 자료집).

이기백, 1974, 『신라정치사회사연구』, 일조각.

지재희·이준영, 2002, 『주례』, 자유문고.

大阪府立狹山池博物館, 2017, 『大阪府立狹山池博物館 圖錄1 常設展示案內』.

末松保和, 1954, 『新羅史の諸問題』, 東洋文庫.

中村裕一, 1996, 『唐代公文書硏究』, 汲古書院.

2. 논문

김재홍, 2021, 「금호강 유역 신라 소월리 목간의 '堤'와 水利碑의 '塢'·'堤'」, 『동서인문』 16, 경북대학교 인문
    학술원.

김재홍, 2023, 「영천 청제비의 종합적인 분석」, 『동아시아 농업 토목공사 문화유산 청제와 청제비 발표자
    료집』.

김창호, 1983, 「永川 菁堤碑 貞元十四年銘의 再檢討」, 『한국사연구』 43, 한국사연구회.

기무라 마코토(木村誠), 2009, 「統一新羅의 王室과 內省 -「所內」와 「官」을 실마리로」, 『한국고대사연구의 현
    단계』, 석문 이기동교수 정년기념논총 간행위원회 편, 주류성.

노용필, 2009, 「신라의 벼농사와 수리」, 『역사학연구』 36, 호남사학회.

노재환·박홍배, 1969, 「永川 菁堤碑에 대한 小考」, 『매일신문』 9월17일, 19일.

노중국, 2010, 「한국고대의 수리시설과 농경에 대한 몇 가지 검토」, 『한국고대의 수전농업과 수리시설』, 한
    국고고환경연구소 편, 서경문화사.

오성, 1978, 「永川 菁堤碑 丙辰銘에 대한 再檢討」, 『역사학보』 79, 역사학회.

윤선태, 2002, 「신라의 문서행정과 목간」, 『강좌한국고대사5』, 가락국사적개발연구원.

이기백, 1969, 「영천 청제비정원명의 고찰」, 『고고미술』 102, 한국미술사학회.

이기백, 1970, 「영천 청제비의 병진명」, 『고고미술』 106·107, 한국미술사학회.

이미란, 2024, 「영천 청제비 병진명으로 본 신라 중고기 塢의 축조와 그 운영」, 『신라문화』 64, 동국대학교
    신라문화연구소.

이우태, 1985, 「영천 청제비를 통해 본 청제의 축조와 수치」, 『변태섭박사화갑기념 사학논총』, 邊太燮敎授

華甲紀念史学論叢刊行委員會 편, 삼영사.

이우태, 1992, 「신라의 수리기술」, 『신라문화제학술발표회논문집』 13, 동국대학교 신라문화연구소.

장재선, 2012, 「영천 청제비의 도형분석 -정원명을 중심으로」, 『목간과 문자』 9, 한국목간학회.

전덕재, 2007, 「통일신라의 수전농법과 영천청제」, 『한·중·일의 고대수리시설 비교연구』, 계명사학회 편, 계명대학교출판부.

정영호, 1969, 「영천 청제비의 발견」, 『고고미술』 102, 한국미술사학회.

주보돈, 1992, 「영천 청제비」, 『역주 한국고대금석문 II(신라1·가야 편)』, 가락국사적개발연구원.

하시모토 시게루(橋本繁), 2017, 「영천 청제비의 재검토」, 『사림』 60, 수선사학회.

하일식, 1997, 「新羅 統一期의 王室 直轄地와 郡縣制 -菁堤碑 貞元銘의 力役運營 事例 分析」, 『동방학지』 97, 연세대학교 국학연구원.

하일식, 2005, 「신라 왕실 직할지의 초기 형태에 대하여-청제비 병진명의 정밀판독과 분석」, 『동방학지』 132, 연세대학교 국학연구원.

橋本繁, 2023, 「永川·菁堤碑貞元銘よりみた統一新羅の王室直轄地支配と力役動員」, 『東アジアにおける朝鮮史の展望』, 李成市先生退職記念論集編集委員會 편, 汲古書院.

小山田宏一, 2018, 「古代菁堤の基礎的研究」, 『大阪府立狹山池博物館研究報告』 9.

田中俊明, 1983a, 「新羅の金石文第二回 永川菁堤碑·丙辰銘」, 『韓国文化』 42, 韓國文化院.

田中俊明, 1983b, 「新羅の金石文第三回 永川菁堤碑·貞元銘」, 『韓国文化』 44, 韓國文化院.

〈Abstract〉

Some Reinterpretation of Yeongcheon Cheongjebi Byeongjinmyeong and Jeongwonmyeong

HASHIMOTO Shigeru

This paper aims to understand more accurately the Yeongcheon Cheongjebi Byeongjinmyeong and Jeongwonmyeong.

The contents of Byeongjinmyeong can be divided into four paragraphs, and the 3rd paragraph on labor mobilization was reviewed. First, the fourth character in the fourth line was read as '別', and the ninth character in the same line was newly read as '兩'. Since '兩' has the meaning of an organization unit of 25 people, it is understood that the third paragraph '作人/七千人別二百八十兩' means "divide 7000 people into 280 units". There is a theory that '作人' were local residents mobilized nationwide, but it is understood that they were mobilized from the capital because there were only two local people in the part of the enumerated names.

The contents of Jeongwonmyeong can also be divided into four paragraphs. In the second paragraph (1), the fifth character in the second line was previously read as '洑' and interpreted as a hydraulic structure, but it was considered correct to read as '狀' and pointed out the possibility that it was a kind of official document style.

In the part about the size of the embankment in the second paragraph (2), '上排堀里' was previously interpreted as a newly installed drain pipe. But it was interpreted in the Chinese character meaning and regarded as "the part where the upper part of the embankment was defeated."

In the section on the person in charge of repair work in the fourth paragraph, it was pointed out that it corresponds to the contents of the previous inscription as a premise of interpretation. Conventionally, "加大守須梁" in line 12 was interpreted as a head of Gun(郡太守), but it was pointed out that it was reasonable to see it as responding to the "典大等" in the third paragraph, and several possibilities were suggested.

▶ Key words: Yeongcheon Cheongjebi, Byeongjinmyeong, Jeongwonmyeong, labor mobilization, embankment

新羅 下代 「興德王 敎書」의 公布 방식과 對民 통제 의지의 함의[*]

고태진[**]

Ⅰ. 머리말
Ⅱ. 현전 「興德王 敎書」의 존재형태
Ⅲ. 「興德王 敎書」의 公布와 문서행정
Ⅳ. 「興德王 敎書」 속 對民 통제 의지의 사회적 의미
Ⅴ. 맺음말

〈국문초록〉

「興德王 敎書」의 규제 대상은 眞骨 일반과 頭品에 국한되지 않았다. 「흥덕왕 교서」는 平人·百姓 및 村主에 대한 조문을 포함하였던바, 이 시기 신라 조정은 사치 금령을 고안하는 데 民 일반과 지방사회를 염두에 두고 있었다. 이들은 신라 국가의 사회 말단을 이루는 존재이자, 羅末麗初 사회 변동의 주체였다.

신라 하대 「흥덕왕 교서」의 公布는 적어도 두 단계를 거쳤다. 전자가 흥덕왕 9년(834)의 최초 반포라면, 후자는 그것이 格으로 法典化되었을 때이다. 일단 「흥덕왕 교서」는 신라가 멸망하는 순간까지 신라의 법제로서 기능하였다고 보아야 한다.

「흥덕왕 교서」의 하달 및 公示 과정은 중국식 문서행정의 공유라는 측면에서 주변국의 사례를 참고해 재구성할 수 있다. 이에 따르면 「흥덕왕 교서」를 비롯한 하대의 사치 금령은 하행문서 符式의 형태로 민간에 하달·공포되었을 가능성이 크다. 한편 「흥덕왕 교서」의 公示는 榜文의 형태를 취했을 텐데, 사회 말단의 현장에서는 口頭를 통한 내용 전달도 함께 이루어 졌을 것이다. 그리고 그 과정에서 村主는 官과 民의 중간 고리 역할을 수행하였다.

「흥덕왕 교서」의 반포 취지는 "백성들이 사치와 호화로움을 다투고 있다"고 하여, 사치 현상의 원인을

---

* 본 논문은 필자의 박사학위논문(高泰鎭, 2025, 「新羅 下代 奢侈 禁令 硏究」, 서울대학교 박사학위논문)의 一장 2절과 三장 2절, 그리고 四장 1절을 수정·보완한 것이다.
** 서울대학교 역사학부 강사

‘民’으로부터 구했다. 비록 「흥덕왕 교서」 반포의 가장 큰 요인은 ‘왕실’과 동등하게 사치품을 향유하던 진골 일반에 대한 규제라 여겨지지만, 교서의 조문에 규제의 대상으로 평인·백성이 명시되었음을 고려한다면 이를 단지 상투적 표현으로만 치부하기도 어렵다. 가령 이 시기 民의 구성원에는 다수의 商人이 포함되어 있었다고 여겨지는데, 결국 취지의 내용은 民 내부의 경제적 분화까지 감안하여 음미될 필요가 있다. 富의 증대는 반드시 신분과 일치하지 않으므로, ‘왕실’의 입장에서 ‘사치의 만연’은 신분제의 정점에 위치한 그들 자신을 위협하는 적대적 행위로 받아들여졌을 것이다. 사치는 분에 넘치는 소비로서 기본적으로 分限을 어 그러뜨리는 성격을 지니기 때문이다. 그러나 비록 當代의 시세가 신라 ‘왕실’에게는 ‘사치의 만연’이자 ‘타락 의 징조’로 읽혀졌을지라도, 거시적 측면에서 9세기 신라는 ‘富를 독점하는 시대’에서 ‘富를 경쟁하는 시대’ 로 이행하고 있었다. 나말려초 새로운 사회 주체로서 ‘호족’의 출현은 이러한 분위기와 결코 무관하지 않다. 「흥덕왕 교서」 속 民의 존재는 바로 그러한 흐름 속에서 음미될 필요가 있다.

▶ 핵심어: 신라, 下代, 興德王 敎書, 사치 금령, 문서행정, 民, 商人

I. 머리말

新羅 下代는 ‘富를 독점하는 시대’에서 ‘富를 경쟁하는 시대’로 이행하고 있었다. 그러한 사회 변동은 ‘사 치의 만연’이란 사회 현상을 수반하였던바, 하대의 ‘왕실’은 그에 대한 조처로 사치 금령을 반포, 법률적 강 제를 통해 사회적 分限을 공고히 하려 했다. 이처럼 사치의 문제는 기본적으로 사회적 分限과 관련된 사안 이므로, 사치 금령에 대한 이해는 신분 질서와의 관계 속에서 보다 구체화될 수 있다.

興德王 9년(834)의 下敎(이하 「興德王 敎書」)에는 사치 금령의 대상에 眞骨 일반도 포함되고 있어 규제를 받지 않는 집단으로서 ‘王室’의 존재가 감지된다.[1] 「흥덕왕 교서」는 ‘왕실’과 그 이외 집단 사이의 차별성을 가시적으로 부각시키려 한 의도에서 고안된 일종의 ‘구별짓기’였던 것이다.

그런데 「흥덕왕 교서」의 규제 대상은 진골 일반과 頭品에 국한되지 않았다. 「흥덕왕 교서」는 平人·百姓 및 村主에 대한 조문을 포함하였던 것인데, 이는 당시 신라 조정이 사치 금령을 고안하는 데 民 일반과 지방 사회를 염두에 두었음을 의미한다. 이들은 신라 국가의 사회 말단을 이루는 존재이자, 羅末麗初 사회 변동 의 주체였다. 사정이 그러하다면 「흥덕왕 교서」의 반포에 있어 신라 ‘왕실’이 당면한 위기의식의 중심이 어 디에 있었는가와 별개로, 우리는 신라 하대의 사치 금령이 사회 변동의 산물임을 직시하여야 한다. 비록 當 代의 시세가 신라 ‘왕실’에게는 ‘사치의 만연’이자 ‘타락의 징조’로 읽혀졌을지라도, 거시적 측면에서 9세기 신라는 權力과 富의 분화를 경험하였던 것이다. 종래 「흥덕왕 교서」가 나말려초 사회 변동의 반영이자 골품 제의 이완, 사회 말단의 존재 양태, 그리고 새로운 인간집단 형성을 이해하는 자료로 널리 활용되었던 것도

---

1) 武田幸男, 1975a, 「新羅骨品制の再檢討」, 『東洋文化硏究所紀要』 67, 東京大學東洋文化硏究所, pp.133-134.

바로 그 때문이었다.[2]

한편 기왕에 「흥덕왕 교서」를 단서로 삼아 신라 정치·사회사의 적지 않은 부분이 해명된 것은 사실이나, 정작 교서의 반포 그 이후에 대한 천착은 거의 이루어지지 않았다. 흥덕왕 사후 발발한 왕위계승 분쟁과 신라의 망국을 염두에 둔 상태에서 「흥덕왕 교서」의 사회적 영향을 제한적으로 바라보았기 때문이다.[3] 하지만 보다 엄밀한 의미에서 사회 질서의 이완과 법제의 운용 및 존속은 구분하여 검토될 여지가 있다. 그러한 점에서 「흥덕왕 교서」의 公布 방식에 대한 고민은 국가 권력이 사회 말단으로 관철되어 가는 과정을 이해하는 통로이자,[4] 신라 하대 民 일반의 존재양태를 이해하는 단서가 된다.

이상의 문제의식에서 필자는 「흥덕왕 교서」를 사례로 삼아 신라 하대의 사치 금령이 사회 말단에까지 公布되어 가는 과정을 검토하고, 그것이 갖는 사회적 함의를 도출하고자 한다. 이때 주요한 방증 자료로는 律令格式의 문화를 공유하던 동시기 唐과 日本의 법제사 자료를 활용하고자 한다. '사치의 만연'이라는 사회

---

2) 李龍範, 1969a, 「三國史記에 보이는 이슬람 商人의 貿易品」, 『李弘稙博士回甲紀念韓國史學論叢』, 新丘文化社, pp.95-104; 李龍範, 1969b, 「處容說話의 一考察 -唐代 이슬람商人과 新羅-」, 『진단학보』 32, 진단학회, pp.27-28; 武田幸男, 위의 논문, pp.124-126; 盧泰敦, 1978, 「羅代의 門客」, 『한국사연구』 21·21, 한국사연구회(2009, 『한국고대사의 이론과 쟁점』, 집문당, pp.276-277에 재수록); 木村誠, 1986, 「統一新羅의 骨品制 -新羅華嚴経寫経跋文의 研究-」, 『人文學報』 185, 都立大學(2004, 『古代朝鮮의 國家와 社會』, 吉川弘文館, pp.286-292에 재수록); 李基東, 1991, 「新羅 興德王代의 政治와 社會」, 『국사관논총』 21, 국사편찬위원회(1997, 『新羅社會史研究』, 일조각, pp.173-176에 재수록); 李鍾旭, 1999, 『新羅骨品制研究』, 일조각, pp.484-499; 하일식, 2000, 「당 중심의 세계질서와 신라인의 자기인식」, 『역사와 현실』 37, 한국역사연구회, pp.93-95; 김창석, 2004, 『삼국과 통일신라의 유통체계 연구』, 일조각, pp.215-217; 金壽泰·曺凡煥, 2005, 『全羅道 地域 禪宗山門과 張保皐 集團』, 해상왕장보고기념사업회, pp.87-88; 尹善泰, 2005a, 「新羅 中代末~下代初의 地方社會와 佛教信仰結社」, 『신라문화』 26, 동국대학교 신라문화연구소, pp.130-131; 田美姬, 2005, 「신라 하대 골품제의 운영과 변화 -흥덕왕대의 규정과 朗慧和尙碑 得難條의 검토를 중심으로-」, 『신라문화』 26, 동국대학교 신라문화연구소, pp.87-95; 高慶錫, 2006, 「淸海鎭 張保皐勢力 研究」, 서울대학교 박사학위논문, pp.94-98; 서의식, 2010, 『新羅의 政治構造와 身分編制』, 혜안, pp.534-543; 노태돈, 2014, 『한국고대사』, 경세원, pp.238-240; 이재환, 2015, 「「성주사 낭혜화상탑비」의 '得難'과 '五品' 재검토」, 『목간과 문자』 15, 한국목간학회, pp.142-144; 박성현, 2016, 「평민의 삶」, 『신라 천년의 역사와 문화 9 -신라의 사회 구조와 신분제-』, 경상북도문화재연구원, pp.163-165; 주보돈, 2017, 「『三國遺事』 紀異篇 「興德王 鸚鵡」條의 吟味」, 『신라문화제학술논문집』 38, 동국대학교 신라문화연구소, pp.103-105; 윤선태, 2018, 「문헌자료로 본 삼국통일 이후 화성지역의 동향」, 『삼국통일과 화성지역 사람들 삶의 변화』, 화성시청, pp.39-41; 손흥호, 2021, 「신라 하대 초기의 정치과정 연구」, 경북대학교 박사학위논문, pp.149-158; 김수태, 2022, 「성주사의 창건과 해상세력」, 『신라사학보』 56, 신라사학회, pp.168-170; 고태진, 2023, 「新羅 下代 浿江鎭의 정세와 平山 山城里 출토유물의 성격」, 『중앙사론』 60, 중앙대학교 중앙사학연구소, pp.76-77.

3) 李基東, 1978, 「新羅 金入宅考」, 『진단학보』 45, 진단학회(1984, 『新羅骨品制社會와 花郎徒』, 일조각, pp.202-203에 재수록); 李基東, 1980, 「新羅 下代의 王位繼承과 政治過程」, 『역사학보』 85, 역사학회(1984, 『新羅骨品制社會와 花郎徒』, 일조각, p.161에 재수록); 李基東, 위의 논문(1997, 위의 책, pp.173-176에 재수록); 李鍾旭, 1999, 위의 책, p.488; 高慶錫, 2006, 위의 논문, p.68; 梁正錫, 2007, 「新羅 王京人의 住居空間 -『三國史記』 屋舍條와 王京遺蹟의 關係를 중심으로-」, 『신라문화제학술발표회논문집』, 동국대학교 신라문화연구소, pp.21-25; 노태돈, 2014, 위의 책, pp.236-238; 서의식, 2016, 「골품체제의 재정비 시도」, 『신라 천년의 역사와 문화 6 -신라 왕권의 쇠퇴와 지배체제의 동요-』, 경상북도문화재연구원, p.105; 하일식, 2016, 「지배체제의 변화와 골품제 사회의 쇠퇴」, 『신라 천년의 역사와 문화 9 -신라의 사회 구조와 신분제-』, 경상북도문화재연구원, p.85; 전미희, 2016, 「진골귀족 중심의 사회」, 『신라 천년의 역사와 문화 9 -신라의 사회 구조와 신분제-』, 경상북도문화재연구원, pp.119-125.

4) 中村裕一, 2003, 『隋唐王言의 研究』, 汲古書院, p.177.

현상은 비단 신라뿐 아니라, 9세기 전반 동아시아 각국 조정의 공통 현안이었기 때문이다. 唐 文宗 太和 연간(872~835)의 勅(이하 「儉素令」)이라든지, 『類聚三代格』에 전해지는 일본 天長 5년(828)의 「응당 交關을 금해야 할 일[應禁交關事]」 및 天長 8년(831) 「응당 신라인의 교관물을 검사해야 할 일[應檢領新羅人交關物事]」이 그러한 예이다. 더구나 당과 일본의 경우는 『唐六典』이나 돈황 문서, 『養老令』과 「加賀郡牓示札」 등 왕언문서의 공포 과정을 엿볼 수 있는 자료가 현전하고 있다. 이들 有關 자료의 활용은 「흥덕왕 교서」의 공포 문제를 재구성하는 데 많은 도움이 된다.

지난날 한국 고대사 연구는 주로 거시적 차원에서 시도되어 미시적 문제는 거의 주목받지 못했다. 사치금령은 국가의 문제인 동시에, 人民 개개의 일상을 통제하였다는 점에서 개인의 문제이기도 하다. 본 연구가 신라 하대의 사치 현상을 바라보는 시각의 다각화에 일조하기를 빈다.

II. 현전 「興德王 教書」의 존재형태

고려 인종 23년(1145) 『삼국사기』가 편찬되었을 무렵, 고려사회에 유존한 「흥덕왕 교서」는 傳寫 과정에서 일부 표현의 변개가 발생했을지언정, 문구 자체는 신라 이래의 전래 자료를 충실히 반영한 형태였다고 추정된다. 이를 잘 보여주는 대목이 『三國史記』 권33, 잡지2 「흥덕왕 교서」의 취지에 앞서 기재된 "흥덕왕 즉위 9년, 大和 8년, 교를 내려 이르기를[興德王即位九年, 大和八年, 下教曰]"이라는 구절이다. 매우 사소한 부분인 것처럼 보이지만, 이 어구는 잡지2 내에서도 다소 이질적인 면모를 지니고 있다.

먼저 색복지의 찬자는 역대 諸王의 색복 관련 기사를 서술할 때 "眞德在位二年", "文武王在位四年"과 같이 "在位"를 운운했다. 그런데 찬자는 「흥덕왕 교서」의 서술에 임해서는 "興德王即位九年"이라 하여 표현을 달리했다. 이는 색복지 서술에 여러 계통의 전거가 활용되었음을 암시한다.

보다 눈여겨 볼 부분은 이어지는 "大和八年"이다. 大和는 唐 文宗의 연호로 종래 학계는 大和를 太和로 교감하곤 했다. 색복지의 경우 교감의 주요 근거는 『삼국사절요』였다.[5] 그러나 정작 『삼국사절요』에는 해당 글귀가 『삼국사기』와 동일하게 "唐大和八年"으로 되어 있어 주의를 요한다.

흔히 중국사서는 당 文宗의 연호로 大和와 太和를 혼용하였다. 『資治通鑑』과 같이 太和를 주로 사용한 경우가 있는가하면, 『舊唐書』·『新唐書』처럼 양자가 혼재된 경우도 있다.[6] 그런데 『삼국사기』 잡지2와 마찬가

---

5) 정구복·노중국·신동하·김태식·권덕영, 2011, 『역주 삼국사기 1 -감교원문편-』, 한국학중앙연구원출판부, p.466.

6) 欽定四庫全書本 『舊唐書』·『新唐書』의 문종 본기에는 문종의 연호를 대개 太和라 표기했다. 다만 같은 欽定四庫全書本 『舊唐書』 지리지나 『新唐書』 오행지에는 大和의 용례도 일부 확인된다. 한편 현재 통용되는 中華書局 표점본에서는 문종의 연호를 대개 大和로 표기하고 있다. 이러한 현상의 근본적 원인은 唐代에도 당 문종의 연호로 大和와 太和가 혼용되었기 때문일 것이다. 단 오늘날 대다수의 연구자들은 양자택일의 입장을 취하는 경우가 많다. 일찍이 池田溫이 劉俊文의 『唐代法制研究』을 비평·소개하면서 문종의 元號 大和를 모두 太和로 작성한 것을 지적한 사례["文宗の元號大和をすべて太和に作るのを除けば、校正も行届いている"]도 그러한 경우라 할 수 있다(池田溫, 2002, 「劉俊文著 唐代法制研究」, 『東洋史研究』 60-4, 東洋史研究會, p.773).

지로 당 문종의 연호로 大和를 사용
한 사례는 신라 하대 문자자료에서
도 다수 확인된다.

「寶林寺 普照禪師塔碑」의 "大和丁
未歲(827)"라든지, 「雙磎寺 眞鑑禪師
塔碑」의 "大和四年(830)", 「法光寺 石
塔誌」의 "大和二年戊申(828)" 등이
그것이다. 뿐만 아니라 大和라는 표
현은 훗날 흥덕왕 그 자신의 비문에
서도 확인된다. 우연의 일치로 보기
에 이들 네 금석문의 찬술에는 신라

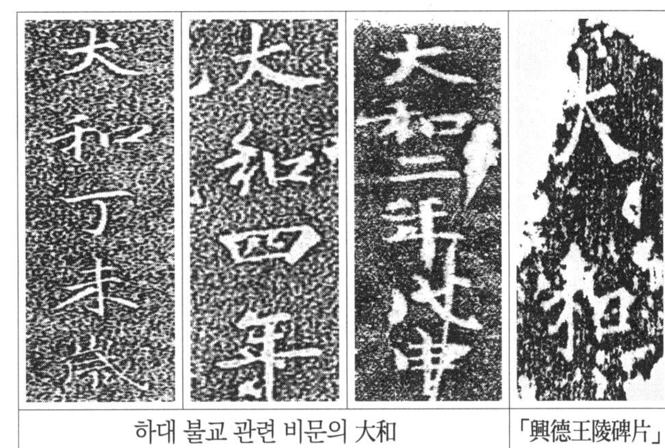

하대 불교 관련 비문의 大和 　　「興德王陵碑片」

그림 1. 신라 하대 문자자료에서 확인되는 年號 大和[7]

'왕실'이 관여하고 있었다. 당시 신라 조정에서도 大和의 사용은 빈번했던 것이다. 물론 하대의 문자자료 중
에는 太和의 용례도 확인된다.[8] 「蓮池寺鍾銘」의 서두에는 "太和七年三月日菁州蓮池寺"라 하여 태화라는 연
호가 확인되는 것이다.

이처럼 당과 신라에서 당 문종의 연호로 大和와 太和를 혼용했다고 한다면, 『삼국사기』에 실린 "大和八
年"이라는 표현은 단순 誤記도, 교감의 대상도 아닌 신라 當代의 표현으로 보아야한다. 『삼국사기』의 찬자
는 잡지를 편찬하는 데 중국의 典籍을 참고하면서도, 내용적인 면에서는 傳來의 신라 자료를 최대한 원형
그대로 전재하려 한 것이다. 그리고 이 경우 『삼국사기』의 찬자가 참고한 자료에는 「흥덕왕 교서」의 내용

---

7) 왼쪽부터 박광연, 「寶林寺 普照禪師塔碑」, 『한국고대금석문』, http://db.history.go.kr/id/gskh_005_0010_0260_0010; 최연
　식, 「河東 雙磎寺 眞鑑禪師塔碑」, 『한국고대금석문』, http://db.history.go.kr/id/gskh_005_0010_0320_0010; 박미선, 「法光
　寺 石塔誌」, 『한국고대금석문』, http://db.history.go.kr/id/gskh_005_0060_0040_0010; 國立慶州博物館, 2002, 『文子로 본
　新羅 -新羅人의 記錄과 筆跡-』, 국립경주박물관, p.65.

8) 「蓮池寺鍾銘」의 경우는 太의 마지막 획이 확인된다. 이 외에도 선행 연구에서는 「鎭川 太和四年銘 磨崖如來立像 造像記」와 「慶
　州 拜里 潤乙谷 磨崖佛坐像銘」에서 각기 "太和四年"과 "太和九年"을 읽어 냈다. 다만 마애불에 새겨진 명문의 경우 마모가 심하
　여, 탁본을 보더라도 자형이 명확하지 않은 경우가 많다. 진천 마애불의 경우 和라는 글자와 연간지를 통해 당 문종의 연호임을
　추적할 수 있지만, 제 1자가 大인지 太인지는 단정하기 어렵다. 추후 추가적인 조사가 요구된다. 아래의 그림 자료는 왼쪽부터
　國立慶州博物館, 2002, 위의 책, p.183; 박미선, 「진천 태화4년명 마애여래입상 조상기」, 『한국고대금석문』, http://db.history.
　go.kr/id/gskh_005_0050_0100_0020; 國立慶州博物館, 2002, 위의 책, p.204.

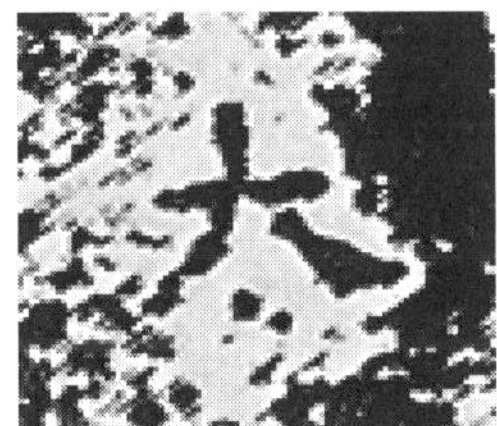

「연지사종명」

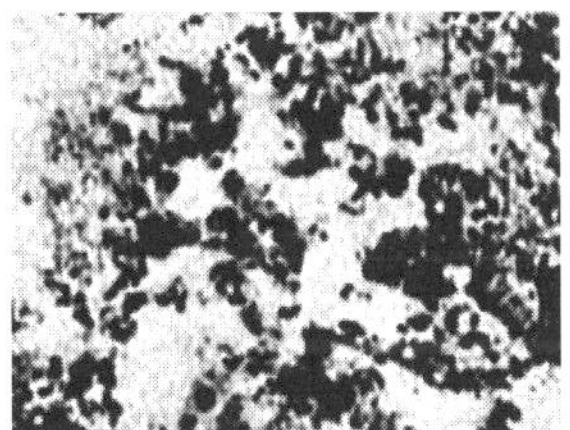

「진천 태화사년명 마애여래입상 조상기」

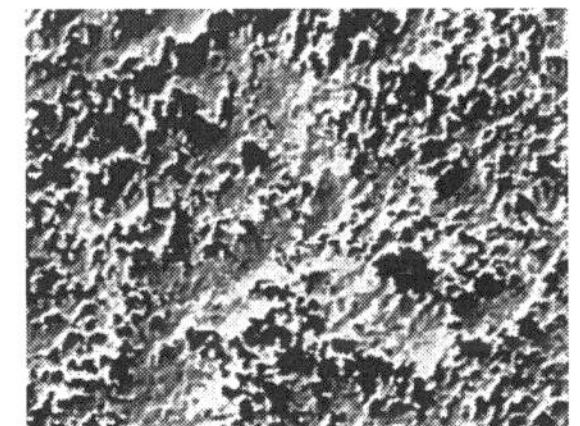

「경주 배리 윤을곡 마애불좌상명」

뿐 아니라 "興德王卽位九年, 大和八年, 下敎曰"의 구절이 함께 존재했을 가능성이 농후하다. 이 표현이 색복지 안에서도 다소 이질적인 이유는 바로 그 때문일 것이다.

이러한 사실을 염두에 두고 「흥덕왕 교서」의 존재형태를 보다 구체화해 보자. 최근 학계 일각에서는 『삼국사기』 잡지 곳곳에 본기와 계통을 달리하는 흥덕왕대 기사가 다수 존재한다는 점을 고려하여 『삼국사기』 편찬 당시 흥덕왕 시기의 교서를 모은 일련의 자료가 별도로 존재했을 가능성을 상정하기도 한다.[9] 해당 연구에서 말하는 '교서를 모은 일련의 자료'가 무엇인지는 불분명하나, 만약 실제 흥덕왕 9년(834) 반포 당시의 교서 원문 수록을 염두에 둔 것이라면 그러했을 가능성은 적다.[10]

일찍이 당과 일본의 公式令을 참고하여 신라 공식령을 복원하려 한 연구에 의하면 중·하대 신라의 王言文書는 양식적인 면에서 당의 詔書式(이하 制書式)을 준용했다고 한다.[11] 제서식에는 정형화된 양식이 존재했다.[12] 가령 서두 말미에 "主者施行" 등의 정형어구를 둔 것이 그것으로 「文武王 遺詔(681)」와 「애장왕 교서(806)」 말미에 전해지는 "布告遠近, 令知此意, 主者施行", "宜令所司, 普告施行"은 신라 왕언문서에 제서식이 활용되었음을 보여주는 대목이다. 이 외에 왕언문서에는 최종 결재 사안에 황제가 직접 "可"를 적시하는 재가 항목이 있는데,[13] 이 또한 「聖住寺 朗慧和尙塔碑」의 내용에서 그 사례를 찾을 수 있다.[14] 당시 僧俗[白黑]이 조정에 낭혜의 시호 추증과 탑명 찬술을 요청하자, 진성왕이 이에 대해 윤허하는 장면을 "敎曰可"라 묘사한 것이다.

특히 제서식에는 여느 공문서가 그러하듯 문서행정과 관련하여 문서의 작성 일시 및 제서를 받들어 처리한 관료에 대한 정보가 따라 붙기 마련이다.[15] 이들 정보는 문서처리 과정에서 책임 소재를 분명히 하는 데 반드시 필요한 내용이기 때문이다.[16] 신라에서도 왕언문서의 처리에는 책임 소재가 따랐을 것이므로, 해당 문서에는 왕명이 하달된 날짜와 주무 관료의 정보가 담겨져 있었을 것이다.

---

9) 박수정, 2017, 「三國史記 職官志 硏究」, 고려대학교 박사학위논문, p.26.

10) 洪承佑, 2011, 「韓國 古代 律令의 性格」, 서울대학교 박사학위논문, p.254.

11) 梁正錫, 1999, 「新羅 公式令의 王命文書樣式 考察」, 『한국고대사연구』 15, 한국고대사학회, pp.151-165; 참고로 唐代 사료에서는 詔와 制라는 표현이 모두 확인된다. 이는 則天武后의 諱를 피하기 위해 詔를 制로 개칭하면서 발생한 일이다. 물론 中宗 복위 후 武周의 피휘 그 자체는 무효화되었을 텐데, 이후 사료에서 詔와 制의 혼용이 확인되는 것은 바로 그 때문이라 여겨진다(中村裕一, 2003, 앞의 책, pp.13-14). 이하 본문에서는 현재 학계에서 통용되는 制書式이라는 표현을 사용하되, 개별 왕언문서를 거론할 때에는 사료의 표현을 그대로 좇고자 한다.

12) 제서식의 복원 및 사례 소개로는 李琬碩, 2018, 「唐代 王言 문서의 생산과 유통 -唐 公式令을 중심으로-」, 『중국고중세사연구』 48, 중국고중세사학회, pp.109-115가 참고된다.

13) 中村裕一, 2003, 앞의 책, pp.40-41.

14) 金昌錫, 2021, 「한국 고대 國王文書의 기초 검토 -국내용 문서의 사례와 기원-」, 『목간과 문자』 27, 한국목간학회, p.242; 한영화, 2024, 「신라 중·하대의 공식령과 문서행정 운용에 대한 試論」, 『역사와 담론』 112, 호서사학회, p.14.

15) 돈황 출토 펠리오문서 「唐開元公式令殘卷」을 통해 당대 공문서 서식을 복원한 연구에 의하면 왕언문서에 해당하지 않는 移式, 關式, 牒式, 符式의 문서에서도 수문자와 문서작성 날짜는 반드시 포함되었다(박근칠, 2023, 『唐代 官文書와 문서행정 -敦煌·吐魯番 출토문서의 이해-』, 주류성, pp.27-31).

16) 당 율령에서 규정한 공문서 관련 조문 및 형벌에 대해서는 李琬碩, 2018, 앞의 논문, pp.119-123 및 최재영, 2020, 「唐代 文書行政 法令의 체계와 그 의미 -公式令과 職制律을 중심으로-」, 『중국학보』 91, 한국중국학회, pp.149-151의 [표 4]가 참고된다.

설사 고려인이 참고한 「흥덕왕 교서」를 지방에 하달된 공문서로 볼 경우에도 마찬가지이다. 당에서는 황제의 제·칙이 지방으로 하달할 때 符라는 문서양식을 사용했다.

> [A] 무릇 都省(尙書都省)은 여러 관부의 綱紀와 그 백료의 법식[程式]을 살펴서, 나라의 다스림을 바로잡고 나라의 가르침을 밝히는 일을 담당한다. 무릇 위에서 아래에 미치는 문서는 그 제도로 여섯이 있으니, 制·敕·冊·令·敎·符라 한다. 天子는 제·칙·책이라 한다. 皇太子는 령이라 한다. 親王·公主는 교라고 한다. 尙書省에서 州로 내리거나, 州에서 縣으로 내리거나, 縣에서 鄕으로 내리면 모두 符라고 한다. … 무릇 제·칙을 반행하고, 京師의 여러 관부의 부·이·관·첩을 여러 주에 내려 보낼 것이 있으면 반드시 都省을 거쳐서 그것을 보낸다. … 무릇 문안이 이미 이루어져 句檢하는 司[勾司]의 확인을 마치면 모든 문서 그 상단에 연·월·일을 기록하고 여러 창고에 넣는다.[17]

위의 사료는 『당육전』에서 전하는 尙書都省의 職掌이다. 이에 따르면 황제의 제·칙이 반행되거나, 그것이 州로 하달될 때에는 반드시 상서도성을 거쳐야 했고, 특히 상서도성에서 州로, 州에서 縣으로, 縣에서 鄕으로 하달되는 모든 문서는 符式을 따랐다고 한다. 오늘날 출토 唐代 공문서 중 符의 비중이 큰 것은 해당 양식의 활용도가 매우 높았기 때문일 텐데, 이러한 符式에는 왕언문서와 유사하게 수문자, 문서 내용, 문안 처리 주관자, 문서작성 날짜 등의 정보가 포함되었다.[18]

이상 왕언문서 및 符式의 형태를 고려했을 때 『삼국사기』의 편찬자들이 참고한 「흥덕왕 교서」가 교서 반포 당시의 모습을 간직하였다고 보기는 어렵다. 현전하는 『삼국사기』 소재 「흥덕왕 교서」에는 공문서의 양식이 거의 드러나지 않기 때문이다. 더구나 앞서 필자는 고려 당시 유존했던 「흥덕왕 교서」에 "興德王即位九年, 大和八年, 下敎曰"이라는 문구가 덧붙여 있었을 것이라 추정하였던바, 여기서 興德이 諡號인 점을 고려하면 더욱 그러하다.[19]

아마도 흥덕왕 9년(834) 반포 당시의 「흥덕왕 교서」는 왕언문서의 형태로 반포되어 부식과 유사한 형태로 전국에 하달되었을 것이다. 그런데 당에서 황제의 제·칙은 반드시 상서도성을 경유하여 반포되었고, 상서도성에서 처리된 문서는 추후 사안별로 분류되어 文書庫에 보관되었다.[20] 이는 王敎의 형태로 하달된

---

17) 『唐六典』 권1, 三師三公尙書都省, "凡都省掌擧諸司之綱紀與其百僚之程式, 以正邦理, 以宣邦敎. 凡上之所以逮下, 其制有六曰, 制·敕·冊·令·敎·符. 天子曰制, 曰敕, 曰冊. 皇太子曰令. 親王·公主曰敎. 尙書省下於州, 州下於縣, 縣下於鄕, 皆曰符. … 凡制·敕施行, 京師諸司有符·移·關·牒下諸州者, 必由於都省以遣之 … 凡文案旣成, 勾司行朱訖, 皆書其上端, 記年·月·日, 納諸庫"; 원문 표점 및 해석은 김대정·하원수, 2003, 『譯註 唐六典 上』, 신서원, pp.141-142를 참고하였다.

18) 박근칠, 2023, 앞의 책, pp.50-51.

19) 『三國史記』 권10, 新羅本紀10 興德王, "十一年 … 冬十二月, 王薨, 諡曰興德. 朝廷以遺言, 合葬章和王妃之陵"

20) 박근칠, 2023, 앞의 책, p.185; 물론 황제가 친필로 재가한 문서는 문하성에 보관되었고, 제·칙의 시행을 위해 상서성으로는 보내진 것은 사본이었다(『唐六典』 권8, 門下省, "皆審署申覆而施行焉. 覆奏書可訖, 留門下省爲案. 更寫一通, 侍中注制可, 印縫, 署送商書施行").

「흥덕왕 교서」의 보관과 관련해 유의해야 할 대목이다. 이제 풀어야 할 문제는 공문서의 형태로 조정에 보관되었을 「흥덕왕 교서」가 어떠한 이유에서 [興德王即位九年, 大和八年+下教曰+教의 내용]의 형태로 변화했는가다.

이와 관련해 현전하는 「흥덕왕 교서」의 존재형태를 法典化의 측면에서 검토한 연구가 있다. 이에 따르면 「흥덕왕 교서」는 『삼국사기』 본기에 어떠한 언급도 존재하지 않는 것으로 보아 교서 자체나 교서를 내린 사실을 기록한 편년기류의 형태로 유존되었을 가능성은 적다고 한다. 대신 해당 연구는 당이나 일본에서 勅에 의한 格式이 모여 法典化된 사례에 주목했다.[21]

돈황 출토 스타인 문서 중에는 唐代 格의 실례가 남아 있다. 開元戶部格의 일부라 여겨지는 이 문서에는 戶部 소관의 여러 사안에 대한 格이 기재되어 있다.

여기서 각각의 格은 [勅+勅의 내용+연호 및 연·월·일]의 형태로 전해지며, 개중에는 結黨의 금지처럼 禁令의 범주에 포함되는 것도 있다.[22] 그런데 이러한 格 기재 방식으로부터 얻어지는 주요 정보는 문서양식·내용·날짜이고, 이는 앞서 검토한 현전 「흥덕왕 교서」의 존재형태 즉 [興德王即位九年, 大和八年+下教曰+教의 내용]과 일부 유사하다. 그렇다면 반포 이후 신라 조정에서 보관되었을 「흥덕왕 교서」는 어느 시점엔가 法典化되었을 가능성이 크다. 사실 「흥덕왕 교서」는 취지에서부터 "만약 혹 고의로 범한다면, 진실로 일정한 형벌이 있을 것이다[苟或故犯, 固有常刑]"라 선언했다. 애당초 이 교서는 律에 근거한 권력적 의지를 내재하였던 것이다.[24] 아마도 「흥덕왕 교서」는 그러한 법률적 성격으로 말미암아 추후 格으로 법전화되었을 것이다.[25]

勅長髮等宜令州縣嚴加禁斷其女婦識文解書
堪理務者並預送此校內職
咸亨五年七月十九日
勅諸山隱逸人非規避等色不須禁斷仍令所由覺
察勿使廣聚徒衆
長安二年七月廿八日
勅如聞諸州百姓結構朋黨作排山社宜令州
縣嚴加禁斷
景龍元年十月廿日

그림 2. 「開元戶部格殘卷」[23]

---

21) 洪承佑, 2011, 앞의 논문, pp.254-262.

22) 仁井田陞, 1964, 『中國法制史研究 -法と慣習·法と道德-』, 東京大學出版會, pp.284-291.

23) 仁井田陞, 1964, 위의 책, p.285.

24) 武田幸男, 1975b, 「新羅·興德王代の色服·車騎·器用·屋舍制 -とくに唐制との關連を中心にして-」, 『榎一雄記念東洋史論叢』, 山川出版社, pp.315-317.

25) 唐에서는 개원 연간 이후 율령격식의 종합적 입법이 이루어지지 않았다. 대신 당 후기 입법 행위의 주역은 '格後勅'이 담당했다. '격후칙'은 "기존의 格 이후에 나온 勅들을 모아 편찬한 법전"이라는 의미이다. '격후칙'은 완전히 '勅'으로만 구성된 새로운 형태의 법전 형식이었는데, 사회 변동에 민첩하고 유효하게 대응 할 수 있다는 점에서 탄력성과 효율성을 담보했다(정병준, 2015a, 「唐 後期의 律令制 崩壞論」, 『중국고중세사연구』 37, 중국고중세사학회, pp.96-97; 김진, 2022, 「唐 玄宗 '開元 입법'의 맥락과 효과 -법전 格後勅의 형성 과정을 중심으로-」, 『중국고중세사연구』 65, 중국고중세사학회, p.258). 그러한 점에서 어쩌면 현전 「흥덕왕 교서」의 존재형태는 '格後教'의 측면에서 검토되어야 할지도 모르겠다. 단 신라의 경우 "詳酌律令, 修定理方府格六十餘條"라든지, "頒示公式二十餘條"와 같이 格式의 사례는 확인되는 데 반해, 법전으로서 '격후교'의 편찬 여부는 불분명

최근 신라 중·하대 율령의 성격과 관련해서는 格式에 대한 관심이 고조되고 있다. 즉 중·하대에는 王敎나 행정명령, 관부별 규정 중 보편성과 항구성을 지닌 것을 격식으로 제정하여 기존의 율령을 보완했다는 맥락이다.[26] 비록 율령의 부분 改修와 관련해서는 여전히 논의되어야 할 사안이 남아 있지만,[27] 格式의 중요도가 높아져 가던 시대적 분위기 자체는 「흥덕왕릉비편」에 전해지는 "格式是皆"의 문구를 통해서도 미루어 짐작할 수 있다.[28] 사정이 그러하다면 「흥덕왕 교서」는 신라 當代에 이미 공문서로서의 형태를 탈각하고, 법전화되었다고 보아야 한다.[29] 다만 아직까지 고려의 지식인들이 신라의 법전을 운위한 사례는 확인되지 않으므로, 고려 단계에서 「흥덕왕 교서」는 다시 法典에서 분리된 채 개별 문서의 형태로 존재하였을 것이라 추정된다.[30]

III. 「興德王 敎書」의 公布와 문서행정

「흥덕왕 교서」는 '왕실'과 그 이외 집단 사이의 차별성을 가시적으로 부각시키려 한 의도에서 고안된 일종의 '구별짓기'였다. 그렇다면 「흥덕왕 교서」의 반포는 어떠한 과정을 거쳐 이루어졌을까? 종래 「흥덕왕 교서」에 대한 연구는 주로 교서의 내용 분석에 중점을 두었기 때문에, 교서 반포 그 이후에 대한 검토는 거의 이루어지지 못했다. 특히 「흥덕왕 교서」의 반포 주체인 흥덕왕 자신이 교서의 반포로부터 불과 2년 만에 사망하였다는 사실은 연구자들로 하여금 교서의 영향력에 의구심을 품게 했다.[31] 그리하여 「흥덕왕 교서」는 사실상 시행되지 못한 일종의 청사진으로 이해되기도 했다.[32]

하지만 앞서 살펴봤듯이 신라 하대 「흥덕왕 교서」의 公布는 적어도 두 단계를 거쳤다. 전자가 흥덕왕 9년(834)의 최초 반포라면, 후자는 그것이 格으로 법전화되었을 때이다. 특히 「흥덕왕 교서」가 법전화된 것은

하다. 가능성은 열어두되, 현재로서는 格의 측면에 집중하고자 한다.

26) 洪承佑, 2011, 앞의 논문, p.265; 한영화, 2015, 「신라와 고려의 형률 운용과 계승성 -모반죄·불효죄와 결장배류형을 중심으로-」, 『한국고대사연구』 80, 한국고대사학회, pp.198-199; 김창석, 2020, 『왕권과 법』, 지식산업사, pp.292-293.

27) 정병준, 2015b, 「韓國 古代 律令 硏究를 위한 몇 가지 提言 -近來의 '敎令制'說을 중심으로-」, 『동국사학』 59, 동국역사문화연구소, pp.205-217.

28) 김창석, 2020, 앞의 책, p.292.

29) 홍승우, 2019, 「문무왕의 하교(下敎)와 유조(遺詔)」, 『문자와 고대 한국 1 -기록과 지배-』, 주류성, p.572.

30) 신라 멸망 이후 「흥덕왕 교서」가 약 2세기 이상 유전되어 『삼국사기』에 수록될 수 있었던 배경에는 '고려인의 필요'가 존재했다. 고려사회에서 「흥덕왕 교서」는 왕실의 위엄을 돋보이는 장치로, 신하된 도리의 典據로, 때때로 새로운 사치 규제 창출의 당위로 저마다 각자의 필요에 의해 선택되고 호명되었다. 그리고 그러한 활용의 과정을 거쳐 「흥덕왕 교서」는 『삼국사기』가 편찬되는 12세기 중엽까지 고려의 지식인들에게 폭 넓게 인지되어 『삼국사기』 편찬에 적극적으로 활용될 수 있었다. 특히 약 2,100여 자에 달하는 「흥덕왕 교서」가 『삼국사기』 잡지에 거의 그대로 전재된 까닭은 잡지 편찬에 있어 자료의 부족 탓이었다. 「흥덕왕 교서」는 색복·거기·기용·옥사의 내용을 포함하기 때문에, 중국 정사류의 輿服志(車服志)에 상당하는 志를 편찬하는 데 매우 유용하였을 것이기 때문이다. 이와 관련해서는 高泰鎭, 2025, 앞의 논문, pp.24-36 및 47-55가 참고된다.

31) 『三國史記』 권10, 新羅本紀10 興德王, "十一年… 冬十二月, 王薨, 諡曰興德. 朝廷以遺言, 合葬章和王妃之陵"

32) 梁正錫, 2007, 앞의 논문, pp.21-25.

중요하다. 이는 흥덕왕 사후 격렬한 왕위계승 분쟁 속에서도 선대 국왕의 王命이 선례로서 존중되고, 법제로서 기능하였음을 추측케 하기 때문이다. 이는 흔히 '안사의 난' 이후 균전제·조용조제·부병제의 변질 속에서 '율령체제가 붕괴되었다'고 평가되는 당 후기 조차, 율령 그 자체는 여전히 운용되었다는 점을 감안하더라도 그러하다.[33] 만약 이러한 추정이 대과가 아니라면 「흥덕왕 교서」는 신라가 멸망하는 순간까지도 신라의 법제로서 존재하였다고 볼 수 있다. 그러한 점에서 이제 우리는 사치 금령 반포 그 이후의 문제를 고민할 필요가 있다. 이에 본 장에서는 「흥덕왕 교서」의 公布 과정을 문서행정의 측면에서 검토하고자 한다.

1. 敎書의 하달

「흥덕왕 교서」의 규제 대상은 진골과 두품에 국한되지 않았다. 여기에는 평인·백성으로 대표되는 民 일반과 지방의 촌주가 포함되었던 것이다. 신라 하대 民 일반이 가졌던 경제적 富에 대한 선망은 후술하겠지만, 그러한 경향은 中古 이래로 신라 지방사회의 유력자였던 村主 또한 마찬가지였을 것이다.

가령 신라 하대에는 앞선 시대와 다른 村主의 위상 변화가 감지된다. 太和 7년(흥덕왕 8년, 833) 菁州에서 제작된 「蓮池寺鐘銘」에는 "卿村主(혹은 鄕村主) 三長 及干 朱雀大柰"[34]이라는 명문이 확인되며, 大中 10년(문성왕 18년, 856) 丙子에 제작된 「竅興寺鐘銘」에는 "上村主, 三重沙干堯王▨▨▨, 第二村主, 沙干龍河▨▨▨, 第三村主, 乃干貴珎▨及干"이라는 내용이 확인된다.[35] 9세기에 이르면 때때로 지방의 村主에게도 京位가 수여되고 심지어 重位를 수여 받는 촌주도 등장한 것이다. 다만 경위의 수여와 별개로 「흥덕왕 교서」에 "外眞村主는 五品과 같다. 次村主는 四品과 같다"는 부칙이 추가된 것으로 보아, 신라 하대에도 지방의 촌주는 기본적으로 골품제에 포섭되지 못했다. 따라서 원래라면 촌주는 사실상 평인·백성과 동일한 규제를 받아야 했으나, 신라 조정으로서도 촌주의 성장과 그들의 목소리를 애써 외면하는 것은 못내 부담이 되었을 것이다. 「흥덕왕 교서」에 촌주에 대한 부칙이 배려된 것은 촌주의 위상 변화라는 當代의 시세가 고려된 처사라 볼 수 있다.[36]

이처럼 「흥덕왕 교서」에 평인·백성과 村主의 규정이 포함되었다면 교서의 수신은 전국적 규모로 이해하는 편이 타당하다. 현재 사료 부족으로 신라의 문서행정을 온전히 파악할 수는 없지만, 신라에서 공문서 양식의 하나로 牒이 사용되었음은 문헌과 출토 문자자료에서 모두 확인된다. 가령 문헌으로는 『續日本後紀』에 인용된 「新羅國執事省牒」이 있고, 「월성해자 2호」 목간에는 "牒을 내리신 명령이 있었습니다. 後에 일을 命과 같이 다 시켰습니다[牒垂賜敎在之後事者命盡使內]"라 하여 공문서 혹은 그것의 작성을 위한 일종의 초안 습서에 牒의 용례가 확인된다.[37] 중국 공문서 양식 중 하나인 牒式이 신라에 실재한 것이다. 따라서 「흥

---

33) 정병준, 2015a, 앞의 논문, pp.107-108.

34) "太和七年三月日, 菁州蓮池寺鐘, 成內節傳. 合入金七百十三廷 … 鄕村主, 三長及干, 朱雀大柰" 박미선, 「菁州 蓮池寺鐘銘」, 『한국고대금석문』, http://db.history.go.kr/id/gskh_005_0080_0050_0020.

35) "大中▨年丙子八月三日, 竅興寺鐘成內矣. … 上村主, 三重沙干堯王▨▨▨, 第二村主, 沙干龍河▨▨▨, 第三村主, 乃干貴珎▨及干" 박미선, 「竅興寺鐘銘」, 『한국고대금석문』, http://db.history.go.kr/id/gskh_005_0080_0060_0020.

36) 하일식, 2016, 앞의 논문, pp.84-85; 주보돈, 2017, 앞의 논문, pp.103-105.

덕왕 교서」의 하달 및 공시 과정은 중국식 문서행정의 공유라는 측면에서 주변국의 사례를 참고해 재구성할 수 있다.

唐代의 공문서 형식은 刺式, 解式, 移式, 關式, 牒式, 符式 등으로 매우 다양한데, 흔히 刺式과 解式은 상행문서로, 移式과 關式은 평행문서로, 牒式과 符式은 하행문서로 분류된다. 물론 牒式의 경우 때때로 상행문서로도 활용되어 일률적으로 이해하기 어려운 측면이 있지만, 상행문서 첩식은 문미 상용구로 "삼가 첩합니다[謹牒]"를 사용하고, 하행문서 첩식은 "그러므로 첩한다[故牒]"를 사용한다는 점에서 구분이 가능하다. 어쨌든 이러한 문서형식 중 우리가 관심 가져야 할 부분은 牒式과 符式이다. 「흥덕왕 교서」와 같은 왕언문서가 사회 말단에 공포될 때에는 사실상 하행문서의 형태로 하달될 수밖에 없기 때문이다.[38]

투르판 출토문서 중에는 「唐開元二年禁珠玉錦繡勅」이란 짤막한 문서 斷片이 있다. 이 단편에는 "勅. 朕聞珠玉者, 飢"라는 영세한 내용밖에 존재하지 않는데, 흥미롭게도 이 구절은 개원 2년(717) 당 현종의 사치 규제의 취지 부분 즉, "勅. 朕聞珠玉者, 饑不可食, 寒不可衣"와 정확히 일치한다.[39] 곧 이 문서 단편은 당 현종의 사치 규제가 전국적 규모로 하달되었음을 보여주는 실례인 것이다. 이 문서는 매우 단편적인 내용만을 전하고 있어 문서형식의 구체적 면모를 파악하기 어렵지만 앞서 살펴봤듯이 당에서 중앙 관부의 문서가 州 이하로 하달될 때에는 符式이 활용되었다([A]). 아마도 「唐開元二年禁珠玉錦繡勅」 문서 단편은 오늘날 투르판, 즉 唐代 西州에서 출토된 것이므로 문서형식에는 符式이 포함되었을 것이다.[40]

한편 長安縣이나 萬年縣과 같이 都城 내로의 왕언문서 하달과 관련해서는 圓仁의 『入唐求法巡禮行記』 권4, 會昌 3년(843) 6월 기사가 참고된다.

> [B-1] 太子籫事 韋宗卿이 『涅槃經疏』 20권을 지어 바쳤다. 황제가 살펴보고는 이내 經疏를
> 불살라버리고, 중서문하에 칙하여 자택에 나아가 초본까지 찾아 불태워 버리게 했다.
> 그 칙은 다음과 같다. "勅한다. 銀靑光祿大夫守太子籫事 上柱國 花陰縣開國男 食色 300
> 戶 위종경은 높은 반열에 있으면서[參列崇班], 儒學의 業을 좇는 것이 합당한데 邪說
> 에 빠졌으니 … 부처는 본디 서역의 사람으로, 가르침[敎]은 不生의 說을 펼친다. 공자
> 는 곧 중국[中土]의 성인으로, 경전은 이익 되는 말을 들려준다. 위종경은 본디 儒家의
> 士林으로 지체 높고 명망 있는 가문[衣冠望族]인데, 공자와 묵자의 가르침을 두루 드

---

37) 李成市 지음, 李鎔賢 옮김, 2000, 「韓國木簡연구의 현황과 咸安城山山城출토의 木簡」, 『한국고대사연구』 19, 한국고대사학회, pp.86-87 및 각주 16번; 윤선태, 2005b, 「월성해자 출토 신라 문서목간」, 『역사와 현실』 56, 한국역사연구회, pp.133-136.

38) 첩식과 부식은 모두 하행문서 형식으로 사용되지만, 약간의 차이가 있다. 돈황 출토 「唐開元公式令殘卷」에 의하면 唐代 公式令에서 첩식은 尙書都省이 省內의 여러 관사에 하달하는 문서형식이었다[牒式 … 尙書都省牒省內諸司式]. 이에 반해 부식은 상서도성이 하달하는 서식이면서도, 상급 관사가 아래로 내려 보내는데[符式 … 尙書省下符式 … 上官向下皆爲符] 사용되었다 (박근칠, 2023, 앞의 책, pp.23-26 및 p.38). 만약 상서도성을 예시로 든다면 동일한 상서도성 내에서의 하행문서는 牒式을 사용하되, 상서도성 이외로 하행문서가 전달될 때에는 符式을 사용한 것이다.

39) 『唐代詔令集』 권108, 禁約上 焚珠玉錦繡勅, "勅. 朕聞珠玉者, 饑不可食, 寒不可衣 …"

40) 中村裕一, 2003, 앞의 책, pp.191-193.

날리지 않고, 도리어 浮屠에 빠지고 이를 믿어, 망령되이 오랑캐의 서적을 찬술하여 제멋대로 경전을 진상했다. 하물며 중국의 백성[黎庶]은 오랫동안 이러한 풍조에 물들어있다. … 그 진상한 경전은 궁궐에서 이미 불태워버렸다. 그 초본은 중서문하에게 위임하여 찾아내 불태워버리게 하고, 밖으로 전해지지 못하게 하라" 會昌 3년(843) 6월 13일 下[會昌三年六月十三日下].[41]

위의 사료는 『入唐求法巡禮行記』에 실린 唐 武宗 會昌 3년(843)의 勅이다. 당시 圓仁은 長安에 체류했으므로, 해당 칙서는 長安縣衙 또는 萬年縣衙에 게시된 榜文을 圓仁이 일기에 채록한 것이라 여겨진다. 그런데 칙서 말미에는 "會昌三年六月十三日下"라는 구절이 확인된다. 흡사 칙서와 이어지는 내용처럼 보이지만, 사실 이 날짜 부분은 칙서의 본문이 아니다. 당대 공문서에서 年月日 아래 "下"라는 글자를 적시하는 경우는 符式 밖에 없기 때문이다. 따라서 본래 榜文은 "勅. 銀靑光祿大夫守太子簷事 …"로 시작하는 칙서 본문에 그것의 하달 과정을 담은 공문서 부분 즉, 牒式-符式이 첨부되어 있었을 것이다. 물론 榜文의 독자, 특히 일기를 작성하던 圓仁에게 보다 중요한 것은 勅書의 내용과 그것이 반포된 날짜였다. 따라서 圓仁은 공문서의 세부적인 내용은 제외하고, 칙서 본문과 방문 말미의 "會昌三年六月十三日下"만을 떼어내어 일기에 채록했다고 볼 수 있다.[42] 그렇다면 唐代에는 장안 도성 내에서도 왕언문서의 하달에 符式이 활용되었음을 알 수 있다.

이처럼 당의 경우 왕언문서가 사회 말단에 이르는 데에는 공문서 양식으로서 符式이 활용되었다. 아직 신라의 경우 符式의 사용례가 확인되지는 않지만, 고려 초기에는 符式의 존재가 실증된다. 『三國遺事』에는 고려 景宗이 開寶 8년(975) 政承公 金傅(敬順王)를 尙父로 삼으면서 내린 告身[誥]이 남아있다. 문서형식을 고려해 해석문을 제시하면 아래와 같다.

> [B-2] 太祖의 손자인 景宗 伷는 政承公의 딸을 맞이하여 妃로 삼으니, 이가 憲承皇后이다. 이에 政承을 봉하여 尙父로 삼았다. … 尙父로 책봉하는 고신[誥]에서 말하였다.
>
> 勅한다. … 觀光順化衛國功臣 上柱國 樂浪王 政承 食邑 8,000호 金傅는 대대로 鷄林에 거처하며, 직분[官分]은 王爵이다. … 尙父都省令을 더할 만하니, 거듭 推忠愼義崇德守節功臣의 號

---

41) 『入唐求法巡禮行記』 권4, "會昌三年六月 … 太子簷事韋宗卿, 撰涅槃經疏廿卷進. 今上覽已焚燒經疏, 勅中書門下令就宅追索草本燒焚. 其勅文如左. 勅. 銀靑光祿大夫守太子簷事, 上柱國花陰縣開國男食色三百戶, 韋宗卿參列崇班, 合遵儒業, 溺於邪說 … 佛本西戎之人, 敎張不生之說. 孔乃中土之聖經聞利益之言. 而韋宗卿素儒士林衣冠望族, 不能敷揚孔墨, 翻乃溺信浮屠, 妄撰胡書輒有輕進. 況中國黎庶久染此風. … 其所進經內中已焚燒訖. 其草本委中書門下追索焚燒, 不得傳之於外. 會昌三年六月十三日下"; 원문 교감 및 표점, 그리고 해석의 일부는 엔닌 지음, 김문경 역주, 2001, 『엔닌의 입당구법순례행기(入唐求法巡禮行記)』, 중심, pp.438-440을 참고하였다.

42) 中村裕一, 2003, 앞의 책, pp.197-200.

를 하사하고, 勳封은 전과 같되, 식읍은 전후 아울러 10,000호가 되게 하라. 有司는 날을 골
라 예를 갖추어 책명할지니, 담당하는 자는 시행하라[主者施行].
開寶 8년 10월일

大匡 內議令 겸 摠翰林 臣翩 宣. 奉. 行.
勅을 받듦이 우측과 같으니, 牒이 이르거든 봉행하라[牒到奉行].
開寶 8년 10월일.

侍中 署.

侍中 署. 內奉令 署, 軍部令 署, 軍部令 無署, 兵部令 無署, 兵部令 署, 廣坪侍郞 署, 廣坪侍郞 無
署, 內奉侍郞 無署, 內奉侍郞 署, 軍部卿 無署, 軍部卿 署, 兵部卿 無署, 兵部卿 署.

推忠愼義崇德守節功臣 尙父都省令 上柱國 樂浪都王 食邑 10,000호 金傅에게 고하니, 勅을 받
듦이 우측과 같을 것이며, 符가 이르거든 奉行하라[符到奉行].
主事 無名, 郞中 無名, 書令史 無名, 孔目 無名.
開寶 8년 10월일 下[開寶八年十月日下][43]

개보 8년(975) 金傅에게 내려진 경종의 칙서는 內議省에서 廣評省으로 전달될 때에는 牒式으로 하달되
다가[牒到奉行], 최종적으로는 符式[符到奉行]의 형태로 김부에게 전달되었다. 符式이 활용되었던 것은 앞서
살펴본 사례와 마찬가지로([B-1]) 문서 마지막 부분에 '연월일+下'의 형태가 확인되는 것을 통해 입증된다.
아마도 위 기록의 전거가 되었던 자료는 勅書-牒文-符文이 차례로 연접된 공문서였을 것이다.

개보 8년은 고려가 건국된 지 약 반세기가 흐른 뒤지만, 아직 고려 國制에 唐制의 영향이 본격화되기 이
전이다. 가령 당의 경우 中書令·中書侍郞·中書舍人이 분담하던 "宣. 奉. 行"을 김부고신에서는 內議省의 장
관이었던 內議令兼摠翰林 1인이 전담했다. 또한 당대 制授告身의 시행은 尙書省의 左·右丞相, 吏部尙書, 吏
部侍郞, 左丞 등이 주관했으나, 김부고신의 경우는 내의성를 제외한 주요 관부(광평성, 내봉성, 군부, 병부)
의 장·차관이 모두 관여했다. 당시 고려 중앙정치의 의사결정이란 상위 관부의 합의에 기초했던 것이다.

---

43) 『三國遺事』권2, 紀異2 金傅大王, "太祖之孫景宗伷聘政承公之女爲妃, 是爲憲承皇后. 仍封政承爲尙父. … 冊尙父誥曰. 勅. … 觀光
順化衛國功臣上柱國樂浪王政承食邑八千戶金傅世處雞林, 官分王爵. … 可加號尙父都省令, 仍賜推忠愼義崇德守節功臣號, 勳封如
故食邑通前爲一万戶. 有司擇日備禮冊命, 主者施行. 開寶八年十月日. 大匡內議令兼摠翰林臣翩宣奉行. 奉勅如右, 牒到奉行. 開寶八
年十月日. 侍中署·侍中署·內奉令署·軍部令署·軍部令無署·兵部令無署·兵部令署·廣坪侍郞署·廣坪侍郞無署·內奉侍郞無署·內
奉侍郞署·軍部卿無署·軍部卿署·兵部卿無署·兵部卿署, 告推忠愼義崇德守節功臣尙父都省令上柱國樂浪都王食邑一万戶金傅, 奉
勅如右, 符到奉行. 主事無名·郞中無名·書令史無名·孔目無名. 開寶八年十月日下"

그러한 점에서 김부고신에서 확인되는 문서행정은 당과 직접적으로 관련시키기보다 그 연원을 신라로 소급하는 것이 타당할 것이다.[44] 이처럼 唐制의 신라적 변용이 고려에까지 계승되었다면 신라 사회에 符式의 운용을 상정하는 것은 무리가 아니다.

신라 문서행정에 符式이 존재했다면 「흥덕왕 교서」를 비롯한 하대의 사치 금령은 주로 符式의 형태로 사회 말단에 하달·공포되었을 것이다. 특히 지방으로의 문서 하달은 지방제도에 근거하여 州-郡-縣-村 또는 小京-村의 단계를 거쳤을 것이라 여겨진다. 가령 일본 정창원 소장의 「신라 촌락문서」에는 "當縣沙害漸村", "當縣薩下知村", "西原京 … 村"이라는 표현이 확인된다.[45] 여기서 當縣은 沙害漸村과 薩下知村이 속해있던 각각의 縣을 의미하며, "西原京 … 村" 또한 해당 촌이 서원경에 소속되었음을 말해준다. 이처럼 州-郡-縣-村, 小京-村의 영속관계를 설정할 수 있다면 문서의 하달 역시 그러한 영속관계를 통해 이루어졌을 것이다.

2. 敎書의 公示

다음으로 「흥덕왕 교서」가 실제 사회 말단의 현장에서 어떠한 형태로 공시되었는지 검토해 보자. 결론부터 말하자면 현재로서는 榜文의 가능성이 가장 높다고 생각된다. 그러한 사례는 「흥덕왕 교서」의 반포에 가장 큰 영향을 미쳤다고 여겨지는 태화 6년(832) 6월 당 문종의 「검소령」에서도 확인된다. 해당 奏文을 고안한 右僕射 王涯는 칙이 내려진 후 諸司 및 州府에 방을 붙여 보이게 하고[諸司及州府榜示], 1달을 기한으로 삼아 개혁케 할 것을 문종에게 건의한 것이다.[46] 뿐만 아니라 圓仁이 당 무종의 칙서를 상세히 기록할 수 있었던 것은 칙서가 방문의 형태로 게시되었기 때문일 것이다([B-1]).

이러한 榜示의 존재는 신라 하대에도 확인된다.

> [C-1] (진성왕) 2년(888) 봄 2월 … 이때 이름을 알 수 없는 남자가 있어 당시의 정치를 업신여기고 비방하고자, 문체를 갖추어 朝路에 榜을 붙였다. 왕이 사람을 시켜 찾게 했으나, 그러하지 못했다.[47]

> [C-2] 효녀 知恩은 韓歧部 백성 連權의 딸이었다. 성품은 효성이 지극하여, 어려서 아버지를 잃고, 홀로 그 어머니를 봉양했다. … 이때 효종랑이 나가서 노니다가[出遊] 그것을 보

---

44) 沈永煥, 2015, 「古代 東아시아 任命文書의 性格 -7~10세기 동아시아 임명문서를 통한 통치 시스템의 비교분석-」, 『태동고전연구』 35, 한림대학교 태동고전연구소, pp.97-105.

45) 윤선태, 2000, 「〈新羅村落文書〉의 記載樣式과 用途 -中國·日本 籍帳文書와의 比較檢討를 中心으로-」, 『韓國古代中世古文書研究(下) -研究·圖版篇-』, 서울대학교출판부, pp.170-173 및 도판 pp.68-71.

46) 『唐會要』 권31, 輿服上 雜錄, "太和 … 六年六月, 勅詳度諸司制度條件等. … 仍請救下後, 諸司及州府榜示, 限一月內改革. 又吳·越之間, 織造高頭草履, 亦請切加禁絶. 其以彩帛縵成高頭履, 及平頭小花草履, 旣任依舊. 餘請准所司條流"; 원문 및 표점은 牛繼淸, 2012, 『唐會要 校證 上』, 三秦出版社, pp.496-499를 참고하였다.

47) 『三國史記』 권11, 新羅本紀11, 眞聖王, "二年, 春二月 … 時有無名子, 欺謗時政, 構辭榜於朝路. 王命人搜索, 不能得"

고, 돌아와 부모에게 청하여 집의 곡식 100석 및 옷가지를 실어 날라 그녀에게 주었다. … 대왕이 이를 듣고는 또한 벼 500석과 가옥 1區를 하사하고, 다시 조세와 부역[征役]을 면제하였다. … 그 마을에 榜을 세우고[標榜] 그 마을을 일러, 孝養坊이라 하였다. …[48]

첫 번째 기사는 진성왕 2년(888) 왕이 失政하여 정치가 문란해지자 이름을 알 수 없는 인물[無名子]이 朝路에 방을 붙여 時政을 비판했다는 내용이다. 조로는 국가의 공식 행사나 업무를 수행하기 위해 마련된 일종의 왕궁 진입 大路라 추정된다.[49] 조로에 벽서를 시도한 행동은 왕조 국가에서 결코 용납될 수 없는 불법적 행위였겠지만, 당시 신라인들이 자신의 의견을 효과적으로 표출하기 위한 방책으로 유동 인구가 많은 大路의 榜을 선택한 것은 유의할 필요가 있다.

두 번째 기사는 효녀 知恩에 대한 일화이다. 홀로 모친을 봉양하던 지은을 효종랑이 경제적으로 지원하자, 진성왕 또한 지은을 표창했다는 내용이다. 여기서 주목할 부분은 진성왕이 지은의 마을 이름을 孝養坊으로 고칠 때 榜을 세웠다는 점이다. 효녀 지은에 대한 표창과 후속 조치는 왕언문서에 입각하여 이루어졌을 텐데, 여기에 榜示가 활용된 것이다. 이처럼 신라 하대에는 榜文의 공시가 매우 일반적이었다. 자연 「흥덕왕 교서」과 같은 왕언문서의 공시도 榜文의 형태로 이루어졌을 가능성이 높다.

명령의 전달에 榜이 사용된 사례는 중국 漢代에 이미 확인된다. 敦煌漢簡 중에는 명령[書]이 도착하면 市里·官所·寺舍·門亭·燧候 등에 널빤지 형태의 扁書를 크게 만들어 게시하고, 吏卒로 하여금 백성들이 모두 알 수 있게 하라는 내용이 있다.[50] 여기서 편서의 게시는 사실상 榜示와 동일한 것으로 보아도 무방할 것이다. 그런데 해당 간독에서 令의 전달은 편서의 게시로 그치지 않는다. 이를 보조하기 위한 수단으로 吏卒을 시켜 백성의 이해를 도운 것이다. 이처럼 漢代 황제의 명령이 사회 말단의 백성에 이르는 데에는 그 마지막 단계로 文字와 口頭가 존재했다.

유사한 사례는 「흥덕왕 교서」의 반포와 비교적 가까운 일본 平安時代 자료에서도 확인된다. 石川県 加茂 유적에서 출토된 「加賀郡牓示札」이 대표적인 사례. 「加賀郡牓示札」에는 仁明天皇의 연호인 嘉祥 2년(849)이 확인되므로, 이 자료는 9세기 중반 일본 지방사회의 일면을 보여준다 하겠다.

「加賀郡牓示札」은 마을 한 편에 실제로 세워져 있던 포고문이 출토된 것으로 비록 종이는 풍화되어 사라졌지만, 먹의 방수 효과로 글자 부분은 부풀러 현전한다. 그런데 이 자료에는 농민에 대한 禁令으로부터 명령의 하달 과정 및 공시 방법이 모두 거론되어 「흥덕왕 교서」의 公布 과정을 이해하는 데 많은 도움이 된다.

---

48) 『三國史記』 권48, 列傳8 知恩, "孝女知恩, 韓歧部百姓連權女子也. 性至孝. 少喪父, 獨養其母. … 時孝宗郎出遊見之, 歸請父母, 輸家粟百石及衣物予之. … 大王聞之, 亦賜租五百石·家一區, 復除征役. … 標榜其里曰孝養坊. …"

49) 이동주, 2023, 「신라 왕경의 朝路」, 『백산학보』 126, 백산학회, p.111.

50) "知令重, 寫令, 移書到, 各明白大扁書市里·官所·寺舍·門亭·燧候中, 令吏卒民盡訟知之. 且遣都吏循行, 問吏卒不知令者, 案論尉丞·令丞以下. 毋忽, 如律令. 敢告卒人"; 원문 및 해석은 宋眞, 2012, 「中國 古代 境界 出入과 그 性格 變化 -通過祭儀에서 通行許可制度로-」, 서울대학교 박사학위논문, p.193 및 각주 368번을 참고하였다.

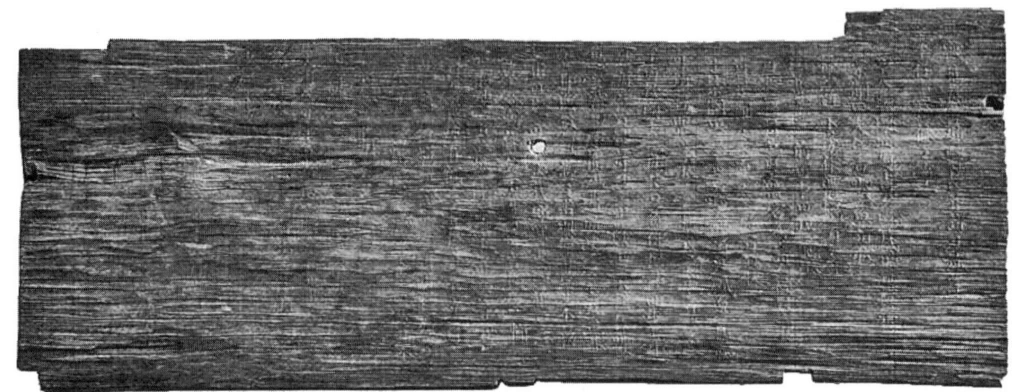

그림 3. 加茂 유적 출토 「加賀郡牓示札」   典據：文化遺産オンライン 홈페이지[51]

논지 전개에 필요한 부분을 발췌하여 제시하면 아래와 같다.

> [D-1] 郡에서 符한다. 深見村 ▨▨鄕의 驛長 및 여러 刀祢(とね;有力者, 즉 里長) 등이 마땅
> 히 봉행해야 할 10여개[壹拾] 條에 대한 일.

> 一. 田夫는 아침에는 寅時에 밭에 나가고, 저녁에는 戌時에 집에 돌아갈 것.
> 一. 田夫는 임의로 魚食과 飮酒하는 것을 禁制할 것.
> 一. 도랑[溝]이나 보[堰] 만드는 데 노동하지 않는 백성을 禁斷할 것
> 一. 5월 30일 이전에 밭에 파종하는 일을 끝내고 보고할 것.
> 一. 村邑 내에 숨어있는 의심 가는 사람을 찾아내 사로잡을 것.
> 一. 뽕밭[桑原]이 없이 백성이 양잠하는 것을 禁制할 것
> 一. 里邑 안에서 술을 마셔 취하거나, 戱逸하는 백성을 禁制할 것.
> 一. 農業에 부지런할 것.   件에 대해 村의 里長은 백성 이름을 보고하라.

案의 내용을 살펴보건대 國으로부터 받은 정월 28일 符가 말하길, "농업을 권장하고 일하길
재촉하는 法條가 있음에도, 백성들은 제멋대로 일하고, 마음대로 노니며, 경작하지 않고, 술
과 물고기를 먹는 것이 매우 무도하다[毆亂]. 씨앗의 파종 시기를 지나치고는 도리어 여물지
않는다고 말하니, 단지 피폐해질 뿐 아니라, 다시 굶주림의 고통에 이르게 될 것이다. 이것
은 郡司 등이 농사짓는 시기[田期]를 잘 다스리지 않았기 때문이니 어찌 옳다고 하겠는가?
郡은 마땅히 명령을 잘 알고[承知], 아울러 符의 내용[符事]을 입으로 알려[口示], 서둘러 부

---

51) 文化遺産オンライン, 「加賀郡牓示札」, https://bunka.nii.ac.jp/heritages/detail/144847.

지런히 일하게 하라. 만약 符의 취지를 따르지 않고, 게으르고 나태한자가 있다면 더욱 엄중히 단속하라[勘決]"고 하였다.

삼가 符의 취지[符旨]에 의거하여 田領 등에게 명하니 마땅히 각 촌마다 자주 다니며 깨우치게 하고, 게으르고 나태한자는 신병을 이송하여 郡에 보내도록 하라. 符의 취지를 國道의 옆에 게시하고, 거리[路頭]에 牓示(榜示)하여 더욱 엄격하게 禁하라. 田領과 刀祢가 사사로운 감정으로 타인에게 죄를 주거나, 어기는 것은 용서하지 않는다. 符가 도착하거든 봉행하라[符到奉行]"고 하였다. … 嘉祥 2년(849) 2월 12일 …[52]

「加賀郡牓示札」의 내용은 농민이 지켜야 할 禁令에 대한 서술로부터 시작하여, 중반부 이후에는 문서 하달의 정보를 담은 符가 첨부되어 있다. 내용만 놓고 본다면 문서의 고안은 國에서 비롯된 것 같지만, 당시 이러한 내용의 금령 반포는 전국적 규모로 이루어졌으므로 이 문서 역시 일본 조정으로부터 비롯되어 하달되었을 가능성이 높다.[53] 이 경우 太政官符-加賀國-郡-深見村 ▨▨鄕의 형태로 문서 하달 과정을 상정할 수 있다.[54] 문서의 최종 수신자는 "深見村 ▨▨鄕"의 驛長 및 刀祢(とね)였다. 고대 일본에서 刀祢는 촌락의 유력자를 의미했는데, 본문에서는 村의 里長이 거론되었다. 이들은 民 일반과 직접적으로 맞닿아 있는 존재였으므로, 이 문서의 내용은 실제로도 재지인들에게 전달되었을 것이다.

한편 「加賀郡牓示札」의 크기는 일본 고대의 일반적인 종이 규격인 가로 60㎝(2尺), 세로 29㎝(1尺)에 부합한다. 내용 서술에 있어서는 원본이 되는 공문서의 내용을 축약 없이, 그대로 옮긴 것이 특징이다. 문서를 통한 행정지배를 촌·향 단위까지 관철시키려 한 일본 조정의 권력의지가 엿보이는 대목이다.[55]

郡은 田領을 시켜 해당 문서를 유동 인구가 많은 주요 도로 및 거리에 榜文의 형태로 게시케 했다. 그런데 당시 國은 郡으로 하여금 금령의 내용을 입으로 알리도록[口示] 명령했다. 여기서 구두 전달의 주체는 일단 郡으로 그려지지만, 포고문이 村과 鄕까지 하달된 것으로 미루어 보면 刀祢 역시 "口示"의 역할을 수행했다고 여겨진다.

---

52) "郡符深見村▨▨鄕驛長竝諸刀彌等 應奉行壹拾條之事 一田夫朝以寅時下田夕以戌時還私狀 一禁制田夫任意喫魚酒狀 一禁斷不勞作溝堰百姓狀 一以五月卅日前可申田殖竟狀 一可搜捉村邑內鼠宕爲諸人被疑人狀 一可禁制無桑原養蠶百姓狀 一可禁制里邑之內故喫醉酒及戲逸百姓狀 一可塡勤農業狀 件村里長人申百姓名 檢案內被國去正月卅八日符倂勸催農業 有法條而百姓等恣事逸遊不耕作喫 酒魚毆亂爲宗播殖過時還稱不熟只非 疲弊耳復致飢饉之苦此郡司等不治 田之期而豈可然哉郡宜承知竝口示 符事早令勤作若不遵符旨稱倦懈 之由加勘決者謹依符旨仰下田領等宜 各每村屢廻愉有懈怠者移身進郡符 旨國道之裔靡羈進之牓示路頭嚴加禁 田領刀彌有怨憎隱容以其人爲罪背不 寬有符到奉行 大領錦村主 主政八戶史 擬大領錦部連眞手麿 擬主帳申臣 少領道公夏麿 副擬主帳宇治 擬少領勘了 嘉祥二年二月十二日 二月十五日請田領丈部浪麿"; 원문은 박석순, 2004, 「告知札과 牓示를 통해 본 고대일본의 문서행정과 民」, 『동방학지』 126, 연세대학교 국학연구원, p.215 각주 20번에서 인용하되, 불확실한 글자의 경우 약간 수정했다. 참고로 인용된 원문에서 띄어쓰기는 문장 구분이 아니라, 행 바꿈을 표시한 것이다.
53) 平川南, 2014, 『出土文字に新しい古代史を求めて』, 同成社, p.61.
54) 박석순, 2004, 앞의 논문, p.215 각주 20번.
55) 平川南, 2014, 앞의 책, p.61.

[D-2] 무릇 조칙의 頒行에는 백성의 일과 관련된 경우 아래로 시행되어 鄕에 이르면, 모두 里長·坊長에게 명하여 部內를 巡廻하면서 백성에게 宣示하여 사람들로 하여금 전부 깨닫게 한다.[56]

실제로 『養老令』 公式令에 의하면 백성과 관련된 조칙의 반행은 최종적으로 里長에 의한 "宣示"로 공시되었다. 결국 9세기 일본에서도 禁令의 공시는 文字와 口頭 양자가 모두 활용되었다고 볼 수 있다.[57] 그리고 그 매개가 되었던 존재는 里長이라는 지역 말단의 유력자였다. 대신 郡에서는 별도로 田領을 파견하여 금령의 내용을 강조하는 한편, 위법자를 압송케 했다. 田領은 금령의 준수 여부를 감독한 것이다.

「加賀郡牓示札」의 禁令 조항은 9세기 중반 일본 사회의 사회 변동을 암시한다. 농민의 魚食 및 飮酒를 금지한다는 내용이나 뽕밭 없이 백성이 양잠하는 것을 금지한다는 조항은 사회적 맥락 속에서 음미될 필요가 있다. 당시 일본에서는 부유한 이가 파종할 때, 물고기와 술을 준비하여 자신을 도와줄 농민들을 모집하였다고 한다. 모집된 농민은 정작 그들 자신의 농업을 방기했고, 농민을 모집하기 어려운 빈농은 만성적인 일손 부족에 시달렸다. 한편 대륙으로부터 유입된 養蠶은 富의 집적을 낳았다. 특히 부호들이 뽕나무를 독점하여 자본을 축적해 나가면서 빈농들은 부호의 직물 공방에 雇傭人으로 전락하기 시작했다. 이러한 사회적 동요는 농업 생산에 근간을 둔 일본 율령국가의 경제적 기반을 위태롭게 하는 것이었다. 이 포고문은 9세기 일본 조정이 직면했던 위기감의 산물인 셈이다.[58]

「加賀郡牓示札」에 담긴 일본 조정의 고민은 富의 문제를 둘러싼 9세기 전반 신라 조정의 문제의식과 거의 일치한다. 비록 지역을 달리하기는 하지만, 중국식 문서행정과 극심한 사회 변동(후술)이라는 시대적 상황을 공유한다는 점에서 「흥덕왕 교서」의 반포는 기본적으로 「加賀郡牓示札」과 유사한 형태로 이루어지지 않았을까 싶다.

사정이 그러하다면 지방사회에 「흥덕왕 교서」는 공문서 符式의 형태로 하달되었고, 다시 말단의 현장에서는 牓文과 口頭를 통해 내용 전달이 이루어졌다고 볼 수 있다. 그리고 그 과정에서 官과 民의 중간 고리가 된 존재는 역시 村主였을 것이다. 촌주는 비록 골품제에 온전히 포섭되지 못했으나 그렇다고 해서 신라 중앙과 완전히 격절된 존재도 아니었다.[59] 「昌寧 眞興王拓境碑」에서 村主는 "土地와 彊域과 山林은 … 大等과 軍主, 幢主, 道使와 外村主 …"라 하여[60] 국왕을 보필하는 존재이자 신라 천하를 관리하는 존재 중 하나로 그려지며, 그들이 지방관을 도와 각종 역역 사업에 동원된 촌락민을 인솔·관리하였음은 중고기 다수의 금석문이 증명하는 바이다. 村主는 中古 이래로 지방의 有力者이자 官과 民의 매개자였던 것이다.[61]

---

56) 『養老令』 公式令, "凡詔敕頒行, 關百姓事者, 行下至鄉, 皆令里長坊長, 巡歷部內宣示百姓使人曉悉"

57) 박석순, 2004, 앞의 논문, pp.241-243; 平川南, 2014, 앞의 책, pp.61-62.

58) 平川南, 2014, 앞의 책, pp.60-61.

59) 홍기승, 2009, 「6세기 신라 지방지배 방식의 변화와 '村'」, 『한국고대사연구』 55, 한국고대사학회, pp.142-143.

60) "土地·彊域·山林 … 大等與軍主幢主道使與外村主" 盧重國, 1992, 「昌寧 眞興王拓境碑」, 『譯註 韓國古代金石文 Ⅱ』, 가락국사적개발연구원, pp.55-59.

이와 관련해 「浦項 冷水里 新羅碑」의 상면(제3면)에는 "村主臾支干支, 須支壹今智, 此二人, 世中了事, 故記"라는 표현이 확인된다. 그런데 이와 유사한 표현은 후면(제2면) 말미에서도 "此七人, 跛踪所白了事, 煞牛拔誥. 故記"라 하여 거의 유사한 형태로 확인된다.[62]

이러한 표현상의 중복은 전면·후면과 상면의 서술이 동시에 이루어지지 않았기 때문일 것이다. 실제로 양자는 내용적인 면에서도 차이가 있다. 가령 전면·후면의 내용은 共論의 과정과 판결, 典事人의 정보 및 殺牛 祭儀 등 주로 중앙 조정의 행위와 관련된 것이다. 반면 상면의 내용은 재지인이라 추정되는 촌주의 행위만을 서술하는 데 그치고 있다. 결국 상면은 전면과 후면에서 그려지는 일련의 행위, 그리고 그것에 대한 石刻이 일단락된 이후 촌주에 의해 추가적으로 새겨졌을 가능성이 있다.[64]

그림 4. 「浦項 冷水里 新羅碑」上面 탁본[63]

그런데 상면에는 촌주의 추가적인 행위와 관련해 "世中"이라는 표현이 확인된다. 여기서 "中"은 흔히 이두의 처격조사 '~에'로 풀이되는데, 이 경우 해석은 "세상에" 혹은 "그 해에", "이 때에"가 된다. 사실 "世中"이라는 표현은 「蔚珍 鳳平里 新羅碑」 말미의 "居伐车羅異知巴下干支, 辛日智一尺, 世中子三百九十八"에서도 확인된다.[65] 다만 「蔚珍 鳳平里 新羅碑」의 경우는 "世中" 뒤에 구체적인 인원을 명시한 것이 특징적이다. 마치 재지인의 어떠한 행위에 398여 명이 참여한 것처럼 서술한 것이다.[66] 근래 소개된 「울진 성류굴 경인년 진흥왕 명문」 말미에도 "진흥왕이 거동했다. 世益者 50인이었다[眞興王擧, 世益者五十人]"라는 구절이 있다. "世中"과는 표현을 달리하지만, 이 문장 역시 진흥왕의 거동을 수행한 이가 50인이라는 의미로 읽혀진다.[67] 아직 "世中"의 정확한 의미는 불분명하지만, 만일 이를 문자 그대로 "세상에"로 풀이할 수 있다면 이로부터 '알림'의 행위를 도출하는 것은 무리가 아닐 것이다. 그리고 그러한 행위는 복수의 청중을 대상으로 하였을

---

61) 李鍾旭, 1974, 「南山新城碑를 통하여 본 新羅의 地方統治體制」, 『역사학보』 64, 역사학회, p.22.

62) 盧重國, 1992, 「迎日 冷水里碑」, 『譯註 韓國古代金石文 Ⅱ』, 가락국사적개발연구원, p.6.

63) 김재홍, 「포항 냉수리 신라비」 『한국고대금석문』, http://db.history.go.kr/id/gskh_003_0010_0140_0010.

64) 판독 및 주요 연구사 정리로는 여호규, 2019, 「신라 냉수리비와 봉평리비의 단락구성과 서사구조」, 『역사문화연구』 69, 한국외국어대학교 역사문화연구소, pp.15-18이 참고된다.

65) 李明植, 1992, 「蔚珍 鳳平碑」, 『譯註 韓國古代金石文 Ⅱ』, 가락국사적개발연구원, p.15 및 p.21.

66) 「蔚珍 鳳平里 新羅碑」 비문 말미의 구절과 관련해서는 이를 "世中字三百九十八"로 판독하고, "세상에 (알린/새긴) 글자가 398(자)"로 풀이한 견해가 있다. 특히 398이라는 수가 비문의 총 글자 수와 일치한다고 지적한 부분은 주목된다(국립경주박물관, 이용현 원고·판독, 2017, 『新羅文字資料 Ⅰ』, 국립경주박물관, p.83 및 p.99). 다만 판독의 이견이 있을지언정, 해당 글귀의 맥락을 '알림'의 측면에서 접근한 부분은 본 글의 논지와 일치한다.

67) 심현용, 2024, 「문헌기록과 고고자료로 본 울진 성류굴」, 『한국고대사연구』 113, 한국고대사학회, pp.173-174 및 각주 37번.

것이다. 혹 쟁송의 판결문을 재지인들에게 재차 공표하는 일련의 행위가 이루어졌던 것은 아닐까?[68]

문자가 발명된 이후에도 인류 역사에서 문자는 구술의 사고방식과 오랜 기간 경쟁하였다고 한다. 고대의 문자자료를 이해할 때에는 구술성과 문자성 양자 모두를 염두에 두어야 한다는 맥락이다.[69] 비록 행정제도의 성숙에 따라 양자의 무게 중심은 점차 문서행정으로 기울고 口頭가 이를 보조하는 형태로 나아갔을 테지만, 신라 하대 「흥덕왕 교서」의 公布에는 村主의 존재라는 재래 문화의 토양도 감안될 필요가 있다.

IV. 「興德王 敎書」 속 對民 통제 의지의 사회적 의미

「흥덕왕 교서」는 眞骨, 六頭品, 五頭品, 四頭品, 平人·百姓을 비롯하여 지방의 村主를 아우르는 범사회적 금령이었다. 「흥덕왕 교서」의 반포 취지는 교서의 반포 목적을 다음과 같이 밝히고 있다.

> [E-1] 흥덕왕 즉위 9년(834), 대화 8년, 敎를 내려 이르기를, "사람은 상하가 있고, 지위에는 존비가 있으니, 名例는 같지 않고, 의복 또한 다르다. 풍속이 점차 경박해지고, 백성[民]들은 사치와 호화로움을 다투는데, 오직 기이한 물건의 진기함을 숭상하고, 도리어 토산물의 비루함을 싫어하니, 禮數는 참람함에 어긋나고, 풍속은 쇠락함에 이르렀다. 감히 舊章을 좇아, 明命을 내리니 만약 혹 고의로 범한다면, 진실로 일정한 형벌이 있을 것이다"라고 하였다.[70]

표면상으로 「흥덕왕 교서」의 취지는 "백성들은 사치와 호화로움을 다투는데[民競奢華]"라 하여 문제의 소지를 백성[民]으로부터 구하였다. 물론 사회·문화적 배경을 고려하지 않은 채 법률 조문 그 자체에 의미를 부여하는 행위는 경계되어야 한다.[71] 이른바 사치 규제에서 흔히 거론되는 '士人과 庶人의 사치를 금지한다'는 식의 담론은 결코 民 일반의 사치 소비 능력을 증명하지 않는다는 것이다.[72] 사실 「흥덕왕 교서」 반포 이전 외국산 사치품을 일차적으로 향유하던 신분은 진골이었다. 「흥덕왕 교서」는 9세기 전반 외래산 사치품의 광범한 유통으로 말미암아, '왕실'과 동등하게 사치품을 향유하던 진골 일반에 대한 규제이자, '구별

---

68) 여호규, 2019, 앞의 논문, pp.16-17.

69) 이경섭, 2021, 「신라 문서목간의 話者와 書者」, 『신라사학보』 51, 신라사학회, pp.132-133; 이경섭, 2025, 「「포항 중성리 신라비」의 口述性과 文字性 -古代 書記 미디어로서의 文字와 石碑-」, 『한국고대사연구』 117, 한국고대사학회, pp.268-270.

70) 『三國史記』 권33, 雜志2, "興德王即位九年, 大和八年, 下敎曰, 人有上下, 位有尊卑, 名例不同, 衣服亦異. 俗漸澆薄, 民競奢華, 只尚異物之珍奇, 却嫌土産之鄙野, 禮數失於逼僭, 風俗至於陵夷. 敢率舊章, 以申明命, 苟或故犯, 固有常刑"

71) 김민제, 2009, 「사회의 변화에 맞추어 법령 새로 해석하기 -튜더 초기 사치금지법의 예를 중심으로-」, 『서양사론』 101, 한국서양사학회, pp.195-200.

72) 우런수 지음, 김의정·정민경·정유선·최수경 옮김, 2019, 『사치의 제국 -명말 사대부의 사치와 유행의 문화사-』, 글항아리, p.68.

짓기'인 것이다. 자연 「흥덕왕 교서」는 사실상 진골 일반을 표적으로 삼았다고 볼 수 있다.[73]

　다만 교서의 조문에 규제의 대상으로서 평인·백성, 곧 民 일반이 명시되었음을 고려한다면 취지가 말하는 "民競奢華"를 단지 상투적 표현으로만 치부하기도 어렵다. 실제로 「흥덕왕 교서」의 내용과 當代 신라의 시세를 면밀히 검토한다면 "백성들은 사치와 호화로움을 다투는데[民競奢華]"라는 것의 함의는 미루어 짐작 가능하다.

　일단 「흥덕왕 교서」는 왕언문서의 형태로 반포되었던 만큼, 여기에 언급된 여러 신분은 당시 신라의 법제적 신분 질서를 반영한다. 그런데 「흥덕왕 교서」의 내용에는 취지에서 말하는 民에 해당할 만한 존재로 平人과 百姓이 있다. 양자가 동일한 신분인지 별개의 신분인지[74] 논란이 없는 것은 아니지만, 교서에서 양자가 동시에 등장하는 경우는 확인되지 않으므로 일단 平人과 百姓은 유사한 성격으로 이해하고자 한다.[75] 어쨌든 平人·百姓은 내용 전개상 頭品 아래에 위치한 존재로서[76] 교서의 취지가 언급한 民의 주요 성원이었다.

　「흥덕왕 교서」에서는 때때로 사두품과 평인·백성의 조문이 동일한 사례가 확인된다.

표 1. 「興德王 敎書」 色服에 반영된 民의 성장

구분		禁	用	비고
表衣	眞骨大等	罽·繡·錦·羅		
	육두품		綿紬·布	
	오두품		布	
	사두품		布	
	평인		布	
袴	眞骨大等	罽·繡·錦·羅		
	육두품		絁·絹·綿紬·布	
	오두품		綿紬·布	
	사두품		布	
	평인		布	
腰帶	眞骨大等	研文白玉		
	육두품		烏犀·鍮·鐵·銅	
	오두품		鐵	누락 가능성
	사두품		鐵·銅	
	평인		銅·鐵	

---

73) 武田幸男, 1975a, 앞의 논문, pp.133-134.

74) 木村誠, 1986, 앞의 논문(2004, 앞의 책, pp.289-291에 재수록).

75) 「흥덕왕 교서」에서는 平人은 색복 항목에서만 등장하고, 車騎·器用·屋舍에서는 百姓이라는 표현이 확인된다. 다만 車騎 항목 중에서도 수레에 대한 내용에서는 평인 및 백성에 대한 언급 자체가 없다.

76) 田美姬, 2005, 앞의 논문, p.90; 이재환, 2015, 앞의 논문, p.141; 박성현, 2016, 앞의 논문, pp.163-165.

구분		禁	用	비 고
靴帶	眞骨大等	隱文白玉		
	육두품		烏犀·鍮·鐵·銅	
	오두품		鍮·鐵·銅	
	사두품		鐵·銅	
	평인		鐵·銅	
表衣	진골女	罽·繡·錦·羅		
	육두품女		中小文綾·絁·絹	
	오두품女		無文獨織	누락 가능성
	사두품女		綿紬已下	
	평인女		綿紬·布	
色	진골女	赭黃		"九色禁赭黃"
	육두품女	赭黃·紫·紫粉·金屑·紅		
	오두품女	赭黃·紫·紫粉·黃屑·紅·緋		
	사두품女	赭黃·紫·紫粉·黃屑·紅·緋·滅紫		
	평인女	赭黃·紫·紫粉·黃屑·紅·緋·滅紫		"色與四頭品女同"

典據：『三國史記』 권33, 雜志2 色服; 밑줄 친 부분은 필자 교감

위의 표에서 알 수 있다시피 색복 남성 항목에서의 表衣·袴·腰帶·靴帶 조항과 여성 항목에서의 表衣·色 조항은 사두품과 평인·백성의 조문이 일치한다. 더구나 거기·기용·옥사 항목에서는 아예 "四頭品至百姓"이라든지 "四頭品女至百姓女"라고 하여 사두품과 평인·백성을 하나의 범주로 설명하기도 했다. 만일 「흥덕왕 교서」가 단순히 앞선 시대 골품제 질서로의 復古를 지향했다면 이러한 서술은 불가능했을 것이다. 오히려 교서 내에서 두품과 평인·백성 사이의 간극이 줄어드는 현상은 이미 民 일반의 성장이 현저해진 상황에서, 새로운 정책적 지향을 추구할 수밖에 없었던 신라 조정의 고민이 반영된 결과로 해석되어야 한다.

한편 이러한 광범한 平人·百姓 속에는 다수의 商人이 포함되었을 것이다. 설사 양자가 구분되었을지라도 당 문종의 「검소령」에서도 商人은 때때로 庶人의 처우에 준하여 대우받았으므로,[77] 신라에서도 상인은 平人·百姓과 동일한 규정에 저촉 받았을 가능성이 있다. 결국 취지에서 "백성들은 사치와 호화로움을 다투는데[民競奢華]"라는 표현은 民 내부의 경제적 분화까지 감안하여 음미될 필요가 있다.

[E-2] 이보다 앞서 商客 王昌瑾이 唐으로부터 와서 철원의 市廛에 머물렀다. 貞明 4년 무인
(918)에 이르러 시장에서 한 사람을 보았는데 용모는 건장하고[狀貌魁偉] 귀밑털과 머

---

77) 『唐會要』 권31, 輿服上 雜錄, "太和 … 六年六月, 勅詳度諸司制度條件等. … 又奏. 商人乘馬, 前代所禁, 近日得以恣其乘騎, 雕鞍銀鐙, 裝飾煥爛, 從以童騎, 最爲僭越. 請一切禁斷, 庶人準此"; 원문 및 표점은 牛繼淸, 2012, 앞의 책, p.498을 참고하였다.

리카락은 모두 희었으며, 오래된 의관을 착용하였고, 왼손에는 자기 그릇[瓷椀]을 오른손에는 오래된 거울[古鏡]을 지니고 있었다. 창근에게 일러 말하길, "내 거울을 사겠는가"라고 하였다. 창근은 곧 쌀로써 그것을 바꿨다. 그 사람은 쌀을 거리의 구걸하는 아이들에게 나누어 줬는데, 이후 간 곳을 알 수 없었다.[78]

위의 사료는 정명 4년(918) 궁예 정권의 거점인 철원에서 발생한 사건으로 『삼국사기』 궁예 열전 내에서도 비중 있게 다루어지는 내용 중 하나이다. 사실 이 설화는 궁예의 몰락을 예견하는 일종의 참위이지만, 참위는 기본적으로 널리 유포되어야 하는 성격을 지니므로 적어도 당시 사회가 납득할 수 있을 만한 '설득력'을 담보했을 것이다. 그러한 점에서 이 일화에서 주목할 부분은 10세기 초 철원 지역의 시전에 中國 상인이 활동하였다는 점과 특히 오래된 거울[古鏡]에 대한 수요가 존재했다는 것이다. 오래된 거울은 일종의 완상품이자 골동품으로 인간 생활에 필수적인 물품이 아니다. 그렇다면 위 사료는 나말려초 사치품에 관심 가진 商人, 나아가 富民의 존재를 보여주는 대목으로 음미될 여지가 있다.[79] 이들은 「흥덕왕 교서」의 취지에서 말하는 "오직 기이한 물건의 진기함을 숭상"하는 풍조를 형성하는 데 주요한 역할을 수행했을 것이다.[80]

사실 富를 둘러싼 사회 변동은 당과 신라에만 국한되지 않았다. 「흥덕왕 교서」가 반포될 즈음 일본에서도 동일한 문제의식에서 사치 규제가 반포되었던 것이다. 특히 이들 자료는 훗날 格으로 정리되어 『類聚三代格』에 전해진다. 天長 5년(828)의 「응당 交關을 금해야 할 일[應禁交關事]」에는 "요즘 사람들은 반드시 먼

---

78) 『三國史記』 권50, 列傳10 弓裔, "… 先是, 有商客王昌瑾, 自唐來寓鐵圓市廛. 至貞明四秊戊寅, 於市中見一人, 狀貌魁偉, 鬢髮盡白, 着古衣冠, 左手持瓷椀, 右手持古鏡. 謂昌瑾曰, 能買我鏡乎. 昌瑾卽以米換之. 其人以米俵街巷乞兒而後不知去處 …"

79) 이문기, 2015, 『신라 하대 정치와 사회 연구』, 학연문화사, pp.105-106.

80) 이와 관련해 9세기의 유구인 광양 마로산성 Ⅰ-2 건물지에서는 호등, 철제초두, 海獸葡萄紋鏡 등의 금속제 유물이 "馬老官" 명문 기와와 함께 출토되었다. 이 중 주목되는 유물은 해수포도문방경이다. 이 유물의 성격에 대해서는 연구자마다 이견이 있지만, 근래에는 중국 출토 해수포도문경과의 비교를 통해 해당 유물이 8세기 중·후반 당에서 제작되어 신라로 유입되었을 가능성을 상정하기도 한다(최주연, 2024, 「唐代 瑞獸葡萄紋鏡의 제작시기와 韓·日로의 전래양상 검토 -당대 기년명 묘 출토 서수포도문경을 중심으로-」, 『한국고대사탐구』 48, 한국고대사탐구학회, pp.438-441). 광양 마로산성 출토 해수포도문반경과 유사한 해수문포도동경은 오늘날 경주 일원에서도 확인된다. 그런데 광양 마로산성 Ⅰ-2 건물지의 경우는 "馬老官"과 같은 '古지명+官' 기와가 출토된 것으로 볼 때 9세기 성장하던 지방세력과 관련된 것으로 추정되기도 한다(최권호, 2022, 「광양 마로산성을 통해 본 9세기대 지방 거점성 운영」, 『軍史』 124, 국방부군사편찬연구소, pp.172-174 및 pp.201-205). 그렇다면 마로산성 출토 해수포도문방경은 9세기 지방사회에 왕경에 버금가는 사치품의 향유가 존재하였음을 보여주는 사례로 음미될 여지가 있다. 아래의 사진은 최주연, 2024, 위의 논문, p.439에서 인용하였다.

광양 마로산성 출토   출토지 미상   경주 천북 동산리 출토   경주 분황사 출토

곳의 물건[遠物]을 좋아하여 貿易하기를 경쟁하니 마땅히 엄하게 禁制를 더하여 다시 그러하지 않도록 하여야 한다"고 하였고, 天長 8년(831)의 「응당 신라인의 교관물을 검사해야 할 일[應檢領新羅人交關物事]」에서는 "어리석은 인민들이 … 다른 나라의 산물[外土之聲聞]을 즐기고 경내의 귀한 물건[境內之貴物]을 업신여긴다. … 마땅히 知大宰府에 명하여 엄히 금제를 시행하고 항상 거래하지 못하게 하라"[81]고 명령하였다. 9세기 전반 동아시아에서 외국산 사치품에 대한 수요 증가와 그에 대한 각국 조정의 위기의식은 공통된 사회 현상이었던 것이다.

이처럼 사치 현상의 기저에는 '末利'를 둘러싼 경제적 이해관계가 작동하고 있었다. 이와 관련해 9세기 전반 동아시아 대외교역은 루트 혹은 주체의 다변화 과정을 걸었다. 「흥덕왕 교서」의 내용이 「애장왕 교서」에 비해 훨씬 복잡해진 것은 매우 자연스러운 현상으로, 일원화되지 않은 상인 집단이 저마다 각자의 이익을 위해 다종다양한 상품을 유통한 결과인 것이다. 특히 상인들은 효율적인 이익 추구를 위해 집단별로 특정 상품을 독점하려 했을 것이다. 그리고 이는 다시 취급 물품의 전문화와[82] 품목의 다양화로 이어져 「흥덕왕 교서」에 반영되었다.

일본 승화 3년(836) 「新羅國執事省牒」에는 일본 사신 紀三津의 수상한 행동이 빌미가 되어 발생한 신라와 일본 양국 사이의 외교 갈등이 상세히 기재되어 있다. 여기서 주목할 부분은 신라 측이 紀三津을 의심한 이유로 "섬사람[嶋嶼]은 동서로 이익을 엿보아 官印을 훔쳐 배워 公牒을 거짓으로 만든다"고 한 것에 대해, 일본 측은 그러한 신라인의 의심을 "모두 장삿배[商帆]의 떠도는 이야기를 망령되이 들었을 뿐이다"라[83] 치부한 점이다. 양국이 저마다 오해의 원인으로 내세운 것이 '이익을 좇는 존재', 곧 상인이라는 점은 이 시기 광범한 상인의 존재와 관련하여 주목된다.

나아가 이익을 좇는 이들은 비단 바다에 국한되지 않았다.

> [E-3] (흥덕왕) 3년(828) … 여름 4월 … 漢山州 瓢川縣의 妖人이 스스로 "빨리 부유해지는 술법"이 있다고 말하면서, 여러 사람을 자못 현혹시켰다. 왕이 이를 듣고 말하길, "좌도를 가지고 이로써 여러 사람을 현혹시키는 자는 형벌하는 것이 先王의 법이다"라고 하였다. 그 사람을 먼 섬에 유배시켰다.[84]

---

81) 『類聚三代格』 권18, 夷俘幷外蕃人事 "應禁交關事. 右蕃客齎物私交關者, 法有恒科, 而此間之人必愛遠物, 爭以貿易, 宜嚴加禁制莫令更然. 若違之者百姓決杖一百, 王臣家遣人買, 禁使者言上, 國司阿容及自買, 殊處重科, 不得違犯. … 天長八年九月七日 … 應檢領新羅人交關物事, 愚闇人民, 傾覆櫃運, 踊貴競買, 物是非可韜□, 弊則家資殆罄. 耽外土之聲聞, 蔑境內之貴物. 是實不加捉搦所致之弊. 宜下知大宰府, 嚴施禁制, 勿令輒市. … 天長八年九月七日"; 해석은 이성시 지음, 김창석 옮김, 1999, 『동아시아의 왕권과 교역』, 청년사, pp.174-179를 참고하였다.

82) 『三國遺事』 王曆에는 고려 태조 3년(920)에 송악에 油市가 설치되었다고 전한다(『三國遺事』 권1, 王曆, "庚辰, 乳岩下立油市, 故今俗利市云乳下"). 油市란 기름 관련 품목을 전문적으로 다루는 시전이라 여겨지는데, 이 역시 상업활동의 전문화 경향이란 측면에서 이해될 수 있다(김창석, 2004, 앞의 책, pp.232-233).

83) 『續日本後紀』 권5, 仁明天皇, "(承和三年) 十二月乙未朔丁酉 遣新羅國使 紀三津復命 … 篁身在本朝, 未及渡海, 而謂帆飛已遠, 斯竝聞商帆浮說, 妄所言耳 … 不知嶋嶼之人 東西窺利 儵學官印 假造公牒"

『삼국사기』에는 흥덕왕 3년(828) 한산주 표천현에 '빨리 부유해지는 술법[速富之術]'을 유포하던 妖人의 존재가 그려진다. 당시 신라 조정은 그러한 움직임을 左道로 규정짓고 그를 섬으로 유배시켰다. 그러나 9세기 전반 妖人의 등장은 신라 변경사회에서 경제적 富에 대한 선망과 상업 활동을 통해 새로운 富의 창출이 이루어지던 시대적 상황을 반영한다.[85] 眞鑑禪師 慧昭는 貞元 20년(804) 입당하기 전까지 물고기를 장사하여 부모를 봉양했다고 하며[乃禪販嫩隅, 爲贍滑甘之業],[86] 『新唐書』 신라전에는 시장에서 물건을 교역하고 판매하는 것은 모두 부녀자라 하였다[市皆婦女貿販].[87] 당시 신라에는 소규모 행상과 같은 형태의 상업 자본도 존재한 것이다.[88] 이렇듯 광범한 '이익을 좇는 존재'들은 그들이 의도했든 의도치 않았든 간에 「흥덕왕 교서」가 말하는 '사치의 만연'에 일익을 담당했을 것이다.

「흥덕왕 교서」는 대외교역의 다변화와 이에 따른 '소비문화의 대두', 당시 신라 '왕실'의 입장에서는 '사치의 만연'에 효과적으로 대응하기 위해 고안되었다. 더구나 富의 증대는 반드시 신분과 일치하지 않으므로, '왕실'의 입장에서 '사치의 만연'은 신분제의 정점에 위치한 그들 자신을 위협하는 적대적 행위로 받아들여졌을 것이다. 사치는 분에 넘치는 소비로서 기본적으로 分限을 어그러뜨리는 성격을 지니기 때문이다.

그러나 비록 當代의 시세가 신라 '왕실'에게는 '사치의 만연'이자 '타락의 징조'로 읽혀졌을지라도, 거시적 측면에서 9세기 신라는 '富를 독점하는 시대'에서 '富를 경쟁하는 시대'로 이행하고 있었다. 나말려초 새로운 사회 주체로서 '호족'의 출현은 이러한 분위기와 결코 무관하지 않을 것이다. 「흥덕왕 교서」 속 民의 존재는 바로 그러한 흐름 속에서 음미될 필요가 있다.

V. 맺음말

본 글은 「興德王 敎書(834)」를 단서로 삼아 신라 하대 사치 금령의 公布 형태를 검토하고, 하대 신라 조정의 對民 통제 의지와 그것의 함의를 규명하려한 것이다. 이상의 내용을 정리하면 다음과 같다.

고려 인종 23년(1145) 『삼국사기』가 편찬되었을 무렵, 고려사회에 유존한 「흥덕왕 교서」는 傳寫 과정에서 일부 표현의 변개가 발생했을지언정, 문구 자체는 신라 이래의 전래 자료를 충실히 반영한 형태였다고 추정된다. 단 唐代 왕언문서의 형태를 고려했을 때 『삼국사기』의 편찬자들이 참고한 「흥덕왕 교서」가 교서

---

84) 『三國史記』, 권10, 新羅本紀10 興德王, "三年 … 夏四月 … 漢山州瓢川縣妖人, 自言有速富之術, 衆人頗惑之. 王聞之曰, 執左道以惑衆者刑之, 先王之法也. 投畀其人遠島"

85) 김창석, 2004, 앞의 책, p.215; 윤선태, 2018, 앞의 논문, p.40.

86) "自蚤嬰弁, 志切反哺, 跬步不忘, 而家無斗儲, 又無尺壤可盜天時者. 口腹之養, 惟力是視, 乃禪販嫩隅, 爲贍滑甘之業 … 遂於貞元廿年, 詣歲貢使, 求爲榜人, 寓足西泛" 최연식, 「河東 雙磎寺 眞鑑禪師塔碑」, 『한국고대금석문』, http://db.history.go.kr/id/gskh_005_0010_0320_0010.

87) 『新唐書』 권220, 列傳145 東夷 新羅, "男子翦髮鬻, 冒以黑巾. 市皆婦女貿販"

88) 손홍호, 2021, 앞의 논문, pp.150-151.

그 자체의 형태로 유존되었을 가능성은 적다. 대신 반포 이후 신라 조정에서 보관되었을 「흥덕왕 교서」는 어느 시점엔가 格으로 법전화되었을 가능성이 크다. 이처럼 신라 하대 「흥덕왕 교서」의 公布는 적어도 두 단계를 거쳤다. 전자가 흥덕왕 9년(834)의 최초 반포라면, 후자는 그것이 格으로 법전화되었을 때일 것이다. 적어도 「흥덕왕 교서」는 신라가 멸망하는 순간까지도 신라의 법제로서 기능하였던 것이다.

다음으로 「흥덕왕 교서」의 公布 형태를 문서행정의 측면에서 검토하였다. 王言文書의 公布에 대한 고민은 국가의 권력의지가 사회 말단으로 관철해 가는 과정을 이해하는 통로이자, 신라 하대 民 일반의 존재 양태를 이해하는 단서가 된다. 「흥덕왕 교서」의 하달 및 공시 과정은 중국식 문서행정의 공유라는 측면에서 주변국의 사례를 참고해 재구성할 수 있다. 唐과 日本의 경우 왕언문서가 사회 말단에 이르는 데에는 하행 문서 符式이 활용되었다. 아직 신라의 경우 符式의 사례가 확인되지는 않지만, 고려 초기에는 符式의 존재가 실증된다. 만일 신라 문서행정에 符式의 존재를 상정할 수 있다면 「흥덕왕 교서」를 비롯한 하대의 사치 금령은 주로 符式의 형태로 민간에 하달·공포되었을 것이라 여겨진다.

이어서 「흥덕왕 교서」가 어떠한 형태로 公示되었는지 검토하였다. 현재로서는 榜文의 형태일 가능성이 가장 높다고 판단되는데, 특히 사회 말단의 현장에서는 榜文 이외에 口頭를 통한 내용 전달이 함께 이루어졌다고 여겨진다. 그리고 그 과정에서 中古 이래의 지방의 유력자 村主는 官과 民의 중간 고리 역할을 수행하였을 것이다. 그렇다면 신라 하대 사치 금령의 公布 문제에는 村主의 존재라는 재래 문화의 토양도 감안되어야 한다.

끝으로 「흥덕왕 교서」의 규제 대상에 民 일반이 존재하는 것의 사회적 의미를 구하고자 했다. 「흥덕왕 교서」의 반포 취지는 "백성들이 사치와 호화로움을 다투고 있다[民競奢華]"고 하여, 사치 현상의 원인을 '民'으로부터 구했다. 비록 「흥덕왕 교서」 반포의 가장 큰 요인은 '왕실'과 동등하게 사치품을 향유하던 진골 일반에 대한 규제라 여겨지지만, 교서의 조문에 규제의 대상으로 평인·백성이 명시되었음을 고려한다면 이를 단지 상투적 표현으로만 치부하기도 어렵다. 당시 民의 구성원에는 다수의 商人이 포함되어 있었다고 여겨지는데, 결국 "民競奢華"라는 내용은 民 내부의 경제적 분화까지 감안하여 음미될 필요가 있다. 신라 하대 사치 현상의 기저에는 '末利'를 둘러싼 경제적 이해관계가 작동하였던 것이다. 9세기 전반 동아시아 대외교역은 루트 혹은 주체의 다변화 과정을 걸었다. 그 과정에서 상인으로 대표되는 '이익을 좇는 존재'들은 그들이 의도했든 의도치 않았든 간에 「흥덕왕 교서」가 말하는 '사치의 만연'에 일익을 담당하였을 것이다. 특히 富의 증대는 반드시 신분과 일치하지 않으므로, '왕실'의 입장에서 '사치의 만연'은 신분제의 정점에 위치한 그들 자신을 위협하는 적대적 행위로 받아들여졌을 것이다. 사치는 분에 넘치는 소비로서 기본적으로 分限을 어그러뜨리는 성격을 지니기 때문이다. 그러나 비록 當代의 시세가 신라 '왕실'에게는 '사치의 만연'이자 '타락의 징조'로 읽혀졌을지라도, 거시적 측면에서 9세기 신라는 '富를 독점하는 시대'에서 '富를 경쟁하는 시대'로 이행하고 있었다. 나말려초 새로운 사회 주체로서 '호족'의 출현은 이러한 분위기와 결코 무관하지 않다. 「흥덕왕 교서」 속 民의 존재는 바로 그러한 흐름 속에서 음미될 필요가 있다.

투고일: 2025.04.29.　　　　　심사개시일: 2025.05.30.　　　　　심사완료일: 2025.06.16.

『三國史記』『三國遺事』

『舊唐書』『新唐書』『唐律疏議』『唐六典』『唐代詔令集』『唐會要』

『續日本後紀』『養老令』『類聚三代格』『入唐求法巡禮行記』

國立慶州博物館, 2002, 『文子로 본 新羅 -新羅人의 記錄과 筆跡-』, 국립경주박물관.

국립경주박물관, 이용현 원고·판독, 2017, 『新羅文字資料 Ⅰ』, 국립경주박물관.

김대정·하원수, 2003, 『譯註 唐六典 上』, 신서원.

金壽泰·曺凡煥, 2005, 『全羅道 地域 禪宗山門과 張保皐 集團』, 해상왕장보고기념사업회.

김창석, 2004, 『삼국과 통일신라의 유통체계 연구』, 일조각.

김창석, 2020, 『왕권과 법』, 지식산업사.

노태돈, 2014, 『한국고대사』, 경세원.

박근칠, 2023, 『唐代 官文書와 문서행정 -敦煌·吐魯番 출토문서의 이해-』, 주류성.

서의식, 2010, 『新羅의 政治構造와 身分編制』, 혜안.

엔닌 지음, 김문경 역주, 2001, 『엔닌의 입당구법순례행기(入唐求法巡禮行記)』, 중심.

우런수 지음, 김의정·정민경·정유선·최수경 옮김, 2019, 『사치의 제국 -명말 사대부의 사치와 유행의 문
    화사-』, 글항아리.

이문기, 2015, 『신라 하대 정치와 사회 연구』, 학연문화사.

이성시 지음, 김창석 옮김, 1999, 『동아시아의 왕권과 교역』, 청년사.

李鍾旭, 1999, 『新羅骨品制研究』, 일조각.

정구복·노중국·신동하·김태식·권덕영, 2011, 『역주 삼국사기 1 -감교원문편-』, 한국학중앙연구원출판부.

牛繼清, 2012, 『唐會要 校證 上』, 三秦出版社.

仁井田陞, 1964, 『中國法制史研究 -法と慣習·法と道德-』, 東京大學出版會.

中村裕一, 2003, 『隋唐王言の研究』, 汲古書院.

平川南, 2014, 『出土文字に新しい古代史を求めて』, 同成社.

高慶錫, 2006, 「淸海鎭 張保皐勢力 研究」, 서울대학교 박사학위논문.

고태진, 2023, 「新羅 下代 浿江鎭의 정세와 平山 山城里 출토유물의 성격」, 『중앙사론』 60, 중앙대학교 중앙
    사학연구소.

高泰鎭, 2025, 「新羅 下代 奢侈 禁令 硏究」, 서울대학교 박사학위논문.

김민제, 2009, 「사회의 변화에 맞추어 법령 새로 해석하기 -튜더 초기 사치금지법의 예를 중심으로-」, 『서양사론』 101, 한국서양사학회.

김수태, 2022, 「성주사의 창건과 해상세력」, 『신라사학보』 56, 신라사학회.

김진, 2022, 「唐 玄宗 '開元 입법'의 맥락과 효과 -법전 格後勅의 형성 과정을 중심으로-」, 『중국고중세사연구』 65, 중국고중세사학회.

金昌錫, 2021, 「한국 고대 國王文書의 기초 검토 -국내용 문서의 사례와 기원-」, 『목간과 문자』 27, 한국목간학회.

盧重國, 1992, 「昌寧 眞興王拓境碑」, 『譯註 韓國古代金石文 Ⅱ』, 가락국사적개발연구원.

盧重國, 1992, 「迎日 冷水里碑」, 『譯註 韓國古代金石文 Ⅱ』, 가락국사적개발연구원.

盧泰敦, 1978, 「羅代의 門客」, 『한국사연구』 21·21, 한국사연구회(2009, 『한국고대사의 이론과 쟁점』, 집문당에 재수록).

박석순, 2004, 「告知札과 牓示를 통해 본 고대일본의 문서행정과 民」, 『동방학지』 126, 연세대학교 국학연구원.

박성현, 2016, 「평민의 삶」, 『신라 천년의 역사와 문화 9 -신라의 사회 구조와 신분제-』, 경상북도문화재연구원.

박수정, 2017, 「三國史記 職官志 硏究」, 고려대학교 박사학위논문.

서의식, 2016, 「골품체제의 재정비 시도」, 『신라 천년의 역사와 문화 6 -신라 왕권의 쇠퇴와 지배체제의 동요-』, 경상북도문화재연구원.

宋眞, 2012, 「中國 古代 境界 出入과 그 性格 變化 -通過祭儀에서 通行許可制度로-」, 서울대학교 박사학위논문.

손흥호, 2021, 「신라 하대 초기의 정치과정 연구」, 경북대학교 박사학위논문.

沈永煥, 2015, 「古代 東아시아 任命文書의 性格 -7~10세기 동아시아 임명문서를 통한 통치 시스템의 비교분석-」, 『태동고전연구』 35, 한림대학교 태동고전연구소.

심현용, 2024, 「문헌기록과 고고자료로 본 울진 성류굴」, 『한국고대사연구』 113, 한국고대사학회.

梁正錫, 1999, 「新羅 公式令의 王命文書樣式 考察」, 『한국고대사연구』 15, 한국고대사학회.

梁正錫, 2007, 「新羅 王京人의 住居空間 -『三國史記』 屋舍條와 王京遺蹟의 關係를 중심으로-」, 『신라문화제학술발표회논문집』, 동국대학교 신라문화연구소.

여호규, 2019, 「신라 냉수리비와 봉평리비의 단락구성과 서사구조」, 『역사문화연구』 69, 한국외국어대학교 역사문화연구소.

윤선태, 2000, 「〈新羅村落文書〉의 記載樣式과 用途 -中國·日本 籍帳文書와의 比較檢討를 中心으로-〉」, 『韓國古代中世古文書硏究(下) -硏究·圖版篇-』, 서울대학교출판부.

尹善泰, 2005a, 「新羅 中代末~下代初의 地方社會와 佛敎信仰結社」, 『신라문화』 26, 동국대학교 신라문화연구소.

윤선태, 2005b, 「월성해자 출토 신라 문서목간」, 『역사와 현실』 56, 한국역사연구회.

윤선태, 2018, 「문헌자료로 본 삼국통일 이후 화성지역의 동향」, 『삼국통일과 화성지역 사람들 삶의 변화』, 화성시청.

이경섭, 2021, 「신라 문서목간의 話者와 書者」, 『신라사학보』 51, 신라사학회.

이경섭, 2025, 「「포항 중성리 신라비」의 口述性과 文字性 -古代 書記 미디어로서의 文字와 石碑-」, 『한국고대사연구』 117, 한국고대사학회.

李基東, 1978, 「新羅 金入宅考」, 『진단학보』 45, 진단학회(1984, 『新羅骨品制社會와 花郎徒』, 일조각에 재수록).

李基東, 1980, 「新羅 下代의 王位繼承과 政治過程」, 『역사학보』 85, 역사학회(1984, 『新羅骨品制社會와 花郎徒』, 일조각에 재수록).

李基東, 1991, 「新羅 興德王代의 政治와 社會」, 『국사관논총』 21, 국사편찬위원회(1997, 『新羅社會史研究』, 일조각에 재수록).

이동주, 2023, 「신라 왕경의 朝路」, 『백산학보』 126, 백산학회.

李明植, 1992, 「蔚珍 鳳平碑」, 『譯註 韓國古代金石文 Ⅱ』, 가락국사적개발연구원.

李成市 지음, 李鎔賢 옮김, 2000, 「韓國木簡연구의 현황과 咸安城山山城출토의 木簡」, 『한국고대사연구』 19, 한국고대사학회.

李龍範, 1969a, 「三國史記에 보이는 이슬람 商人의 貿易品」, 『李弘稙博士回甲紀念韓國史學論叢』, 新丘文化社.

李龍範, 1969b, 「處容說話의 一考察 -唐代 이슬람商人과 新羅-」, 『진단학보』 32, 진단학회.

李琓碩, 2018, 「唐代 王言 문서의 생산과 유통 -唐 公式令을 중심으로-」, 『중국고중세사연구』 48, 중국고중세사학회.

이재환, 2015, 「「성주사 낭혜화상탑비」의 '得難'과 '五品' 재검토」, 『목간과 문자』 15, 한국목간학회.

李鍾旭, 1974, 「南山新城碑를 통하여 본 新羅의 地方統治體制」, 『역사학보』 64, 역사학회.

田美姬, 2005, 「신라 하대 골품제의 운영과 변화 -흥덕왕대의 규정과 朗慧和尙碑 得難條의 검토를 중심으로-」, 『신라문화』 26, 동국대학교 신라문화연구소.

전미희, 2016, 「진골귀족 중심의 사회」, 『신라 천년의 역사와 문화 9 -신라의 사회 구조와 신분제-』, 경상북도문화재연구원.

정병준, 2015a, 「唐 後期의 律令制 崩壞論」, 『중국고중세사연구』 37, 중국고중세사학회.

정병준, 2015b, 「韓國 古代 律令 研究를 위한 몇 가지 提言 -近來의 '教令制'說을 중심으로-」, 『동국사학』 59, 동국역사문화연구소.

주보돈, 2017, 「『三國遺事』 紀異篇 「興德王 鸚鵡」條의 吟味」, 『신라문화제학술논문집』 38, 동국대학교 신라문화연구소.

최권호, 2022, 「광양 마로산성을 통해 본 9세기대 지방 거점성 운영」, 『軍史』 124, 국방부군사편찬연구소.

최재영, 2020, 「唐代 文書行政 法令의 체계와 그 의미 -公式令과 職制律을 중심으로-」, 『중국학보』 91, 한국중국학회.

최주연, 2024, 「唐代 瑞獸葡萄紋鏡의 제작시기와 韓·日로의 전래양상 검토 -당대 기년명 묘 출토 서수포도
　　문경을 중심으로-」, 『한국고대사탐구』 48, 한국고대사탐구학회.

하일식, 2000, 「당 중심의 세계질서와 신라인의 자기인식」, 『역사와 현실』 37, 한국역사연구회.

하일식, 2016, 「지배체제의 변화와 골품제 사회의 쇠퇴」, 『신라 천년의 역사와 문화 9 -신라의 사회 구조와
　　신분제-』, 경상북도문화재연구원.

한영화, 2015, 「신라와 고려의 형률 운용과 계승성 -모반죄·불효죄와 결장배류형을 중심으로-」, 『한국고
　　대사연구』 80, 한국고대사학회.

한영화, 2024, 「신라 중·하대의 공식령과 문서행정 운용에 대한 試論」, 『역사와 담론』 112, 호서사학회.

홍기승, 2009, 「6세기 신라 지방지배 방식의 변화와 '村'」, 『한국고대사연구』 55, 한국고대사학회.

洪承佑, 2011, 「韓國 古代 律令의 性格」, 서울대학교 박사학위논문.

홍승우, 2019, 「문무왕의 하교(下教)와 유조(遺詔)」, 『문자와 고대 한국 1 -기록과 지배-』, 주류성.

木村誠, 1986, 「統一新羅の骨品制 -新羅華嚴経寫経跋文の研究-」, 『人文學報』 185, 都立大學(2004, 『古代朝
　　鮮の國家と社會』, 吉川弘文館에 재수록).

武田幸男, 1975a, 「新羅骨品制の再檢討」, 『東洋文化研究所紀要』 67, 東京大學東洋文化研究所.

武田幸男, 1975b, 「新羅·興德王代の色服·車騎·器用·屋舍制 -とくに唐制との關連を中心にして-」, 『榎一
　　雄記念東洋史論叢』, 山川出版社.

池田溫, 2002, 「劉俊文著 唐代法制研究」, 『東洋史研究』 60-4, 東洋史研究會.

김재홍, 「포항 냉수리 신라비」 『한국고대금석문』, http://db.history.go.kr/id/gskh_003_0010_0140_
　　0010.

박광연, 「寶林寺 普照禪師塔碑」, 『한국고대금석문』, http://db.history.go.kr/id/gskh_005_0010_0260
　　_0010.

박미선, 「法光寺 石塔誌」, 『한국고대금석문』, http://db.history.go.kr/id/gskh_005_0060_0040_0010.

박미선, 「진천 태화4년명 마애여래입상 조상기」. 『한국고대금석문』, http://db.history.go.kr/id/
　　gskh_005_0050_0100_0020.

박미선, 「菁州 蓮池寺鐘銘」, 『한국고대금석문』, http://db.history.go.kr/id/gskh_005_0080_0050_0020.

박미선, 「竅興寺鐘銘」, 『한국고대금석문』, http://db.history.go.kr/id/gskh_005_0080_0060_0020.

최연식, 「河東 雙磎寺 眞鑑禪師塔碑」, 『한국고대금석문』, http://db.history.go.kr/id/gskh_005_0010_
　　0320_0010.

文化遺産オンライン, 「加賀郡牓示札」, https://bunka.nii.ac.jp/heritages/detail/144847.

〈Abstract〉

The Proclamation Method and The Implications of the Will to Control the People in Late-Silla Period's 「King Heungdeok's Royal Edict」

Ko, Taejin

The subject of regulation in 「King Heungdeok's Royal Edict(興德王 敎書;834)」 was not limited to Jingol(眞骨) and Dupum(頭品). 「King Heungdeok's Royal Edict」 included legal provisions for the people(民) and the village leaders(村主). During this period, the Silla state devised sumptuary laws(奢侈禁令) with the people and local communities in mind. They constituted the lowest part of society in the Silla state and were the subjects of social change during this period.

The promulgation of 「King Heungdeok's Royal Edict」 went through at least two phases. The first was in the 9th year of King Heungdeok(834)'s reign, and the second was when it was codified into law(法典化). 「King Heungdeok's Royal Edict」 functioned as the law of Silla until the moment of its downfall.

The process of document delivery and Official notice(公示) of the 「King Heungdeok's Royal Edict」 can be reconstructed by reference to the examples from neighboring countries. According to this, 「King Heungdeok's Royal Edict」 was most likely disseminated to the people in the form of Fu writ(符式). And The official notice of the 「King Heungdeok's Royal Edict」 would have taken the form of a Bangmun(榜文), which would have been passed down orally to the local end of the society. In this process, village leaders(村主) played the role of an intermediate link between officials and the people.

「King Heungdeok's Royal Edict」 said, "People compete for luxury", and found the cause of the luxury phenomenon from the people. Although the regulation of Jingol was a major factor in the promulgation of the sumptuary laws, it's hard to dismiss it as a cliché. It is thought that the members of the people at that time included a large number of merchants, so we should consider the economic differentiation within the people. Increasing wealth does not necessarily correspond to status. Therefore, from the royal family's(王室) point of view, 'the prevalence of luxury' would have been regarded as a hostile act that threatened them located at the peak of the status system. However, even though the situation at the time was considered a 'pervasive luxury' and a 'sign of corruption' for the Silla royals, in a broad perspective, the 9th century Silla was transitioning from an 'age of monopolizing wealth' to an 'age of competing for wealth'. The emergence of 'HoJok(豪族)' as a new social subject in the 9th century is never irrelevant to this atmosphere. The existence of the people in the 「King Heungdeok's Royal Edict」 needs to be appreciated in such a context.

▶ Key words: Silla, The late-Silla period(下代), King Heungdeok's Royal Edict(興德王 敎書), Sumptuary law(奢侈 禁令), Document Administration, The people(民), Merchant

무위사 선각대사비에 보이는 왕건과 궁예

– 비문 재판독과 해석 교정 –

하일식[*]

Ⅰ. 문제 제기
Ⅱ. 고안현과 오관산, 무위사
Ⅲ. 왕건과 선각대사의 만남
Ⅳ. 궁예의 심문, 대사의 혐의
Ⅴ. 정리, 남은 문제

〈국문초록〉

강진 무위사에 있는 선각대사비에는 독특한 내용이 담겼다. 다른 선사비들에서 볼 수 없는, 궁예 말년의 狂氣와 잔인성을 잘 드러낸 서술이 있다. 그러나 그동안 판독이 불완전했고, 내용을 해석하는데도 혼란이 있었다. 나는 판독을 전면 재검토하고, 아울러 비문 문장도 다시 해석했다.

최언위는 현재 국왕인 왕건의 과거 활동을 서술하며 大王이라고 표현했다. 시간을 소급한 것이다. 배 위에서 선각대사를 만날 때, 처형 직전에 선각대사를 변호하는 글을 보낼 때 모두 왕건을 대왕이라 표현했다. 임금의 명령을 받든다는 奉制, 임금의 서한을 뜻하는 丹詔 등도 그렇다. 그리고 현 시점의 왕건을 今上이라 칭했다. 반면 궁예는 前主로 표현되었다.

선각대사를 취조하는 장면에서 궁예를 主上이라 표현한 구절이 있다. 궁예가 쫓겨나기 전에 선각대사의 제자들이 작성한 行狀에서 그대로 옮긴 탓이다. 최언위는 왕건이 즉위하여 개성으로 수도를 옮긴 18년 뒤에 개성으로 와서 왕건의 신하가 되었다. 그래서 당시 상황을 자세히 알지 못했다.

나는 궁예가 선각대사를 취조하는 문장을 분석했다. 그리고 선각대사에게 덧씌워진 혐의를 추정했다. 하나는 후백제와 내통한다는 의심이었다. 다른 하나는 선각대사가 왕자와 공모하여 자신을 왕위에서 내쫓으려 한다는 두려움이었다. 이는 그동안 전혀 드러나지 않았던 사실이다.

▶ 핵심어: 최언위, 선각대사비, 대왕, 왕건, 궁예

---

* 연세대학교 사학과 교수

I. 문제 제기

신라 말, 고려 초기에 걸쳐 전국 각지에 선종 승려들의 비석이 세워졌다. 귀부나 이수, 비편만 남은 경우도 적지 않고, 완전히 사라진 것도 있음을 감안하면 그 수는 훨씬 많을 것이다. 이들 비문은 여러 측면에서 사료 가치가 크다. 불교사 연구에 필수적이고, 사회사나 정치사 연구까지 활용도가 높다. 비문에 담긴 9~10세기 지방과 중앙의 풍부한 사회상은 문헌에서 찾아볼 수 없는 내용이 대부분이기 때문이다.

대부분의 비문은 승려의 생애와 활동을 기본으로 적고, 왕족·귀족이나 부유한 지방인이 승려를 지원한 사실을 담았다. 이를 통해 승려 개인의 활동과 출신 가문의 사회적 위상, 불교적 言說이나 佛事, 그 배경이 되는 사회상이 드러난다. 또 신라 말의 국왕과 귀족들, 고려 태조 왕건이 그 승려와 맺었던 관계로 미루어 대표적 정치세력의 지향을 간접으로 추정해볼 수도 있다.

그런데 후삼국 분립기에 활동한 승려들의 비문 가운데 견훤의 후백제 또는 궁예의 태봉과 관련한 내용은 찾기 어렵다. 신라 국왕들이나 고려 태조에 비해 견훤·궁예가 선종 승려를 지원하고 포용하는데 관심이 약했기 때문일 수도 있다. 또는 후백제와 태봉이 짧은 기간 존속한 뒤에 고려가 통일했으므로, 견훤이나 궁예와 관계를 맺었던 승려의 비석이 세워졌을 여지가 적었기 때문일 수도 있다.[1]

그런데 드물게도 후삼국 중에 궁예와 왕건의 사정을 엿볼 내용을 담은 비가 있다. 강진 무위사에 있는 선각대사비다. 이 비문은 많은 선사비들에서 찾을 수 없는 독특한 내용을 담았다. 선각대사 逈微(864~917)가 궁예에 의해 처형된 승려였으므로, 궁예 말년의 狂氣를 사실적으로 서술한 내용이 들어 있다. 당연히 그를 전후한 왕건의 활동도 서술되었다. 이렇게 생생한 내용을 드물게 담았는데도 그동안 연구가 충분치 않았다. 비문 자체의 판독이 불완전했으며, 세밀하고 정확히 다시 판독하려는 적극적 시도가 부족한 상태로 막연한 해석이 오래 이어졌다.

선각대사비문을 다시 살핀 연구가 나온 것은 10여 년 전이었다.[2] 이 연구는 파격적 해석을 제시했다. 비문에 서술된 문장의 주어 '大王'이 궁예이며, 그가 선각대사를 태봉으로 모셔왔다는 것이다. 그리고 태봉의 나주 공략을 주도한 사람이 왕건으로 되어 있는 여러 기록들과 달리, 수군을 이용한 작전을 직접 주도한 것이 궁예라는 추정이었다.

그런데 문헌기록에서 태봉의 나주 공략은 모두 왕건의 활동으로 나오며, 궁예의 親征임을 보여주는 구절은 전혀 없다. 궁예의 친정이라는 추정은 비문의 주어 '대왕'을 궁예로 간주하고, 나주 공략 때 선각대사를 만나 철원으로 데려온 주체까지 자연스레 궁예로 이어간 추론이다. 그런데 선각대사를 죽인 주체가 궁예라는 점은 논란의 여지 없이 분명하므로 근본적 의문이 생긴다.

---

1) 이런 여러 측면 가운데 무엇이 주된 이유일까 판단하기는 쉽지 않다. 견훤·궁예와 관계 맺었던 내용이 비문 작성 때 회피되었을 가능성도 배제하기 어렵다. 두루 검토해야 할 과제이다.

2) 崔鉛植, 2011, 『韓國金石文集成19(高麗3, 碑文3)』, 한국국학진흥원 ; 최연식, 2011, 「康津 無爲寺 先覺大師碑를 통해 본 弓裔 행적의 재검토」, 『木簡과 文字』 7.

첫째, 비문 속 몇 문장의 주어인 '大王'을 전체 맥락 속에서 궁예로 판단할 수 있는가? 하는 점이다. 비문의 글자들을 정확히 판독한 바탕 위에서 이루어진 판단인지가 일차 관건이고, 다음으로 문맥을 합리적으로 해석했는가가 중요 논점이 될 것이다. 그래서 그동안 식별하지 못한 글자들을 최대한 정확히 읽어내려고 노력했다. 불교중앙박물관에서 새로 세밀하게 작업한 탁본(이하 '새 탁본'이라 함)[3]은 큰 도움이 되었다. 그리고 나는 비면을 면밀히 조사하여[4] 적지 않은 글자들을 새로 식별하고, 기존에 잘못 읽은 글자도 더러 교정했다. 이 글은 새 판독에 바탕을 두며, 필요한 경우에 판독 근거가 되는 탁본이나 사진을 제시할 것이다.

둘째, 왕건의 명령으로 비문을 찬술한 崔彦撝(868~944)가 궁예를 '대왕'이라 표현하는 것이 가능한가? 하는 점이다. 현 국왕의 명령을 받아 찬술하는 비문에서, 쫓겨난 직전의 국왕인 궁예를 '대왕'이라 칭하는 것은 중대한 반역이다. 비문을 지을 무렵 최언위는 70살을 넘긴 고령이었다. 그는 생전에 궁예로부터 어떤 혜택을 입기는커녕 만날 기회조차 없었다. 궁예가 죽고 왕건이 즉위한지 18년 되던 해에 경순왕과 함께 송악으로 옮겨와서 왕건의 명령으로 여러 선사 비문을 도맡아 짓던 최언위가 문득 목숨을 걸고 禍를 자초할 이유는 없다.[5] 만약 그랬다면 이 비석은 세워지지 못했을 것이다.

과거 역사를 복원하는 사료로 이용되는 모든 텍스트는 '시대성'과 '역사성'을 갖는다. 이 점을 무시한 채 과거의 텍스트를 문장만으로 直譯한다거나, 더 나아가 이를 바탕으로 '역사적 사실'을 추론할 수는 없다. 이런 대전제 하에서 앞서 제기한 의문들을 짚어보며 당시의 역사적 상황을 복원해 보려 한다. 비문 전체를 譯註하는 것이 목적은 아니므로, 중요한 몇 단락을 순서를 바꾸어 검토한다. 그 과정에서 판독의 근거가 되는 이미지를 제시할 예정인데, 향후 이 비문을 활용할 후속 연구를 위해서도 필요하다고 생각하기 때문이다.

II. 고안현과 오관산, 무위사

1. 출신지와 葬地

선각대사비의 문장은 최언위가 짓고, 글씨는 柳勳律이 썼다. 최언위는 잘 알려진 인물이나 유훈률은 그동안 전혀 알려지지 않던 인물이다. 『고려사』 등의 국내 기록에 보이지 않기 때문이다. 그런데 중국 문헌에서 그가 938년(태조 21)과 939년(태조 22)에 연이어 南唐에 사신으로 다녀온 기록을 찾을 수 있다.[6] 비록

---

3) 문화재청·불교중앙박물관, 2020, 『2020 금석문 탁본 조사 보고서(전라북도, 전라남도, 광주광역시)』. 홍선스님이 세밀하게 작업한 탁본 사진을 불교중앙박물관으로부터 제공받았다.

4) 2023년 가을에 강진 무위사를 몇 차례 찾아 살펴보며 촬영한 사진을 바탕으로 이루어졌다.

5) 김종직의 「弔義帝文」에는 노산군을 애도하거나 세조를 비방하는 표현이 전혀 들어 있지 않다. 그럼에도 많은 士林이 禍를 당한 무오사화의 빌미가 되었다.

6) 『十國春秋』 권15 南唐1 烈祖本紀 昇元 2년(938) 6월 "是月 高麗使 正朝廣評侍郎 柳勳律 貢方物"(楊家駱 主編, 1976 『新校本新五代史幷附編 二種二』, 鼎文書局, p.90). 같은 책 烈祖本紀 昇元 3년(939) "是歲 高麗又遣廣評侍郎 柳勳律 來朝貢"(같은 책, p.92). 고려는 이듬해 10월에도 廣評侍郎 柳兢質을 사신으로 보냈다(같은 책, p.93).

중국이 분열된 시기였지만, 고려가 후삼국을 통일한 직후에 자국의 존재를 적극적으로 알리려 한 노력을 엿볼 수 있어서 언급해둔다.

최언위는 당에 유학한 뒤 905년에 귀국하여 경순왕이 고려에 항복하던 때까지 신라 조정에서 복무했다. 그리고 935년 경순왕과 함께 개성으로 왔다. 따라서 그가 917년에 입적한 선각대사의 행적이나 궁예 말년의 난맥상을 개성으로 오기 전에 알고 있었을 것으로 보이지는 않는다. 그는 신라 조정에서는 물론, 고려로 옮겨서도 文翰 업무에 종사하며 크게 존중받았다. 그가 찬술한 10여 개의 선사 비문 가운데 많은 것들이 고려 태조의 명을 받아 지은 것이었다.

선사비문이 찬술되는 과정은, 문하 제자들이 行狀을 정리한 뒤에 국왕에게 바치며 비석 세울 것을 요청하고, 국왕이 재가하여 찬술자를 지명하는 순서였다.[7] 다만, 비문이 완성되어도 여러 사정에 따라 실제 비석이 세워지기까지 오랜 세월이 흐르는 경우가 많았다. 최언위가 선각대사비문을 지은 때는 940년 즈음으로 추정되는데,[8] 선각대사가 입적한 지 20년을 훌쩍 넘긴 때였다. 그의 나이 72살이었고, 그로부터 4년 뒤에 76살로 세상을 떴다.

최언위가 이 비문을 찬술할 때 주로 의존한 것은 제자들이 작성한 행장이었을 것이다. 더 궁금한 것을 문하승에게 묻거나 탐문하여 반영할 수도 있었겠지만, 그런 노력이 적극 기울여졌을까 회의적이다. 앞서 언급한 여러 사정과, 세월의 흐름에 따른 시간차 때문이다. 물론 문하승들에게 묻고 듣는 과정이 아주 없지는 않았을 것이다. 따라서 이 비문에 서술된 내용을 판단할 때는 이런 측면을 충분히 감안할 필요가 있다.

이 비문의 내용 구성은 여느 비문과 크게 다르지 않은데, 잘게 구분하면 대략 9개 부분으로 나눌 수 있다. 이는 비문의 서술 순서이기도 하다.

> ① 불교의 내력과 등 禪敎의 연원을 언급하며 선각대사 소개, ② 대사의 선조, 고향, 출생과 성장 및 출가, ③ 戒를 받고 여러 스승을 만나 가르침을 받은 것, ④ 891년 渡唐 이후 중국에서 만난 스승, ⑤ 905년 귀국하여 無爲岬寺에 주석한 계기, ⑥ 왕건과 만나고 궁예에게 죽임을 당하기까지, ⑦ 왕건 즉위 후에 齋를 지내고 石墳 조성, ⑧ 최언위가 비문을 찬술한 경위, ⑨ 대사를 기리는 銘.

①~⑨ 가운데 내용 파악이 가장 어려운 부분이 귀국 후의 행적인데, 태봉으로 옮긴 뒤에 궁예에게 죽임을 당한 내용이 그렇다. 대략 ⑤·⑥에 해당한다. 풍화된 글자가 많아 문맥을 매끄럽게 이해하기 어렵지만, 새로 판독한 내용을 출신과 행적부터 짚어본다. 서술과 논증의 편의를 위해 비문의 서술과 다른 순서로 이야기하게 될 것이다.

②에 해당하는 내용 일부를 보자. 형미의 조상은 중국인으로서 신라에 사신으로 와서 정착했는데, 지금

무주 固安人이라 했다. 사신으로 와서 정착했다는 것은
믿기 어렵다. 아마 서남해안을 오가는 무역에 종사하다
가 어떤 계기로 신라에 정착한 것이 이렇게 전해졌을 여
지가 있다.[9] 固安은 그동안 '同□'로 판독되거나 불명자로
처리되었는데, '安'의 아래 획인 女의 흔적이 가늘게 확인
된다. [그림 1]의 사진에서는 '宀'의 흔적까지 어렴풋하게
나마 추정할 수 있다.[10] 비문 다른 곳의 安 자와 비교하면
대체로 일치하는 글꼴이다. 새 탁본도 함께 제시해둔다.

　固安은 어디일까? 『삼국사기』 지리지에는 "고안현은
본래 백제 고서이현이었다가 경덕왕이 固安[固는 同으로
도 되어 있다]으로 고쳤고, 고려시대에는 죽산현"[11]이라
고 했다. 『고려사』와 『세종실록』 지리지, 『신증동국여지
승람』 등을 참고하면, 죽산현은 해남의 속현이었다. 지금
의 전남 해남군 마산면 지역이다.[12]

　대사의 受戒 장면 서술에서 기존
판독을 수정할 곳이 있다. 대사가 882
년(中和 2)에 화엄사 官壇에서 구족계
를 받을 때를 서술한 부분이다. 기존
판독은 "至於中和二年 受具戒於華嚴寺
官壇 大師 經陟戒壇 □爲安坐 白虹之
氣 来覆法堂"[13]이다. 이 가운데 몇 몇
글자가 잘못 판독되거나 식별되지 못
하여 기존 역주의 번역도 어색하게 되
어 있다.

그림 1. 固安人

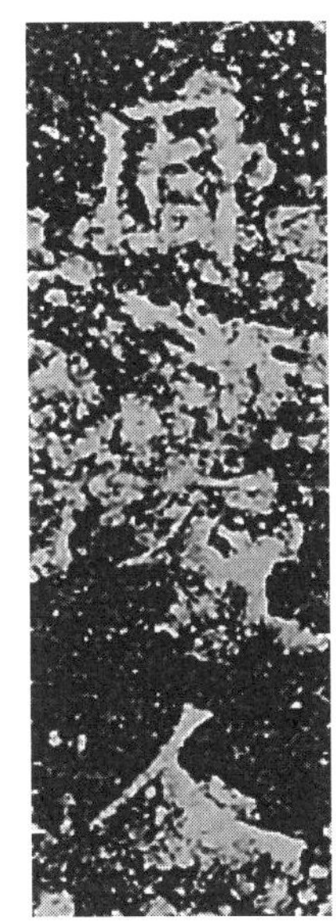

그림 2. 固安人

그림 3. 纔陟

16행 45자

그림 5. 大鴻

그림 4. 纔

---

9) 선사들 가운데 선조를 중국이라고 한 경우가 있고(오룡사 法鏡大師), 隋唐의 고구려 침공 때 와서 정착했다는 경우도 있다(쌍
　계사 眞鑑禪師, 정토사 法鏡大師). 선조가 이주민임은 분명하지만 이주 배경을 그대로 신뢰하기 어려운 측면이 있다. 물론 고려
　초 雙冀처럼 後周 사신단으로 왔다가 개경에 정착하여 관료로 활동한 인물도 있다. 그러나 선각대사의 선조처럼 사신으로 왔다
　가 왕경도 아닌 서해안 고안현에 정착했다는 것을 곧바로 받아들이기 망설여지는 것이다.

10) 사진은 조명을 사용해서 비면을 촬영한 것이다. 凹凸이 바뀐 듯이 보이게끔 조정했다.

11) "固[一作同]安縣 本百濟古西伊縣 景德王改名 今竹山縣"(『삼국사기』 권36, 지리3). 이렇게 『삼국사기』 이래로 흘려 쓴 기록들에
　서 固가 同으로도 혼동된 것을, 금석문을 통해서 固로 확정한 셈이다.

12) 정선종, 2024, 「강진 무위사 先覺大師碑文 교감」, 『불교문화연구』 15, 남도불교문화연구회에서 선각대사의 출신지가 固安으
　로 판독 교정되었다. 이 내용의 공개 발표가 2024년보다 일찍 이루어졌음을 최근 알게 되었다.

13) 李智冠, 1994, 『歷代高僧碑文(高麗篇1)』, 枷山文庫, p.312 ; 한국역사연구회, 1996 『譯註 羅末麗初金石文(下)』, 혜안, p.167 ; 崔

새 탁본과 사진을 보면, 기존에 經으로 읽은 글자는 纔에 가깝다([그림 3]).[14] 16행 45자인 纔([그림 4])와 비교하면 더 분명하다. 그리고 기존에 '□爲'[15]로 읽은 부분은 大鴻으로 추정된다([그림 5]). 기존 판독의 經陟은 문맥에 맞지 않고, 계를 받는 이가 편안히 앉는다는 것도 어울리지 않는다. 그래서 이 구절은 "大師 纔陟戒壇 大鴻安坐 白虹之氣 来覆法堂"로 판독을 교정하고 "대사가 戒壇을 오르려 하자 큰 기러기가 가만히 앉고 흰 무지개가 법당을 덮었다"고 풀이하는 것이 무난하다.

다음으로 비문 구성 ⑦부분에 대해 살펴본다. 선각대사는 917년에 궁예에 의해 처형당했다. 그 이듬해에 궁예가 쫓겨나고 왕건이 즉위했다. 왕건은 즉위 직후에 대사의 죽음을 애통해하며 추념할 것을 지시했다. 비문 말미에 기록된 내용은 다음과 같다.('▨' 표시는 비문에서 尊崇의 뜻으로 여백을 둔 곳이며, '」'는 행 바꿈 표시임)

當 [66자 남기고 행 바꿈] 」今上居尊之際 謂群臣曰 "竊惟故▨▨大師 道高十地 德冠諸▨ 遠出▨方 来儀樂土 寡人早披鑽仰 恭表歸依 顧思有得之緣 常切亡師之痛" 仍於雨泣 實慟泥[16]▨ 追▨▨▨ 俾修七七 」(비문 25행~27행)

至明年三月日 遂召門弟子閑俊·化白等曰 "開州之五冠山 寡人之藏胎處 此山也 山崗勝美 地脉平安 冝爲置冢之嵈 必致▨▨▨▨尊宗之祐 可師等與所司 冝速修山寺 尋造石墳 」者" 至其月日 先起仁祠 便成高塔 塔成 師等號奉色身 遷葬于所□之冢 (비문 28~29행)

□[17]二年▨▨詔曰 "式旌禪德 冝賜嘉名" 賜諡爲 [25자 남기고 행 바꿈] 」先覺大師 塔名爲遍光靈塔 乃錫其寺額 勅▨号太安 追遠之榮 未有如斯之盛者也 (비문 29~30행)

今上이 존귀한 자리에 있게 된 때를 맞이하여 여러 신하들에게 말씀하셨다. "가만히 생각하면, 돌아가신 대사는 道가 十地보다 높고 德은 여러 □를 앞서니 멀리 □方에서 나와 樂土에 거둥하셨다. 과인은 일찍이 우러러 받들며 공손히 귀의함을 표했다. 얻은 인연을 돌이켜보면 늘 대사를 잃은 아픔이 간절했다"고 하셨다. 그리고 눈물을 비오듯 흘리시며 진실로 애통해 하시고 추념토록 … 49재를 지내라고 하셨다.

다음해 3월에 이윽고 門弟子 한준과 화백 등을 불러 이르시되 "開州(개성) 오관산은 과인의 태를 묻은 곳이다. 이 산은 산봉우리가 빼어나게 아름답고 지맥이 평안하여 무덤을 둘 곳으로 마땅하니 반드시 존귀한 분의 명복을 빌게 될 것이다. 마땅히 승려들과 해당 관청은 山寺를 꾸미고 石墳 만드는 일을 서둘라"고 하셨다. 그 달에 절 짓는 일을 먼저 시작하고 이어 높은 탑(승탑)을 만들었다. 탑이 이루어지자 스님들이 소리치며 色身을 받들어 무덤에 옮겨 장

鉉植, 2011,『韓國金石文集成19 (高麗3, 碑文3)』, 한국국학진흥원, p.22.

14) 문화재청·불교중앙박물관, 2020, 앞의 책, p.84에서도 經으로 판독했다.

15) 문화재청·불교중앙박물관, 2020, 같은 책, p.84에서도 □爲로 판독했다.

16) 기존에 淚로 읽어왔으나 泥에 가깝다([그림16] 25-69). 문화재청·불교중앙박물관, 2020, 앞의 책, p.84에서도 泥로 판독했다.

17) 越로 읽는 견해도 있으나 분명치 않다.

사지냈다.

2년을 지나 조서를 내려 "禪德을 나타내는 표지로 훌륭한 호칭을 내림이 마땅하다"고 하셨
다. 시호를 내려 선각대사로 하고, 승탑의 이름을 遍光靈塔이라 했다. 이에 절 이름을 太安
이라 내리시니, 아득히 추모하는 영예로움이 이처럼 성대한 적이 없었다.

그림 6

"當今上居尊之際"의 今上은 태조로서 "왕건이 즉위하자" 정도로 해석할 수 있다. 그
시점은 918년 6월 즉위 직후일 가능성이 크다. 궁예 정권 막바지에 선각대사를 처형
했고 왕건은 그를 막지 못했다. 그래서 즉위 직후 철원에서 추념 지시를 내리며 49재
를 지내게 했다고 판단된다. 이 부분은 글자가 비교적 선명하지만 기존 판독에서 '俾修
七七'을 불명자 처리한 경우가 있어서 사진을 제시한다([그림 6]).

이어지는 서술은 '다음해 3월'에 선각대사의 제자들을 불러 무덤을 만들 곳으로 개
성의 오관산을 언급하고, 그곳에 절을 짓고 승탑을 세우게 한 내용이 있다. 이는 919
년 정월 개성으로 천도한 뒤의 일일 것이다. 석분과 승탑이 완성되자 스님들이 선각대
사의 유해를 옮겨 장사지냈다. 이 때 '號奉色身'했다는 것은 나말려초의 선사비에 곧잘
나오는 표현으로,[18] 슬퍼하면서도 엄숙하게 소리치며 운구하는 장면을 묘사한 것이
다. 철원 근방에 가매장되어 있던 유해를 송악 오관산으로 옮기는 모습으로 짐작된다.
선각대사가 궁예에게 죽임을 당한 뒤에 제대로 된 장례를 치르지 못한 상태였기 때문
일 것이다.[19] 그로부터 2년 뒤에 왕건은 '先覺大師'라는 시호와 함께 遍光靈塔이라는
탑호를 내렸다.

여기서 한 가지 주목할 점은, 왕건이 "開
州(개성) 오관산은 과인의 태를 묻은 곳이다
(開州之五冠山 寡人之藏胎處)"라고 한 구절
이다. 기존 판독에서는 寡人을 식별하지 못
하거나 '眞人'으로 읽는 경우도 있었다. 그러
나 비문 27행의 寡人과 함께, 28행 해당 부
분의 새 탁본과 사진을 참고하면 '寡人'이란
글자가 선명하게 식별된다([그림 7], [그림
8]).

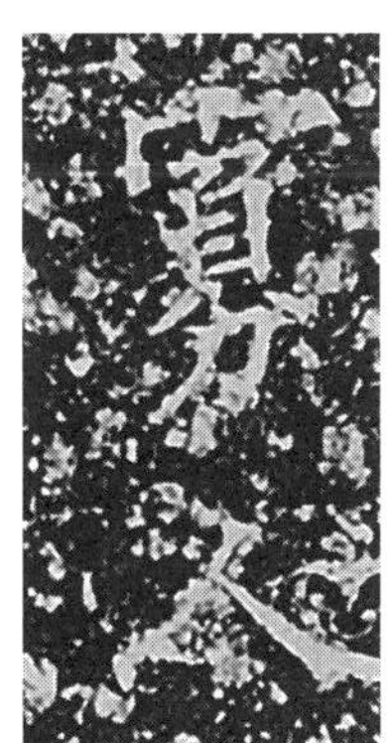

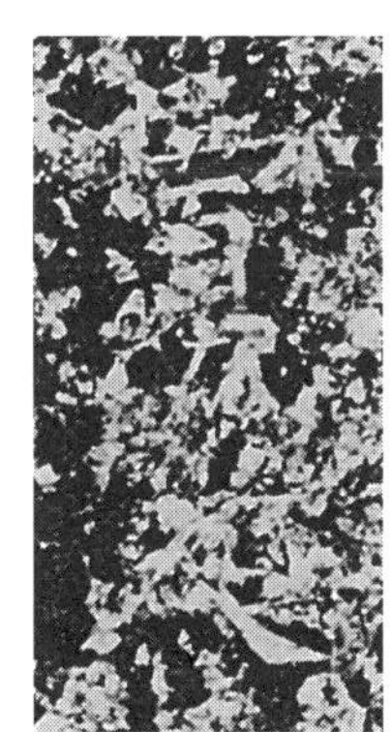

사진

그림 7. 27행 寡人   그림 8. 28행 寡人

---

18) 「쌍계사 眞鑑禪師碑」, 「봉림사 眞鏡大師碑」, 「지장선원 朗圓大師碑」, 「보원사 法印大師碑」, 「고달원 元宗大師之碑」, 그리고 괴
산 외사리비편(하일식, 2025, 「괴산 외사리 선사 비편의 판독과 해석」, 『한국중세사연구』 80) 등에 같은 표현이 있다.

19) 왕건 즉위 후에 비로소 49재를 지냈다는 점, 그리고 이런 내용들은 선각대사가 궁예에게 죽임을 당한 뒤에 제대로 된 장례조
차 치르지 못했음을 알려준다.

28행의 寡人이라는 글자를 새로 판독한 것은, 단순히 두 글자를 읽어내는 것으로 끝나지 않는다. 지배층이 풍수를 살펴 자식의 胎를 묻는 풍습의 연원을 구체적 기록을 통해 확인하는 데서도 중요하다. 고려 이전의 기록으로는 만노군에서 태어난 김유신의 태를 고산에 묻었다는 것이 유일하다.[20] 그러므로 선각대사비에서 태조 왕건의 발언 속에 나오는 이 구절을 통해, 왕건이 태어났을 때 그 부모가 태를 오관산에 묻은 사실이 두 번째로 확인되는 것이다.

이렇게 오관산의 절에 太安寺라는 이름을 내리고 승탑까지 세웠으나, 정작 비석은 시간이 꽤 흐른 뒤에 강진 무위사에 세워졌다. 아마 선각대사의 옛 연고지에서 활동하던 문하승들의 강한 요청이 있었던 탓이 아닐까 짐작된다. 그렇다면 비석 건립과 비문 찬술 요청은 후백제가 소멸하여 후삼국이 통일된 936년 이후일 가능성이 높다.[21] 실제로 비석이 건립된 것은 946년(정종 1) 5월이었다.

이어지는 구절에서 최언위는 태조로부터 비문 찬술을 명령받은 사정을 서술했다. 스스로 겸손하게 재주 없음을 언급하며, "누추한 집에 임금의 명령서[紫泥]가 내릴 것을 어찌 기대했으랴"고 적었다. 그리고 억지로라도 글을 짓는 이유는 "大君이 불법을 숭상한 연유를 드러내고 어렵사리 깔끔한 문장을 지어 문하 제자들이 (스승의) 마지막을 보내는 간절함을 위로"함에 있다고 했다.

비문에서 大君은 행을 바꾸어 써는데, 태조를 가리키기 때문이다. 최언위는 「정토사 법경대사비」에서도 태조를 大君이라 표현했다.

2. 無爲岬寺 주석

이제 선각대사가 귀국하여 무위사에 주석하게 된 사정을 살펴보자. 비문의 ⑤ 부분에 해당한다. 최언위는 이 부분을 당시 지역사회의 배경을 곁들여 서술했다.

> 逎扵天祐二年六月 □達[22]于武州之會津 此時 知州蘸[23]判王公池本 竊承▦▦大師 纔諧捨筏 已抵平津 □地□□攀 □□□□□扵□□□□□慈□ 」每以趍塵 如窺慧日 常扵四事 遠假天廚 實展□□ □□海□ 仍以□那山無爲岬寺 請以住持 ▦▦大師唯命是聽 徙居靈境 此寺也 林□[24]□意 寂□□□□□□□□□□□□□ 」地 然則重修基址 八換星霜 来者如雲 納之似海 (비문 16~18행)

---

20) 『삼국사기』 권41, 김유신 상.

21) 비문이 찬술된 시점을 930년대 말에서 940년대 초로 추정한 것도 이 때문이다. 최언위가 개성에 온 것이 935년이라는 점도 고려해야 한다.

22) 기존에 返으로 판독되기도 했으나 達에 가깝다([그림16]의 16-22). 문화재청·불교중앙박물관, 2020 앞의 책도 이렇게 판독했다.

23) 蘸는 윗부분만 분명하고 判은 비교적 식별 가능하다. ⧺ 아래의 魚와 禾를 좌우로 바꿔 썼다. 이렇게 쓴 蘸는 포항중성리신라비에도 보인다.

24) 기존에 泉으로 추독했으나 손상이 심해 자획 흔적이 거의 보이지 않는다.

천우 2년(905, 효공왕 9) 6월에 무주 회진으로 돌아왔다. 이때 知州蘇判 왕지본이 대사가 배
에서 내려 평진에 닿았음을 가만히 알고서 … 매번 세속의 걸음을 달렸다. 마치 慧日을 엿보
듯 하며 일상의 물품을 댔고, 멀리 음식을 보낸 것이 실로 … 이윽고 □那山 무위갑사에 머
물기를 청하니 대사가 그 요청에 따라 신령스런 곳으로 옮겼다. 이 절은 숲과 … (뜻에 맞았
고) … 그리하여 절을 고쳐짓고 8년을 보내는 동안 찾아오는 사람이 구름처럼 많아 바다처
럼 받아들였다.

선각대사가 귀국하자 무주의 실력자 王池本이 극진하게 대하며 후원했다. 당시 큰 지방세력은 知州諸軍
事라든가 城主·將軍을 자칭하고 있었다. 왕지본이 칭한 소판은 신라 제3등 관등인데 이를 신라 조정에서
받은 것인지, 자칭한 뒤에 용인받은 것인지는 판단하기 어렵다.

왕지본은 견훤의 세력권 안에서 반독립적 지배력을 행사하고 있던 세력가였다. 그의 세력은 지금의 광
주를 중심으로 남쪽으로 강진에 미치고 있었다고 추정된다. 이런 왕지본의 배려와 후원으로 선각대사는 무
위사에 머물며 절을 크게 고쳐 짓고 8년을 머물렀다.[25] 그리하여 "(가르침을 받기 위해) 찾아오는 사람이
구름처럼 많아 바다처럼 받아들였다"[26]고 할 만큼 사찰은 크게 번성했다.

앞의 단락에 이어서, 최언위는 당시의 정치·사회상을 이렇게 언급했다.

何期運當□□[27] 時屬□□[28] 危蹠扵桀紂之年 乱甚於劉曹之代 上無聖主 猶鋪猬聚之徒 下有□
流 莫□鯨□[29]之難[30] 物□□□□如□ 」四海沸騰 三韓騷擾 (비문 18~19행)
어찌 운세가 … 당함을 기대했겠는가. 당시는 …에 속하여 위태로움은 桀紂 시절보다 더하
고, 어지럽기가 유비·조조의 시대보다 심했다. 위로는 聖主가 없이 고슴도치 무리가 깔린
것 같고, 아래로는 고래 … 어려움 … 사해가 비등하고 삼한이 떠들썩하니 어지러웠다.

그는 "위태로움은 桀紂 시절보다 더하고 어지럽기가 유비·조조의 시대보다 심했다"고 표현했다. 이는
기존에 판독되지 못한 부분이나 새 탁본과 사진을 통해 선명하게 확인된다([그림10]). 여기서 桀紂는 궁예

---

25) 비문에서는 八換星霜이라고 했으나 처음 무위사에 주석한 뒤부터인지, 크게 중창한 뒤부터인지를 판단하기는 어렵다. 다만
　　귀국 후에 무위사에 주석하기까지 긴 시간이 걸린 것같지는 않으므로, 905년으로부터 8년이라고 이해하는 것이 무난할 듯하
　　다.
26) "來者如雲 納之似海"라는 표현은 당시 선사 비문에서 곧잘 쓰이던 문구이다. 「보현사 낭공대사비」를 비롯하여 최언위가 찬술
　　한 선사비들, 그리고 최치원의 「新羅壽昌郡八角城護國燈樓記」, 괴산 외사리비편(하일식, 2025 앞의 글)에도 보인다.
27) 何期運當은 기존에 불명자 처리되었던 것이다. 그러나 글자 획이 비교적 선명한 편이다. 문화재청·불교중앙박물관, 2020 앞
　　의 책, p.84에서는 □□ 부분을 勃逆으로 판독했으나 동의하기 어렵다. 사진만 제시한다([그림 9]).
28) 문화재청·불교중앙박물관, 2020, 앞의 책, p.84에서는 淹訛로 판독했다.
29) 기존에 鯢로 추독했지만, 비면 손상으로 字痕이 거의 남아 있지 않다.
30) 歎으로 읽은 경우도 있지만 難이 선명하다([그림16] 18-63).

를 빗댄 언급이 분명하다.[31]
그리고 "어지러움은 유비·조
조의 시대보다 심했다"는 것
은 후삼국 대립상을 언급한
것이며, 이는 "사해가 비등하
고 삼한이 떠들썩하니 어지
러웠다"는 구절로 압축된다.

"위로는 聖主가 없이 고습
도치 무리[32]가 깔린 것 같고,
아래로는 고래 …"라는 구절
은, 훌륭한 임금이 없이 간사
한 무리들이 깔린 탓에, 정치
가 어지럽고 백성의 고통이
컸다는 투의 문장이 아닐까
짐작된다. 이런 문장은 주로
태봉의 상황을 상정하여 서
술했을 것이다.

그림 9. 何期運當□□

그림10. 危踰於桀紂之年

아무튼 최언위의 이런 표현들 속에서 태봉의 국왕을 존중하는 태도는 찾을 수 없고, 오히려 혐오에 가까운 정서가 깔려 있다고 판단된다. 반면에 "위로는 聖主가 없다"는 표현은, 이제는 앞서와 같은 어지러운 시기를 지나서 후삼국을 통일한 훌륭한 국왕이 존재한다는 생각을 전제한다.

이런 내용은 최언위가 비문을 작성할 때, 대사의 문하승이나 태봉 때의 일을 알고 있는 주변인에게 묻거나 들은 이야기를 바탕으로 서술된 것으로 짐작된다. 비문에는 이렇게 대사의 활동을 서술하기 전에 정치·사회적 배경을 먼저 적은 경우가 더러 있는데, 이는 후삼국 통일 후에 경주에서 개성으로 옮긴 최언위가 잘 알 수 없는 내용이었을 것이기 때문이다.

---

31) 최언위는 비문에서 견훤을 뜻하거나 그를 빗댄 것으로 짐작될 만한 표현을 남기지 않았다. 그가 접한 선각대사의 行狀이나 개경에서 들은 이야기 가운데 견훤에 관한 내용이 거의 없었기 때문일 것이다. 반면에 후삼국 혼란상을 언급하거나 궁예의 포악함을 표현한 구절은 많다.

32) 비문에서 '고슴도치 무리(猬聚之徒)'가 이른바 지방세력(호족)을 뜻하는지, 아니면 궁예 아래의 姦臣을 가리키는지는 판단하기 어렵다.

III. 왕건과 선각대사의 만남

이제 선각대사가 왕건을 만나 태봉으로 거처를 옮기기까지의 비문을 살펴보자. 앞서 인용한 단락에서 이어지는 부분으로, 내용 구분 ⑥에 해당한다. 이 부분에 관한 내 판독과 해석은 기존 견해와 다르기 때문에, 하나씩 설명하기 편하게 먼저 원문을 제시한다. 원문은 모호한 글자를 선명히 읽어낸 부분, 그리고 새롭게 읽어낸 글자를 보완했다.[33] 다음으로 내가 이해한 방향으로 번역하고, 이렇게 해석한 판단 근거를 이어서 이야기할 것이다.

> 至九年[34]八月中 ▨▨前主永平北寇 ▨擬▨征 ▨▨▨發舳艫 親駈車駕 此時 羅州歸命 屯軍於浦
> 嶼之旁 武府逆鱗 動衆於郊畿之▨ ▨▨▨時 [7자 남기고 행 바꿈] 」大王聞 ▨▨大師近從吳越
> 新到秦韓 匿摩尼於海隅 藏美▨於天表 所以先飛▨▨▨丹詔 遽屈道竿 ▨▨▨大師捧制奔波 趍風猛
> 浪 親窺虎翼 暗縮龍頤 僧▨▨▨ 吳王轉明之干[35]▨▨ 」無以加也 其後班師之際 特請同歸 信宿
> 之間 臻于北岸 逐於舍那禪院 請[36]拂行塵 供給之資 出於內庫 (비문 19~21행)

(천우) 9년(912) 8월에 前主가 북쪽 도적들을 완전히 평정하고 … 수군을 발동하여 손수 군대를 이끄셨다. 이때 羅州가 항복하여 섬과 포구에 병력을 머물렀는데, 武府는 뜻을 거스르며 왕이 머문 곳 주변에서 무리를 움직였다. …

이때 大王(왕건)께서 대사가 최근에 吳越로부터 秦漢에 새로 도착하여 바닷가에서 摩尼를 숨기고 美▨를 아득한 곳에 감추고 있음을 들으셨다. 먼저 丹詔를 절에 보내 몸을 굽히셨으므로, 대사는 制를 받들어 파도를 헤치고 거친 풍랑을 거쳐 달려가서 용맹스런 군대의 위엄을 보고서 가만히 고개를 숙였다. … 康僧會가 吳王을 밝혀준 것[37]에 … 더할 바가 없었다.

그 후에 군사를 돌이킬 때 특별히 함께 돌아가기를 요청해서 이틀 밤을 지나 北岸에 이르렀다. 이윽고 舍那禪院에서 여행길의 피로를 떨칠 것을 청하고, 필요한 비용은 內庫에서 내어 공급했다.

여기서 前主는 궁예를 가리킨다.[38] "前主 永平北寇"에서 '北寇'는 기존 판독에서 대개 '▨▨'처리된 글자이

---

33) 새 탁본과 직접 조사를 통해 기존 판독을 교정한 것이다. 해석에 영향을 끼치는 중요한 몇 글자는 사진을 제시하겠지만, 나머지 여러 글자들을 일일이 언급하지는 않는다.

34) 天祐는 904년부터 사용되어 907년에 당이 멸망하고 사라진 연호이다. 당의 멸망을 모르지 않았겠지만, 이 비문에서는 뒤의 서술에서도 이 연호를 이어서 썼다. 後梁·後唐 등이 연호로 연도를 표기하기가 혼란스럽다고 판단했거나, 태봉 연호의 사용을 기피한 탓이 아닐까 한다.

35) 下로 읽은 경우도 있으나 비면을 관찰하면 干이 선명하다. 문화재청·불교중앙박물관, 2020 앞의 책, p.84도 干으로 판독했다.

36) 詣로 읽은 경우도 있으나 請으로 판단된다. 문화재청·불교중앙박물관, 2020 앞의 책, p.84도 請으로 판독했다.

37) 康僧會는 吳王 孫權의 후원을 받았던 서역 출신 譯經僧이다. '吳王轉明…'은 이를 가리킨다.

38) 궁예를 가리키는 19행 前主 앞에 2글자를 띤 것은 廢主에 대한 최소한의 예의인지, 최언위나 유훈률의 불찰인지 알 수 없다.

그림 11. 北寇

다. 그러나 [그림11]에서 보듯이 北寇가 선명하다. 궁예가 북쪽의 독립 세력을 완전히 평정했다는 뜻으로, 『삼국사기』에는 905년의 일로 다음과 같이 기록되어 있다.

> (천우 2년, 905) ···浿西 13鎭을 나누어 정했다. 평양 성주인 장군 黔用이 항복하고, 증성의 赤衣·黃衣賊 明貴 등이 귀부했다.[39]

이는 궁예가 세력을 확장하던 시기에 도읍을 송악에서 철원으로 다시 옮긴 직후이다. 이 무렵에 한반도 서북부 지역의 독립 세력들이 대거 복속했고, 궁예는 이를 13개의 鎭으로 편제했다. 비문은 이를 서술한 것이다. 이어진 비문 서술은 불분명한 글자가 있지만 征이 분명하므로([그림16] 19-25) 아마 남쪽 방향으로 정벌에 나섰다는 내용에 해당할 것이다. 왕건이 궁예 휘하에서 활동하면서 수군을 이끌고 나주를 공략하던 상황이 뒤따르므로, 이렇게 추정하면 문맥도 자연스럽다.

왕건이 서남해안에 출정한 것은 여러 차례였다. 나주를 공략한 첫 활동은 903년으로, 이때 나주 근방 10여 군현을 공략했다.[40] 그리고 909년에 다시 수군을 이끌고 鹽海縣(신안군 임자도)에 머물다가 견훤이 오월에 보내는 사신을 포획하여 돌아왔다. 다시 궁예의 명령을 받아 2천 5백의 군사를 이끌고 珍島郡을 공략하고 皐夷島에 머문 적이 있다.[41] 이 과정에서 견훤군과 육지와 바다에서 여러 번 충돌했으나, 912년 덕진포 해전에서 대승을 거둔 후에는 견훤이 나주를 다시 넘보지 못했다.

913년 궁예가 왕건을 철원으로 불러들여 시중으로 삼을 때까지, 왕건은 나주에 머물렀다. 잠시 철원에 머물던 왕건은 이듬해 914년에 시중에서 해임되어 다시 나주를 중심으로 한 서해안 군사활동에 보내졌다. 이때는 전함을 대대적으로 건조하여 나주로 가서 기근에 시달리는 軍民을 안정시키고 돌아왔다.[42] 이것이 나주와 관련한 왕건의 마지막 활동이다.

왕건과 선각대사의 만남은 나주 공략 때의 일이다. 그런데 그 시점은 언제였고, 함께 태봉으로 간 때는 언제였을까?

우선 전제해야 할 것은, 당시 역사적 정황과 사건 전개에 관한 비문의 서술은 시간이 압축되어 있다는 점이다. 최언위는 935년 이전에 이런 상황에 관해 직간접으로 경험하거나 들은 적이 없었을 것이다. 行狀에 적힌 내용, 그리고 20여 년 뒤에 傳聞한 내용을 짧게 재구성한 서술이다. 그래서 서북지방의 세력가들이 궁예에게 귀부한 때를 912년의 일처럼 써서 시간 착오처럼 보이기도 한다. 또 수군을 통한 왕건의 나주 공

---

39) "天祐二秊 ··· 分定浿西十三鎭 平壤城主將軍黔用降 甑城赤衣·黃衣賊明貴等歸服"(『삼국사기』 권50, 열전 궁예).

40) 『고려사』 권1, 태조 天復 3년 3월.

41) 『고려사』 권1, 태조 開平 2년.

42) 『고려사』 권1, 태조 乾化 4년.

략도 912년 한 차례인 듯이 썼으나 여러 차례의 일을 압축하여 단순화한 서술이다.

"武府는 뜻을 거스르며 왕이 머문 곳(郊畿) 주변에서 무리를 움직였다"는 것은 910년 후백제가 나주를 공격한 것[43]을 뜻하는지, 아니면 912년 덕진포 해전[44]을 뜻하는 것인지 분명치 않다. 아마도 왕건이 나주를 장악하고 무주를 공격했을 때, 무주를 지키던 견훤의 사위 池萱이 굳게 지키며 항복하지 않은 사실[45]을 가리킬 가능성이 크다.

비문은 "섬과 포구에 병력을 머물렀"을 때 선각대사의 존재를 알고 글을 보냈다는데, 아마도 909년 즈음이 아닐까 한다.[46] 글을 받은 선각대사는 "파도를 헤치고 거친 풍랑을 거쳐 달려"가서 왕건을 만났다. 그리고 용맹스런 군대의 위엄을 보고서 "가만히 고개를 숙였다"(暗縮龍頤)고 했다. 이 구절은 종래 판독되지 못한 경우가 더러 있고 잘못 번역된 경우도 있으므로 사진을 제시한다([그림12]).[47]

이 만남 뒤에 대사는 무위갑사로 돌아갔을 것으로 짐작된다. 그러면 언제 태봉으로 갔을까? 비문은 "군사를 돌이킬 때 특별히 함께 돌아가기를 요청해서 이틀 밤을 지나 北岸에 이르렀다"고 했다. 매우 생생하고 구체적이다. 상상컨대 아마 대사를 수행하여 함께 간 문하승이 있었고, 이 승려가 行狀 작성에 관여했기 때문일 것이다. 선각대사가 왕건을 따라 태봉으로 옮긴 때는 아마도 왕건이 나주 주둔을 마무리하던 913년~914년 무렵으로 짐작된다.[48]

선각대사를 舍那禪院에 머물게 하고 "필요한 비용은 內庫에서 내어 공급했다(供給之資 出於內庫)"는 구절도 잘 짚어보아야 한다. 舍那禪院은 기존에 읽지 못한 경우가 많았으나 비교적 분명히 식별할 수 있다([그림13]).

그림 12. 暗縮龍頤   그림13. 舍那禪院

---

43) "開平四季 萱怒錦城投于弓裔 以步騎三千圍攻之 経旬不解"(『삼국사기』 권50, 견훤전).

44) 왕건이 나주로 갈 때 견훤군은 목포에서 덕진까지 육지와 바다에서 병력을 성대히 벌여놓았다고 기록되어 있다. "及至羅州 浦口 萱親率兵列戰艦 自木浦至德眞浦 首尾相銜 水陸縱橫 兵勢甚盛"(『고려사』 권1, 태조1).

45) "海陽縣 … 後高麗王弓裔 以太祖 爲精騎大監 師舟師 略定州界 城主池萱 以甄萱壻 堅守不降"(『고려사』 권57, 지리2)

46) 어쩌면 대규모 함선을 동원하여 마지막으로 나주에 내려왔던 914년 무렵일 가능성도 있다.

47) 기존에는 "대사의 용과 같은 지혜를 가만히 숙이셨다"(최연식, 2012, 앞의 책, p.30), "왕은 좌우에 권위를 나타내기 위해 세워둔 龍頭를 치우기까지 하였다"(이지관, 1994, 『교감역주 역대고승비문:고려편1』, p.327), "(왕이) 가만히 용두를 숙였으니"(한국역사연구회, 1996, 앞의 책, p.238) 등으로 번역되었다. 龍頤는 고매한 승려의 턱이나 얼굴을 가리키는 표현으로 「보원사 寂忍國師碑」, 「玄化寺碑」, 「봉암사 靜眞大師碑」, 「고달원 元宗大師碑」 등에도 나온다.

48) 비문에서 대사가 905년 무위갑사에 머문지 8년째에 많은 제자들이 찾아왔다는 언급에 이어 왕건과 만남이 서술되는 것을 감안하여 이렇게 추정할 수 있다.

기존에는 이 절을 철원 부근의 사찰로 이해했다. 그런데 「봉암사 靜眞大師碑」를 보면, 광종이 정진대사를 사나선원에 머물게 한 뒤에 문무백관과 승관을 대동하고 궁궐을 잠시 나와서(暫出) 절을 찾아가 만난 사실이 있다.[49] 개성에서 철원으로 행차가 '暫出'로 표현될 수는 없으므로 사나선원은 개성 부근의 절이라고 판단되는 것이다.[50]

왕건의 권유로 태봉으로 옮긴 선각대사는 철원이 아니라 개성의 사찰에 주석했다. 그리고 그에 수반되는 비용을 왕건이 개인적으로 충당했다. 물론 저명한 승려를 옮겨온 사실이 궁예에게 보고되었을 수도 있는데, 뒤에 언급할 선각대사가 처형된 정황을 보면 이 가능성이 커 보인다.

이제 이 단락을 둘러싸고 해석의 논란이 생겨난 근본 문제들을 짚어보자. 비문은 선각대사를 송악의 사나선원으로 옮긴 뒤에 여러 비용을 內庫에서 댔다고 했다. 내고는 왕실 재정을 뜻한다. 그러면 철원의 궁예가 송악 사나선원에 머물던 선각대사를 후원했다가, 나중에 어떤 이유로 처형했던 것일까? 그리고 이 단락에 담긴 여러 활동의 주체가 왕건이 아니라 궁예일까?

결론부터 말하자면, 이런 여러 활동 주체를 국왕으로 표현한 호칭들은 왕건을 가리킨다. 이 점은 이 글의 첫머리에 이미 언급했었다. 최언위는 현 국왕인 왕건의 명을 받고 비문을 지었다. 그래서 국왕이 되기 전에 이루어진 왕건의 과거 활동을 서술할 때 시간을 소급한 호칭과 표현을 썼던 것이다. 이 점을 감안하지 않은 채 유추하고 재구성하려 하면서 빚어진 혼란이 궁예의 親征, 궁예와 선각대사의 만남, 궁예의 선각대사 후원, 그리고 마지막에 선각대사 처형 전후의 심문 장면을 궁예와 나눈 禪問答처럼 풀이한 해석이다.

이 단락에 나오는, 국왕을 뜻하는 표현이나 호칭은 여럿 있다. 前主, 親駈車駕, 郊畿, 大王, 丹詔, 捧制, 內庫 등이다. 前主가 태봉의 궁예를 가리킨다는 데는 다른 판단의 여지가 없다. 나머지 표현들은 현 국왕인 태조 왕건의 현재를 과거로 소급하여 적용한 결과이다. 심지어 최언위는 궁예의 신하로 활동하던 왕건이 머물던 나주 부근을 郊畿라고까지 표현했고, 선각대사를 송악의 사나선원에 머물게 하고 私財로 후원한 일을 서술할 때도 內庫라고 표현했다. 왕건의 신하가 된 최언위의 視點에서 時點을 소급했기 때문이다. 이것이 왕조시대의 筆法이었다.

특히 이 단락의 '大王'이란 호칭에 대해서는 비문 전체 속에서, 텍스트의 사회성과 역사성을 전제로 짚어보아야 한다. 시간을 소급한 표현이라는 점을 확인하기 위해 비문의 형식을 두루 살펴볼 필요도 있다. 같은 시기의 다른 비문과 마찬가지로 선각대사 비문도 尊崇하는 인물을 언급할 때면 앞에 2글자 여백을 두거나, 아예 행을 바꾼 곳들이 여럿 있다

선각대사, 그리고 유학시절 선각대사의 스승을 언급할 때는 앞에 2글자 여백을 두었다. 국왕을 뜻하는

---

49) "其年四月移住舍那禪院… 上領文虎兩班及僧官 暫出珠宮 親臨金地 手擎鵲尾 面對龍頤" (「봉암사 靜眞大師碑」). 또 광종이 원종대사를 불러서 길을 떠난 대사가 王城 舍那院에 이르자 광종이 가서 만나기도 했다("至王城舍那院 翌日 上幸舍那院" 「고달사 元宗大師碑」). 이 왕성 사나원이 사나선원일 것이다. 아마 사나(선)원 또는 사나사라는 이름의 절이 개성 이외에도 있었으므로 구분하려고 '王城'이라고 굳이 덧붙이지 않았을까 생각한다.

50) 『삼국유사』 왕력에는 태조가 송악으로 옮긴 해에 舍那를 포함한 10刹을 창건한 것으로 되어 있다. 이 舍那(寺)가 舍那禪院과 같은 절이라면, 10찰에는 이전부터 있던 절이 포함된 셈이다.

主上·前主·丹詔·鳳筆 등도 마찬가지다. 아예 행을 바꾼 경우도 있다. '入/朝使'(13행), '/漢室龍興(26행)',[51] '/今上'(27행), '/先覺大師'(30행), '/紫泥'(31행), '/大君'(32행) 등이다. 이들을 보면 완전한 규칙성을 갖추지는 못했지만, 2글자를 띈 경우보다는 더 크게 구분하려 한 의도임은 분명하다. '大王'은 3번 나오는데 2번(20행, 23행)은 행을 바꾸었지만 1번(24행)은 2글자만 띄었다. 규칙성을 완벽하게 갖추지는 못한 경우이다.

이렇게 행을 바꾼 것이 撰者 최언위인지, 書者 유훈률인지 선뜻 단정하기는 어렵다. 아마 최언위의 원고에서 띄어쓰기가 되어 있었으나 규칙성을 완벽히 지키지는 못했고, 유훈률이 글씨를 쓰는 과정에서도 이를 답습했거나 혹은 한두 군데 더 어그러졌을 수도 있을 것이다.[52] 다만, 그 어떤 경우든 같은 단락에서 廢主를 前主라고 부른데 이어서 곧바로 大王이라 높여 부르며 극도의 尊崇을 나타내려고 행을 바꿔 쓴다는 것은 왕조국가에서는 있을 수 없다.

IV. 궁예의 심문, 대사의 혐의

이제 선각대사가 궁예의 심문을 받으며 항변했으나 처형당하기까지, 그 과정에서 왕건이 그를 변론하는 글을 올린 내용 등을 살펴본다. 비문 21행~26행에 걸친 서술로서, 앞서 구분한 ⑥에 해당한다. 여기에는 선각대사가 최후를 맞는 장면이 생생하게 기록되어 있고, 궁예 말년의 난맥상과 포악함도 잘 드러난다.

이 단락에는 그동안 제대로 판독되지 않은 중요한 글자들이 있었다. 그런 이유 때문이기도 하고, 앞에 언급한 단락과 마찬가지로 문장 속 주어를 뒤바꾸어 해석하여 혼선을 빚었다. 문장 속의 주어로 서술된 인물의 지위가 시간을 소급하여 大王으로 표현되었다는 점을 고려하지 않았기 때문이다.

이제 필요한 경우에 몇 글자의 새 판독을 제시하면서, 편의상 문단을 ㉮·㉯·㉰로 나누어서 순서대로 살펴본다. ㉮는 선각대사가 처형되는 장면을 중국 승려들의 수난 사례에 빗대어 서술한 내용이다. 바로 앞에서 인용한, 선각대사를 송악으로 모셔온 뒤에 왕건이 사비로 후원했다는 서술에 이어지는 문장이다.

㉮ 所恨群魔難伏 衆病莫除 雖奉法以栖眞 迺憑□□□□□ 今□禍者 遍如□□」扷殺無辜 而乃
遭艱者 塡甚雲屯 同歸有罪 然則澄公道德 敢悛胡石之兒 慧始仁慈 寧止赫連之暴 況又永言移
國 唯唱喫人 可謂多疑 亦[53]生不信 (비문 21~22행)

---

51) 이 비문은 행 바꾸기가 유독 심한 편이다. 더구나 '入/朝使'나 '/漢室龍興'까지 행 바꿈을 하여 '慕華 事大主義'(?)가 심하다는 느낌마저 있다.

52) 「성주사 낭혜화상비」나 「쌍계사 진감선사비」에서도 2글자와 3글자 띔이 섞여 있다(하일식, 2016, 「신라의 得難 신분과 阿湌 重位制」, 『韓國古代史研究』 82, p.281). 전자는 최치원이 글을 짓고, 최언위가 글씨를 썼다. 후자는 최치원이 비문을 짓고 글씨도 썼다.

53) 本(최연식, 2011, 앞의 역주), 潛(문화재청·불교중앙박물관, 2020, 앞의 책)으로 판독하기도 했으나 亦으로 읽는 것이 무난할 듯하다([그림16] 22-53). 바로 뒤 글자는 손상이 많지만 生으로 판독했다.

한스러운 바는 마귀 무리를 굴복시키기 어렵고 많은 질병을 제거하기 어려움이라. 佛法
을 받들어 참됨에 깃든다지만 …를 핑계로 …지금 禍를 입는 것이 …처럼 두루 …무고한
사람을 마구 죽여서 고난을 당한 자가 구름 모이듯 꽉 차고 모두 有罪로 몰렸다. 그러니
佛圖澄의 도덕으로 감히 오랑캐 石氏의 흉악함을 고치고, 慧始의 인자함으로 赫連勃勃의
흉포함을 정녕 그치겠는가. 하물며 또 영원히 나라를 옮겼다고 말했지만 오직 사람을 삼
킬 듯 고함칠 뿐이었다. 의심이 많은 것이 다시 불신을 낳는다고 할 만했다. …

궁예 말년의 태봉 상황을 이야기한 것이다. 佛法을 받들며 참됨에 깃든다지만 禍를 당하고 유죄로 몰린
사람이 구름처럼 많았다고 서술했다. 또 "의심이 많은 것이 또한 불신을 낳는다고 할 만했다"는 것은 『삼국
사기』 궁예전에 기록된 내용이나, "궁예가 반역죄를 엮어 하루에도 100여 명을 죽여서 장수나 재상 가운데
해를 입은 자가 십중팔구였다"는 『고려사』 기록[54]과 대략 일치하는 분위기이다.
　이어지는 서술에서는 고대 중국의 여러 승려들을 열거했다. 澄公은 佛圖澄, 胡石은 後趙 石勒을 가리킨
다. 불도징은 석륵의 귀의를 받았지만 석륵의 손자 石虎가 불교를 배척하고 포악한 정치를 행했다. 慧始는
西晉 말의 승려 曇始로 추정되는데, 그는 5호 16국의 하나인 大夏의 군주로 잔혹하기로 이름난 赫連勃勃에
게 화를 당하여 칼날을 맞았으나 죽지 않았다는 이야기가 전한다. 담시는 뒤에 요동으로 가서 고구려에 불
교를 전한 인물로 추정된다. 최언위가 이런 인물들을 거론한 이유는, 중국에서도 승려들이 고난을 겪은 경
우가 많았음을 선각대사에 빗대어 서술하기 위해서였다.
　이어지는 ⑭문단은 선각대사가 궁예에게 불려가 신문을 당하는 장면을 서술했다. 문장이 난해하고 일부
글자들이 제대로 판독되지 못하여 禪問答처럼 풀이되기도 했던 부분이다.

> ⑭ 以十□□□□□日 [6글자 남기고 행 바꿈] 」大王驟飛鳳筆 令赴龍庭 冀聞絶跡之譚 猶認無言
> 之理 □□大師狼忙入內 □□□主上鶚立當軒 難測端倪 失於擧措 豈思就日 玄高之獲覯[55] 昏君
> 無奈 瞻□□□□□ 遭僞代是 □□ 」業對將至 因緣靡逃 兼被崔皓懷奸 寇謙蘊毒[56] (비문
> 22~24행)
> 1(4년)[57]… 하는 날, 大王(왕건)이 鳳筆을 날려 궁궐에 보내어 자취를 끊은 이야기를 올려
> 들어주기를 기대했으나 아무 말도 없었던 것처럼 되었음을 알았다. 대사가 황망히 궁궐
> 에 들어가니 主上(궁예)이 전각 마루에 부엉이처럼 우뚝 서 있었고, 어떻게 될지 알기 어
> 려워 어쩔 줄을 몰랐다. 玄高가 붙잡혀 죽임을 당한 날을 생각조차 하였겠으나 昏君이라

---

54) "時禼誣構叛罪 日殺百數 將相遇害者 十有八九"(『고려사』 권1, 태조).

55) 覻으로 읽은 경우도 있지만 覯에 가깝다. 문화재청·불교중앙박물관, 2020 앞의 책, p.84도 覯으로 판독했다.

56) 기존에 불명자 처리되었으나 문화재청·불교중앙박물관, 2020 앞의 책, p.84에서 溫蘊으로 판독한데 동의한다([그림16]).

57) 비문에서 분명히 판-독되는 것은 '十' 자인데, 기존 역주의 대부분이 대사의 출생 연도를 기준으로 나이를 따져서 죽임을 당한
　　연도를 天祐 14년(917)으로 추정한다. 천우 연호를 연장해 쓴 이유는 앞의 주34 참조.

어쩔 도리가 없었다. … 거짓이 올바름을 대체함을 만났다. … 장차 業을 마주함에 이르러, 달아나려 하지만 인연이 쫓아옴을 당하여 崔皓가 간사함을 품고 寇謙之가 毒氣를 쌓았던 두 가지를 함께 당하니 …

첫 번째 내용은 궁예가 선각대사에게 죄를 씌워 소환하자 대왕(왕건)이 변론하는 글을 보냈다는 내용이다. 두 번째 내용은 선각대사가 궁예에게 불려가서 심문을 당하는 장면이다. 세 번째는 이런저런 변론이 아무 소용 없었음을 중국 고승이 수난을 당한 사례에 빗댄 서술이다.

여기서 大王·鳳筆은 앞서와 같이 왕건의 지위를 시간을 소급하여 적용한 표현이다. 그런데 龍庭이란 표현은 사건이 일어날 당시이므로 궁예의 궁궐이라 보아야 한다. 龍庭이란 표현이 들어간 이유는, 궁예가 쫓겨나기 전에 문하승이 작성한 行狀에 들어 있던 표현을 최언위가 비문을 지으면서 미처 그대로 옮겨왔기 때문으로 판단된다.

어쨌든, 소식을 들은 왕건은 궁궐에 글(鳳筆)을 보내 '자취를 끊은 이야기(絶跡之譚)'를 올려 궁예가 들어주기를 기대했다. 그러나 "아무 말도 없었던 것처럼 되었음을 알았다(猶認無言之理)". 선각대사가 궁궐에 불려가자 主上(궁예)이 "부엉이처럼 우뚝 서 있었"다고 했다. 主上도 龍庭과 마찬가지로 문하승이 작성한 行狀에 들어 있는 낱말을 그대로 옮긴 표현이다. 廢主에 대한 貶下가 강했다면 쓰기 어려운 표현인데, 최언위가 당시 사정을 소상히 숙지하지 못하여 미처 바꾸지 못한 탓도 있었기 때문이 아닐까 한다.

여기서 거론된 玄高는 북위 태무제의 폐불 때 처형당한 승려이고, 崔皓는 이 폐불을 주도했지만 뒤에 자신도 죽임을 당한 인물이다. 寇謙之도 태무제의 불교 배척을 주도한 인물이다. 선각대사에게 어떤 혐의를 씌워 무고한 인물이 있었고, 그 또한 나중에 변을 당한 사례가 있었기에 이렇게 거론하지 않았을까 한다. 이어진 ㉲는 선각대사가 최후를 맞을 무렵에 대사와 왕건의 발언이다.

㉲ ▨▨大王謂▨▨大師曰 吾師人聞[58]慈父 世上導師 何有存非 不無彼此 ▨▨大師方知禍急 罔避危期 □曰□□□□ □嬰菖僕之謀 □ 」者懷恩 寧厠商臣之惡 然而壹言不納 遷戮仍加 (비문 24~25행)
捨命之時 □圖□□[59] 俗年五十有四 僧臘三十有五 于時川池忽竭 日月無光 道俗吞聲 人天變色 豈謂秦原□□□□□ 即世之□[60] [1글자 남기고 행 바꿈] 」漢室龍興[61] (비문 25~26행)
大王(왕건)께서 대사에게 말씀하셨다. "우리 스님은 사회의 자애로운 아버지로 세상을 이

---

58) 이 비문에는 間을 聞으로 쓴 경우가 많다. 21행 '信宿之聞'이 그렇다.

59) 이 구절은 간혹 한두 글자를 읽은 경우도 있으나 거의 식별하기 어렵다. 다만 두 번째 글자 圖는 상대적으로 분명해 보인다([그림16] 25-25). 아마 죽임을 당하는 순간에 구차하게 어떤 것을 도모하지 않았다는 내용이 아니었을까 상상한다.

60) 戾에 가까운 자획이나 확정하기는 어렵다([그림16] 25-69). 宿世之戾와 대비되는 뜻으로 쓰인 即世之戾일 가능성을 언급해둔다.

61) '漢室龍興'이란 표현은 최언위 찬으로 추정되는 「오룡사 法鏡大師碑」에도 보인다.

끄는 스승이니 어찌 生死의 구별이 있을까만 彼岸과 此岸은 있겠지요." 대사는 바야흐로
화가 급히 닥친 것을 알았지만 위태로운 때를 피하지 않았다. … (대사가) 말하길 "… 莒
僕의 음모를 목에 걸칠 것이며, 은혜를 품고서 어찌 商臣의 악행에 섞이겠습니까?" 그러
나 한 마디도 받아들이지 않고 끌고가 심하게 도륙했다.

목숨을 버릴 때 … 세속 나이로 54살, 승랍으로 35년이었다. 이때 내와 못이 갑자기 마르
고 해와 달이 빛을 잃었다. 승려와 속인이 울음소리를 삼켰고 사람의 낯빛과 하늘빛이 바
뀌었다. 어찌 秦나라가 원래 … (한 순간에 끝나고) 漢 왕조가 흥했다 하겠는가.

"심하게 도륙했다"는 표현은 선각대사를 처형한 방식이 목을 베는 것 이상으로 잔인했음을 시사한다. 이 글 첫머리에 언급했듯이, 장례조차 제대로 치르지 못한 상태로 있다가 왕건이 즉위한 뒤에 石墳을 만들라는 지시가 내린 이유를 짐작게 하는 것이다.

㉺에서 특히 주목되는 것이 선각대사가 언급한 莒僕과 商臣이다. 거복은 춘추시대 莒國 紀公의 태자 僕이다. 기공이 季他를 아껴 僕을 내치려 하고 무례한 짓을 많이 하자, 거복은 호위병의 힘을 빌어 아버지 기공을 죽였다. 그리고 寶玉을 갖고 도망쳐 魯 宣公에게 바쳤다.[62] 그리고 상신은 楚의 태자로, 아버지 成王이 태자를 公子 職으로 바꾸려 하자 난을 일으켜 성왕을 자살하게 하고 왕위에 올랐다.[63]

앞서 최언위가 중국 승려들이 수난을 당한 사례를 든 것은, 선각대사의 경우에 빗댄 것이므로 자연스레 이해된다. 그런데 대사의 직접화법으로 거복·상신이 거론되었다. 이를 대사가 왕건에게 한 말인지, 궁예 앞에서 한 말인지, 또는 문하승들에게 혼잣말처럼 한 푸념(?)인지 명확히 판단하기는 어렵다. 중간에 판독 불능의 여러 글자들이 있기 때문이다.[64] 그런데 선각대사의 발언에서 거복과 상신이 나온 것을 어떻게 이해할 수 있을까?

이 점을 분석하면 새로운 사실을 밝힐 수 있다. 즉 이런 내용으로부터 그동안 전혀 파악되지 못했던, 궁예가 선각대사에게 덧씌운 '혐의'를 유추할 수 있는 것이다. 혐의는 두 가지였다. 하나는 후백제와 내통한다는 것이었고, 다른 하나는 궁예를 내쫓고 왕자를 내세우려는 반역에 가담했다는 것이었다.

기존에는 앞의 ㉺ 문단에 나오는 '자취를 끊은 이야기(絶跡之譚)'라든가, ㉮ 문단에 나오는 "영원히 나라를 옮겼다(永言移國)고 말했지만"이란 구절을 禪問答으로 풀이하거나 혼란스럽게 번역했다. '永言移國'은 "모두가 나라를 떠나려 하였으나"[65]라든가, "나라를 옮긴다고 하면서"[66] 또는 "나라를 옮기는 일을 말함에"[67]로 번역되었다. 또 '絶跡之譚'은 '자취가 끊어진 (선법의) 법문'[68] 등으로 번역되었다. 매우 혼란스런 해

---

62) 『春秋左氏傳』 제9, 文公 下. 거복은 魯나라로 도망쳤으나, 이를 범죄시한 노나라의 재상이 국외로 추방했다.

63) 『春秋左氏傳』 제8, 文公 上.

64) 중간 부분의 판독이 어렵지만 뒤에 "그러나 한 마디도 받아들이지 않고" 처형했다고 서술된 것으로 보아 궁예를 향한 항변일 가능성이 크다고 생각한다.

65) 이지관, 1994, 앞의 책, p.329.

66) 최연식, 2011, 앞의 책, p.31.

석이다.

이 두 구절은 불교식 言說이나 禪問答이 아니다. 직접화법과 간접화법이 섞여 서술되었지만, 서로 연관된 이야기로서 궁예가 선각대사에게 덧씌운 혐의이다. 혐의의 하나가 후백제와 내통한다는 것이었다.

선각대사는 "영원히 나라를 옮겼다"고 하며 항변했지만, 궁예는 사람을 삼킬 듯이 고함을 지를 뿐이었다. 그리고 왕건은 글을 올려서 선각대사가 후백제 지역과 자취를 끊었다는 말을 들어주기를 기대했다.[69] 그러나 결국 "아무 말도 없었던 것처럼 되었음을 알았다"는 것이다. 매우 긴박하게 진행된 과정을 함축적으로 서술한 내용이다. 최언위는 이런 상황을 궁예가 "昏君이라 어쩔 도리가 없었다"고 적었다.[70] 비문의 맥락을 이렇게 놓고 보면 자연스럽게 이해할 수 있다.

그런데 혐의는 이것으로 끝나지 않았다. 비문 ㉮에서 "의심이 많은 것이 다시 불신을 낳는다고 할 만했다(可謂多疑 亦生不信)"는 구절은, 선각대사에게 또 다른 혐의가 씌워졌음을 표현한 것이다. 두 번째 혐의가 무엇이었는가는 비문 ㉯에 나오는 대사의 푸념(?)을 통해 엿볼 수 있다. 비문은 "(대사가)… 말하길 … 莒僕의 음모를 목에 걸칠 것이며, 은혜를 품고서 어찌 商臣의 악행에 섞이겠습니까?"고 했고, "그러나 한 마디도 받아들이지 않고 끌고가 심하게 도륙했다"고 썼다.

선각대사가 거복과 상신을 거론한 것은 시사하는 바가 크다. 이 둘은 모두 태자의 지위에 있으면서 부친을 살해한 사람이다. 대사가 음모나 악행에 가담하지 않았다고 항변하며 왜 이런 인물들을 거론했을까? 선각대사에게 씌워진 두 번째 혐의가 여기에 있다. 즉 궁예는 왕자와 결탁한 무리들이 자신을 축출하려 한다는 망상에 사로잡혀 있었던 듯하다. 그리하여 왕자를 죽이고, 선각대사가 그에 가담했다고 의심하여 처형했던 것이다.

그림 14. 永言移國

그림 15. 昏君無奈

---

67) 한국역사연구회, 1996, 앞의 책, p.240.

68) 최연식, 2011, 앞의 책, p.31.

69) 왕건이 사람들이 참소를 당할 때마다 여러 번 억울함을 풀어 구해주었다("每見人被讒 輒悉鮮救)고 한 기록과 부합하는 내용이다(『고려사』 권1, 태조).

70) 대사의 행장에 들어 있던 昏君이란 표현을 최언위가 그대로 옮겼는지, 다른 표현을 최언위가 이렇게 바꾸었는지는 알기 어렵다.

『삼국사기』는 궁예가 왕자들을 죽인 것을 이렇게 기록했다.

> 貞明 원년(915)에 부인 康氏가 왕이 非法을 많이 행하자 정색하며 諫했다. 왕이 싫어하며 "네가 다른 사람과 간통하였으니 왜 그랬느냐?"라고 하였다. 강씨가 "어찌 그런 일이 있겠습니까?"라고 하니 왕이 "내가 신통력으로 보았다"고 말했다. 쇠절구공이를 뜨거운 불에 달구어 음부를 찔러 죽이고 마침내 두 아들도 죽였다. 이후 의심을 많이 하고 갑자기 화를 내며 여러 관리, 장수, 아전, 아래로 평민에 이르기까지 무고하게 살육당하는 경우가 매우 자주 있었다. 斧壤과 鐵圓 사람들이 그 해독을 견디지 못했다.[71]

이렇게 『삼국사기』에는 부인에 이어 왕자 둘을 죽였다고만 간단히 나와 있을 뿐, 그 이유를 기록하지 않았다. 아마 부인을 죽인 뒤에 시간이 좀 지나고 왕자들을 죽인 듯하다. 그런데 비문에 기록된 선각대사의 항변을 보면, 궁예는 선각대사가 왕자와 결탁하여 자신을 끌어내리려 한다는 혐의를 씌웠음을 유추할 수 있다.

『삼국사기』가 당시 궁예의 상태를 '多疑'라고 표현했고, 비문도 '多疑'라고 같은 표현을 썼다. 당시 상황을 설명하는 일반적 표현이었다고 판단되며, 말년의 궁예는 정상적 정신 상태가 아니었다고 판단하는 것이 합리적이다.[72]

기존에는 '昏君無奈'를 판독하지 못했다. 그러나 [그림15]에 보이듯이 이 4글자는 선명히 확인할 수 있다. 어떤 항변도 통하지 않았다고 서술하면서 "昏君이라 어쩔 도리가 없었다(아무 소용이 없었다)"고 한 것이다. 이 문장 속에서 昏君이 궁예임을 부정하기는 불가능하다.

다만 한 가지 걸리는 점이 있다면, ㉯의 "主上이 전각 마루에 부엉이처럼 우뚝 서 있었고(主上鴞立當軒)"이라는 구절이다. 主上 앞에 2글자를 띄었다. 궁예가 선각대사를 직접 심문하는 장면인데, 직접 본 사람이 쓴 듯이 생생하게 서술했다. 그런데 최언위는 앞선 서술에서는 궁예를 '前主'라고 표현했으나, 심문 장면에서는 主上이라고 써서 마치 지금의 국왕인 듯한 느낌을 준다. 이는 문하승이 정리한 行狀에 나와 있는 문장을 최언위가 그대로 옮겨오며 미처 바꾸지 못하여 남은 흔적이다. 같은 단락의 龍庭이란 표현도 마찬가지다.

최언위는 현 국왕인 왕건의 과거 활동을 서술할 때도 철저히 소급한 표현을 썼다. 그리고 궁예를 前主라고 썼는데, 이때 2글자를 띄었다. 그가 미처 바꾸지 못하고 행장에서 그대로 옮긴 主上·龍庭이란 표현은, 거

---

71) "貞明元季 夫人康氏以王多行非法 正色諫之 王惡之曰 汝與他人姧 何耶 康氏曰 安有此事 王曰 我以神迪觀之 以烈火熱鐵杵 撞其陰 殺之 及其兩兒 爾後多疑急怒 諸寮佐将吏 下至平民 無辜受戮者 頻頻有之 斧壤鐵圓之人 不勝其毒焉"(『삼국사기』 권50, 열전10 궁예).

72) 지금까지 대부분의 연구는 '왕권 강화'라든가, 미륵사상을 앞세워 다른 불교사상을 억압하는 행동으로 설명하려는 경향이 강했다. 궁예의 행동에 '나름의 이유'가 있었으리라는 전제가 있는 것이다. 그러나 나는 정신질환을 심하게 앓고 있었다는 간단한 설명으로 처리할 것을, 합목적적 행동으로 설명하는 것에 공감하지 않는다.

꾸로 문하승의 행장이 선각대사가 죽은 직후에 궁예가 아직 왕위에 있을 때 작성된 것이었음을 알려준다. 또 한편으로는 쫓겨난 궁예를 폄하하는 의식이 철저하지 못했던 결과일 수도 있겠다.

행장을 작성한 문하승은 선각대사가 강진에서 개성으로 거처를 옮길 때 그를 수행하여 따라왔고, 궁예에게 취조당하는 현장을 지켜본 사람이 아니었을까? 그렇지 않으면 "主上이 전각 마루에 부엉이처럼 우뚝 서 있었고," "사람을 삼킬 듯 고함칠 뿐"이라는 생생한 서술은 불가능하다.

이렇게 비문의 '絕跡之譚'·'永言移國'·'(猶認)無言之理' 등은 불교식 言說이 아니다. 종래는 일부 내용을 불교식 언설처럼 해석하려 했기에 문맥이 통하지 않는 이해가 더러 생겼던 것으로 보인다. 비문 후반부 ㉮~㉰는 ⓐ 선각대사에게 무고로 인해 죄가 씌워졌고, ⓑ 왕건이 궁예의 궁궐에 변론서를 보내며, ⓒ 궁예가 대사를 소환하여 직접 심문하며 소리치고, ⓓ 대사가 무고함을 항변하며, ⓔ 왕건이 대사를 위로하는 상황을 담았다. 이 구분은 서술 순서가 아니라 내용 구분이다.

그런데 ⓐ~ⓔ에 해당하는 비문 내용을 거듭 읽어보면 서술의 정합성이 떨어진다는 느낌이다. 사건의 전개과정을 시간순으로 서술한 것으로 보기도 어렵고, 처형이라는 결과에 이르는 과정을 논리적으로 서술한 것으로 보기도 어렵다. ㉮~㉰에 관한 기존의 해석이 혼란스러웠던 이유도 여기에 있다.

결국 이런 혼란의 근본 요인은 비문 자체에서 비롯된다고 생각한다.[73] 첫머리에서 언급했듯이, 비문을 찬술한 최언위는 935년에 송악으로 옮기기 전에는 선각대사를 알지 못했을 것이다. 그리고 선각대사가 철원에서 처형당한 정황은 물론, 왕건이 즉위하여 선각대사를 추념하며 절과 탑을 세운 일도 20여 년이 지난 뒤에 알았으리라 짐작된다. 그런 까닭에 비문 속 표현을 일관되게 사용하지 못했고, 이것이 비문 해석을 혼란스럽게 만들었다고 생각되는 것이다.

V. 정리, 남은 문제

강진 무위사의 선각대사비문을 새로 판독하여 분석하고 추정한 내용을 정리하고, 향후 연구가 이와 연관하여 더 깊이 짚어보아야 할 점들을 언급하며 마무리한다.

선각대사비문은 태봉국 궁예 말년의 狂氣를 생생하게 보여주는 한편, 후삼국 대립 상황 속에서 왕건의 활동과 선각대사의 관계를 알려주는 중요한 내용을 담고 있다. 그러나 그동안 비문 문장 속의 주어인 大王을 누구로 해석하느냐 하는 문제로 혼란이 있었다. 이 혼란은 불충분한 판독으로 인해 비문이 온전하게 해석되지 못했고, 비문에 담긴 텍스트의 사회성·역사성을 고려하지 못하고 불완전하게 직역한 탓에 빚어진

---

73) 선각대사가 두 번 불려가 취조당했는지, 또 왕건과 대사의 대화가 처형 전까지 투옥되어 있을 때 이루어진 것인지 등을 구체적으로 상상하기 어렵다. 비문을 보면 심문 때 왕건이 임석한 듯한 착각이 들지만, 글을 보냈다고 하므로 그렇지는 않다. 그러나 왕건이 대사에게 말을 건넨 것은 언제이며, 대사가 거복과 상신을 거론한 것은 어떤 장면에서 나온 것인지 등을 판단하기 어렵다. 비문이 압축된 서술이라는 점을 감안해도, 비문 자체에 약간의 혼란이 있다고 생각할 수밖에 없다.

것이었다.

　　최언위는 고려의 첫 국왕인 태조 왕건의 명을 받고 비문을 지었다. 그래서 왕건의 과거 활동을 서술할 때도 철저하게 국왕에게 걸맞은 용어를 썼다. 찬술자의 視點에서 時點을 소급하여 표현했던 것이다. 왕건이 국왕이 되기 전의 과거 활동을 서술할 때 나오는 大王, 親駈, 郊畿, 丹詔, 捧制, 內庫, 鳳筆 등은 모두 시간을 소급하여 국왕에게 어울리는 표현을 적용한 경우이다. 즉위 후에는 당연히 今上, 紫泥, 大君 등으로 표현했다.

　　반면에 궁예는 前主, 昏君 등으로 표현되었다. 다만 대사가 처형될 위기에 처하자 왕건이 龍庭에 글을 올렸다고 쓴다든가, 대사를 직접 심문한 장면에서 궁예를 主上이라 표현한 경우가 있다. 이는 대사가 처형된 직후, 궁예가 쫓겨나기 전에 작성된 行狀 속의 표현을 최언위가 미처 바꾸지 못하고 그대로 옮긴 때문이라 판단된다.

　　최언위는 궁예 시절을 중국의 桀紂 때보다 더했다고 하고, 후삼국 대립을 유비·조조가 다투던 때에 빗대어 서술했다. 기본적 서술 기조가 이러한데 궁예를 大王이라 표현하고 극도로 존숭하는 차원에서 2번이나 행을 바꿔 비문을 짓는다는 것은 있을 수 없는 일이다. 만약 그랬다면 왕조시대에는 반역이 된다. 비석 자체가 세워지지 못했을 것이다. 물론 비문에서 존숭의 뜻으로 띄어쓰기한다든가 행을 바꾼 것이 완전하지는 않다. 왕건을 뜻하는 대왕도 2번은 행을 바꾸고 1번은 2글자의 여백만 두었다. 이런 불완전함은 다른 비석에서도 드물지 않게 보이기도 한다.

　　이 글에서는 비문 속의 몇 글자를 정확히 판독함으로써, 지금까지 알지 못했던 새로운 사실을 유추할 수 있었다. 궁예가 선각대사를 처형할 때 씌운 혐의 두 가지다.

　　하나는 대사가 후백제와 내통한다는 것이었다. 대사는 '영원히 나라를 옮겼다'고 항변했고, 왕건도 대사가 후백제와 '자취를 끊은 이야기'를 글을 올려 변론했다. 종래 이 내용은 선문답처럼 해석되던 것이었다. 이 글에서는 이를 정확히 번역하여 바로잡았다.

　　다른 하나는 선각대사가 궁예의 왕자들과 공모하여 자신을 내쫓으려 한다는 것이었다. 대사는 莒僕과 商臣을 거론하며 어찌 그런 악행에 가담하겠는가 하고 항변했다. 종래에는 비문 속에서 거복과 상신이 왜 거론되는가를 파악하지 못하여 문장을 단순히 번역하는데 머물렀다. 거복과 상신은 모두 태자로 있으며 아버지를 죽이고 즉위한 경우이다. 나는 이를 통해 대사에게 씌워진 두 번째 혐의를 유추했다.

　　大王, 今上 등 선각대사비의 주어 문제와 연관하여 언급해 둘 것이 개성에 있는 「오룡사 법경대사비」다. 여기에 나오는 先王과 今上이 누구를 뜻하는가 하는 점도 조금 혼란스런 상태이다. 선왕을 궁예로 판단하여 나주 공략을 궁예의 親征으로 해석하기도 한다. 이 비도 선각대사비처럼 손상이 적지 않아서 문맥을 정확하고 온전히 파악하기 어려운 경우이다. 그러나 선각대사비처럼 비문 찬술 시점과 비문 내용 속의 인물이 활동하던 시점 등을 충분히 고려하면 더 합리적으로 해석될 가능성이 있다. 향후 별도로 검토할 여지로 남겨둔다.

　　이 글에서는 여러 사정상 선각대사비문 전체를 판독하고 해석하지는 못했다. 기존의 판독이 불완전한 만큼, 전체를 다시 판독하여 향후에 다시 譯註할 필요가 있다고 생각한다. 그래서 부족한 점을 남겨두면서,

선각대사비에 관한 후속 연구를 위해 판독에 참고할 수 있는 몇 가지 글자의 사진을 덧붙여두고 마무리한다.[74]

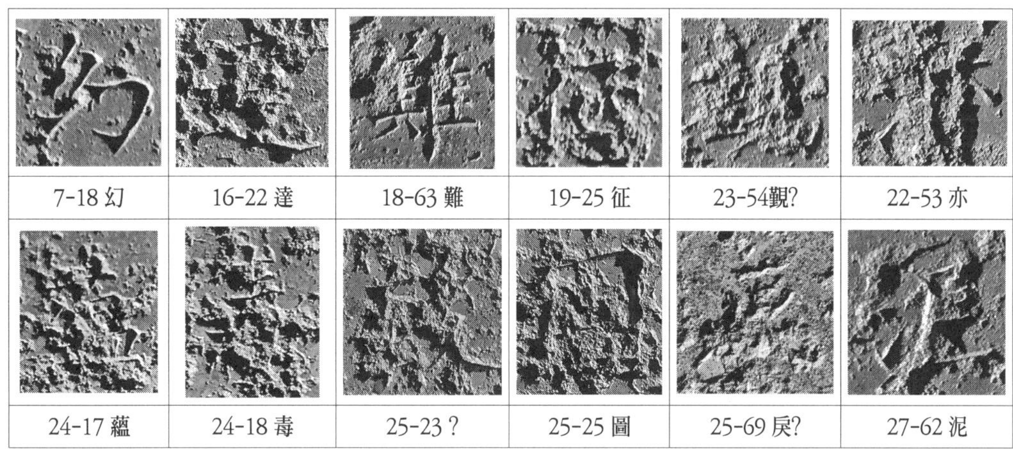

| 7-18 幻 | 16-22 達 | 18-63 難 | 19-25 征 | 23-54 觀? | 22-53 亦 |
| 24-17 蘊 | 24-18 毒 | 25-23 ? | 25-25 圖 | 25-69 戾? | 27-62 泥 |

그림 16. 판독을 위한 몇 글자의 상태 제시

투고일: 2025.05.26.   심사개시일: 2025.05.30.   심사완료일: 2025.06.16.

---

74) 선각대사비에는 명백한 誤字도 있다. 7행의 대사가 어릴 때도 잡다한 사귐이 없었다(幼無雜交)고 할 때 幼를 幻으로 誤刻했다([그림16] 7-18).

李智冠, 1994, 『校勘譯註 歷代高僧碑文: 高麗篇1』, 伽山文庫.

한국역사연구회, 1996, 『譯註 羅末麗初金石文(下)』, 혜안.

崔鈆植, 2011, 『韓國金石文集成19 (高麗3, 碑文3)』, 한국국학진흥원.

문화재청·불교중앙박물관, 2020, 『2020 금석문 탁본 조사 보고서(전라북도, 전라남도, 광주광역시)』.

李賢淑, 1995, 「나말려초 崔彦撝의 정치적 위상과 활동」, 『梨花史學硏究』 22.

최연식, 2011, 「康津 無爲寺 先覺大師碑를 통해 본 弓裔 행적의 재검토」, 『木簡과 文字』 7.

정선종, 2024, 「강진 무위사 先覺大師碑文 교감」, 『불교문화연구』 15, 남도불교문화연구회.

하일식, 2025, 「괴산 외사리 선사 비편의 판독과 해석」, 『한국중세사연구』 80.

〈Abstract〉

Wanggeon and Gungye depicted in the Stele of Buddhist Monk Seongak at Muwisa Temple
- Proofreading and Correction of the Inscription's Interpretation -

Ha, Il-sik

The Stele of Buddhist Monk Seongak at Muwisa Temple in Gangjin contains unique content. It includes the description of the madness and cruelty of Gungye in his later years—something not found in other steles dedicated to Zen monks. However, previous readings have been incomplete, and the interpretation of its content has caused confusion. I have entirely reexamined the inscription and reinterpreted the text of the stele.

Choe Eonwi referred the current king Wang Geon(王建), as the Great King(大王) when describing his past activities. The term was used retrospectively. Whether describing his encounter with Buddhist Monk Seongak on a boat or sending a letter to defend the monk just before execution, Wanggeon was called the Great King. Terms such as Bong-Je(奉制), a term meaning to 'obey the king's command', and Danjo(丹詔), meaning the imperial edict, are the same usage. Wanggeon was also referred to as the Present Sovereign(今上). In contrast, Gungye was referred to as the Former Sovereign(前主).

There is one instance where Gungye is referred to as the Sovereign(主上) in the passage describing the interrogation of Buddhist Monk Seongak. This is because the phrase was quoted directly from Haengjang(行狀) written by Buddhist Monk Seongak's disciples before the dethronement of Gungye. Choe Eonwi became an offical 18 years after Wanggeon ascended the throne and moved the capital to Gaeseong. Therefore, he did not have detailed knowledge of the events at that time.

I analyzed the passage of Gungye interrogating Buddhist Monk Seongak and assumed the charges that were brought against the monk. One was the suspicion of the collusion with Later Baekje. The other was Gungye's fear that Buddhist Monk Seongak was conspiring with the prince to dethrone him. These are the facts that previously had not come to light.

▶ Key words: Choi Eonwui(崔彦撝), Stele of Buddhist Monk Seongak(先覺大師碑), Great King(大王), Wanggeon(王建), Gungye(弓裔)

목간의 정의와 고려·조선 목간의 집계

오택현[*]·이재환[**]

〈국문초록〉

'한국 목간'의 현황을 정리하기 위해서, '목간'을 정의하는 것은 필수적이다. 대나무 재질의 것을 목간에 포함시킬지 구별할지부터 문제가 되었는데, 재료를 '나무(대나무를 포괄함)'로 규정하는 방식이 대안으로 제기되었다. 필자들은 기존에 '날인이나 인쇄를 목적으로 한 것과 문자 서사 이외의 목적이 분명한 목제품에 문자가 부기된 경우는 제외한다'는 조건을 제안한 바 있으나, 의도나 목적을 판단하는 것은 현실적으로 어려운 일이었다. 이에 "목간이란 나무(대나무를 포괄함) 조각에 문자가 있는 것이다. 발굴조사를 통해 발견된 것을 대상으로 한다."로 목간을 정의하고자 한다.

이와 같은 정의에 기반하여 고려와 조선의 목간을 집계·정리하였다. 고려 목간의 존재는 태안 대섬 인근 해역에서 발견된 청자운반선, '태안선'으로부터 출수되면서 알려지기 시작하였다. '手決이 적힌 쐐기목'들은 발굴조사보고서에서 대체로 목간으로 간주하지 않았지만, 새로운 정의에 따라 추가되어야 하였다. 태안 마도 인근 해역의 침몰선들에서는 나무 재질의 것들과 대나무 재질의 것들이 함께 발견되었다. 이 가운데 묵흔이 없는 것들은 제외하고, 재질 파악에 착오가 있던 것들을 수정하였다. 태안 파도리 인근 해역에서 발견된 銘文 木柱 또한 목간으로 간주하였다. 이외에 울산 반구동 유적 출토 목간을 포함하여 고려 목간은 총 188점으로서, 나무 재질이 89점, 대나무 재질이 99점이다. 조선 목간으로는 태안 마도 4호선과 여주 파사성 및 창녕 관산서당에서 발견 사례가 확인되었다. 나무 재질 44점, 대나무 재질 21점으로서 총 65점이

* 한국학중앙연구원 태학사 과정생(제1저자)
** 중앙대학교 역사학과 부교수(교신저자)

된다.

이들 외에 목간의 정의에 맞는 것들이 발굴조사를 통해 확인된 바 있는지 파악하기 위해 고려·조선 유물을 포함한 발굴조사보고서에 대한 전수조사가 필요하였다. 필자들은 우선적으로 6,141편의 발굴조사보고서를 확보하여 조사하였는데, 정의에 맞는 목간을 추가로 발견하지 못하였다. 그러나 근래 출토 목간 중 近世 목간이 큰 비중을 차지하고 있으며, 관련 연구도 진행되고 있는 일본의 사례를 볼 때, 고려·조선 목간에 대한 인식과 관심이 더 깊어진다면 추가로 발견될 가능성은 충분하다고 하겠다.

목간의 표준적 호칭으로서 필자들은 '오이목간목록'을 통해 '제안 호칭'을 제안하였다. 2025년 4월 한국목간학회의 호칭 표준으로서 '제안 호칭'의 사용이 결정되었다. 향후 목간의 식별·검색 과정에서의 혼란이 다소나마 줄어들 것을 기대한다.

▶ 핵심어: 목간 정의, 표준화, 죽간, 오이목간목록, 제안 호칭

I. 목간의 정의와 집계의 필요성

'한국 목간'의 현황을 정리하는 것은 쉽지 않은 일이다. 근본적으로 무엇을 '목간'이라고 불러줄 것인가 하는 범주화의 문제가 해결되지 않으면, 집계·정리의 대상이 결정될 수 없다. 목간의 정의 없이 진행하는 집계·정리 작업은 사상누각이 되어버리기 쉽다.[1] 필자들은 신라·백제의 목간을 정리·집계하는 과정에서 정의의 필요성을 절실하게 느끼고, 나름의 정의를 내린 뒤 작업을 진행한 바 있다.[2] 관련하여 '한국목간학회'의 표준적인 정의안의 마련을 위한 논의가 2025년 4월 11일 한국목간학회 제51회 정기발표회에서 공식적으로 이루어졌다. 정의에 대한 최종적 합의안 도출까지는 이르지 못했지만, 논의의 진전이 있었다. 본고는 그 내용을 반영하고 있다.

2006년 國立昌原文化財硏究所에서 발간한 『개정판 韓國의 古代木簡』에서는 '목재를 다듬어 細長方形으로 만든 나무판에 먹글씨를 쓴 것', '짤막하게 다듬은 나무판에 의사표시를 위해 글씨를 쓴 것', '종이가 발명

---

1) 2025년 4월 11일 한국목간학회 제51회 정기발표회에서 진행된 '한국목간학회의 목간 정의 및 호칭 표준화를 위한 논의' 중 관련된 논의가 '공리공담'이라는 지적이 있었다. 하지만 목간의 정의 문제는 현실적이고 실질적인 것이다. 예컨대 경북대학교 인문학술원 HK+사업단에서 2022년에 발간한 『한국목간총람』은 '한국 목간'을 총망라하는 집계·정리의 시도로서 중요한 의미를 가지지만(윤용구·이용현·이동주, 2022, 『한국목간총람(경북대학교 인문학술원 HK+사업단 자료총서 01)』, 윤재석 편저, 주류성. 이하 '총람'으로 약칭한다.), 동일한 책 내에서도 목간의 집계 수량이 차이를 보여 어느 것을 따라야 할지 알기 어렵게 하였다는 아쉬움을 남겼다. 이는 '한국 목간'의 정의와 집계·정리의 기준이 확실히 결정되지 않은 채 진행되었기 때문이다. 목간의 정의에 애초에 '정답'이 있을 수 없고, 모두가 동의하는 정의가 나올 가능성은 희박하겠으나, 목간의 현황 파악을 위해서는 불가결한 것이다. 목간의 정의나 표준화에 대한 논의가 '공리공담'이 되는 순간이 온다면, 그것은 목간에 대한 관심이 소멸하여 더 이상 연구가 새롭게 진행되지 않게 될 때일 것이다.

2) 오택현·이재환, 2023, 「백제·신라 목간의 집계와 범례의 제안」, 『木簡과 文字』 第30號 참조.

되기 이전 혹은 그것이 아직 널리 보급되기 이전 시기에 나무를 깎아서 그 위에 먹으로 문자를 쓴 것', '나무 판에 문자나 그림을 새기거나 묵서한 것' 등 네 가지 정의를 나열하였다.[3] 이를 "여러 가지 정의가 있지만 대개 대동소이한 내용을 말하고" 있다고 정리하였지만, 소개된 정의 자체가 상당히 다른 의미를 내포하여, 어느 쪽을 따르느냐에 따라 목간으로 분류할 대상 자체가 크게 달라진다.

목간의 정의에 관련된 논점은 다양한데, 먼저 서사 재료의 문제가 있다. 대나무 재질의 것을 목간에 포함 시킬 것인가 하는 문제가 그것이다. 중국의 경우 대나무 재질과 나무 재질을 아우르는 용어로 '簡牘'이 통용 되고 있다. 그와 달리 동아시아의 나무 서사 재료를 통칭하는 표현으로 '목간'이라는 용어를 사용하자는 제 안이 나온 바 있으며,[4] 태안 마도 1·2·3호선 출수된 대나무 재질의 서사재료들의 경우 '죽찰'이라고 부르 며 구분하면서도 결국은 '목간'에 포함시켜 보고되었다.[5] 이에 대하여 단자엽식물인 풀에 속하며 벼과 식물 로 분류되는 대나무가 엄밀히 말해서 '나무'가 아니며, 서사재료로서의 특성이 목재와 구분되는 차별성이 참나무나 소나무 등 목재들 간에 나타나는 차이에 비해 확연히 크다는 점에서 죽간을 목간의 하위항목으로 둘 것이 아니라 별도로 구분해야 한다는 반론이 제기된 바 있다.[6]

필자들은 그러한 인식에 따라 고려와 조선의 목간·죽간을 집계·정리하는 과정에서 목간과 죽간을 구분 하여 '오이목간목록'과 '오이죽간목록'을 별도로 작성하였다.[7] 하지만 한국목간학회 제51회 정기발표회에 서의 논의에서는 목간과 죽간을 구별하는 데 대한 부정적인 입장이 강하게 제기되었다. 재료를 '나무(대나 무를 포괄함)'로 규정하는 방식으로 목간에 죽간을 포괄시키자는 대안이 나왔다. 이렇게 할 경우, '목간'이 좁은 의미로는 나무 재질의 것들을 가리키면서 넓은 의미로는 나무 재질과 대나무 재질의 것들을 아울러 가리키게 되어, 양자를 구분하여 지칭할 때 혼란을 가져올 수 있다.[8] 그러나 필자들은 정의가 기존의 인식 을 최대한 반영하여야 널리 적용될 수 있을 것으로 판단, 이를 정의에 받아들이고, '오이목간목록'과 '오이 죽간목록'을 '오이목간목록'으로 통합하였다.[9]

한편 일본에서는 목간을 '墨書된 木片의 總稱'으로 정의하여, 형태나 용도 및 내용 등은 정의에 포함시키 지 않았다. 단, 이 정의에 포함되는 것들이 너무 광범하게 존재하므로, 일본 목간학회에서는 대상을 발굴조

---

3) 國立昌原文化財硏究所, 2006, 『개정판 韓國의 古代木簡 (학술조사보고 제32집)』, p.10.

4) 윤선태, 2004, 「한국고대목간의 출토현황과 전망」, 『韓國의 古代木簡 (學術調査報告_第25輯)』, 國立昌原文化財硏究所 및 2013, 「목간의 형태와 용도분류에 대한 기초적 제안」, 한국목간학회 제17회 정기발표회 발표문.

5) 임경희·최연식, 2010, 「태안 마도 수중 출토 목간 판독과 내용」, 『木簡과 文字』 第5號; 임경희, 2010, 「마도2호선 발굴 목간의 판독과 분류」, 『木簡과 文字』 第6號; 임경희, 2011, 「마도3호선 목간의 현황과 판독」, 『木簡과 文字』 第8號; 국립해양문화재연구 소, 2010, 『태안마도 1호선 수중발굴조사 보고서』; 국립해양문화재연구소, 2011, 『태안마도 2호선 수중발굴조사 보고서』; 국 립해양문화재연구소, 2012, 『태안마도 3호선 수중발굴조사 보고서』.

6) 이재환, 2019, 「한국 출토 목간의 분류와 정리 및 표준화 방안」, 『木簡과 文字』 第23號, p.18.

7) 오택현·이재환, 2024, 「고려·조선 목간의 집계」, 『한국목간학회 제49회 정기발표회 자료집』 참조.

8) 나무 재질과 대나무 재질의 것들이 함께 출토된 태안 마도 침몰선 출수 목간·죽간의 경우 이와 관련된 혼동이 확인된다(각주 5 의 논저들 참조). 본고의 Ⅱ장에서는 구분이 필요할 경우 '나무 재질의 목간'과 '죽간'으로 각각을 지칭하였다.

9) 재료 구분이 필요할 경우를 대비하여, 대나무 재질인 경우는 '비고' 칼럼에 '죽간'을 부기하였다. '비고'에 별도의 표기가 없는 경 우는 나무 재질을 의미한다.

사로 출토된 것으로 한정하고 있다. 한국에서는 묵흔이 확인되지 않는 것들도 '묵흔이 없는 목간'로서 목간에 포함시킨 경우가 많았다. 그러나 '문자가 없어도 형태상 목간으로 확정할 수 있는 것'을 인식하기 위해서는,[10] 목간이 형태로 정의되어야 한다. 그러나 형태로 목간을 정의하는 것은 쉽지 않은 문제이며, 문자 서사의 의도 자체가 남아 있지 않은 상태의 것을 목간에 포함시키는 것은 어렵다고 판단된다. 기존에 목간으로 간주되던 것들과 형태나 발굴 정황 상 유사한 것들 또한 목간이었거나 목간이 될 예정이었을 가능성을 염두에 두고 관심을 놓지 않아야 함은 분명하나, 목간으로 분류하여 집계·정리에 포함시키지는 않고자 한다.

아울러 일본의 정의는 '墨書'를 전제로 하고 있어 刻書만 있다면 목간에 포함되지 않는 것이 된다. 한반도 발견 목간들 중에는 刻書의 사례들이 확인된다. 刻書만 존재할 경우도 문자 서사라는 의미를 가짐은 분명할 것이다. 그러므로 이러한 사례가 발견된다면 목간으로 분류하는 것이 적당하리라고 판단하여 '문자가 서사된 목제품'이라는 정의를 제안한 바 있다.[11]

그런데 '문자 서사'라는 조건과 '나무'라는 재질만으로 정의할 경우, 대상이 너무 방대해지는 문제가 발생한다. 특히 인쇄를 위한 木版과 목제 도장은 그 수량이 엄청나다. 이를 근본적으로 목간에 포함시킬지 고민이 된다. 그 외에도 목제품에 문자가 서사된 것으로 '甲'과 '乙'이라는 墨書가 확인되는 무령왕릉 출토 왕비 頭枕이나, 문자가 刻書된 안압지 발견 목제 뚜껑과 刀子 손잡이, '上瓦木'이라는 세 글자가 刀刻된 공주 공산성 대형 목곽고 벽체 목재 등 다양하게 존재한다. 필자들은 이러한 것들이 일반적으로 목간으로 받아들여지지 않고 있음을 감안하여, 기존의 인식을 최대한 반영하는 방향으로 다음과 같은 목간의 정의를 마련하고, 그에 따라 '오이목간목록'을 작성하였었다.[12]

> 목간이란 문자를 쓰기 위해 가공한 나무 조각에 문자가 서사된 것을 가리킨다. 발굴조사를 통해 발견된 것을 대상으로 하며, 날인이나 인쇄를 목적으로 한 것과 문자 서사 이외의 목적이 분명한 목제품에 문자가 부기된 경우는 제외한다.
> ※ 목적을 명확히 알기 어렵거나 문자의 판독이 어려운 상태라도 서사의 흔적이 확인된다면 일단 목간으로 간주하되, 문자가 아니라 그림·도형 등만 그려졌음이 명확한 경우는 제외한다. 일반적인 문자가 아닌 符籙이나 署名·受決 등도 광의의 문자로 간주한다.

그런데 백제·신라 목간을 넘어 고려·조선 목간으로 집계·정리의 범위를 확대해 나가면서, 이 정의에 따라 목간 여부를 판정하는 것이 쉬운 일이 아님을 실감하게 되었다. '문자를 쓰기 위해' 가공했다는 의도가 확실한지, '문자 서사 이외의 목적'으로 만들어진 것에 문자가 '부기'된 것뿐인지 등에 대한 판단은 현 상황에서 결정하기 어려운 경우가 많다.

---

10) 윤선태, 2013, 앞의 발표문, p.3.
11) 이재환, 2019, 앞의 논문, p.22.
12) 오택현·이재환, 2023, 앞의 논문, p.232.

관련하여 2024년 11월 한국목간학회 제49회 정기발표회에서 본고의 기반이 된 발표에 대한 토론 과정에서 '문자의 서사'만으로 목간을 정의할 것이 제안되었다. 발굴조사를 통해 발견된 것만을 대상으로 한다는 단서 조항만을 붙이면 고려 시대 이래의 인쇄용 木版이나 목제 도장 대부분은 목간에 포함되지 않을 것이다. 단, 한반도 목간의 전모를 파악하기 위해서는 기존에 목간으로 알려진 것들 외에 발굴조사를 통해 발견된 목제품 전체에 대한 조사가 필요하게 된다.

이러한 제안에 기반하여 2025년 4월 한국목간학회 제51회 정기발표회에서 한국목간학회의 목간 정의안 마련을 위한 논의가 진행되었다. 당시 논의되었던 안 중 일부를 정리하면 다음과 같다.

> 목간이란 나무(대나무를 포괄함) 조각에 문자가 있는 것이다. 발굴조사를 통해 발견된 것을
> 대상으로 한다.

이에 대하여 형태와 의도를 배제한 정의가 과연 적당한지에 대한 반론과 발굴조사를 통해 발견되지 않은 목간이 나타날 경우 어떻게 할 것인지 등 논의가 추가로 이루어지면서, 최종적 합의안 마련에는 도달하지 못하였다. 추후에 논의가 더 진행되어 한국목간학회의 목간 정의 표준안이 나오기를 기대해 본다.

단, 실질적 집계·정리 작업을 위해서는 당장 사용할 정의가 필요하다. 위에 제시해 둔 두 정의안 가운데, 나무(대나무 포함)라는 서사 재료와 문자 서사라는 요소의 결합만으로 목간을 판정하는 것이 목적이나 의도를 유추하는 것보다 명확한 기준이 될 수 있다고 판단하여,[13] 후자를 본고의 작업에 정의로 활용하고자 한다. '문자가 있다'는 것은 墨書뿐 아니라 刻書를 포괄하며, 일반적 문자가 아닌 기호·부호나 署名·手決 및 符籙 등도 광의의 문자로 간주한다. 문자가 아니라 그림·도형 등만 그려졌음이 명확한 경우는 제외하나, 문자의 판독이 어려운 상태라도 묵흔 등 서사의 흔적이 확인된다면 일단 목간으로 파악하고자 한다.

본고는 이와 같은 정의에 따라 고려와 조선의 목간(죽간을 포함)을 집계·정리하는 것을 목적으로 한다. 이미 고려·조선 목간으로 알려진 것들은 정리되어 있지만,[14] 백제·신라 목간을 집계·정리해 본 결과 전면적으로 재집계할 필요성이 컸다. 이에 기존에 알려진 고려·조선 목간들에 대한 확인 작업을 먼저 진행하였다.

그에 더하여 새로운 목간의 정의를 적용할 때, 기존에 목간으로 파악되지 않았던 것들 중에 새롭게 목간에 포함시켜야 할 것들이 있는지 확인해야 할 필요가 생겨났다. 발굴조사 결과물 중에 위 정의에 따라 서사 흔적이 있는 모든 목제품을 찾아야 하게 된 것이다. 아직 현존하는 모든 고려·조선 관련 발굴조사보고서에 대한 검토가 완료되지 않은 상태이다. 본고는 그 중간 결과물의 성격을 가진 것이라 하겠다.

---

13) 단, 이 경우도 墨書나 朱書, 刻書가 있는 漆器를 어떻게 파악할 것인지에 대해서는 고민이 필요하다. 漆은 나무의 수액으로 만들어지지만, 식물의 섬유로 만들어지는 종이의 경우처럼 그 자체를 '목재'라고 보기는 어렵다. 漆을 발라 만드는 '漆器'는 '漆木器'의 준말로 간주되기도 할 정도로 木心漆器가 주를 이룬다. 그러나 그 외의 재질에 漆이 더해지는 경우도 많다. 일단은 木心(竹心 포함)의 경우만을 목간으로 간주하고자 한다.

14) 윤용구·이용현·이동주, 2022, 앞의 책.

II. 알려진 고려·조선 목간의 재집계

'고려'에 해당하는 시기에 만들어진 목간 중 한반도에서 발견된 것으로 신안군 증도 앞바다에서 출수된 '신안선 목간'도 있다. '한반도 발견 목간'의 집계에는 당연히 포함되어야 하겠지만, 元 국적 배에 실려 있었던 日本에 보내진 물품의 꼬리표들로서 日本 木簡의 성격을 가지므로, 이를 '고려 목간'으로 분류하기는 어렵다.[15] 이는 樂浪 簡牘들과 더불어 추후에 정리·집계 작업을 진행하고자 한다.

고려 목간으로서 처음 존재가 알려진 것은 태안 대섬 인근 해역에서 발견된 청자운반선으로부터 출수된 목간들이다. 해당 침몰선은 보통 '태안선'이라 부르고 있다. 2008년 태안선 목간이 처음 알려질 당시에는 형식을 구분하여 A형 목간 8개, B형 목간 5개, C형 목간 3개, D형 목간 1개, E형 목간 1개 총 18개를 소개하였다.[16] 겹친 도자기를 포장하는 데 사용된 쐐기목 중 수결이 적혀 있는 것들이 있다면서 4점이 찍힌 사진을 실었으나, 자세한 소개는 생략한다고 하였다.[17] 쐐기목은 목간으로 간주하지 않았던 것이다. 다만 手決 위·아래에 'X'와 'O'의 기호가 적힌 쐐기목 한 점은 '대섬목간기타'로 별도의 사진과 함께 소개하였다.[18]

그런데 이후 발간된 발굴조사보고서에는 해당 논문에 다루어지지 않았던 '목간 18'과 더불어 쐐기목으로 간주하였던 '대섬목간기타'를 포함하여 20점의 목간이 사진과 함께 수록되었으며,[19] 다른 쐐기목들은 목간 항목 이외의 부분에도 아예 수록되지 않았다. 2008년 논문에 사진이 실린 '수결이 적혀 있는 쐐기목들' 4점을 발굴조사보고서에서는 찾을 수 없었다.[20] 그러면서 목간 항목의 시작 부분에서는 "총 34점의 목간"이 발견되었다고 소개하여,[21] 사진과 설명을 수록한 목간들과 수량이 일치하지 않는다. 발굴조사보고서에 실리지 못한 14점의 '목간'은 어떤 것들이었을까? 혹시 2008년 논문에서 말한 '수결이 적혀 있는 쐐기목'들이 아닐까?[22]

앞서 기호·부호 및 手決이나 署名 등을 광의의 문자로 간주하기로 하였다. 그런데 의도나 목적을 고려하여 목간을 정의할 경우, '쐐기목'은 문자를 서사하기 위하여 만들어졌다고 보기 어려우며, 실제로 문자가 없

---

15) 오택현·이재환, 2023, 앞의 논문, p.229.

16) 임경희·최연식, 2008, 「태안 청자운반선 출토 고려 목간의 현황과 내용」, 『木簡과 文字』 創刊號, pp.337-344.

17) 위의 논문, p.345.

18) 위와 같음.

19) 문화재청·국립해양문화재연구소, 2009, 『高麗靑瓷寶物船-태안 대섬 수중발굴보고서』, pp.370-383.

20) 쐐기목이 도자기를 켜켜이 포개고 그 안에 짚을 넣은 뒤 주변에 4개씩 덧대어 포장한 것이라고 하였음을 볼 때(임경희·최연식, 2008, 앞의 논문, p.345), 발굴조사보고서에서 "포장 단위당 4개 정도의 막대형 포장재가 사용되었을 것으로 추정"한 '포장재(사각형)'가 쐐기목을 가리키는 것으로 보인다. 그러나 발굴조사보고서는 수결의 기입 등에 대한 설명이나 수량 파악 없이 수많은 포장재(사각형)가 쌓여 있는 사진 한 장만 수록했을 뿐이다(문화재청·국립해양문화재연구소, 2009, 앞의 책, p.385).

21) 위의 책, p.370.

22) 노경정, 2017, 「태안해역 고려 침몰선 발굴과 출수 목간」, 『木簡과 文字』 第19號, p.18에서도 태안선에서 출수된 목간을 총 34점이라고 하였는데, p.19에 '수결이 적힌 목간'이라는 캡션과 함께 실린 사진은 '쐐기목'으로 보여 수결이 적힌 '쐐기목'을 목간으로 간주하였음을 알 수 있다.

는 것과 있는 것이 모두 발견되었기 때문에 목간으로 분류되지 않는다. 하지만 본고에서는 나무(대나무 포함)라는 서사 재료와 문자 서사라는 요소의 결합만을 기준으로 삼았으므로 '쐐기목'에 문자가 적혀 있을 경우 목간으로 분류하였다. 발굴조사보고서에서는 '쐐기목' 중 하나로 분류되었던 태안선 20호 목간을 목간에 포함시켰고, '총람'에서도 이를 포함하여 태안선 목간을 총 20점으로 파악하였다.[23] 그러나 목간의 정의를 일관되게 적용하면 태안선 20호 목간에 그칠 것이 아니라 '쐐기목'들 중 문자가 있는 것은 모두 목간으로 포함시켜야 한다.

다행히 발굴조사보고서에서 찾을 수 없는 문자가 있는 '쐐기목'으로 보이는 것들이 『韓國木簡字典』에 수록되었다. '자전'에 '泰安 船海底引揚 出土 木簡'으로 수록된 목간은 총 33점으로,[24] 발굴조사보고서에서 언급한 수량 34점과 1점밖에 차이가 나지 않는다. [船]1부터 [船]20까지는 발굴조사보고서의 목간 부분에 정리된 것과 동일하며 길이·너비·두께의 제원도 발굴조사보고서와 동일하게 기록되었으나,[25] [船]21부터 [船]33까지는 제원이 빠져 있으며, 모두 태안선 20호([船]20)에서 'X', 'O'의 기호를 제외한 동일한 수결이 적혀 있다. [船]30은 2008년 논문의 〈수결이 적혀 있는 쐐기목들〉 사진에 찍힌 4점 중 제일 위의 것, [船]31은 위에서 두 번째 것, [船]32는 제일 아래 것, [船]33은 위에서 세 번째 것과 동일하다고 판단된다. 1점이 어디로 간 것인지는 알 수 없으나,[26] 이들이 '수결이 적힌 쐐기목들'로서 목간 정리에 빠지는 동시에 목간 수량 파악에는 들어간 존재라고 추정할 수 있겠다. 이들을 포함하면 태안선 출수 목간의 수량은 33점이 된다.

한편, 태안 마도 1호선에서는 나무 재질의 것들과 더불어 대나무 재질의 것들이 함께 출수되었다. 발굴조사보고서는 대나무로 만들어진 것들을 '죽찰'이라고 부르면서 목간에 포함시켜 정리하면서 먼저 나무 재질 15점과 대나무 재질 54점을 합하여 69점의 목간이 발굴되었다고 소개하였다.[27] 그러나 이후 실제 목간과 '죽찰'로 소개된 것은 일련번호 1에서 73까지 총 73점이었다. 구체적으로 나무 재질의 목간이 16점, 죽간은 57점 수록되어 있다. 나무 재질의 목간 1점과 죽간 3점, 도합 4점의 수량 차이가 어째서 발생했는지는 알기 어렵다.

앞서 결정한 목간의 정의에 따라 묵흔이 없는 것은 집계에서 제외되어야 하겠다. 마도1호선 2호(0605-미상-죽찰) 죽간의 경우, 발굴조사보고서에서 "앞과 뒷면 모두 묵흔이 없다"고 밝히고 있다.[28] Ⅰ면 위쪽에 남은 각흔은 글자를 새겼다기보다 긁힌 것으로 보이므로 현재 남아 있는 부분에서는 문자 서사가 확인되지 않는다고 하겠다. 마도1호선 73호(2010-0603-A5-죽찰) 죽간 또한 "명문이 전혀 남아 있지 않다"고 확실히 언급하였다.[29] 이에 이 2점은 목간 집계에서 제외하였다.

---

23) 윤용구·이용현·이동주, 2022, 앞의 책, pp.431-435.

24) 손환일 편저, 2011, 『韓國木簡字典』, 국립가야문화재연구소, pp.795-828. 이하 '자전'이라 약칭함.

25) 위의 책, pp.876-877.

26) 어쩌면 '쐐기목'으로 분류되었다가 목간 20점 속에 포함되게 된 태안선 20호 목간이 이중으로 집계되었을지 모르겠다. 현재로서는 확인할 방법이 없다.

27) 국립해양문화재연구소, 2010, 앞의 책, p.346.

28) 위의 책, p.347.

한편, 발굴조사보고서는 마도1호선 33호(0910-J17-목간, [馬1]13) 목간에 대해서도 묵흔이 없음을 명확히 하였다.[30] 그런데 '자전'의 경우, 기본적으로 '목간'이라는 개념에 충실하여 죽간은 포함시키지 않았던 것으로 보임에도,[31] 이 목간을 [馬1]13으로 수록하였다. 발굴조사보고서는 물속에서 모두 지워진 것인지 아니면 처음부터 적지 않은 것인지는 알 수 없다고 하였으나, '자전'에서는 묵흔이 있음을 인정한 것이다. '자전'의 적외선 사진과 발굴조사보고서의 컬러 사진을 대비해 볼 때 묵흔일 가능성을 완전히 배제하기는 어려운 획들이 있었다. 가능성을 넓히는 방향성에 따라 이것은 그대로 목간에 포함시켜 두었다.

그런데 '자전'에 '泰安 馬島1號船海底引揚 出土 木簡'으로 수록된 목간은 총 17점으로,[32] 발굴조사보고서에 실린 나무 재질의 목간 16점보다 1점이 더 많다. 그것은 [馬1]17의 일련번호를 가진 목간이다. 발굴조사보고서에 누락된 이유는 알 수 없으나, '자전'의 적외선 사진을 볼 때 앞 면의 묵흔은 인정할 수 있다고 판단된다. 이에 '마도1호선 자전-17'로서 목간에 추가하였다. 이렇게 재정리할 경우 태안 마도 1호선에서 출수된 목간은 총 72점으로서, 그중 나무 재질의 목간이 17점, 죽간이 55점이 된다.

마도2호선에 대해서는 발굴조사보고서에서 "목간과 죽찰로 추정한 것은 총 58점"이라고 하면서도, 그중 11점은 "적외선 촬영으로도 묵흔이 보이지 않는다"고 밝히고 47점에 대해서만 사진과 판독문 및 설명을 수록하였다.[33] 본고에서는 이들 47점만을 목간으로 인정한다. 재질에 따라 구분하면 나무 재질이 23점, 대나무 재질이 24점이다.

마도3호선에서는 발굴조사보고서에서 목간 15점과 죽간 20점, 총 35점이 발굴되었다고 정리하였다.[34] 단, 실제로 사진과 설명이 제시된 것을 살펴보면 총 수는 35점으로 동일하지만 나무 재질의 목간이 14점, 죽간이 21점이다. 그런데, 마도3-103 죽간(보고서-11, 총람-11)은 묵흔이 확인되지 않는다. "대나무의 특성 상 묵서가 나무에 스며들지 않고 큐티클 층 위에 있다 쉽게 지워져" 버리므로 "이 목간 역시 그러했을 것"이라고 추정하였지만,[35] 현존하지 않음은 분명하므로 집계에서는 제외하였다. 그 결과 나무 재질의 목간은 14점, 죽간은 20점으로서, 합하면 총 34점이 된다.

한편, 국립해양문화재연구소에 의해서 2019년 7월에 진행된 태안 파도리 인근 해역 탐사 과정에서 발견

---

29) 위의 책, p.417.

30) 위의 책, p.377.
  '총람'의 경우 '목간 개요' 부분에서는 발굴조사보고서의 집계를 따라 "목간과 죽찰 등 69점이 출토되었다"고 하였고(p.438), 해당 유적의 소개 부분(p.437)과 부록2의 '한국 출토 목간 일람표'(p.583)에서는 발굴조사보고서에 실제 수록된 73점으로 집계하였으나, 번호를 달며 소개한 것은 ㉒ 72호(2010-0526-A7-죽찰)까지의 72점으로서(p.461), 마도1호선 73호(2010-0603-A5-죽찰) 죽간이 제외되었다.

31) 이미 임경희·최연식, 2010, 앞의 논문 통해 소개된 죽간들도 수록하지 않았다.

32) 손환일 편저, 2011, 앞의 책, pp.829-846.

33) 국립해양문화재연구소, 2011, 앞의 책, pp.264-309.
  '총람'에서도 이를 인용하여 발굴과정에서 목간과 죽찰로 추정한 것은 '총 58점'이라고 하면서(p.468), 집계 시에는 묵흔이 없는 것을 제외하고 47점으로 파악하였다(p.465 및 p.583).

34) 국립해양문화재연구소, 2012, 앞의 책.

35) 위의 책, p.235.

된 명문 木柱가 알려진 바 있다.[36] 길이 81㎝, 너비 14㎝, 두께 12㎝의 나무 기둥 같은 형태에 하단은 말뚝처럼 뾰족하게 다듬어졌다. 중앙 상단에 '樊'으로 판독되는 글자가 刻書되었고, 하단 우측에 두 글자가 墨書되었으나 판독은 어렵다.[37] 그 성격에 대해서는 해안가 목책이었을 가능성과, 제의 관련 유물일 가능성 및 배로 운반하는 수하물의 전달자나 전달할 지역 등에 대한 정보가 담겨진 祕標일 가능성 등이 제시되었다.[38] 원래의 용도가 무엇이든 문자의 서사가 확인되므로 목간으로 분류된다. 방사성탄소연대분석 결과 AD 949~1034년으로서 9세기 말에서 11세기 초에 제작된 것으로 추정되는데,[39] 신라 말(혹은 후백제)에도 걸쳐 있는 기간이지만 고려시대일 확률이 더 높으므로 고려 목간으로 분류하고자 한다. 고려 목간으로는 이 밖에도 울산 반구동 유적에서 출토된 목간이 1점 더 있다.[40] 이를 포함하면 고려 목간은 총 188점이 된다(별표 1 참조). 그중 나무 재질의 것이 89점이고 죽간이 99점으로서, 현존하는 고려의 목간 중에는 대나무 재질이 조금 더 많다.

조선시대에 해당하는 태안 마도4호선에서는 나무 재질 43점과 대나무 재질 20, 합하여 63점의 목간이 발견되었다고 보고되었다.[41] 그런데 마도4-194(0817-D5-목간)와 마도4-198(0823-E9-목간)은 명칭이 '목간'으로 부여되어 있지만 설명에는 대나무로 되어 있다. 사진 상으로도 대나무 마디가 확인된다. 구체적으로는 죽간으로 분류되어야 하겠다. 아울러 마도4-226(0622-F4-죽찰)은 육안이든 적외선 촬영에 의해서든 묵흔이 확인되지 않음에도 형태만을 기준으로 죽간('죽찰')로 분류하였다고 하므로,[42] 집계에 포함시키지 않았다.

한편, 발굴조사보고서에서 목간으로 분류하지 않고 용도를 알 수 없는 '대나무'라고만 지칭한 마도4-296은 3마디를 가진 대나무인데, 표면에 글자 또는 표시로 보이는 새김이 확인된다.[43] 글자라고 단정하긴 어렵지만, 글자가 아님이 명확하지 않으므로 가능성을 높이는 방향성에서 목간으로 분류하고자 한다. 재정리한 마도4호선 출수 목간은 모두 63점으로, 나무 재질이 42점, 죽간이 21점이다. 이밖에 여주 파사성에서 발견된 목간 1점이 조선시대 목간으로 보고되었다.[44] 한편, 2009년 창녕 冠山書堂 사당터 표토 아래에서 기와로 덮인 시설이 노출되어 긴급 발굴조사가 진행되었는데, '寒岡鄭先生'이 묵서된 위패가 옹기 항아리에 넣어진 채 발견되어 흥선대원군의 서원철폐령에 따른 '撤院埋主'의 실례로 주목받았다.[45] 이 위패 또한 앞의

---

36) 양기홍, 2022, 「태안 파도리 출수 銘文 木柱」, 『新出土 文字資料의 饗宴【한국목간학회 제37회 정기발표회】』.

37) 좌측이 '官'이나 '食'이라는 추정이 있었으나(위의 발표문, p.79), 확실하지 않다.

38) 위의 발표문, pp.80-81.

39) 위의 발표문, p.79.

40) 울산발전연구원 문화재센터, 2009, 『울산 반구동유적-중구 반구동 303번지 아파트신축부지 발굴조사 보고서(울산발전연구원 문화재센터 학술연구총서 제43집)』; 김현철, 2009, 「울산 반구동 유적 출토 목간」, 『木簡과 文字』 第4號.

41) 국립해양문화재연구소, 2016, 『태안 마도4호선 수중발굴조사 보고서』, p.189.

42) 위의 책, p.225.

43) 위의 책, p.258.

44) 김정인, 2022, 「여주 파사성 출토 목간」, 『新出土 文字資料의 饗宴』, 한국목간학회 제37회 정기발표회 발표자료집; (재)한성문화재연구원, 2023, 『여주 파사성 Ⅵ -9차 발굴조사 보고서-』, (재)한성문화재연구원.

45) 국립가야문화재연구소, 2011, 「[부록] 창녕 冠山書堂 - 사당터 및 별사터 발굴조사보고」, 『창녕 술정리사지 - 동·서삼층석탑

정의에 부합하므로 목간으로 분류된다. 이를 포함하여 현재까지 알려진 조선 목간은 총 65점이라고 할 수 있다(별표 2 참조).

III. '제안 호칭'의 결정

앞서 백제·신라 목간을 집계·정리하는 과정에서 필자들이 수량 파악보다 더 중요하게 생각했던 것은 표준적 호칭의 제안과 범례의 제시였다.[46] 특히 목간 호칭의 난립 문제는 대부분의 연구자들이 인식하고 있는 바로서, 그 통일이 시급한 과제임이 지속적으로 지적되어 왔다.[47] 이에 대하여 '국가귀속번호'를 목간의 표준적 호칭으로 사용하는 것이 목간의 열람 등에 효과적일 것이라는 주장이 나오기도 하였다.[48] 이는 2017년 국립가야문화재연구소에서 『한국의 고대목간 II』를 통해 함안 성산산성 발견 목간들을 총정리하면서 택했던 방식으로서,[49] 이미 혼란스러운 상태였던 함안 성산산성 목간의 표준안으로서는 받아들일 만하겠지만, 일반화시키기에는 어려움이 있다.[50] 아울러 동일한 일련번호를 구체적으로 표기하는 방식 또한 연구자들 별로 다르기 때문에,[51] 호칭 표기의 典範이 마련될 필요가 있었다.

이에 필자들은 백제·신라 목간을 정리하여 '오이목간목록'으로 공개하는 과정에서 나름의 원칙을 정하여 '제안 호칭'을 만들었다. '제안 호칭'은 다른 호칭들보다 좋은 것이라기보다, 대안이 없는 상황에서 검색·식별의 편의를 위해 사용을 권고·제안한 것이다. '제안 호칭'을 결정했던 원칙을 옮겨 보면 다음과 같다.[52]

주면 발굴조사보고서 (학술조사보고 제46집)』, pp.139-141.

　이 보고서는 필자들이 검토한 6,141편의 발굴조사보고서에 포함되지 않았다. 투고·심사 과정에서 심사위원의 지적을 통해 해당 유물의 존재를 알게 되었다. 지면을 빌어 감사드린다.

46) 오택현·이재환, 2023, 앞의 논문, pp.238-244 참조.

47) 윤선태, 2013, 앞의 발표문, p.1; 이재환, 2019, 앞의 논문, p.238.

48) 김재홍, 2022, 「한국 고대 목간의 분류 방안」, 『신라 왕경 목간』, 국립경주문화재연구소, pp.14-19.

49) 국립가야문화재연구소, 2017, 『한국의 고대목간 II』.

50) 기본적으로 국가귀속번호는 유물을 국가에 귀속하는 최종 단계에 부여되는 것으로서, 그 이전에 이미 다양한 호칭들이 사용될 수밖에 없으므로 표준 호칭으로 적합하지 않다. 과거에 발견된 목간들 중에는 국가귀속번호를 확인할 수 없는 경우가 있으며, 국가귀속번호로 식별이 불가능하거나 너무 복잡하여 사용이 어려운 경우들도 있다(오택현·이재환, 2023, 앞의 논문, p.239 참조).

51) 동일한 일련번호를 사용한다고 해도 번호 숫자만 쓰는 형태나, 목간에 숫자를 붙여 쓰는 방식, 목간+공백+숫자, 숫자 다음에 '호'를 붙이는 경우와 '번'을 붙이는 경우 등 구체적으로는 표기 방법이 매우 다양하게 나타난다(위의 논문, pp.17-22).

52) 이것은 오택현·이재환, 2023, 앞의 논문, p.240에서 제시한 것을 일부 수정한 것이다. 원래 ③에 덧붙였던 "※ 1개뿐임이 분명하고 추가 발굴·확인의 여지가 없어 번호를 붙일 의미가 없다고 판단될 경우 '목간'이라고만 표기한다."는 내용은 이미 번호 없이 불리고 있던 목간들의 호칭을 수용하고자 부가하였던 것인데, 궁극적으로 '추가 발굴·확인의 여지가 없음'을 예단하기 힘들다고 판단되기 때문에 삭제하였다. 그와 관련하여 기존의 '오이목간목록'에서 제시했던 제안 호칭 중 일부가 수정되었다. ⑩의 경우 서사 재료와 문자만으로 목간을 정의하게 되면서, 이전에 목제품(목기)로서 명칭을 가지고 있는 경우 이를 '목간'으로 바꾸어 새로운 명칭을 부여하는 것은 적합하지 않다고 판단되어 추가한 조항이다. 고려·조선 목간 중에는 태안 파도리 해역에서 발견된 '파도리 목주'와 '관산서당 위패'가 그 사례가 된다.

① 해당 목간이 처음 학계에 소개될 때 부여된 번호가 있다면, 가능한 한 바꾸지 않고 활용
   하는 것을 원칙으로 제안한다.

② 이미 여러 호칭이 난립한 상태로서 정리가 필요한 경우, 통일을 위해 공식적으로 제안된
   기준이 있다면 가능한 한 이를 따른다.

※ '왕경'·'목간II'

③ 최초 소개 시의 번호를 기준으로 간략화한 출토지명 다음 한 칸을 띄운 뒤 '목간'을 쓰고
   아라비아 숫자 번호를 공백 없이 붙여 쓴다. ex) 동남리49-2 목간2

④ 이외의 다양한 출처 중 넘버링을 선택하여 표기할 경우, '출처-번호'의 방식으로 표기한
   다.

※ 번호 다음에 '호'·'번' 등은 붙이지 않는다.

⑤ 출처는 각 보고서의 경우 '보고서'로 간략화하고, 보고서 간 구분이 필요할 경우 보고서
   차수 등을 뒤에 붙인다. ex) 보고서3, 보고서6

⑥ 해당 유물에 대한 보고서가 단일하거나 최초일 경우 '보고서'를 생략할 수 있다. 이 경우
   번호 다음에 '호'를 붙인다. ex) 보고서-1 = 1호

※ 보고서에서 '번' 등을 붙였더라도 '호'로 바꾸며, 로마자나 원·괄호문자 역시 일반 아라비
   아 숫자로 바꾸어 표기한다.

⑦ 이외의 출처 중 주요한 것은 약호를 사용하고, 그 밖의 것들은 연도를 표기한다. 동일 연
   도는 a·b 등으로 구분한다.

※ 약호 및 연도는 [자료목록]의 해당 부분을 참고한다.

⑧ 출토 유적명은 처음 보고되었을 당시의 명칭을 계속 사용하며, 필요시 현재의 명칭을 괄
   호에 넣어 부기한다.

⑨ 해당 행정구역에서 최초 보고일 때는 유적명에 번지 등 구체적 구분을 붙이지 않는다.

⑩ 목제품(목기)으로서 구분되는 명칭을 가지고 있을 경우 이를 활용한다.

백제·신라 목간만큼은 아니지만, 고려·조선 목간의 호칭에도 혼란의 여지는 있다. 미래를 위해 재정리
된 고려·조선 목간의 '제안 호칭' 또한 위의 원칙에 따라 정해 놓아야 할 것이다. 먼저 태안 대섬 태안선 출
수 목간들의 경우, 소개 당시 A·B·C·D·E의 유형 분류에 '-숫자'가 붙은 형식번호가 있었으나,[53] 발굴조사
보고서가 발간되면서 목간 1에서 목간 20에 이르는 일련번호로 재정리되었다. 그중 목간 18은 이전 소개
에는 포함되지 않은 것이었다. 이에 발굴조사보고서를 기준으로 ⑥의 방식으로 제안 호칭을 정하였다. 발
굴조사보고서에 빠지고 '자전'에만 수록된 것들은 ④의 원칙에 따라 태안선 자전-21~33으로 표기하였다.
   태안 마도1호선 출수 목간들에 대하여 발굴조사보고서는 1로 시작하는 일련번호와 더불어 '발굴일자-

---

53) 임경희·최연식, 2008, 앞의 논문.

발굴구역-재질'의 형식을 갖춘 형식번호를 제시하고 있다. 처음 소개되었을 당시에도 앞에 붙은 일련번호는 달랐지만 같은 방식의 형식번호를 제시하였으므로,[54] 해당 형식번호를 '제안 호칭'으로 사용하는 것이 적당하다고도 할 수 있다. 다만, '발굴일자-발굴구역'이 일치하여 '재질'에 번호를 붙여 구분한 것들(23호·24호·25호, 40호·41호, 55호·56호, 59~64호, 66호·67호 등)뿐 아니라, '재질'까지 일치하는데도 번호를 붙여서 구분하지 않은 경우(31호와 32호)까지 있어, 그대로 활용할 경우 혼란의 여지가 남는다. 이에 보고서의 일련번호를 따서 '숫자+호'로 표기하는 제안 호칭 기준의 ⑥에 따랐다. 죽간들 또한 동일한 방식으로 제안 호칭을 설정하였다. 발굴조사보고서에 누락된 것을 ④에 따라 마도1호선 자전-17로 표기하였음은 앞서 언급한 바와 같다. 태안 마도2호선 출수 목간 역시 상황이 비슷하므로, ⑥의 방식으로 제안 호칭을 표기하였다.

한편, 마도 3호선은 처음 일부가 소개되었을 때 나름의 일련번호와 함께 마도1호선·마도2호선과 같은 방식의 형식번호를 붙였는데,[55] '2. 마도3-0826-M7-목간'과 '3. 마도3-0826-M7-목간'처럼 뒤의 형식번호만으로 식별이 불가능한 경우가 있어 이를 사용할 수 없었다. 발굴조사보고서에서는 1부터 35까지 일련번호를 붙였으나, 보고서 내에서 목간을 지칭할 때는 함께 제시된 유물번호를 사용하였다. 이를 받아들여 유물번호를 제안 호칭으로 사용하고자 한다. 조선시대의 침몰선인 태안 마도4호선에 대해서도 발굴조사보고서 내에서 유물번호로 지칭하고 있으므로 이를 사용한다. 이렇게 재정리한 고려·조선 목간들의 목록은 별표 1과 별표 2로 수록하였으며, '오이목간목록통합(250623)'라는 제목의 파일로 한국목간학회 홈페이지 게시판에 업로드하였다.

앞서 제시한 '제안 호칭'의 원칙은 아홉 조항이나 되어 복잡해 보일 수 있으나, '제안 호칭'을 사용하는 이가 굳이 이를 숙지할 필요는 없다. '오이목간목록'에 '제안 호칭'과 해당 목간에 붙여진 모든 호칭을 대비해 두었으므로, 검색하여 사용하기만 하면 된다. 2025년 4월 11일 한국목간학회 제51회 정기발표회에서 진행된 '한국목간학회의 목간 정의 및 호칭 표준화를 위한 논의'에서 한국목간학회의 호칭 표준으로 '제안 호칭'을 사용하는 것이 결정되었다. 한국목간학회에서 발간하는 학회지와 단행본 등에서 기본적으로 '제안 호칭'을 사용하며, 부득이하게 개별적으로 다른 호칭을 사용하고자 하는 경우에도 최소한 제목이나 핵심어 및 본문 중 초출 시에는 '제안 호칭'을 병기하게 된 것이다. 향후 목간의 식별·검색 과정에서의 혼란이 다소나마 줄어들 것이 기대된다.

IV. 새로운 고려·조선 목간은 없는가?

남은 작업은 기존에 알려진 고려·조선 목간 외에, 목간 정의에 들어맞음에도 목간으로 분류되지 않아 온

---

54) 임경희·최연식, 2010, 앞의 논문.
55) 임경희, 2011, 「마도3호선 목간의 현황과 판독」, 『木簡과 文字』 第8號, pp.210-223.

발굴조사 출토 목제품(목기) 및 죽제품(죽기)이 더 존재하는지 확인하는 것이다.[56] 이를 위해서는 우선적으로 고려·조선의 유물이 출토된 모든 발굴조사의 결과물들을 찾아 살펴보아야 했다. 필자들은 국가유산청 홈페이지 및 진인진 사이트에 등록된 발굴조사보고서들 중 고려·조선 유물이 포함된 것들의 확보를 시도하였다.

우선 '고려'나 '조선'으로 검색을 시도하였으나, 충분한 결과물들이 도출되지 않았다. 이에 지역명을 키워드로 검색하여 나온 결과들에서 고려·조선 유물이 전혀 포함되지 않은 것들을 제외하여 검토 대상을 선정하였다. 이렇게 하여 확보한 기본 검토 대상 발굴조사보고서는 6,141편이었다.

물론 이것이 고려·조선 유물이 포함된 모든 발굴조사보고서라고 할 수는 없다. 해당 사이트들에 등록된 발굴조사보고서 중에는 2014년 이전 것들도 일부 섞여 있지만, 이후의 것들이 대부분이다. 결국 이번의 확인 결과는 최종 결과물이 아니라 중간 보고의 성격이라고 하겠다. 추후 이번에 다루지 못한 발굴조사보고서들에 대한 확인 작업을 지속적으로 진행해 나가고자 한다.

6,141편에 대한 검토가 생각만큼 오래 걸리는 작업은 아니었다. 대부분의 발굴조사보고서에 고려·조선의 목제 유물은 애초에 실려 있지 않았다. 극히 드물게 나무 재질의 유물이 보고된 경우에도, 문자가 확인된 예는 찾지 못하였다. 걱정했던 懸板이나 柱聯 같은 것들도 확보한 발굴조사보고서 중에는 보고 사례가 없었다.

결국 필자들의 정의에 맞는 목간을 새로 찾아내는 작업은, 현재까지 확보한 6,141편을 대상으로 해서는 성공하지 못하였다고 하겠다. 하지만 의미 없는 작업이었다고는 생각하지 않는다. 적어도 목간을 찾기 위해 저 6,141편은 다시 볼 필요가 없음은 확인했다는 데 의의를 찾을 수 있겠다. 혹시나 비슷한 시도를 하는 이가 있을까 싶어 이들 검토 발굴조사보고서의 목록을 '오이목간목록'과 더불어 한국목간학회 홈페이지 게시판에 업로드해 두도록 하겠다.

이번 작업의 실패(?)에도 불구하고, 의문이 남는 부분은 있다. 정말 고려·조선의 목간은 별표 1과 별표 2에 정리된 것이 전부일까? '문자를 쓰기 위해 가공한 나무(혹은 대나무) 조각에 문자가 서사된 것'이 침몰선에만 집중된다는 것은 의아한 일이다. 고려·조선 유적에 대한 관심이나, 고려·조선 시점의 목간에 대한 인식이 '고대'의 '목간'에 대해 그간 축적된 관심에 비해 적었기 때문에 잘 발견·주목받지 못하고 있는 것은 아닐까? 고려·조선의 저습지에 대한 발굴을 심층적으로 진행하고, 목간의 존재를 염두에 두면서 발굴한다면, 많은 목간이 발견될 수 있지 않을까?

---

56) 광주 신룡동 오층석탑에서 발견된 사리구 중 9점의 竹片과 4점의 木片이 포함되어 있다(동국대학교 이병호 교수의 교시에 의해 그 존재를 알게 되었다). 실물은 남아 있지 않지만 경주 구황동 皇福寺址의 삼층석탑에서 문자가 적힌 竹簡들이 다수 발견되었다는 증언이 남아 있음을 고려할 때(杉山信三, 1944, 『朝鮮の石塔』, 彰國社, 1944, pp.98-99; 梅原末治, 1950, 「韓國慶州皇福寺塔發見の舍利容器」, 『美術研究』 156; 황수영, 1997, 「佛國寺三層石塔發見 無垢淨光大陀羅尼經」, 『佛國寺三層石塔 舍利具와 文武大王海中陵』, 한국정신문화연구원, pp.47-48), 광주 신룡동 오층석탑에서 나온 죽편·목편이 목간일 가능성이 없는 것은 아니나, 현재는 묵흔이 확인되지 않으며, 木片은 塔形으로 간주되고 있다. 발굴보고서 또한 공간되어 있지 않다. 이에 이번 집계·정리에 포함시키지 않았다.

이런 생각이 들게 만드는 것이 일본의 목간 발굴 상황이다. 2023년 12월에 열린 일본 목간학회 연구집회 중에는 '平安京' 출토 목간에 대한 발표가 한 파트를 이루었다. 平城京·藤原京보다 늦은 시기의 목간들을 접하는 것이 새로웠다. 아울러 2023년 일본 전국에서 발견된 목간 총 57점이 소개되었는데, 그중 25점이 近世 목간으로서 가장 큰 비중을 차지하였다. 이는 2023년의 특이한 현상이 아니었다. 2022년에 출토된 목간 183점 중에서 중세 목간이 27점, 근세 목간이 48점이며 근대 목간도 10점이나 된다. 근세에서 근대에 걸치는 것이 79점으로 가장 많았다. 고대 목간은 14점이며, 고대~중세 및 고대~중세·근세 목간은 각각 1점과 4점에 불과하였다.[57] 근세 목간의 높은 비중이 주목되는 바이다.

江戶時代 여관의 '宿牌'·'宿札'나 稅穀 납부와 관련된 '米札' 등을 목간 차원에서 살핀 연구도 이루어지고 있다.[58] 해당 연구는 발굴조사를 통해 출토된 목간들을 대상으로 한다기보다 민속 자료들을 다루고 있다는 점에서 본 발표의 대상과 차이를 보이지만, 근세 혹은 근대 목간이 어떤 방향으로 연구될 수 있는지 보여준다는 면에서 중요한 의미를 가진다.

지금까지 '한국 목간'에 대한 인식과 관심은 '고대'에 초점이 맞추어져 있었다. 침몰선에서 출수된 목간들을 통해 고려 목간의 연구가 출발하였지만, 출토량에 비해 활발한 연구와 논의가 이어지고 있는 것처럼 느껴지지 않는다. 침몰선 출수 목간을 제외한 고려·조선 목간에 대한 구체적 논의는 전무한 상태이다. 향후 고려·조선의 목간·죽간에 대해서도 관심이 더 기울여지며 목간 연구의 범위가 확장되기를 기원해 본다. 어쩌면 그럴 경우 엄청난 양의 고려·조선 목간·죽간이 갑자기 쏟아져나올지도 모르겠다.

투고일: 2025.05.15.　　　심사개시일: 2025.05.30.　　　심사완료일: 2025.06.16.

---

57) 鶴見泰壽, 2023, 「2022年出土の木簡」, 『木簡硏究』 45, p. 1.
58) 岩淵令治, 2023, 「日本近代木簡的現狀與其課題-作爲交叉支撐的木與紙」, 『第二屆中日韓出土簡牘硏究國際論壇 論文集』.

별표 1. 고려 목간 목록

출토지	제안 호칭	소개	보고서	자전 (2011)	총람 (2022)	유물번호	비고
울산 반구동 유적	울산 반구동 목간1	목간	1034. 木簡		보고서 1034호		
태안 대섬 태안선	태안선 1호	대섬목간A-5	목간 1	[船]1	1호 (출수지점 F8-목간)		
태안 대섬 태안선	태안선 2호	대섬목간A-2	목간 2	[船]2	2호(F8-목간)		
태안 대섬 태안선	태안선 3호	대섬목간A-1	목간 3	[船]3	3호(F8~F9-목간)		
태안 대섬 태안선	태안선 4호	대섬목간A-6	목간 4	[船]4	4호(G7~G10-목간)		
태안 대섬 태안선	태안선 5호	대섬목간A-8	목간 5	[船]5	5호(F1-목간)		
태안 대섬 태안선	태안선 6호	대섬목간A-7	목간 6	[船]6	6호(F8~F9-목간)		
태안 대섬 태안선	태안선 7호	대섬목간A-4	목간 7	[船]7	7호(F8~F9-목간)		
태안 대섬 태안선	태안선 8호	대섬목간A-3	목간 8	[船]8	8호(G7~G10-목간)		
태안 대섬 태안선	태안선 9호	대섬목간B-1	목간 9	[船]9	9호(E7-목간)		
태안 대섬 태안선	태안선 10호	대섬목간B-2	목간 10	[船]10	10호(F8~F9-목간)		
태안 대섬 태안선	태안선 11호	대섬목간B-3	목간 11	[船]11	11호(E9-목간)		
태안 대섬 태안선	태안선 12호	대섬목간B-4	목간 12	[船]12	12호(F10-목간)		
태안 대섬 태안선	태안선 13호	대섬목간B-5	목간 13	[船]13	13호(미상-목간)		
태안 대섬 태안선	태안선 14호	대섬목간C-1	목간 14	[船]14	14호(F9-목간)		
태안 대섬 태안선	태안선 15호	대섬목간C-2	목간 15	[船]15	15호(G5-목간)		
태안 대섬 태안선	태안선 16호	대섬목간C-3	목간 16	[船]16	16호(H9-목간)		
태안 대섬 태안선	태안선 17호	대섬목간D	목간 17	[船]17	17호(E~H-목간)		
태안 대섬 태안선	태안선 18호		목간 18	[船]18	18호(미상-목간)		
태안 대섬 태안선	태안선 19호	대섬목간E	목간 19	[船]19	19호(G6-목간)		
태안 대섬 태안선	태안선 20호	대섬목간기타	목간 20	[船]20	20호(H9-목간)		기호
태안 대섬 태안선	태안선 자전-21			[船]21			
태안 대섬 태안선	태안선 자전-22			[船]22			
태안 대섬 태안선	태안선 자전-23			[船]23			
태안 대섬 태안선	태안선 자전-24			[船]24			
태안 대섬 태안선	태안선 자전-25			[船]25			
태안 대섬 태안선	태안선 자전-26			[船]26			
태안 대섬 태안선	태안선 자전-27			[船]27			
태안 대섬 태안선	태안선 자전-28			[船]28			
태안 대섬 태안선	태안선 자전-29			[船]29			
태안 대섬 태안선	태안선 자전-30			[船]30			
태안 대섬 태안선	태안선 자전-31			[船]31			
태안 대섬 태안선	태안선 자전-32			[船]32			
태안 대섬 태안선	태안선 자전-33			[船]33			
태안 마도1호선	마도1호선 1호		1. 0605-미상-죽찰		1호		죽간

출토지	제안 호칭	소개	보고서	자전 (2011)	총람 (2022)	유물번호	비고
태안 마도1호선	마도1호선 3호	1. 0705-D17대나무	3. 0705-D17-죽찰		3호		죽간
태안 마도1호선	마도1호선 4호		4. 0706-C18-목간	[馬1]1	4호		
태안 마도1호선	마도1호선 5호	2. 0725-B19	5. 0725-B19-목간	[馬1]2	5호		
태안 마도1호선	마도1호선 6호		6. 0726-A19-죽찰		6호		죽간
태안 마도1호선	마도1호선 7호	3. 0728-A19	7. 0728-A19-목간	[馬1]3	7호		
태안 마도1호선	마도1호선 8호	4. 0729-D16	8. 0729-D16-목간	[馬1]4	8호		끈 잔존
태안 마도1호선	마도1호선 9호	5. 0731-F16대나무	9. 0731-F16-죽찰		9호		죽간
태안 마도1호선	마도1호선 10호	6. 0810-G16	10. 0810-G16-목간	[馬1]5	10호		
태안 마도1호선	마도1호선 11호	7. 0813-B17대나무	11. 0813-B17-죽찰		11호		죽간
태안 마도1호선	마도1호선 12호	8. 0813-H16	12. 0813-H16-목간	[馬1]6	12호		
태안 마도1호선	마도1호선 13호	9. 0817-G14	13. 0817-G14-목간	[馬1]7	13호		
태안 마도1호선	마도1호선 14호		14. 0817-미상-목간	[馬1]8	14호		
태안 마도1호선	마도1호선 15호	10. 0828-H12	15. 0828-H12-목간	[馬1]9	15호		
태안 마도1호선	마도1호선 16호	11. 0828-H13	16. 0828-H13-목간	[馬1]10	16호		끈 잔존
태안 마도1호선	마도1호선 17호	12. 0828-I12대나무	17. 0828-I12-죽찰		17호		죽간
태안 마도1호선	마도1호선 18호	13. 0829-Z16대나무	18. 0829-Z16-죽찰		18호		죽간
태안 마도1호선	마도1호선 19호	14. 0831-I11대나무	19. 0831-I11-죽찰		19호		죽간
태안 마도1호선	마도1호선 20호	15. 0831-I12대나무	20. 0831-I12-죽찰		20호		죽간
태안 마도1호선	마도1호선 21호		21. 0831-Z11-목간	[馬1]11	21호		
태안 마도1호선	마도1호선 22호		22. 0901-E15-죽찰		22호		죽간
태안 마도1호선	마도1호선 23호		23. 0907-Y16-죽찰1		23호		죽간
태안 마도1호선	마도1호선 24호		24. 0907-Y16-죽찰2		24호		죽간
태안 마도1호선	마도1호선 25호		25. 0907-Y16-죽찰3		25호		죽간
태안 마도1호선	마도1호선 26호		26. 0907-Y17-죽찰		26호		죽간
태안 마도1호선	마도1호선 27호		27. 0907-Z17-목간	[馬1]12	27호		
태안 마도1호선	마도1호선 28호		28. 0908-A18-죽찰		28호		죽간
태안 마도1호선	마도1호선 29호		29. 0908-A19-죽찰		29호		죽간
태안 마도1호선	마도1호선 30호		30. 0909-K18-죽찰		30호		죽간
태안 마도1호선	마도1호선 31호		31. 0909-X18-죽찰		31호		죽간
태안 마도1호선	마도1호선 32호		32. 0909-X18-죽찰		32호		죽간
태안 마도1호선	마도1호선 33호		33. 0910-J17-목간	[馬1]13	33호		
태안 마도1호선	마도1호선 34호		34. 0910-K17-죽찰		34호		죽간
태안 마도1호선	마도1호선 35호		35. 0911-J19-죽찰		35호		죽간
태안 마도1호선	마도1호선 36호		36. 0912-I18-죽찰		36호		죽간

출토지	제안 호칭	소개	보고서	자전 (2011)	총람 (2022)	유물번호	비고
태안 마도1호선	마도1호선 37호	16. 0913-I13대나무	37. 0913-I13-죽찰		37호		죽간, 끈 잔존
태안 마도1호선	마도1호선 38호		38. 0923-A17-죽찰		38호		죽간
태안 마도1호선	마도1호선 39호		39. 0923-J13-죽찰		39호		죽간, 끈 잔존
태안 마도1호선	마도1호선 40호		40. 0923-A18-죽찰1		40호		죽간
태안 마도1호선	마도1호선 41호		41. 0923-A18-죽찰2		41호		죽간
태안 마도1호선	마도1호선 42호	17. 0928-I15대나무	42. 0928-I15-죽찰		42호		죽간
태안 마도1호선	마도1호선 43호		43. 0929-D18-목간	[馬1]14	43호		
태안 마도1호선	마도1호선 44호		44. 1007-D20-죽찰		44호		죽간
태안 마도1호선	마도1호선 45호		45. 1007-J12-죽찰		45호		죽간
태안 마도1호선	마도1호선 46호		46. 1007-J19-죽찰		46호		죽간
태안 마도1호선	마도1호선 47호		47. 1007-D17-죽찰		47호		죽간
태안 마도1호선	마도1호선 48호		48. 1011-K20-죽찰		48호		죽간
태안 마도1호선	마도1호선 49호		49. 1015-J18-죽찰		49호		죽간
태안 마도1호선	마도1호선 50호		50. 1015-D17-죽찰		50호		죽간
태안 마도1호선	마도1호선 51호		51. 1015-C17-죽찰		51호		죽간
태안 마도1호선	마도1호선 52호		52. 1023-E17-죽찰		52호		죽간
태안 마도1호선	마도1호선 53호		53. 1024-J15-죽찰		53호		죽간
태안 마도1호선	마도1호선 54호		54. 1024-J15-목간	[馬1]15	54호		
태안 마도1호선	마도1호선 55호		55. 1025-J15-죽찰1		55호		죽간
태안 마도1호선	마도1호선 56호		56. 1025-J15-죽찰2		56호		죽간
태안 마도1호선	마도1호선 57호	18. 1025-좌외판4-2	57. 1025-J15-목간	[馬1]16	57호		
태안 마도1호선	마도1호선 58호	19. 1026-좌외판4-2대나무	58. 1026-J15-죽찰		58호		죽간
태안 마도1호선	마도1호선 59호	20-1. 1027-좌외판2-3대나무1	59. 1027-J14-죽찰1		59호		죽간
태안 마도1호선	마도1호선 60호	20-2. 1027-좌외판2-3대나무2	60. 1027-J14-죽찰2		60호		죽간
태안 마도1호선	마도1호선 61호	20-3. 1027-좌외판2-3대나무3	61. 1027-J14-죽찰3		61호		죽간
태안 마도1호선	마도1호선 62호	20-4. 1027-좌외판2-3대나무4	62. 1027-J14-죽찰4		62호		죽간
태안 마도1호선	마도1호선 63호	20-5. 1027-좌외판2-3대나무5	63. 1027-J14-죽찰5		63호		죽간

출토지	제안 호칭	소개	보고서	자전 (2011)	총람 (2022)	유물번호	비고
태안 마도1호선	마도1호선 64호	20-6. 1027-좌외판2-3대 나무6	64. 1027-J14-죽찰6		64호		죽간
태안 마도1호선	마도1호선 65호		65. 1029-J14-죽찰		65호		죽간
태안 마도1호선	마도1호선 66호		66. 1107-D17-죽찰1		66호		죽간
태안 마도1호선	마도1호선 67호		67. 1107-D17-죽찰2		67호		죽간
태안 마도1호선	마도1호선 68호		68. 1107-I15-죽찰		68호		죽간, 끈 잔존
태안 마도1호선	마도1호선 69호		69. 1109-D17-죽찰		69호		죽간
태안 마도1호선	마도1호선 70호		70. 2010-0524-A6-죽찰		70호		죽간
태안 마도1호선	마도1호선 71호		71. 2010-0526-B4-죽찰		71호		죽간
태안 마도1호선	마도1호선 72호		72. 2010-0526-A7-죽찰		72호		죽간
태안 마도1호선	마도1호선 자전-17			[馬1]17			
태안 마도2호선	마도2호선 1호	1. 0524-F4-목간	1. 0524-F4-목간		1호		
태안 마도2호선	마도2호선 2호	2. 0524-K3-죽찰	2. 0524-K3-죽찰		2호		죽간
태안 마도2호선	마도2호선 3호		3. 0526-D7-목간		3호		
태안 마도2호선	마도2호선 4호	3. 0526-L5-죽찰	4. 0526-L5-죽찰		4호		죽간
태안 마도2호선	마도2호선 5호	4. 0526-L5-죽찰	5. 0526-L5-죽찰		5호		죽간
태안 마도2호선	마도2호선 6호		6. 0606-H4-죽찰		6호		죽간
태안 마도2호선	마도2호선 7호		7. 0606-H4-죽찰		7호		죽간
태안 마도2호선	마도2호선 8호	5. 0607-G7-목간	8. 0607-G7-목간		8호		
태안 마도2호선	마도2호선 9호	6. 0608-I3-죽찰	9. 0608-I3-죽찰		9호		죽간
태안 마도2호선	마도2호선 10호		10. 0609-L4-죽찰		10호		죽간
태안 마도2호선	마도2호선 11호		11. 0610-E5-죽찰		11호		죽간
태안 마도2호선	마도2호선 12호		12. 0610-E5-죽찰		12호		죽간, 끈 잔존
태안 마도2호선	마도2호선 13호	7. 0620-E4-죽찰	13. 0620-E4-죽찰		13호		죽간, 끈 잔존
태안 마도2호선	마도2호선 14호		14. 0620-E5-죽찰		14호		죽간
태안 마도2호선	마도2호선 15호		15. 0620-L5-죽찰		15호		죽간
태안 마도2호선	마도2호선 16호		16. 0621-J7-목간		16호		
태안 마도2호선	마도2호선 17호	8. 0622-J7-목간	17. 0622-J7-목간		17호		
태안 마도2호선	마도2호선 18호		18. 0622-K7-목간		18호		
태안 마도2호선	마도2호선 19호		19. 0623-I5-죽간		19호		죽간

출토지	제안 호칭	소개	보고서	자전 (2011)	총람 (2022)	유물번호	비고
태안 마도2호선	마도2호선 20호		20. 0623-J2-죽찰		20호		죽간, 끈 잔존
태안 마도2호선	마도2호선 21호		21. 0623-J7-목간		21호		
태안 마도2호선	마도2호선 22호		22. 0701-J6-죽찰		22호		죽간
태안 마도2호선	마도2호선 23호	9. 0702-F5-죽찰	23. 0702-F5-죽찰		23호		죽간
태안 마도2호선	마도2호선 24호		24. 0702-J6-죽찰		24호		죽간
태안 마도2호선	마도2호선 25호		25. 0704-G5-목간		25호		
태안 마도2호선	마도2호선 26호		26. 0704-H5-목간		26호		
태안 마도2호선	마도2호선 27호	10. 0707-F5-죽찰	27. 0707-F5-죽찰		27호		죽간
태안 마도2호선	마도2호선 28호	11. 0707-F6-목간	28. 0707-F6-목간		28호		
태안 마도2호선	마도2호선 29호		29. 0707-H4-죽찰		29호		죽간
태안 마도2호선	마도2호선 30호		30. 0708-G6-죽찰		30호		죽간
태안 마도2호선	마도2호선 31호	12. 0721-F4-목간	31. 0721-F4-목간		31호		
태안 마도2호선	마도2호선 32호	13. 0807-J8-목간	32. 0807-J8-목간		32호		
태안 마도2호선	마도2호선 33호		33. 0808-J7-목간		33호		
태안 마도2호선	마도2호선 34호	14. 0808-J7-목간	34. 0808-J7-목간		34호		
태안 마도2호선	마도2호선 35호		35. 0807-J8-목간		35호		
태안 마도2호선	마도2호선 36호		36. 0814-E4-죽찰		36호		죽간
태안 마도2호선	마도2호선 37호		37. 0815-J9-죽찰		37호		죽간
태안 마도2호선	마도2호선 38호	15. 0815-J9-목간1	38. 0815-J9-목간		38호		
태안 마도2호선	마도2호선 39호	16. 0815-J9-목간2	39. 0815-J9-목간		39호		
태안 마도2호선	마도2호선 40호		40. 0816-J9-죽찰		40호		죽간
태안 마도2호선	마도2호선 41호		41. 0818-J2-목간		41호		
태안 마도2호선	마도2호선 42호	17. 0820-F7-목간	42. 0820-F7-목간		42호		
태안 마도2호선	마도2호선 43호		43. 0916-I18-목간		43호		
태안 마도2호선	마도2호선 44호		44. 0929-저판밑부분-목간		44호		
태안 마도2호선	마도2호선 45호		45. 1001-Ⅰ8-목간		45호		
태안 마도2호선	마도2호선 46호		46. 1012-J8-죽찰		46호		죽간
태안 마도2호선	마도2호선 47호		47. 1012-J8-목간		47호		
태안 마도3호선	마도3-93		1		1호	마도3-93	
태안 마도3호선	마도3-94		2		2호	마도3-94	
태안 마도3호선	마도3-95	1. 마도3-0804-L7-목간	3		3호	마도3-95	
태안 마도3호선	마도3-96		4		4호	마도3-96	
태안 마도3호선	마도3-97	2. 마도3-0826-M7-목간	5		5호	마도3-97	
태안 마도3호선	마도3-98	3. 마도3-0826-M7-목간	6		6호	마도3-98	
태안 마도3호선	마도3-99	4. 마도3-0901-L8-목간	7		7호	마도3-99	

출토지	제안 호칭	소개	보고서	자전 (2011)	총람 (2022)	유물번호	비고
태안 마도3호선	마도3-100		8		8호	마도3-100	
태안 마도3호선	마도3-101	6. 마도3-0901-L9-죽찰	9		9호	마도3-101	죽간
태안 마도3호선	마도3-102		10		10호	마도3-102	
태안 마도3호선	마도3-104		12		12호	마도3-104	죽간
태안 마도3호선	마도3-105	9. 마도3-0904-K9-죽찰	13		13호	마도3-105	죽간
태안 마도3호선	마도3-106	7. 마도3-0903-미상-죽찰	14		14호	마도3-106	죽간
태안 마도3호선	마도3-107	10. 마도3-0904-F6-죽찰	15		15호	마도3-107	죽간, 끈 잔존
태안 마도3호선	마도3-108	11. 마도3-0904-K9-죽찰편	16		16호	마도3-108	죽간
태안 마도3호선	마도3-109		17		17호	마도3-109	죽간
태안 마도3호선	마도3-110		18		18호	마도3-110	죽간
태안 마도3호선	마도3-111	12. 마도3-0904-F6-죽찰	19		19호	마도3-111	죽간
태안 마도3호선	마도3-112	13. 마도3-0905-G6-죽찰	20		20호	마도3-112	죽간
태안 마도3호선	마도3-113		21		21호	마도3-113	죽간
태안 마도3호선	마도3-114	8. 마도3-0903-K9-죽찰편	22		22호	마도3-114	죽간
태안 마도3호선	마도3-115	5. 마도3-0907-K7-목간	23		23호	마도3-115	
태안 마도3호선	마도3-116	14. 마도3-0907-L7-죽찰	24		24호	마도3-116	죽간
태안 마도3호선	마도3-117	15. 마도3-0908-G6-죽찰	25		25호	마도3-117	죽간
태안 마도3호선	마도3-118		26		26호	마도3-118	
태안 마도3호선	마도3-119	16. 마도3-0908-G6-죽찰	27		27호	마도3-119	죽간
태안 마도3호선	마도3-120	17. 마도3-0909-K7-목간	28		28호	마도3-120	
태안 마도3호선	마도3-121	18. 마도3-0917-H7-죽찰	29		29호	마도3-121	죽간
태안 마도3호선	마도3-122		30		30호	마도3-122	죽간
태안 마도3호선	마도3-123		31		31호	마도3-123	
태안 마도3호선	마도3-124	19. 마도3-0921-G7-죽찰	32		32호	마도3-124	죽간
태안 마도3호선	마도3-125		33		33호	마도3-125	죽간
태안 마도3호선	마도3-126		34		34호	마도3-126	죽간
태안 마도3호선	마도3-127		35		35호	마도3-127	
태안 파도리 해역	파도리 목주	명문 목주					

별표 2. 조선 목간 목록

출토지	제안 호칭	소개	보고서	총람 (2022)	유물번호	비고
여주 파사성	여주 파사성 목간1	목간	25. 목간			
태안 마도4호선	마도4-164		마도4-164 0824-E10-목간	1호	마도4-164	
태안 마도4호선	마도4-165		마도4-165 0808-D5-목간	2호	마도4-165	
태안 마도4호선	마도4-166		마도4-166 0623-C11-죽찰	3호	마도4-166	죽간
태안 마도4호선	마도4-167		마도4-167 0722-F8-죽찰	4호	마도4-167	죽간
태안 마도4호선	마도4-168		마도4-168 목간	5호	마도4-168	
태안 마도4호선	마도4-169		마도4-169 목간	6호	마도4-169	
태안 마도4호선	마도4-170		마도4-170 0808-C9-목간	7호	마도4-170	
태안 마도4호선	마도4-171		마도4-171 0720-D8-목간	8호	마도4-171	
태안 마도4호선	마도4-172		마도4-172 0805-E8-죽찰	9호	마도4-172	죽간
태안 마도4호선	마도4-173		마도4-173 0811-C8-죽찰	10호	마도4-173	죽간
태안 마도4호선	마도4-174		마도4-174 0720-H8-목간	11호	마도4-174	
태안 마도4호선	마도4-175		마도4-175 0821-C7-목간	12호	마도4-175	
태안 마도4호선	마도4-176		마도4-176 0621-G10-목간	13호	마도4-176	
태안 마도4호선	마도4-177		마도4-177 0705-D4-목간	14호	마도4-177	
태안 마도4호선	마도4-178		마도4-178 0622-G5-목간	15호	마도4-178	
태안 마도4호선	마도4-179		마도4-179 0623-C11-죽찰	16호	마도4-179	죽간
태안 마도4호선	마도4-180		마도4-180 0623-C11-죽찰	17호	마도4-180	죽간
태안 마도4호선	마도4-181		마도4-181 0705-E11-죽찰	18호	마도4-181	죽간
태안 마도4호선	마도4-182		마도4-182 0708-F9-죽찰	19호	마도4-182	죽간
태안 마도4호선	마도4-183		마도4-183 0710-G8-목간	20호	마도4-183	
태안 마도4호선	마도4-184		마도4-184 0711-H10-목간	21호	마도4-184	
태안 마도4호선	마도4-185		마도4-185 0720-D8-목간	22호	마도4-185	
태안 마도4호선	마도4-186		마도4-186 0720-F5-죽찰	23호	마도4-186	죽간
태안 마도4호선	마도4-187		마도4-187 0821-E6-목간	24호	마도4-187	
태안 마도4호선	마도4-188		마도4-188 0821-F9-목간	25호	마도4-188	
태안 마도4호선	마도4-189		마도4-189 0823-B5-죽찰	26호	마도4-189	죽간
태안 마도4호선	마도4-190		마도4-190 0723-E7-목간	27호	마도4-190	
태안 마도4호선	마도4-191		마도4-191 0727-F4-목간	28호	마도4-191	
태안 마도4호선	마도4-192		마도4-192 0810-B6-목간	29호	마도4-192	
태안 마도4호선	마도4-193		마도4-193 0810-C6-죽찰	30호	마도4-193	죽간
태안 마도4호선	마도4-194		마도4-194 0817-D5-목간	31호	마도4-194	죽간
태안 마도4호선	마도4-195		마도4-195 0817-C10-죽찰	32호	마도4-195	죽간
태안 마도4호선	마도4-196		마도4-196 0819-D7-목간	33호	마도4-196	
태안 마도4호선	마도4-197		마도4-197 0822-C11-목간	34호	마도4-197	
태안 마도4호선	마도4-198		마도4-198 0823-E9-목간	35호	마도4-198	죽간

출토지	제안 호칭	소개	보고서	총람 (2022)	유물번호	비고
태안 마도4호선	마도4-199		마도4-199 0823-E9-죽찰	36호	마도4-199	죽간
태안 마도4호선	마도4-200		마도4-200 0802-E9-죽찰	37호	마도4-200	죽간
태안 마도4호선	마도4-201		마도4-201 0807-D7-목간	38호	마도4-201	
태안 마도4호선	마도4-202		마도4-202 0811-D8-목간	39호	마도4-202	
태안 마도4호선	마도4-203		마도4-203 0811-C7-목간	40호	마도4-203	
태안 마도4호선	마도4-204		마도4-204 0623-C11-죽찰	41호	마도4-204	죽간
태안 마도4호선	마도4-205		마도4-205 0822-D10-목간	42호	마도4-205	
태안 마도4호선	마도4-206		마도4-206 0721-F5-목간	43호	마도4-206	
태안 마도4호선	마도4-207		마도4-207 0820-E8-목간	44호	마도4-207	
태안 마도4호선	마도4-208		마도4-208 0620-G5,G10제토중-목간	45호	마도4-208	
태안 마도4호선	마도4-209		마도4-209 0812-C7-죽찰	46호	마도4-209	죽간
태안 마도4호선	마도4-210		마도4-210 0817-D10-목간	47호	마도4-210	
태안 마도4호선	마도4-211		마도4-211 0709-C8-목간	48호	마도4-211	
태안 마도4호선	마도4-212		마도4-212 0722-F8-죽찰	49호	마도4-212	죽간
태안 마도4호선	마도4-213		마도4-213 0706-C11-목간	50호	마도4-213	
태안 마도4호선	마도4-214		마도4-214 0728-D5-목간	51호	마도4-214	
태안 마도4호선	마도4-215		마도4-215 0818-C6-목간	52호	마도4-215	
태안 마도4호선	마도4-216		마도4-216 0724-D8-목간	53호	마도4-216	
태안 마도4호선	마도4-217		마도4-217 0722-E9-목간	54호	마도4-217	
태안 마도4호선	마도4-218		마도4-218 0710-F8-목간	55호	마도4-218	
태안 마도4호선	마도4-219		마도4-219 0809-D9-목간	56호	마도4-219	
태안 마도4호선	마도4-220		마도4-220 0622-G8-목간	57호	마도4-220	
태안 마도4호선	마도4-221		마도4-221 0720-D8-목간	58호	마도4-221	
태안 마도4호선	마도4-222		마도4-222 0705-D11-죽찰	59호	마도4-222	죽간
태안 마도4호선	마도4-223		마도4-223 0818-C6-목간	60호	마도4-223	
태안 마도4호선	마도4-224		마도4-224 0710-G7-목간	61호	마도4-224	
태안 마도4호선	마도4-225		마도4-225 0623-C11-목간	62호	마도4-225	
태안 마도4호선	마도4-296		마도4-296 대나무		마도4-296	죽간
창녕 관산서당	관산서당 위패		위패(신주)			

※ 자료 목록

1. 울산 반구동 : 울산발전연구원 문화재센터, 2009, 『울산 반구동유적-중구 반구동 303번지 아파트신축부지 발굴조사 보고서(울산발전연구원 문화재센터 학술연구총서 제43집)』.

　　　　김현철, 2009, 「울산 반구동 유적 출토 목간」, 『木簡과 文字』 第4號.

2. 태안 대섬 태안선 : 임경희·최연식, 2008, 「태안 청자운반선 출토 고려 목간의 내용」, 『木簡과 文字』 創刊號.

　　　　　　　　　문화재청·국립해양문화재연구소, 2009, 『高麗靑瓷寶物船-태안 대섬 수중발굴보고서』.

3. 태안 마도1호선 : 임경희·최연식, 2010, 「태안 마도 수중 출토 목간 판독과 내용」, 『木簡과 文字』 第5號.

　　　　　　　　　국립해양문화재연구소, 2010, 『태안마도 1호선 수중발굴조사 보고서』.

4. 태안 마도2호선 : 임경희, 2010, 「마도2호선 발굴 목간의 판독과 분류」, 『木簡과 文字』 第6號.

　　　　　　　　　국립해양문화재연구소, 2011, 『태안마도 2호선 수중발굴조사 보고서』.

5. 태안 마도3호선 : 임경희, 2011, 「마도3호선 목간의 현황과 판독」, 『木簡과 文字』 第8號.

　　　　　　　　　국립해양문화재연구소, 2011, 『태안마도 3호선 수중발굴조사 보고서』.

6. 태안 파도리 : 양기홍, 2022, 「태안 파도리 출수 銘文 木柱」, 『新出土 文字資料의 饗宴【한국목간학회 제37회 정기발표회】』.

7. 여주 파사성 : 김정인, 2022, 「여주 파사성 출토 목간」, 『新出土 文字資料의 饗宴【한국목간학회 제37회 정기발표회】』.

　　　　　　　(재)한성문화재연구원, 2023, 『여주 파사성 Ⅵ -9차 발굴조사 보고서-』.

8. 태안 마도4호선 : 국립해양문화재연구소, 2016, 『태안 마도4호선 수중발굴조사 보고서』.

9. 창녕 관산서당 : 국립가야문화재연구소, 2011, 「[부록] 창녕 冠山書堂 - 사당터 및 별사터 발굴조사보고」, 『창녕 술정리사지 - 동·서삼층석탑 주면 발굴조사보고서(학술조사보고 제46집)』.

국립가야문화재연구소, 2011, 「[부록] 창녕 冠山書堂 - 사당터 및 별사터 발굴조사보고」, 『창녕 술정리사지
    - 동·서삼층석탑 주면 발굴조사보고서(학술조사보고 제46집)』.
국립가야문화재연구소, 2017, 『한국의 고대목간 Ⅱ』.
國立昌原文化財研究所, 2006, 『개정판 韓國의 古代木簡 (학술조사보고 제32집)』.
국립해양문화재연구소, 2010, 『태안마도 1호선 수중발굴조사 보고서』.
국립해양문화재연구소, 2011, 『태안마도 2호선 수중발굴조사 보고서』.
국립해양문화재연구소, 2012, 『태안마도 3호선 수중발굴조사 보고서』.
국립해양문화재연구소, 2016, 『태안 마도4호선 수중발굴조사 보고서』.
문화재청·국립해양문화재연구소, 2009, 『高麗靑瓷寶物船-태안 대섬 수중발굴보고서』.
손환일 편저, 2011, 『韓國木簡字典』, 국립가야문화재연구소.
울산발전연구원 문화재센터, 2009, 『울산 반구동유적-중구 반구동 303번지 아파트신축부지 발굴조사 보
    고서(울산발전연구원 문화재센터 학술연구총서 제43집)』.
윤용구·이용현·이동주, 2022, 『한국목간총람(경북대학교 인문학술원 HK+사업단 자료총서 01)』, 윤재석
    편저, 주류성.
(재)한성문화재연구원, 2023, 『여주 파사성 Ⅵ -9차 발굴조사 보고서-』, (재)한성문화재연구원.

杉山信三, 1944, 『朝鮮の石塔』, 彰國社, 1944.

김재홍, 2022, 「한국 고대 목간의 분류 방안」, 『신라 왕경 목간』, 국립경주문화재연구소.
김정인, 2022, 「여주 파사성 출토 목간」, 『新出土 文字資料의 饗宴』, 한국목간학회 제37회 정기발표회 발표
    자료집.
김현철, 2009, 「울산 반구동 유적 출토 목간」, 『木簡과 文字』 第4號.
노경정, 2017, 「태안해역 고려 침몰선 발굴과 출수 목간」, 『木簡과 文字』 第19號.
양기홍, 2022, 「태안 파도리 출수 銘文 木柱」, 『新出土 文字資料의 饗宴【한국목간학회 제37회 정기발표회】』.
오택현·이재환, 2023, 「백제·신라 목간의 집계와 범례의 제안」, 『木簡과 文字』 第30號.
오택현·이재환, 2024, 「고려·조선 목간의 집계」, 『한국목간학회 제49회 정기발표회 자료집』.
윤선태, 2004, 「한국고대목간의 출토현황과 전망」, 『韓國의 古代木簡 (學術調查報告_第25輯)』, 國立昌原文
    化財研究所.
윤선태, 2013, 「목간의 형태와 용도분류에 대한 기초적 제안」, 한국목간학회 제17회 정기발표회 발표문.
이재환, 2019, 「한국 출토 목간의 분류와 정리 및 표준화 방안」, 『木簡과 文字』 第23號.

임경희, 2010, 「마도2호선 발굴 목간의 판독과 분류」, 『木簡과 文字』 第6號.

임경희, 2011, 「마도3호선 목간의 현황과 판독」, 『木簡과 文字』 第8號.

임경희·최연식, 2008, 「태안 청자운반선 출토 고려 목간의 현황과 내용」, 『木簡과 文字』 創刊號.

임경희·최연식, 2010, 「태안 마도 수중 출토 목간 판독과 내용」, 『木簡과 文字』 第5號.

황수영, 1997, 「佛國寺三層石塔發見 無垢淨光大陀羅尼經」, 『佛國寺三層石塔 舍利具와 文武大王海中陵』, 한국정신문화연구원.

梅原末治, 1950, 「韓國慶州皇福寺塔發見の舍利容器」, 『美術研究』 156.

岩淵令治, 2023, 「日本近代木簡的現狀與其課題-作爲交叉支撑的木與紙」, 『第二屆中日韓出土簡牘研究國際論壇 論文集』.

鶴見泰壽, 2023, 「2022年出土の木簡」, 『木簡研究』 45.

〈Abstract〉

Defining Wooden Documents and Cataloging Those from the Goryeo and Joseon Periods

Oh, Taek-hyun

Lee, Jae-hwan

In order to organize the current state of wooden documents excavated in Korea, it is essential to clearly define what a wooden document is. One of the issues was whether bamboo materials should be included as part of wooden documents or to treated seperately. As an alternative, it has been proposed to define the material as "wood (including bamboo)." We had previously suggested excluding items that were clearly intended for stamping, printing, or purposes other than writing, even if they bore characters. However, in practice, determining such intentions or purposes proved difficult. Therefore, the following definition is proposed:

"A wooden document refers to a piece of wood (including bamboo) with writing. The definition is limited to items discovered through archaeological excavations."

Based on this definition, we cataloged wooden documents from the Goryeo and Joseon periods. The existence of wooden documents from the Goryeo period was firstly recognized with the discovery of the Taean ship—a celadon transport vessel found in the waters near Daeseom, Taean. Wooden wedges with signature had not previously been regarded as wooden documents in excavation reports, but under the new definition, they must be included. In shipwrecks near Mado, Taean, both wooden and bamboo documents were found. Items without ink traces were excluded, and misidentified materials were corrected. A wooden pillar with writing found near Padori, Taean, was also classified as a wooden document. Including the wooden document excavated from the Bangu-dong site in Ulsan, the total number of wooden documents from the Goryeo period amounts to 188: 89 made of wood and 99 made of bamboo. As for the Joseon period, examples have been found from Mado Ship No. 4 near Taean and from Pasa Fortress in Yeoju. These include 65 items in total: 44 wooden and 21 bamboo.

In addition, a full review of excavation reports—including those covering all artifacts from the Goryeo and Joseon periods—is necessary to determine whether any other wooden documents matching the proposed definition had been discovered. We examined 6,141 excavation reports, but no additional wooden documents meeting the criteria were found. However, in Japan, a significant portion of recently excavated wooden documents belong to the Early Modern period, and related researches are progressing. This suggests that with growing recognition and interest in wooden documents from the Goryeo and Joseon preiods, the potential for further discoveries remain high.

To standardize terminology, the authors proposed a set of 'recommended names' through the Oh-Lee Wooden Documents List. As of April 2025, the Korean Society for Wooden Documents officially adopted 'recommended names' as the standard terminology. We hope that this will reduce confusion in the identification and retrieval of wooden documents in the future.

▶ Key words: definition of wooden documents, standardization, bamboo documents, the Oh-Lee Wooden Documents List, recommended names

秦代 人屬 집단의 요역 감면과 그 의미[*]

– 弟子·復子 및 敖童·私屬·奴를 중심으로 –

방윤미[**]

Ⅰ. 머리말
Ⅱ. 秦 徭律 속 요역 감면 규정
Ⅲ. 요역 감면 대상으로서의 人屬 집단
Ⅳ. 秦律 속의 舍人·隸와의 관계
Ⅴ. 맺음말

〈국문초록〉

본고는 秦代 徭律에 나타난 요역 면제 규정을 중심으로, 민간 사회 내 다양한 人屬 집단에 대한 국가의 인식과 법제적 대응 방식을 고찰하였다. 秦은 編戶齊民體制를 바탕으로 국가의 개별 인신 지배를 지향하였으나, 출토 자료에 따르면 당시 사회에는 여전히 개인 간 예속 관계가 유지되고 있었으며, 국가는 이를 전면 부정하기보다는 필요에 따라 선별적으로 수용하였다.

徭律에서는 弟子·復子·敖童·私屬·奴가 요역 동원 대상에서 제외되었는데, 이 가운데 私屬과 奴는 사유 재산에 가까운 존재로 국가가 함부로 동원할 수 없는 집단이었기에 비교적 해석이 분명한 반면, 弟子·復子·敖童에 대해서는 법적 지위나 예속성의 성격이 명확하지 않아 논의가 지속되어 왔다. 이에 본고는 이들 집단이 일정한 예속 관계에 놓인 人屬 집단이었다는 전제 아래, 동시기 자료에 등장하는 舍人·隸 등과 비교하여 요율에 명시된 이유와 그 선별적 수용의 논리를 규명하고자 하였다.

弟子는 吏 충원을 위한 관료예비군, 復子는 군공수작제의 기제와 연관된 의부적 존재로서 국가 질서 내에 편입될 실익이 있었으며, 敖童은 私屬·奴와 유사한 이유로 일정 조건 하에서만 동원되었던 것으로 보인다. 반면 舍人이나 隸는 사료상 존재가 확인되나, 율령에서는 혜택이 부여되지 않은 채 연좌 책임의 대상으로만 규정되었으며, 이는 국가가 예속성을 인정하지 않았음을 시사한다.

---

[*] 이 논문은 2021년 대한민국 교육부와 한국연구재단의 지원을 받아 수행된 연구임(NRF-2021S1A5B5A17050882).
[**] 서울대학교 동양사학과 박사과정

　　결국 진대 법제는 기존 민간 질서 전반을 해체하거나 억제한 것이 아니라, 국가 통치 논리와 필요에 따라 예속 관계를 선별적으로 제도화한 것이며, 이는 단순한 일방적 통치가 아닌 현실과의 접점을 고려한 수용의 일환이었다. 이와 같이 본 연구는 고대 중국 법제 내 민간 질서 수용의 구조와 원리를 규명함으로써 진 제국의 법 운영과 통치 체제를 보다 입체적으로 이해하는 데 기여하고자 한다.

▶ 핵심어: 徭律, 人屬 집단, 弟子, 復子, 敖童, 私屬, 奴, 舍人, 隷

I. 머리말

　　秦의 통일 이후 秦始皇이 철저한 齊民支配體制를 제국 전역에 걸쳐 이식하고 강력히 시행하였음은 주지의 사실이다. 戰國시대부터 시행되던 爵制와 編戶齊民體制는 진의 기존 백성뿐 아니라 새로 편입된 舊六國의 백성들('新黔首')에게까지 확대 적용되었다. 이는 西周 이래 지속되어 온 봉건적 질서, 신분적 위계, 그리고 인적 예속 관계를 타파하고 국가에 의한 직접 통치를 일관되게 관철하려는 목적에서 비롯된 것이었다.

　　그러나 국가의 질서를 관철하는 과정에서 이러한 기존 민간 질서가 완전히 소멸된 것은 아니었다. 실제로 최근 秦代 출토자료에는 당시 민간 사회 내에서 다양한 인적 예속 관계가 여전히 유지되고 있었음을 보여주는 사례들이 확인된다. 다만 지금까지 발견된 진한시대의 행정 문서나 율령 중 이러한 여러 人屬 집단[1]과 관련된 자료는 대부분 단편적이고 흩어져 있어 전체적인 양상을 파악하는 데에는 한계가 따른다. 그럼에도 불구하고 민간의 예속 질서가 국가의 통치 논리와 만나는 가장 분명한 지점이라 할 수 있는 세금 징수나 요역 징발 부분을 살펴보면 국가가 인속 집단을 실질적으로 파악하고 제도적으로 대응하려 한 흔적이 비교적 잘 드러난다. 예를 들어 국가의 직접 지배 원칙이 가장 명확하게 적용되는 요역 동원 과정에서 특정 집단이 예외적이거나 제한적인 취급을 받았다면, 이는 곧 이들 집단에 대한 국가의 특수한 인식을 드러내는 것이기 때문이다.

　　실제로 진대의 요역 규정인 徭律에서는 특정 집단을 요역 동원의 예외로 설정한 조항들이 확인되며 그 대상에는 弟子·復子·敖童·私屬·奴가 포함된다. 이들은 연령, 성별, 신체 조건, 작 소지 여부 등과 같은 일반적인 면제 사유와는 달리, 구체적인 사유가 명시되지 않아 그 배경을 둘러싸고 다양한 해석이 제기되어 왔다. 이 가운데 私屬과 奴는 개인에게 강하게 예속된 존재로서 국가가 함부로 동원할 수 없는 사적 재산으로 간주되었기 때문으로 그 이유를 쉽게 추정할 수 있지만, 나머지 弟子·復子·敖童에 대해서는 그 성격과 법적 지위가 분명하지 않아 왜 이들이 요역 면제 대상으로 선정되었는지를 두고 학계에서도 다양한 의견이 존재한다. 하지만 근본적으로 이렇게 여러 해석이 존재하는 가장 큰 원인은 기존 연구에서는 이들을 하나

---

1) "人屬"은 사료에 보이는 용어로, "官屬"과 대비되어 특정 개인에게 사적으로 예속된 존재를 지칭하는 의미가 강하다. 이에 본고에서는 이러한 개인 간 예속 관계를 설명하기 위해 이를 채택하여 '人屬', '人屬 집단', '人屬 관계' 등의 표현을 사용하고자 한다.

의 범주로 다루지 않고 개별적으로 접근했기 때문이다.[2] 각 집단을 따로 분석할 경우 관련 사료가 매우 제한적이고 단편적인 탓에 이들의 실체나 법적 지위를 종합적으로 파악하기 어렵고, 상호 관계나 제도적 맥락 속에서의 위치 역시 통합적으로 이해할 수 없다.

이에 본고는 弟子·復子·敖童이 요역 동원에서 예외가 되는 집단으로서 私屬·奴와 함께 병렬적으로 열거되고 있다는 점에 착안하여 이들 역시 일정한 예속 관계에 놓인 人屬 집단이었을 가능성에 주목하고, 이들이 요율에서 병렬적으로 열거되어 예외적인 대상으로 규정된 맥락을 통합적으로 해석하고자 한다. 특히 동시기 법령이나 문헌에서 두루 존재가 확인되지만 요율에는 등장하지 않는 舍人이나 隸와 같은 다른 人屬 집단들과의 비교를 통해, 왜 하필 弟子·復子·敖童·私屬·奴만이 동원에서 예외가 되는 대상으로 명시되었는지를 함께 살펴보고자 한다. 즉 이들이 개인에 대한 예속 관계를 배경으로 하면서도 국가로부터 일정한 보호나 면제를 받을 수 있었던 조건이 무엇이었는지, 나아가 국가가 민간의 예속 질서를 어느 수준까지 수용하였는지를 고찰하고자 한다. 이러한 논의를 통해 편호제민체제라는 국가 통치 원칙 아래에서 민간 질서에 대한 국가의 대응 방식과 그 내면의 작동 논리에 조금 더 상세히 접근할 수 있을 것이다.

II. 秦 徭律 속 요역 감면 규정

먼저 본 장에서는 弟子·復子·敖童·私屬·奴가 명시된 嶽麓秦簡 요율 두 조문을 검토하고자 한다.

㉮ 徭律曰: ㉠興徭及車牛及興徭而不當者及㉡擅使人屬弟子·人復復子[3]·小敖童·奴[4], 鄕嗇夫吏

---

2) 弟子나 復子에 관해서는 과거 張金光, 1984, 「論秦漢的學吏制度」, 『文史哲』 1984-01부터 王笑, 2016, 「秦簡中所見"弟子"淺釋」, 『出土文獻研究』 14; 韓藝娜, 2017, 「秦簡中的"弟子"與"復子"」, 『內江師範學院學報』 第32卷 第3期; 오준석, 2020, 「秦代 '以吏爲師'와 '史'職의 위상」, 『東洋史學研究』 152, 동양사학회 등이 있다. 敖童에 관해서는 黃留珠, 1997, 「秦簡"敖童"解」, 『歷史研究』 1997-05와 胡平生, 2018, 「也說"敖童"」 간백망 2018-01-08(http://m.bsm.org.cn/?qinjian/7704.html) 등의 연구가 있다.

3) 華東政法大學出土法律文獻研究班은 "人屬弟子·人復復子"를 "人屬·弟子·人復·復子"의 4종으로 구분하여 해석하였으나(華東政法大學出土法律文獻研究班, 2020, 「嶽麓秦簡律令釋讀(二)」, 『出土文獻與法律史研究』 9, pp.247-248) 동의할 수 없다. 본문에서 다룰 진대 율령 자료에는 "人弟子·復子", "人屬弟·人復子" 등 유사한 표현이 반복적으로 등장하며, 단순히 "弟子·復子"라고만 병렬되기도 한다. 이처럼 구체적 표기가 자료에 따라 달리 나타나는 것은 오히려 "人屬弟子"와 "人復復子"가 각각 하나의 복합어로서 때로는 생략형으로 사용되었음을 시사한다. 만약 이 표현들이 독립된 네 개의 범주라면 문맥상 각 표현이 등장하는 용례에서 서로 어떻게 다른지 드러나야 하나, 실제 자료에서는 그와 같은 차이를 확인하기 어렵다. 따라서 "人弟子·復子"나 "人屬弟·人復子" 등의 표현은 모두 '人屬弟子'나 '人復復子'의 생략형 표기로 보아야 한다.

4) 원래 석문은 "弩"이지만 이에 대해 정리소조는 "弩箭射手" 혹은 "奴"의 가차일 수 있다는 두 가지 주석을 제시하였다. 같은 嶽麓秦簡 내 또 다른 요율인 ㉳에서 "敖童·私屬·奴"가 병렬된 것을 참고하면 ㉮-㉡의 "弩" 역시 "奴"의 가차로 봄이 타당하고, 弟子·復子·敖童·私屬 등 나머지가 모두 예속적 성질이 있다는 점과도 부합한다. 이들의 예속성에 대해서는 본문에 후술.(陳松長 主編, 2015, 『嶽麓書院藏秦簡(肆)』, 上海辭書出版社, p.166, 주석73) 또한 본고에서는 간문을 인용할 때 특별히 글자의 고석이나 구두부호를 강조할 필요가 없는 한, 글자는 통용자나 통가된 글자 및 정리·교석소조가 교정한 글자로 바꾸어 쓰고 표식이나 부호는 생략하였다.

主者, 貲各二甲, 尉·尉史·士吏·丞·令·令史見及或告而弗劾, 與同罪. 弗見莫告, 貲各一甲.[5](이하 밑줄 및 강조 필자)

徭律에서 말하길, 徭 및 車牛를 동원하였는데 적합하지 않았거나[6] 함부로 人屬弟子·人復復子·小敖童·奴를 사역시켰다면, 鄕嗇夫 및 吏主者는 각 貲2甲으로 처벌하고, 尉·尉史·士吏·丞·令·令史가 보았거나 누군가 고발하였는데도 劾하지 않았다면 여동죄로 처벌한다. 보지 못하였거나 아무도 고발하지 않았다면 각 貲1甲으로 처벌한다.

㉯ 徭律曰: 發徭, ㉢興有爵以下到人弟子·復子, 必先請屬所執法, 郡各請其守, 皆言所爲及用積徒數, 勿敢擅興, 及㉣毋敢擅使敖童·私屬·奴及不從車牛.[7]

徭律에서 말하길, 徭를 징발함에 有爵者이하부터 人弟子·復子에 이르기까지 동원하게 되면, 반드시 먼저 屬所의 執法에게 청하고 郡에서는 각 그 守에게 청하며, 모두 할 일과 필요한 누적 인원수를 말하고 감히 멋대로 동원해서는 안 되고 또한 감히 敖童·私屬·奴 및 不從하는 車牛를 멋대로 부리지 말아야 한다.

㉮, ㉯에는 공통적으로 요역에 함부로 동원할 수 없는 특정 집단이 명시되어 있다. ㉮는 기본적으로 요역 징발 시 제한이 가해지는 대상을 규정하면서, 이를 ㉠徭 및 車牛를 동원하였는데 적합하지 않은 경우("興徭及車牛及興徭而不當者")와, ㉡함부로 부려서는 안 되는 경우("人屬弟子·人復復子·小敖童·奴")로 구분하고 있다. 이 중 ㉠은 별다른 기준 없이 "興徭"라는 포괄적인 상황을 일컫는 것을 볼 때, 일반 백성 중에서 연령 등의 이유로 요역 대상에 해당하지 않는 경우, 즉 일반 원칙에 의해 요역 동원 대상이 아닌 경우를 말하는 것 같다. 반면 ㉡은 "人屬弟子·人復復子·小敖童·奴"라는 구체적인 지칭을 통해 이들이 본래부터 요역에 함부로 동원해서는 안 되는 존재임을 명시하고 있다는 점에서 ㉠과 구별된다. 이에 따라 ㉡의 "人屬弟子·人復復子·小敖童·奴"는 요역 징발과 관련하여 국가로부터 일정한 보호 또는 면제의 지위를 부여받은 집단으로 이해할 수 있다.

그런데 ㉡의 "人屬弟子·人復復子·小敖童·奴"는 ㉯에서 보다 세분화되어 나타난다. ㉯는 "及"을 기준으로 함부로 징발해서 안 되는 집단을 "有爵以下到人弟子·復子"와 "敖童·私屬·奴" 그리고 "不從車牛"의 세 범주로 나누어 서술하고 있다. 즉 ㉮-㉡에서는 병렬되어 있던 "人屬弟子·人復復子·小敖童·奴"가 ㉯에서는 ㉢의 "人弟子·復子"와 ㉣의 "敖童·私屬·奴"라는 두 범주로 분리되고 있는 것이다. 이때 ㉡에는 "私屬"이 보이지

---

5) 위의 책, pp.116-117, 簡147-150.

6) "徭及車牛及興徭而不當者"에 대한 번역은 "徭 및 車牛를 동원하였거나, 徭를 동원하였는데 적합하지 않았던 경우"가 되어야 하지만, "興徭"가 중복되므로 합쳐서 해석하였다. 이러한 진 율문의 오류는 요역 동원이 부당하거나 잘못된 여러 케이스에 대한 각 규정을 하나로 병합하고 또 이를 초사하는 과정에서 모종의 누락이 발생하였기 때문으로 보인다(宮宅潔 編, 2023, 『嶽麓書院所藏簡《秦律令(壹)》譯注』, 汲古書院, p.176).

7) 陳松長 主編, 2015, 앞의 책, pp.119-120, 簡156-159.

않지만 私屬은 애초에 주인이 奴를 특별히 면천시켜 준 상태로 그 주인이 사망하거나 죄를 짓기 전까지는 사실상 奴와 같은 대우를 받았고 특히 요역이나 세금 문제에 있어서는 奴婢와 같이 취급했기 때문에[8] ㉡에 서는 私屬이 단순 생략된 것으로 보아도 대과는 없을 것이다.[9] 진한 율령에 나타나는 及의 원칙에 따르면, 弟子·復子와 敖童·私屬·奴는 ㉮에서 함부로 요역에 동원할 수 없는 계층으로 묶여 있으나 ㉯에서는 다시금 분리되어 있다는 점에서 두 집단 사이에 모종의 차이가 있음을 알 수 있다.[10] 이러한 차이는 요역 징발의 가능 정도에 따라 나눈 결과로 보인다. ㉢"有爵者이하부터 人弟子·復子에 이르기까지(有爵以下到人弟子·復 子)"를 요역에 동원할 때에는 반드시 각 屬所의 執法에게 신청해야 한다는 것은 적어도 사전 신청이 있다면 이들은 동원은 가능하다고 볼 수 있다. 즉 이들은 절차상 제약이 존재하지만 일정 조건 하에서 요역 동원이 허용되는 집단임을 의미한다. 반면 "及"으로 연결되는 ㉣"敖童·私屬·奴"는 이러한 절차 자체가 언급되지 않 으며 "毋敢擅使…"라는 표현이 곧바로 이어지는 것으로 보아 이들은 사전 신청의 대상에도 들어가지 않는 원칙적으로 요역 동원이 금지된 집단으로 이해된다.

또한 ㉢의 "有爵者이하부터 人弟子·復子에 이르기까지(有爵以下到弟子·復子)"라는 표현은 弟子·復子의 동원 문제에 있어서 爵과의 연계성을 시사한다. 이 점은 아래에서 검토할 ㉲戍律과 ㉳置吏律에서도 확인된 다.

㉲ 戍律曰: 城塞陛郵多決壞不脩, 徒隸少不足治, 以閒時歲一㉤興大夫以下至弟子·復子無復不
復, 各旬以繕之. 盡旬不足以索繕之, 言不足用積徒數屬所尉, 毋敢令公士·公卒·士伍爲它事,
必與繕城塞.[11]

戍律에서 말하길, 城塞의 陛郵이 많이 무너져 수리되지 않았는데 徒隸가 적어 고치기에 부족하면, 閒期에 大夫이하부터 弟子·復子에 이르기까지 復의 여부를 막론하고 年에 한 번 동원하여 각 열흘 동안 보수한다. 열흘이 다해도 전부 수리하기 부족하면 부족한 필요 누적 인원수를 屬所의 尉에게 말하고, 감히 公士·公卒·士伍로 하여금 다른 일을 하게 하 지 말고 반드시 더불어 城塞를 수리하게 한다.

㉳ 置吏律曰: 縣除小佐無秩者, 各除其縣中, 皆擇除不更以下到士伍史者爲佐, 不足, 益除君子

---

8) 彭浩 等 主編, 2008, 『二年律令與奏讞書』, 上海古籍出版社, p.155, 「二年律令」亡律 簡162-163, "奴婢爲善而主欲免者, 許之, 奴命 曰私屬, 婢爲庶人, 皆復使及算事之如奴婢. 主死若有罪, 以私屬爲庶人, 刑者以爲隱官. 所免不善, 身免者得復入奴婢之. 其亡, 有它罪, 以奴婢律論之."

9) 이에 본고에서는 ㉡의 "人屬弟子·人復復子·小敖童·奴"를 사실상 "人屬弟子·人復復子·小敖童·私屬·奴"의 병렬로 치환하여 논 지를 전개한다.

10) 진한 율령에 나타나는 及의 원칙에 따르면 及의 앞 혹은 뒤에 함께 묶여서 배열된 여러 가지 내용은 각각 하나의 유사한 범주 에 속하며, 동시에 이 범주는 及의 다른 한 편에 묶여진 내용과는 범주를 달리한다(김병준, 2018, 「표지로서의 虛辭 ― 秦漢시 기 법률 속 '及'의 어법적 기능」, 『중국고중세사연구』 48, 중국고중세사학회, pp.29-62).

11) 陳松長 主編, 2015, 앞의 책, pp.130-131, 簡188-191.

子·大夫子·小爵及公卒·士伍子年十八歲以上備員, 其新黔首勿强. 年過六十者勿以爲佐. ⑭
人屬弟·人復子欲爲佐, 吏……[12]

置吏律에서 말하길, 縣에서 無秩의 小佐를 제수할 경우 각 그 縣 내에서 제수하되 모두 不
更이하부터 士伍에 이르기까지 史인 자를 택하여 제수하여 佐로 삼고, 부족하면 더하여
君子의 子·大夫의 子·小爵 및 公卒·士伍의 子로서 나이 18세 이상을 제수하여 인원을 갖
추고, 新黔首에게는 강제하지 말라. 나이가 60이 넘은 자는 佐로 삼지 말라. 人屬弟·人復
子가 佐가 되고자 하면, 吏……

㉱-㉤ "大夫이하부터 弟子·復子에 이르기까지(大夫以下至弟子·復子)"의 "~이하부터 ~에 이르기까지(以
下至)"라는 표현은 단순 병렬이 아니라 위계적 서열이 전제된 표현이다. 이는 ㉱-㉢의 "有爵以下到弟子·復
子"라는 표현과도 정확히 일치한다. 즉 弟子·復子는 大夫이하의 有爵者 및 無爵者의 서열 아래에 위치하고
있음을 보여준다. ㉲에서도 유사한 구조가 나타난다. 縣의 佐를 임용할 때 우선 "不更이하부터 士伍에 이르
기까지 史인 자(不更以下到士伍史者)"가 1차 대상이 되며, 부족할 경우 "君子의 子·大夫의 子·小爵 및 公卒·
士伍의 子로서 나이 18세 이상(君子子·大夫子·小爵及公卒·士伍子年十八歲以上)"이 추가된다. 그 뒤에서야
"人屬弟·人復子"가 임용 대상으로 언급된다. 전반적으로 有爵者 → 無爵者 → 弟子·復子의 순서가 보인다.
이는 弟子·復子가 爵을 보유하지 않은 존재이면서 無爵者보다도 낮은 서열로 간주되고 있었음을 시사한다.
다시 말해 弟子·復子는 작 질서 바깥에 위치하면서도 無爵者보다 아래에 자리 잡아 작 질서에 걸쳐 있었던
것으로 보인다.

한편 ㉱에서도 弟子·復子는 "城塞의 陛郭이 많이 무너져 수리되지 않은(城塞陛郭多決壞不脩)" 특정 상황
에서 도예가 부족할 경우 동원 가능한 대상으로 언급되고 있으며, 이는 ㉲에서와 마찬가지로 조건만 충족
되면 동원될 수 있는 집단임을 시사한다. 반면 ㉱에서도 敖童·私屬·奴는 언급되지 않아 이들이 원칙적으로
동원 대상에서 배제되었음을 다시 한번 확인할 수 있다. 또 ㉲에서 弟子·復子는 佐로 임용될 가능성이 열려
있는 반면, 敖童·私屬·奴는 이에 병렬되지 않는다는 점은 양자의 차이를 더욱 분명하게 보여준다.

결국 ㉮에서 弟子·復子가 敖童·私屬·奴와 함께 요역 동원으로부터 보호를 받는 대상으로 병렬된 것은
사실이나, 그 근거가 되었던 것은 작에 의한 차등 혜택과 맞닿는 부분이 있기 때문이며 원칙적으로 동원 자
체가 금지된 敖童·私屬·奴와는 성격상 구별된다. ㉯에서 ㉢弟子·復子와 ㉣敖童·私屬·奴가 분리되어 서술
된 것 역시 이러한 구분에 따른 결과로 이해할 수 있다.

그럼에도 불구하고 ㉮-㉡에서처럼 弟子·復子가 敖童·私屬·奴와 함께 묶여 요역 동원으로부터 보호받는
존재로 규정되었다는 점은 주목할 만하다. 이 가운데 私屬이나 奴는 주인에 대한 강한 예속 관계를 전제로
하는 사유 재산적 존재로 간주되었기 때문에 국가가 직접 요역에 동원하지 않는 것이 이상하지 않지만 弟
子·復子·敖童이 왜 요역 동원에 제한이 있었는지에 대해서는 학계의 견해가 분분하다. 그러나 ㉮-㉡에서는

---

12) 위의 책, pp.137-138, 簡210-211.

弟子와 復子 앞에 각각 "人屬"·"人復"이라는 표현이, ㈐-㈁에서도 "人弟子·復子", ㈑-㈂에서도 "人屬弟·人復子"라는 표현이 반복적으로 사용되는 점을 볼 때, 이들 역시 국가가 아닌 특정 개인("人")에게 예속된 존재, 곧 人屬 집단의 일원으로 간주되었을 가능성이 높다. 敖童 또한 ㈎와 ㈐ 모두에서 私屬·奴와 병렬되어 언급되고 있다는 점에서 일정 수준의 인속성을 지닌 존재로 이해할 수 있다(이에 대해서는 Ⅲ-2에서 후술). 이와 같이 弟子·復子·敖童·私屬·奴는 모두 민간 질서 속에서 인속적 성격을 띠는 존재들로서, 그 예속성의 정도에 따라 국가로부터 요역에 동원될 수 있는 정도에도 차등이 존재하였던 것으로 보인다. 이러한 차이가 ㈐의 규정에서 조건부로 동원할 수 있는 ㈁弟子·復子와 원칙적으로 동원 불가인 ㈂敖童·私屬·奴라는 별도의 범주로 분리되어 서술된 구조에 반영된 것으로 이해할 수 있다. 따라서 이하에서는 弟子·復子와 敖童·私屬·奴를 두 범주로 나누되, 弟子·復子와 敖童을 중심으로 이들이 지닌 인속적 성격을 고찰하고자 한다.

Ⅲ. 요역 감면 대상으로서의 人屬 집단

1. 弟子·復子

진에서는 분서갱유로 대표되는 강력한 사상 통제가 시행되었고 동시에 私學을 엄금하였다고 알려져 있다.[13] 이러한 맥락에서 선행 연구에서는 진율에 나타나는 "弟子"를 모두 官學에서 교육받거나 '以吏爲師'의 체계하에서 국가의 통제권 안에 들어와 있는 일종의 예비 관료군으로 이해하는 경향이 컸다.[14]

그러나 이러한 이해는 두 가지 중요한 점을 간과하고 있다. 첫째, 진의 사학 금지 조치가 시행된 시점은 진시황 34년으로 이는 주요 출토 진율 자료인 睡虎地秦簡과 嶽麓秦簡의 성립 시기보다 뒤늦은 시점이다. 睡虎地秦簡은 통일 이전의 율령으로 간주되며,[15] 嶽麓秦簡 율령 가운데 확인되는 가장 늦은 기년은 진시황 32년이다.[16] 둘째, 적어도 嶽麓秦簡 율령에 등장하는 "弟子" 앞에는 "人屬"이라는 수식어가 붙어 있으며, 이는 '官屬'과는 명확히 구분되는 사적 관계에 기반한 예속성을 나타낸다. 율령에서 "人"은 타인을 가리키며 개인을 강조하는 표현이다. "人屬" 역시 국가가 아닌 개인 간의 예속 관계를 드러내는 표현이다. 따라서 진시황

---

13) 『史記』卷6,「秦始皇本紀」, 三十四年, p.253, "今天下已定, 法令出一, 百姓當家則力農工, 士則學習法令辟禁. 今諸生不師今而學古, 以非當世, 惑亂黔首. 丞相臣斯昧死言: 古者天下散亂, 莫之能一, 是以諸侯並作, 語皆道古以害今, 飾虛言以亂實, 人善其所私學, 以非上之所建立. 今皇帝并有天下, 別黑白而定一尊. 私學而相與非法教, 人聞令下, 則各以其學議之, 入則心非, 出則巷議, 夸主以爲名, 異取以爲高, 率羣下以造謗. 如此弗禁, 則主勢降乎上, 黨與成乎下. 禁之便. 臣請史官非秦記皆燒之. 非博士官所職, 天下敢有藏詩·書·百家語者, 悉詣守·尉雜燒之. 有敢偶語詩書者弃市. 以古非今者族. 吏見知不擧者與同罪. 令下三十日不燒, 黥爲城旦. 所不去者, 醫藥卜筮種樹之書. 若欲有學法令, 以吏爲師. 制曰 : 可."

14) 이렇게 이해한 연구로는 王笑, 2016, 앞의 논문; 韓藝娜, 2017, 앞의 논문; 오준석, 2020, 앞의 논문 등이 있다.

15) 陳偉 主編, 2014, 『秦簡牘合集1卷(上): 睡虎地秦墓簡牘』, 武漢大學出版社. pp.41-42 참조.

16) 嶽麓秦簡 質日을 통해 추정되는 묘주의 사망 시기는 진시황35년(기원전 212년) 5월 임인일에서 멀지 않은 시점이다. 따라서 嶽麓秦簡의 초사 연대의 하한 역시 진시황35년으로 생각되고 그중 율령 조문에서 확인되는 기년은 32년이 가장 늦다. 嶽麓秦簡 율령의 연대에 관해서는 陳偉, 2017, 『秦簡牘校讀及所見制度考察』, 武漢大學出版社, pp.94-97 참조.

34년에 시행된 사학 금지령의 내용을 가지고 시기를 소급하여 秦簡 속 "弟子"의 성격을 해석하는 것은 타당하지 않다. 오히려 별다른 근거가 없는 이상 현존 진율에 등장하는 "弟子"는 私學弟子까지 포함된다고 이해하는 것이 합리적이다.

이러한 점은 아래에 제시하는 ㉠除弟子律의 내용에서도 보다 분명히 드러난다.

> ㉠ 當除弟子籍不得, 置任不審, 皆耐爲候. 使其弟子贏律, 及笞之, 貲一甲; 決革, 二甲.[17]
> 弟子籍에서 제거해야 하는데 不得하였거나, 置任한 것이 정확하지 않았던 경우, 모두 耐하여 候로 삼는다. 그 弟子를 律보다 초과하여 부렸거나 笞를 가하였다면 貲1甲으로 처벌한다. 피부에 상처를 입혔다면 2甲이다.

㉠의 내용을 보면 먼저 "弟子籍"에 대한 언급이 등장하는 점에서 관부에서 일정한 자격을 갖춘 자를 대상으로 弟子籍을 작성하고 관리하고 있었음을 알 수 있다. 또한 이들을 "置任한 것이 정확하지 않았던 경우(置任不審)" 처벌 대상이 된다는 점은 弟子를 吏에 임용하기도 하였음을 알 수 있다. 아울러 弟子에 대해 율에 규정된 한계 이상으로 사역을 부과하거나 체벌(笞)을 가하는 것이 금지되었다는 점에서 국가는 이들에게 일정한 보호나 혜택을 부여하고 있었음을 추정할 수 있다. 이러한 사실은 三國 吳簡에 보이는 私學弟子에 대한 대우와 비교할 수 있다. 走馬樓吳簡에서는 私學弟子가 일반 백성과 구별된 명적으로 관리되며, 조세 및 요역에 있어서도 예외적 대우를 받았던 것으로 보인다. 특히 요역 복역의 흔적이 보이지 않는다는 점에서 免役 특권이 있었을 것으로 추정된다.[18] 앞서 본 ㉮요율에서도 弟子는 敎童·私屬·奴와 함께 함부로 동원할 수 없는 집단으로 명시되어 있었다. 이처럼 진에서도 일정 자격을 갖춘 弟子를 弟子籍을 통해 관리하면서 일반 백성과 다르게 대우한 것으로 보이며, 弟子의 요건에 부합하지 않으면 弟子籍에서 제거하여 그 혜택을 제한했을 것으로 추정된다.

그러나 진에서 과연 私學弟子에게도 이러한 혜택이 적용되었는가에 대해서는 논쟁의 여지가 있다. 이에 대해 기존 연구는 ㉠의 규정을 官學弟子 혹은 學吏弟子에 국한된 것으로 해석해 왔다.[19] 이 해석은 ㉠가 사학 금지령(진시황 34년) 이전의 율령이라는 사실을 고려하지 않을 뿐 아니라 다음과 같은 몇 가지 문제점도 안고 있다.

첫째, "置任不審"에 대한 처벌로 "耐爲候"가 부과된다는 점은 이례적이다. 일반적으로 吏를 추천했는데 해당 인물이 吏로서 부적절할 경우 추천자는 벌금형이나 면직되는 선에서 처벌을 받는다.[20] 반면 耐候는

---

17) 睡虎地秦墓竹簡整理小組 編, 1990, 『睡虎地秦墓竹簡』, 文物出版社, p.80, 「秦律雜抄」 簡6.

18) 侯旭東, 2001, 「長沙三國吳簡所見"私學"考—兼論孫吳的占募與領客制」, 『簡帛研究二○○一』, 廣西師範大學出版社.

19) 王笑, 2016, 앞의 논문, p.98.

20) 陳松長 主編, 2015, 앞의 책, pp.139-140, 簡215-218, "置吏律曰: 敢任除戰北·奰·故徼外盜不援及廢官者以爲吏及軍吏·御右·把鉦鼓志及它論官者□□□□□謁置□□丞·尉□□卒史·有秩吏及縣令除有秩吏它縣者, 令任之, 其任有罪刑罪以上, 任者貲二甲而癈; 耐罪·贖罪, 任者貲一甲; 貲罪, 任者弗坐. 任人爲吏及宦皇帝, 其謁者有罪, 盡去所任, 勿令爲吏及宦. 爲吏而置吏于縣及都官, 其身有

상당한 수준의 중형으로, 耐候로 처벌되는 사례를 찾아보면 '與反寇戰'의 상황,[21] 群盜를 잡은 포상금을 불법으로 주고 받은 경우,[22] 命書를 듣는 척 하면서 폐기하고 시행하지 않은 경우[23]로 그 고의성이나 불법성이 현저할 때 부과된다. 따라서 단순한 官學·學吏弟子의 임용에 문제가 있다고 해서("置任不審") 이토록 높은 수위의 처벌을 부과하는 것은 형벌의 형평성 측면에서도 납득하기 어렵다.

둘째, "當除弟子籍不得"의 문법적 해석에 문제가 있다. 기존 해석은 이 조문의 "不得"을 조동사로 보고 그 뒤에 본동사인 "除"가 생략된 구조, 즉 "不得除弟子籍"의 형태로 파악한다. 그리고 전체 조문은 弟子가 학업을 마쳐 응당 弟子籍에서 제거되어야 하나 제거하지 못한 경우로 해석한다.[24] 그러나 진한 율령에서 "不得"이 조동사로 쓰일 때에는 "죄는 감해질 수 없다(罪不得減)"와 같이 해당 행위가 허용되지 않음을 의미하지,[25] 단순히 어떤 행위를 할 수 없었다거나 하지 못했다는 능력 부족이나 사정의 한계를 의미하지 않는다. 따라서 기존 해석처럼 "不得"을 조동사로 이해할 경우, ㉮의 조문은 弟子를 弟子籍에서 제거해야 하지만 그를 제거하는 행위를 허용받지 못했다는 이유만으로 耐候라는 중형에 처하는 것이 된다. 이는 문리상으로도 납득하기 어렵고 형벌의 형평성에도 맞지 않는다. 따라서 "當除弟子籍不得"의 "不得"은 조동사로 볼 수 없다.

진한 율령의 용례에서 본동사로서의 "得"은 '잡아내다' 또는 '포착하다'의 의미로 사용된다. 즉 吏가 "不得"하는 상황이란 吏가 범죄 혐의를 잡아내지 못한 경우이다.[26] 이러한 사례에 비추어 보면 ㉮의 "當除弟子籍不得"은 弟子籍에 등재된 자 가운데 除籍해야 하는 자를 적발하지 못한 경우를 의미한다고 볼 수 있다. 만일

罪耐以上及使"; 彭浩 等 主編, 2008, 앞의 책, p.172, 「二年律令」置吏律 簡210, "有任人以爲吏, 其所任不廉·不勝任以免, 亦免任者. 其非吏及宦也, 罰金四兩, 戍邊二歲."

21) 陳偉 主編, 2018, 『里耶秦簡牘校釋第2卷』, 武漢大學出版社, p.453, 簡9-2287, "廿六年五月辛巳朔壬辰, 酉陽齮敢告遷陵主: 或詣男子它. 辭曰: 士伍, 居新武陵軯上. 往歲八月擊反寇遷陵, 屬邦候顯·候丞不【知】名. 與反寇戰, 丞死. 它獄遷陵, 論耐它爲候, 遣它歸. 復令令史畸追還它更論. 它繫獄府, 去亡. 令史可以書到時定名事里·亡年日月·它坐論報赦罪云何, 又覆問毋有. 遣識者, 當騰騰. 爲報, 勿留. 敢告主."

22) 朱漢民·陳松長 主編, 2013, 『嶽麓書院藏秦簡(參)』, 上海辭書出版社, pp.100-102, 簡18-24, "鞫之, 癸·行·柳·轎·沃, 群盜治等殺人, 癸等追, 瑣·渠·樂·得·潘·沛已共捕. 沛等令瑣等詣, 約分購, 未詣. 癸等知治等群盜盜殺人, 利得其購, 給瑣等約死罪購. 瑣等弗能告, 利得死罪購, 聽請相移, 給券付死罪購. 先受私錢二千以爲購, 得公購備. 行弗詣告, 約分購. 沛等弗詣, 約分購, 不知弗詣, 相移受錢. 獄未斷, 未致購, 得. 死罪購四萬三百卅, 群盜盜殺人購八萬六百卅錢. 縮等以盜未有取吏貲法戍律令論癸·瑣等, 不論【沛等……. 審. 疑癸·瑣·縮罪. 癸·瑣·縮】及它不繫. 敢讞之. 吏議曰, 癸·瑣等論當也. 沛·縮等不當論. 或曰, 癸·瑣等當耐爲候, 令瑣等還癸等錢, 縮等【…….】"

23) 睡虎地秦墓竹簡整理小組 編, 1990, 앞의 책, p.80, 「秦律雜抄」簡4, "僞聽命書, 廢弗行, 耐爲候; 不避席立, 貲二甲, 廢."

24) 王笑, 2016, 앞의 논문, p.98,

25) 陳松長 主編, 2015, 앞의 책, p.43, 簡15, "有罪去亡, 弗會, 已獄及已劾未論而自出者, 爲會, 鞫, 罪不得減."; 陳松長 主編, 2017, 『嶽麓書院藏秦簡(伍)』, 上海辭書出版社, 2017, p.40, 簡6, "有後夫者不得告罪其前夫子."; 彭浩 等 主編, 2008, 앞의 책, p.132, 「二年律令」具律 簡101, "諸欲告罪人及有罪先自告而遠其縣廷者, 皆得告所在鄕, 鄕官謹聽, 書其告, 上縣道官. 廷士吏亦得聽告."

26) 彭浩 等 主編, 2008, 앞의 책, p.170, 「二年律令」錢律 簡201-202, "盜鑄錢及佐者, 棄市. 同居不告, 贖耐. 正典·田典·伍人不告, 罰金四兩. 或頗告, 皆相除. 尉·尉史·鄕部·官嗇夫·士吏·部主者弗得, 罰金四兩."; p.196, 「二年律令」關市律 簡260-262, "市販匿不自占租, 坐所匿租臧爲盜, 沒入其所販賣及賈錢縣官, 奪之列. 列長·伍人弗告, 罰金各一斤. 嗇夫·吏主者弗得, 罰金各二兩. 諸詐給人以有取, 及有販賣貿買而詐給人, 皆坐臧與盜同法, 罪耐以下又遷之. 有能捕若詗吏, 吏捕得一人, 爲除戍二歲; 欲除它人者, 許之."

이들이 官學 또는 學吏弟子로서 국가의 직접적인 관할 아래에 있었다면 담당 吏가 이들을 "得"하지 못했을 가능성은 극히 낮았을 것이다. 따라서 이 조문은 국가 통제가 미치기 어려운 사적 예속 관계에 있는 弟子들, 즉 私學弟子가 弟子籍에 포함되어 있었을 가능성을 시사한다. 다시 말해 이들이 국가의 직접 통제 밖에 있는 존재였기 때문에 弟子로서의 실질 자격 여부를 판단하기 어려운 상황이 발생하였고, 이를 "不得"이라 표현한 것이다. 또한 "置任不審"의 상황과 더불어 이 경우에서도 耐候라는 높은 수위의 형벌이 규정되어 있다는 점은 이들이 개인에게 예속된 성격을 가진 존재들이었기 때문에 더욱 엄격한 관리·감독이 요구되었음을 의미하는 것으로 이해할 수 있다.

정리하면 기존 연구에서 官學 혹은 學吏弟子에 대한 규정으로 이해되어 온 ㉮의 조문은 오히려 私學弟子를 겨냥한 것일 가능성이 높다. 적어도 통일 이전 睡虎地秦簡 시기의 용례에서는 官學이나 學吏弟子뿐만 아니라 私學弟子 역시 모두 "弟子"의 범주에 포함되어 있었던 것으로 보인다. 이 점은 嶽麓秦簡과의 비교를 통해 더욱 분명해진다. 嶽麓秦簡에는 "弟子"라는 표현보다 "人屬弟子"라는 구체적 수식이 붙은 형태가 더 자주 등장한다. 이와 동시에 嶽麓秦簡에서 진의 '以吏爲師' 정책하에서 吏에게 배우는 學吏弟子를 "吏에게서 書를 배우는 경우(學書吏所)"로,[27] 官學(學室)에서 교육받는 官學弟子를 "學童"으로 각각 명시하고 있다.[28] 이로 미루어볼 때 "人屬弟子"는 學吏弟子나 官學弟子와는 구별되는 집단으로 곧 私學弟子 지칭하는 표현으로 보아야 한다.

이상의 설명에도 진에서 국가가 별도의 弟子籍을 만들어 私學弟子까지 관리해야 할 필요성 자체에 근본적인 의문이 제기될 수 있다. 즉 관부가 弟子籍을 만들어 관리했다는 사실만으로 이들 弟子가 국가의 강력한 통제 아래에 직접 관할하였던 존재로서 私學弟子일 수 없음을 보여주는 방증이라고 주장할 수 있다. 그러나 弟子에 대해 국가가 弟子籍을 만들어 등록·관리했다는 사실이 곧 모든 弟子가 국가의 직접 통제하에 있었다는 것을 의미하지는 않는다. 예컨대 張家山漢簡 奏讞書 案例1의 인용된 율에 따르면 "君長에 소속된 자로서 해마다 賨錢을 내면 徭賦에 대신한다"라고 되어 있어[29] 군장에 속한 蠻夷는 賨錢을 내는 대신 국가가 직접 징발할 수 없는 대상이었음을 보여준다. 하지만 南郡 夷道의 만이 毋憂는 君長에 소속되어 요역 면제 대상임에도 南郡 都尉에 의해 개별적으로 파악되고 있었다. 이는 국가가 예속 관계(君長 소속)를 인정한

---

27) 陳松長 主編, 2017, 앞의 책, p.52, 簡41-42, "學書吏所年未盈十五歲者不爲舍人."

28) 陳松長 主編, 2020, 『嶽麓書院藏秦簡(陸)』, 上海辭書出版社, pp.178-180, 簡248-255, "諸吏爲詐以免去吏者, 卒史·丞·尉以上上御史, 屬·尉佐及乘車以下上丞相, 丞相·御史先予新地遠譽害郡, 備,【以】次予之, 皆令從其吏事新地四歲, 日備免之, 日未備而詐故爲它, 貲·廢, 以免去吏, 加罪一等. 今秦史□☑居有貲債, 謁居新地. 已斥即入之, 徒除它官及自言欲爲吏, 除書已行而謁毋從除, 從除不盈卒歲而自言免斥及☑□詐免避爲吏者, 徒所官不□官及吏同任爲新地吏而皆詐免避爲吏者, 及吏欲去其官, 自中縣史學童今茲會試者凡八百卌一人, 其不入史者百一十一人. 臣聞其不入者大抵惡爲吏而與其□徭故爲詐, 不肯入史, 以避爲吏. 爲詐如此而毋罰, 不便. 臣請: 令太史遣以爲遼東縣官佐四歲, 日備免之. 日未備而有遷罪, 因處之遼東. 其有耐罪, 亦徙之遼東, 而皆令其父母·妻子與同居數者從之, 以罰其爲詐, 便. 臣昧死請. 制曰: 可. 卅九年四月甲戌到胡陽.　史學童詐不入試令　出廷丙卌七"

29) 정확히는 취조 과정에서 吏가 "律: 蠻夷男子歲出賨錢, 以當徭賦"라고 말하였고 피의자 毋憂가 다시 이를 "有君長, 歲出賨錢, 以當徭賦, 即復也"라고 설명하였다. 심지어 본 안건에서 毋憂는 屯卒로 차출되기까지 하였고 이에 毋憂가 자신은 君長 소속으로서 賨錢을 내기 때문에 屯卒이 될 수 없다("不當爲屯")고 주장하였다(彭浩 等 主編, 2008, 앞의 책, pp.332-333, 「奏讞書」案例 1 簡1-7).

것과 무관하게 해당 관부가 이들 만이를 직접 파악하고 명적화하고 있었음을 보여준다.[30] 이 사례는 국가가 예속 관계를 부정하지 않으면서도, 해당 집단을 실질적으로 파악하고 통제하기 위해 명적을 작성할 필요가 있었음을 시사한다. 마찬가지로 私學弟子 역시 개인에 대한 예속 관계 속에 놓인 존재였더라도 국가는 그 존재를 파악하고 필요한 경우 통제하거나 일정한 보호를 부여하기 위해 弟子籍을 만들었을 것이다. 그러므로 명적 제작의 여부와 상관없이 국가가 私學弟子를 파악하고 혜택을 준 사실은 인정할 수 있으며, 혜택을 준 원인은 다른 예속 관계와 비교를 통해 살펴보아야 한다.

嶽麓秦簡 율령에서는 弟子가 항상 復子와 함께 병렬되어 나타난다는 특징이 있다. 이는 弟子의 성격을 보다 정확히 이해하기 위해서라도 復子가 무엇인지도 함께 고찰되어야 함을 시사한다. 예컨대 ㉮-㉯ 조문에서는 "人屬弟子·人復復子"라는 표현이, ㉱-㉲에서는 "人屬弟·人復子"라는 표현이 확인된다. 이러한 병렬 구조는 復子 역시 개인("人")과 특정한 사적 관계에 놓인 존재였음을 암시한다. 즉 弟子 앞에 붙는 "人屬"이 개인에 대한 예속성을 드러내는 것처럼 "人復復子"의 "人復" 역시 復子의 신분적 성격을 이해하는 데 중요한 단서가 된다. 그러나 "人屬"의 경우 상대적으로 직관적인 의미 파악이 가능하지만, "人復"이라는 표현은 그 의미와 실질적 내용에 대해 보다 정밀한 검토가 필요하다.

復子가 등장하는 ㉮~㉲의 조문 가운데 ㉲를 제외한 모든 경우는 요역과 관련된 규정이다. ㉲ 역시 置吏律으로서 吏 임용이 일종의 동원에 해당되고 임용 이후 免役 혜택이 주어진다는 점에서 결과적으로 요역과 밀접한 관련이 있다. 이러한 점에서 볼 때 復子는 분명 요역 면제와 연관되었을 가능성이 높다. 이에 정리소조는 ㉮-㉯의 "人復復子"에 대해 "요역 면제자의 자식(免除徭役者之子)"이라는 주석을 달고 있다.[31] 이 해석에 따르면 "人復復子"는 "人이 復을 해주어 復된 子"으로 이해할 수 있다.

그러나 이 설명만으로는 ㉮~㉲에 걸쳐 왜 굳이 復子의 존재가 독립적으로 명시되는가에 대한 충분한 해명이 되지 않는다. 復子가 단순히 요역 면제자의 자식이라면 면제 당사자가 아닌 그 자식이 요역 동원의 예외 대상으로 별도로 언급될 이유가 분명치 않다. 특히 ㉲에서 佐가 될 수 있는 대상으로 弟子와 復子가 병렬되어 등장하는데, 復子가 단순한 免役者의 자식이라면 왜 弟子와 동일한 범주로 좌의 임용 대상에 포함되는지를 납득하기 어렵다. 예를 들어 復의 실제 사례를 보여주는 里耶秦簡의 기록에서는 호랑이를 잡은 자 6인에게 '復'해주고 있는데[32] 이를 근거로 단순한 포상성 면역 혜택이 자식 세대에까지 주어져 좌의 임용 자격으로 이어졌다고 보기는 어렵다. 때문에 韓藝娜는 復子를 단순한 면역자의 자식으로 보기보다는 『商君書』에서 말하는 "庶子"와 유사한 성격을 지닌 존재로 해석하고, 弟子와 더불어 일정 이상의 작위나 질급을 가진 인물에게 주어져 '服公事'의 형태로 복역하는 저층 관원이었으며, 이들이 곧 漢代의 "給吏"로 계승되었을 가능성을 제기한다.[33] 이 해석은 ㉲置吏律에서 復子가 좌의 임용 대상에 포함된 이유를 일정 부분 설명해

---

30) 김병준, 2013, 「秦漢帝國의 이민족 지배: 部都尉 및 屬國都尉에 대한 재검토」, 『역사학보』 217, 역사학회, p.131.

31) 陳松長 主編, 2015, 앞의 책, p.166, 주석71.

32) 陳偉 主編, 2012, 『里耶秦簡牘校釋第1卷』, 武漢大學出版社, p.103, 簡8-170, "卄八年五月己亥朔甲寅, 都鄕守敬敢言之: ▨得虎, 當復者六人, 人一牒, 署復▢于▨從事, 敢言之. ▨ 五月甲寅旦, 佐宣行廷."

33) 韓藝娜, 2017, 앞의 논문.

줄 수는 있으나, "人復"이라는 표현의 구체적 의미나 이들을 왜 '復子'라 명명했는지에 대해서는 여전히 설명이 부족하다. 더욱이 ㉮의 조문에서 佐로 임용 가능한 대상의 병렬 가운데 弟子·復子가 有爵者나 無爵者보다 후순위에 있다는 사실은 이들이 "給吏"의 전신이었다는 해석과 오히려 모순되는 측면이 있다.

이에 대한 단서는 아래 ㉯ 漢初의 요율 규정에서 찾을 수 있다.

㉯ □□工事縣官者復其戶而各其工. 大數率取上手十三人爲復, 丁女子各二人, 它各一人, 勿算徭賦. 家毋當徭者, 得復縣中它人.[34]
……工人으로 縣官에서 일하는 경우 그 戶와 각 그 工人을 復한다. 上手는 10인에 3인의 비율로 취하여 復하는데 성인 여자라면 각 2인, 나머지는 각 1인으로 하여 算徭賦를 부과하지 않는다. 집에 徭役 해당자가 없는 경우에는 縣 내 타인을 復할 수 있다.

이 규정에 따르면 工人의 솜씨가 뛰어난 경우 가족을 復할 수 있으며 그 집안에 요역 대상자가 없으면 같은 현 내의 타인에게 復의 혜택을 이전하는 것도 가능하였다. 이처럼 復의 자격이 자기 가족뿐 아니라 타인에게까지 확대 적용될 수 있었다는 점에 비추어 보면 "人復復子" 혹은 "人復子"라는 표현에서 "人復"은 곧 타인에게 復의 자격을 부여하는 행위를 의미할 가능성이 크고, "復子"는 요역 면제자의 자식뿐만 아니라 復의 수혜를 입은 타인까지 포괄하는 보다 넓은 대상을 규정한 것일 수 있다.

그렇다면 ㉮에서 단순히 "復子"가 아니라 앞에 "人復"이라는 표현을 덧붙인 이유는 동일 조문 내의 "弟子"가 "人屬弟子"로 나타나는 것과 같은 맥락으로 이해할 수 있다. 즉 復子 역시 특정 인물("人")과의 관계를 전제로 국가로부터 강제적 징발을 피할 수 있는 혜택이 주어진 존재였기 때문에 그러한 사적 예속성을 명시하기 위해 "人復"이라는 수식어가 붙은 것이다. 따라서 "人復復子"는 요역 면제자의 자식부터 완전한 타인에 이르기까지 포괄하며, 이들은 모두 요역 면제 혜택을 준 "人"에 대해 예속성을 지닌 존재였다고 이해할 수 있다. 이와 같은 해석은 요역 관련 율령에서 "人復復子"가 항상 "人屬弟子"와 병렬되어 등장하는 이유를 설명해 준다. 둘 다 타인에 대한 사적 예속 관계에 놓인 존재였기 때문에 국가가 함부로 징발하지 못하도록 제약을 두었던 것이다.

이러한 논리는 ㉮의 置吏律에서도 동일하게 적용된다. 조문에서는 먼저 "不更 이하부터 士伍에 이르기까지 史인 자"를 小佐로 임명하고, 인원이 부족할 경우 "君子의 子·大夫의子·小爵 및 公卒·士伍의 子로서 나이 18세 이상인 자"로 보충하도록 한다. 그 뒤에야 "人屬弟子"와 "人復子"가 佐로 임용을 원하는 경우를 단서적으로 언급하고 있어 실제 임용에 있어서는 그 희망 여부와 더불어 추가적인 조건이 있었던 것으로 보인다. 이러한 구조는 "人屬弟子"와 "人復子"가 기본적으로는 佐의 임용에서 후순위에 놓였고, 그 이유는 그들이 다름 아닌 개인에게 예속된 인속적 존재였기 때문임을 반영하는 것이다. 이렇게 본다면 앞서 지적한 韓藝娜의 견해처럼 復子를『商君書』의 "庶子"와 연계하여 개인에게 복역하는 형태로 "服公事"하는 "給吏"의

---

34) 彭浩 等 主編, 2008, 앞의 책, p.246, 「二年律令」 徭律 簡278-280.

전신으로 해석했을 때 발생하는 모순도 해명할 수 있다.

2. 敖童·私屬·奴

앞장에서 ④를 인용하며 ㉮-㉡에서 한데 묶여 있었던 弟子·復子·敖童·私屬·奴가 ④에서는 다시 ㉢弟子·復子와 ㉣敖童·私屬·奴로 나뉜다는 점을 지적하였다. 그리고 ㉢과 ㉣의 구분은 요역 동원 가능 여부의 차이일 것이라고 추정하였다. 적어도 弟子·復子는 제한적 조건 하에서나마 요역에 동원될 수 있는 범주에 속하는 반면, 敖童·私屬·奴는 원칙적으로 동원이 금지된 집단으로 매우 특수한 상황에서만 동원할 수 있는 대상으로 보인다. 이 가운데 가장 논란의 여지가 있는 존재는 敖童이다. 정리소조는 敖童에 대해 "傅籍 연령에 다다르지 않은 남자(未達到傅籍年齡的男子)"라고 주석을 달고 있으나,[35] 敖童이 등장하는 자료의 문맥을 보면 단순히 연령 기준만으로 규정된 집단으로 보기 어려운 측면이 있다. 아래에 제시할 사료가 바로 그 결정적 근거이다.

> ㉯ 四年, 周天子使卿大夫辰來致文武之胙, 冬十壹月辛酉, 大良造庶長遊出命曰: "取杜在酆邱到
> 於潏水, 以爲右庶長歜宗邑." 乃爲瓦書, 卑司御不更顗封之, 曰: "子孫子孫以爲宗邑." 顗以四
> 年冬十壹月癸酉封之, 自桑障之封以東, 北到於桑匽之封, 一里廿輯.
> 大田佐敖童曰未, 史曰初, 卜蟄, 史羈秩, 司御心, 志是埋封.[36]
>
> 4년, 周天子가 卿大夫 辰를 보내와 文·武王에게 제사 지낸 胙를 하사한 해 겨울 11월 辛酉일, 大良造 庶長 遊가 出命하여 말하길 "杜縣의 酆邱에서 潏水에 이르기까지 취하여 右庶長 歜의 宗邑으로 삼는다." 이에 瓦書를 만들고 司御 不更 顗로 하여금 封하고 말하길 "자자손손 宗邑으로 삼는다." 顗이 4년 겨울 11월 癸酉일에 封하니 桑障의 封으로부터 동쪽에, 北으로는 桑匽의 封까지 1里 20輯이다.
>
> 大田佐 敖童 이름은 未, 史 이름은 初, 卜인 蟄, 史인 羈秩, 司御인 心이 이를 기록하여 封에 묻음.

㉯는 秦 惠文王 4년(기원전334년) 右庶長 歜의 宗邑을 봉한 기록이다. 瓦書 배면 말미에는 이 과정에 관여한 이들이 열거되어 있는데 "大田佐敖童曰未"라는 구절이 포함되어 있다. 이에 대해 黃留珠는 "大田佐"를 관직명, "敖童"을 "不更" 등 작위에 버금가는 일종의 신분, "未"를 인명으로 보았다. 그는 이 분석을 바탕으로 敖童이 단순히 "아직 傅籍하지 않은 자(未傅者)"였다면 大田佐를 맡을 수 없다는 점을 지적하였다. 이어

---

35) 陳松長 主編, 2015, 앞의 책, p.166, 주석72. 이 외에도 敖童에 대해 여러 가지 해설이 제기되었으나 전반적으로 연령 혹은 傅籍 여부와 관련지어 설명하고 있다. 그러나 기존의 해설들은 敖童이 私屬·奴와 특별히 묶여 언급되는 맥락을 설명할 수 없고 전래 문헌의 내용과도 맞지 않는다는 문제가 있다. 敖童에 대한 기존 연구는 華東政法大學出土法律文獻研究班, 2020, 앞의 논문, pp.249-250에 정리된 내용을 참조.

36) 郭子直, 1986, 「戰國秦封宗邑瓦書銘文新釋」, 『古文字研究』 14, p.180.

"敖童"을 "豪奴"의 뜻으로 이해하고 국가의 통제 아래에서 강한 힘과 영향력을 지닌 특수한 노예 계층이었을 가능성이 크다고 보았다.[37] 다만 이러한 설명은 嶽麓秦簡이 나온 이후 설득력을 잃게 되었다. 우선 敖童은 요율에서 私屬·奴와 병렬되어 등장하며 이들과 함께 요역 동원의 예외 대상으로 분류되고 있다. 이는 敖童은 奴와는 구별되는 존재임을 보여준다. 뿐만 아니라 敖童이 국가 통제하의 노예 계층이라면 국가 입장에서 오히려 요역에 우선 동원해야 할 대상일 텐데 요율에서는 오히려 그들을 사역해서는 안 된다고 명시하고 있다는 점에서 모순된다.

하지만 ㉜을 보면 敖童 未가 大田佐를 역임하고 있었으므로 성인일 가능성이 크고, 이는 적어도 敖童을 부적 연령에 다다르지 않은 어린 남성으로 보는 정리소조의 설명이 타당하지 않음을 보여준다. 실제로 아래 ㉔의 全文을 다시 살펴보면 敖童의 기준이 연령이라고 보았을 때 문제점이 더 많이 생긴다.

> ㉔′ (徭律曰: 發徭, 興有爵以下到人弟子·復子, 必先請屬所執法, 郡各請其守, 皆言所爲及用積徒數, 勿敢擅興, 及母敢擅使敖童·私屬·奴及不從車牛.) ㉠凡免老及敖童未傅者, 縣勿敢使, 節載粟乃發敖童年十五歲以上, 史子未傅先學學室, 令與粟事. 敖童當行粟而寡子獨與老父老母居, 老如免老, 若獨與癃病母居者, 皆勿行.[38]
> 무릇 免老 및 敖童으로서 아직 傅籍하지 않은 자는 縣이 감히 부리지 말아야 하는데 만약 곡물을 운반한다면 이에 敖童으로 15세 이상과 史의 子로서 아직 傅籍하기 전에 學室에서 배우는 자를 징발하여 하여금 粟事에 함께 하게 한다. 敖童이 곡물 운송하러 가야 하는데 외아들로서 免老의 老父·老母와 거주하거나 오로지 장애 혹은 병이 있는 母와 거주하는 경우 모두 가지 말라.

㉔′-㉠에서 "敖童으로서 아직 傅籍하지 않은 자(敖童未傅者)"라는 표현이 등장한다. 만약 정리소조의 주석처럼 敖童이 곧 未傅者를 의미한다면, "敖童未傅者"라는 표현은 불필요한 중복이 된다. 즉 이 표현은 敖童 가운데에서도 未傅者가 따로 구분되고 있다는 사실을 전제로 한다. 이는 敖童이라는 범주 안에 傅籍을 마친 자와 마치지 않은 자가 모두 포함되어 있었음을 뜻한다. 다시 말해 敖童은 단순히 연령에 따라 규정된 집단이 아니며 傅籍 여부와 관계없이 여전히 "敖童"로 분류되는 자들이 존재했음을 보여준다.[39] 실제로 嶽麓秦簡에는 어린 남성을 의미하는 "小童"이 별도로 사용되고 있다.[40] 또한 미성년자에 대해서도 사역 가능 연령("使")과 사역 불가능 연령("未使")을 구분하는 표현이 이미 존재한다는 점에서[41] 굳이 未傅者를 지칭하기

---

37) 黃留珠, 1997, 앞의 논문.

38) 陳松長 主編, 2015, 앞의 책, pp.119-120, 簡156-159.

39) 朱紅林, 2021, 『嶽麓書院藏秦簡(肆)疏證』, 上海古籍出版社, p.171.

40) 陳松長 主編, 2015, 앞의 책, p.132, 簡194-195. "行書律曰: 有令女子·小童行制書者, 貲二甲. 能捕犯令者, 爲除半歲徭, 其不當徭者, 得以除它人徭"

41) 姚磊, 2023, 『西北漢簡整理及考釋』, 中國社會科學出版社, p.382.

위해 "敖童"이라는 별도의 용어를 다시 설정할 필요는 없었을 것이다. 더불어 敖童은 弟子·復子·私屬·奴와 병렬되는데 이들은 모두 연령과 무관하게 요역에 함부로 동원될 수 없도록 보호된 특수 집단이다. 그중에서도 敖童은 私屬·奴와 같은 범주로 세분화되기도 한다. 이 가운데 敖童만을 유독 연령으로 구별된 집단으로 이해하는 것은 이 병렬 구조와도 조응하지 않는다.[42] 따라서 敖童을 傅籍 연령에 다다르지 않은 어린 남성으로 보는 정리소조의 설명은 분명 타당하지 않다.

정리하면 敖童이 연령으로 구분된 집단은 아니지만 黃留珠의 설명대로 국가의 노예로 보기는 어렵다는 점, 그리고 私屬·奴와 병렬되어 등장한다는 점에 주목하면, 敖童은 국가에 예속된 존재가 아니라 이들과 마찬가지로 개인에게 예속된 집단으로 추정된다. 그렇기 때문에 국가가 이들을 함부로 요역에 동원할 수 없었던 것이다. 敖童이 私屬·奴와 정확히 어떻게 다른지는 현재의 부족한 자료만으로는 단정하기 어렵지만, '敖童-私屬-奴'라는 일정한 순서는 예속성의 정도를 반영한 순서일 가능성이 높다. 또한 ㉷′-㉮에 따르면 곡물 운반("載粟", "行粟")과 같은 특정 임무에 한해서는 敖童이 징발될 수 있었던 반면, 이때 私屬이나 奴는 언급되지 않는다. 민간에서 敖童을 傅籍하지 않거나 은닉하려는 시도가 있었던 것도[43] 私屬·奴보다 敖童이 국가에 의해 징발될 가능성이 더 컸기 때문으로 이해할 수 있다. 나아가 ㉯에서 敖童이 弟子·復子처럼 좌의 임용 대상이 될 수 있었던 점 역시, 敖童이 私屬·奴와 동일 범주로 묶일 수는 있으나 그보다 상대적으로 예속성이 약했음을 시사한다.

문헌 사료에서도 敖童의 성격에 대한 단서를 찾을 수 있다. 賈誼의 『新書』에는 "敖童不謳歌"라는 대목이 등장하는데, 앞뒤 맥락을 고려할 때 각자 응당 해야 하는 일을 하지 않는 상황을 나열하고 있으므로 여기의 敖童은 원래 謳歌가 직분인 것으로 보인다.[44] 개인에게 예속된 집단 중에서도 이처럼 느슨한 직분을 가지고 있는 집단이 敖童이 아니었을까 추정된다. 또 다른 사례로 한대 문헌인 「僮約」은 노비에 대한 계약 내용을 담고 있는데, 여기서 "僮"은 "童"과 통하며 일반적으로 노비를 지칭하는 것으로 이해되어 왔다. 주인공 便了는 손님 王子淵의 심부름을 거절하며 자신은 묘지기로 팔려왔기 때문에 손님의 심부름을 할 수 없다고 주장한다. 이에 화가 난 王子淵은 便了를 직접 매입하는데 이 과정에서 便了의 요구에 따라 구체적인 업무 내용이 포함된 계약서를 작성하게 된다. 이 계약에는 便了가 먼 지역을 오가며 장사를 수행해야 한다는 내용

---

42) 물론 ㉷′-㉮에서는 敖童과 免老가 함께 언급되어 敖童이 연령 기준에 따라 정의된 존재처럼 보일 수 있다. 그러나 이는 敖童 전체가 未傅者임을 뜻하는 것이 아니라, 敖童 중에서도 실제로 나이가 어린 자에게 곡물 운반(載粟, 行粟)이라는 특정 임무를 맡긴 상황을 나타내는 것에 불과하다. "發敖童年十五歲以上"과 "史子未傅先學學室"이 병렬되는 구조 역시 해당 임무를 수행하는 데 필요한 특정 연령 조건을 기술한 것일 뿐 敖童의 본질적 성격을 규정하는 기준으로 보기 어렵다. 따라서 이는 특정 직무와 관련된 제한적 조건에서만 연령이 고려된 예외적 조항으로 이해해야 하며 敖童 전체가 연령을 기준으로 분류된 존재라는 해석으로 일반화할 수는 없다.

43) 睡虎地秦墓竹簡整理小組 編, 1990, 앞의 책, p.87, 「秦律雜抄」 簡32, "匿敖童, 及占癃不審, 典·老贖耐. 百姓不當老, 至老時不用請, 敢爲詐僞者, 貲二甲; 典·老弗告, 貲各一甲; 伍人, 戶一盾, 皆遷之. 傅律"; p.132, 「法律答問」 簡165, "何謂'匿戶'及'敖童弗傅'? 匿戶弗繇·使, 弗令出戶賦之謂也."

44) 『新書校注』 卷6, 「春秋」, p.248, "酤家不讎其酒, 屠者罷列而歸, 敖童不謳歌, 春築者不相杵, 婦女抉珠璣, 丈夫釋玦軒, 琴瑟無音, 期年而後始復." p.255, 注: "傲, 『正字通』: '傲, 與敖通.'"

도 포함되어 있어 상대적으로 자유로운 활동이 가능했던 것으로 나타난다.[45]

이러한 사례들을 종합하면 敖童은 弟子·復子·私屬·奴와 함께 개인에 예속된 존재로 분류될 수 있으며, 특히 私屬·奴와 마찬가지로 개인 소유의 재산적 성격을 지녔을 가능성이 크다. 다만 私屬·奴에 비해 상대적으로 느슨한 직분과 자유로운 활동이 허용되었다는 점에서 이들과 비교하여 예속성의 강도는 약했던 별개의 인속 집단으로 추정된다. 이러한 예속성에 비례하여 요역 동원 가능성의 측면에서도 敖童은 弟子·復子와 私屬·奴 사이에 위치하고 있었다. 그렇다면 ㉮-㉯의 "人屬弟子·人復復子·小敖童·奴"은 예속성의 강약에 따른 서열을 반영한 것이라 볼 수 있다.

IV. 秦律 속의 舍人·隷와의 관계

지금까지 진대 요율에서 일반적인 요역 동원에서 제외되거나 제한적으로 동원된 弟子·復子·敖童·私屬·奴의 구체적 성격과 이들이 그러한 예외적 처우를 받게 된 배경에는 인속 집단이라는 공통점이 있었음을 살펴보았다. 그러나 당시 이러한 인속 집단이 弟子·復子·敖童·私屬·奴만 있었던 것은 아니다. 전국시대 이래 孟嘗君을 비롯한 유력자들이 대량으로 거느렸던 舍人은 문헌[46]과 출토 자료를[47] 통해 반복적으로 확인되는 대표적인 인속 집단이다. 최근에는 문헌에서는 보이지 않던 새로운 유형의 인속 집단인 "隷"도 출토자료에서 확인되고 있다.

이처럼 다양한 인속 집단이 존재하였음에도 불구하고 진대 요율에서는 왜 하필 弟子·復子·敖童·私屬·奴만이 동원 제한 대상으로 명시되었는가? 만약 이들의 배제가 인속 관계에 있었기 때문이라면 왜 다른 인속 집단들은 요율 규정에 포함되지 않았는가? 이러한 문제의식은 오히려 이들이 단순한 예속성을 넘어 국가로부터 혜택을 받았던 별개의 이유가 있었을 가능성을 시사한다.

이에 본 장에서는 인속 집단 가운데 대표적인 예로 꼽을 수 있는 舍人과 隷를 중심으로, 이들의 법적 지위 및 요역 동원과의 관련성에 대해 살펴볼 것이다. 舍人의 경우 전국시대부터 진한에 이르기까지 전래문헌과 출토자료를 막론하고 광범위하게 확인되는 인속 집단으로 대표성을 가지기 때문이다. 隷의 경우 출토자료에만 보이지만 奴婢처럼 호적에 편제되어 있는 인속 집단이라는 점에서 비교대조군이 될 수 있다. 이

---

45) 宇都宮淸吉, 1955, 『漢代社會經濟史硏究』, 弘文堂, p.297.

46) 齊나라 孟嘗君은 여러 등급의 傳舍를 두고 식객을 3천 명이나 거느리면서 傳舍長을 통해 이들을 관리하였다고 한다. 이들은 사실상 舍人 집단으로 볼 수 있다(『史記』 卷75, 「孟嘗君列傳」, p.2359). 秦에서도 嫪毐가 태후의 총애를 업고 권세를 누리게 되자 그를 따르는 사인이 천여 명에 이르렀다는 기록이 있다(『史記』 卷85, 「呂不韋列傳」, p.2511).

47) 예를 들어 嶽麓秦簡 案例7에서는 大夫 沛가 복수의 舍人들에게 금전을 빌려주고 동업을 한 모습이 보인다朱漢民·陳松長 主編, 2013, 앞의 책, p.158, 簡123-124).(또 漢代 자료이긴 하나 「奏讞書」에서는 醴陽令 恢가 훔친 縣官米를 자신의 舍人에게 시켜 팔도록 하기도 하고(彭浩 等 主編, 2008, 앞의 책, pp.352-353, 「奏讞書」 案例15 簡69-74), 다른 안건에서는 심지어 살인까지 시키는 사례를 찾아볼 수 있다(pp.354-355, 「奏讞書」 案例16 簡75-98).

를 통해 弟子·復子·敖童·私屬·奴가 국가에 의해 선택적으로 요율에 명시된 배경을 보다 구체적으로 해명하여 보고자 한다.

먼저 사인의 경우 진대 율령에 나타난 관련 규정을 종합해보면, 舍人은 율령 속에서 주로 舍主를 보조하거나 그를 대신해 행정적·법적 책임을 수행하는 역할로 등장한다. 예를 들어 요역이나 공무로 인해 관부의 기물을 빌렸는데 미처 반납하지 못한 채 사망하면 그 徒나 舍人이 보증하게 하였다.[48] 또 병이나 기타 사유로 인해 吏가 官으로 복귀하지 못하게 된 경우 그 吏가 사용한 乘車·乘馬는 吏의 舍人·僕·走·從者가 반납하도록 규정되어 있다.[49] 上書할 일이 있거나 制書를 받아 처리해야 하는 일이 있는데 당사자가 사망했을 경우 미처 처리하지 못한 書에 대해서는 吏·舍人·室人을 시켜 봉인하게 하는 규정도 있다.[50]

한편 舍人은 舍主가 범죄에 연루되었을 경우 연좌의 대상이 되기도 한다. 예를 들어 범죄자나 亡人을 모르고 숙박시켜 주었다면 숙박시켜 준 "主舍者", 즉 舍主는 물론이고 그 舍人·室人까지 처벌하였다.[51] 舊六國의 反秦 세력에 해당하는 從人의 경우, 그 妻子·同産·舍人까지 처벌을 받았다.[52] 이를 볼 때 舍人은 다만 舍人으로서 업무상 혹은 법적 책임을 공유하며 舍主와 밀접한 관계가 있기는 하지만,[53] 弟子·復子·敖童·私屬·奴와 달리 법적으로 신분적 예속성을 보여주는 사례는 확인할 수 없다.

실제로 율령에서 吏의 僕·走·從者와 같이 주로 역할이 강조되는 집단과 舍人이 병렬되어 언급되는 점은 국가가 舍人을 신분적으로 예속된 존재로 보지 않고 일정한 기능을 수행하는 역할 집단으로 간주하였음을 시사한다. 이는 弟子·復子·敖童·私屬·奴 등이 모두 국가로부터 일정한 법적 보호 혹은 통제를 받는 인속 신분으로 취급되었던 것과는 뚜렷이 대비되는 점이다. 이러한 舍人과 舍主의 법적 관계성은 다음 두 사료

---

48) 睡虎地秦墓竹簡整理小組 編, 1990, 앞의 책, p.44, 「秦律十八種」 簡101, "邦中之繇及公事館舍, 其假公, 假而有死亡者, 亦令其徒·舍人任其假, 如從興戌然. 工律"

49) 陳松長 主編, 2015, 앞의 책, pp.109-200, 簡318+315+319, "丞相議: 吏歸治病及有它物故, 免, 不復之官者, 令其吏舍人·僕·走·從者乘其乘車·馬歸縣如故. 事已者, 輒罷歸, 以書致其縣官. 它官當用者, 亦皆用之."(석문 배열에 관해서는 陳偉, 2013, 「"吏歸治病及有它物故免不復之官者"令的復原與解讀」, 2023.10.26. 제11회 신(新)자료를 이용한 고대 동아시아의 법률 연구 국제학술회의 발표 자료 참고)

50) 陳松長 主編, 2022, 『嶽麓書院藏秦簡(柒)』, 上海辭書出版社, pp.157-158, 簡225-228, "廿四年四月丁卯以來, 吏卒史·丞·尉以上, 爲吏者公大夫以上及故吏六百石以上, 當上書及受制書而非縣官書也, 其人即不幸死, 其書及副而尚存者, 令其吏若舍人若室人一人完其書封, 其不封者, 謹封印, 勿敢令漏泄, 上公車司馬."

51) 陳松長 主編, 2015, 앞의 책, p.58-60, 簡60-64, "盜賊逐者及諸亡坐所去亡與盜同法者當黥城旦舂以上及命者·亡城旦舂·鬼薪白粲舍人室·人舍·官舍, 主舍者不知其亡, 贖耐. 其室人·舍人存而年十八歲者及典·田典不告, 貲一甲. 伍不告, 貲一盾. 當完爲城旦舂以下到耐罪及亡收·司寇·隸臣妾·奴婢闌亡者舍人室·人舍·官舍, 主舍者不智知其亡, 貲二甲. 其室人·舍人存而年十八歲以上者及典·田典·伍不告貲一盾."

52) 陳松長 主編, 2017, 앞의 책, p.43-44, 簡13-18, "假正夫言: 得從人故趙將軍樂突弟·舍人詔等廿四人, 皆當完爲城旦, 輸巴縣鹽. 請: 論輸詔等【廿四人, 故】代·齊從人之妻子·同産·舍人及其子已傅嫁者, 比故魏·荆從人. 御史言: 巴縣鹽多人, 請令夫輸詔【等廿四人, 故】代·齊從人之妻子·同産·舍人及其子已傅嫁不當收者, 比故魏·荆從人之【妻】子·同産·舍人及子已傅嫁者, 已論輸其完城旦舂洞庭, 洞庭守處難亡所苦作, 謹將司, 令終身毋得免赦, 皆盜械膠致桎傳之. 其爲士伍·庶人者, 處蒼梧, 蒼梧守均處少人所, 疑亡者, 械膠致桎傳之, 其夫妻子欲與, 皆許之. 有等比. 十五"

53) 오준석의 연구에서는 이를 '인적 네트워크'로 설명하였다(2021, 「秦代 '舍人'의 존재 형태와 인적 네트워크」, 『中國古中世史硏究』 59, 중국고중세사학회).

를 통해 보다 명확히 드러난다.

> ㉯ "使諸侯·外臣邦, <u>其邦徒及僞吏不來, 弗坐</u>." 何謂"邦徒"·"僞使"? <u>徒·吏與偕使而弗爲私舍人</u>,
> 是謂"邦徒"·"僞使."[54]
> "諸侯·外臣邦에 使者로 가는데 그 邦徒 및 僞吏가 오지 않아도 坐罪하지 않는다." 무엇을
> "邦徒"·"僞使"라고 하는가? 徒·吏로서 함께 파견되었으나 私舍人으로 삼지 않는 경우, 이
> 를 "邦徒"·"僞使"라고 한다.

> ㉰ 新地吏及其舍人敢受新黔首錢財酒肉它物, 及有賣買假賃貸於新黔首而故貴賤其價, 皆坐其所
> 受及故爲貴賤之贓·假賃費·貸息, 與盜同法. 其賈買新黔首奴婢畜産及它物盈三月以上而弗予
> 錢者坐所賈買錢數, 亦與盜同法. <u>學書吏所年未盈十五歲者不爲舍人</u>.[55]
> 新地吏 및 그 舍人이 감히 新黔首로부터 錢財·酒肉·它物을 받거나, 新黔首에게 賣買·假
> 賃·貸하면서 고의로 그 값을 비싸거나 싸게 했다면, 모두 그 받은 것 및 고의로 비싸거나
> 싸게 한 贓物·假賃의 비용·貸의 이자에 坐罪하여 盜와 同法으로 처벌한다. 新黔首에게
> 奴婢·畜産 및 它物을 賈買하였는데 3개월 이상 넘도록 錢을 주지 않았다면 賈買한 바의
> 錢數에 坐罪하여 또한 盜와 同法으로 처벌한다. 吏에게서 學書 하면서 나이 15세가 차지
> 않은 자는 舍人으로 삼지 않는다.

㉯의 조문은 諸侯나 外臣邦에 파견된 使者와 동반한 徒·吏가 돌아오지 않더라도 使者에게 책임을 묻지 않는다고 명시하고 있다. 앞서 살펴보았듯 舍人과 舍主는 연대 책임이 있는 관계였기 때문에 만약 使者와 동행한 舍人이 귀환하지 않았다면 그 책임은 舍主인 使者에게 돌아갔을 것이다. 그러나 해당 조문에서는 諸侯·外臣邦과 같은 특수 지역에 파견된 경우에 한하여 동행한 徒·吏를 使者의 私舍人으로 보지 않는다고 규정하고 있으며, 이를 통해 그들이 아무리 사실상 舍人의 역할을 하였더라도 법적으로는 그 예속 관계를 인정하지 않음으로써, 使者에게 연대 책임을 지우지 않으려는 의도를 드러낸다.

유사한 논리는 ㉰에서도 확인된다. 新地로 파견된 新地吏 및 그들의 舍人이 새로 진에 편입된 백성(新黔首)으로부터 불법적으로 이득을 취한 경우 모두 도둑질한 것과 같은 죄로 처벌된다("與盜同法"). 그러나 이때 해당 신지리 아래에서 學書 중인 15세 미만은 "舍人으로 삼지 않는다(不爲舍人)"고 명시되어 있다. 이는 오히려 學書 중인 자들이 실질적으로 舍人이나 다름없었음을 암시한다. 하지만 ㉯의 邦徒·僞使의 사례처럼 舍主와 상호 연좌 처벌의 대상에서 제외하기 위해 舍人이 아니라고 규정한 것이다.

이처럼 "舍人으로 삼지 않는다"고 명시하는 조항은 그들이 실질적으로 舍人의 역할을 수행하고 있었음

---

54) 睡虎地秦墓竹簡整理小組 編, 1990, 앞의 책, p.136, 「法律答問」 簡180.
55) 陳松長 主編, 2017, 앞의 책, pp.51-53, 簡39-44.

을 전제로 하면서도, 특정한 상황에서는 그 관계 자체를 법적으로 인정하지 않겠다는 국가의 의도를 반영한다. 즉 舍主와 舍人은 본래 연대 책임을 지는 관계로 설정되어 있었지만 장소나 연령 등의 특수성을 고려하여 연대 책임을 묻기 어렵다는 판단이 들 때 그 관계를 부정함으로써 처벌을 피할 수 있게 한 것이다.

중요한 점은 국가가 舍人에 대해서는 弟子·復子·敎童·私屬·奴 등과는 달리 명확한 신분적 예속 관계로 간주하지 않았다는 사실이다. 舍人은 업무상 또는 법률적 연대 책임의 의무가 있는 집단으로만 법적으로 규정되었으며, 그에 따른 연대 책임 역시 특정 상황에서는 '舍人으로 삼지 않는다'는 형식을 통해 예외적으로 부정될 수 있었다. 이는 舍人의 실제 예속 여부와는 무관하게 국가가 舍人을 법적 예속 신분으로 설정하지 않았음을 보여준다. 때문에 舍人이라는 이유로 요역 부담 등의 방면에서 특별한 대우를 받는 모습은 보이지 않는 것이다.[56]

한편 隷는 전래 문헌에서는 확인되지 않지만 출토 간독 자료에는 적지 않게 출현한다. 특히 里耶秦簡 호적에 戶의 구성원으로 등장하면서 학계의 큰 주목을 받았다.

<blockquote>

㉰ Ⅰ 南陽 戶人 荊不更 繇喜

      子 不更 衍

  Ⅱ 妻 大女子 嬎

      <u>隷 大女子 華</u>

  Ⅲ 子 小上造 章

      子 小上造 犰

  Ⅳ 子 小女子 趙

      子 小女子 見[57]

</blockquote>

<blockquote>

㉮ <u>識故爲沛隷</u>, 同居. 沛以三歲時爲識娶妻; 居一歲爲識買室, 價五千錢; 分馬一匹·稻田廿畝, 異識. 識從軍.[58]

識은 옛날 沛의 隷였으며 同居하였습니다. 沛는 3년이 되었을 때 識이 장가를 들어 아내를 얻게 해주었습니다. 거주한 지 1년이 되어 識에게 室을 사주었는데 그 가격은 5천 전이었습니다. 말 1필과 稻田 20무를 떼어 識을 분리시켰습니다. 識은 종군하였습니다.

</blockquote>

里耶秦簡에서 발견된 복수의 호적 목독의 양식을 종합하면, 기본적으로 호적은 제Ⅰ란에 戶主와 성인 남

---

56) 陳松長 主編, 2017, 앞의 책, p.64, 簡77, "☒從人家吏·舍人何以□三族從人者? 議: 令縣治三族從人者, 必"에서 "家吏"와 병렬되는 것을 보면 국가가 인정한 舍人은 家吏와 가장 유사한 집단이 아니었을까? 다만 "家吏"가 무엇인지에 대해서는 자료의 부족으로 정확하게 알 수 없다.

57) 里耶秦簡博物館 等編, 2016, 『里耶秦簡博物館藏秦簡』, 中西書局, p.203, 簡K49.

58) 朱漢民·陳松長 主編, 2013, 앞의 책, p.155, 簡115-116.

성, Ⅱ란에 성인 여성, Ⅲ란에 미성년 남성, Ⅳ란에 미성년 여성, Ⅴ란에 臣·妾(奴婢) 등이 기재되고, 경우에 따라 마지막에 戶主 관련 부기 정보가 첨가된다.[59] 이와 같은 기준에서 보면 ㉮에서 隷인 大女子 華는 戶主의 妻와 함께 제Ⅱ란에 기록되어 있으므로 이는 그가 호구 내에서 성인 여성 구성원으로 분류되었음을 보여준다. 반면 奴婢에 해당하는 臣·妾은 성별이나 연령에 관계 없이 항상 호적의 최하단에 별도 항목으로 기록되어 다른 가족 구성원들과는 명확히 구분된 존재로 취급되었다. 따라서 隷는 호구 내 가족 구성원과 함께 성별과 연령을 기준으로 기록되는, 戶主의 처자식과 유사한 위치에 있었음을 알 수 있다.[60] ㉮에서처럼 戶主가 隷의 혼사를 주관하고 재산까지 나누어주는 등 戶主와 隷의 관계가 흡사 부모-자식 관계처럼 보이는 기록도 이를 뒷받침한다.[61]

최근 학계에서는 隷에 대해서 신분적으로는 자유민에 속하지만 戶主의 명의 아래 依附되어 생활하던 의부민 계층으로 파악하고 있다. 이에 따라 隷의 실제 지위는 자유민과 노비의 중간 정도에 해당하는 준예속적 존재로 보는 견해가 일반적이다.[62] 그러나 이 의부적 신분의 연원에 대해서는 학자마다 의견이 다르다. 특히 隷와 爵制와의 관련성을 둘러싸고 다양한 해석이 제시되어 왔다. 우선 隷를 작제의 부산물, 즉 有爵者에게 주어지는 無爵者로서 소위 "庶子"의 일종으로 보는 견해가 있다.[63] 반대로 작제와 무관하게 이해하는 시각에서는 『左傳』의 "隷子弟"의 기록과 연계하여 봉건시대의 친족 질서가 遺傳된 것으로 보기도 한다.[64] 그 밖에 경제적 파탄을 맞은 자유민이 他戶에 의부한 것이 隷라고 보거나[65] 혹은 작제에서 배제된 사람들, 예컨대 미성년, 여자, 토지를 점유하지 못한 사람들이 정식으로 '爲戶'할 수 없는 경우 타인의 隷가 되었을

---

59) 湖南省文物考古研究所 編, 2007, 『里耶發掘報告』, 嶽麓書社, p.203, 簡K27, "Ⅰ南陽戶人荊不更蠻强/Ⅱ妻曰嗛/Ⅲ子小上造□/Ⅳ子小女子駝/Ⅴ臣曰聚/伍長"

60) 위의 책, p.205, 簡K30/45의 석문을 보면 제Ⅱ란에 "母"와 "妾"이 병기되어 있어("母曰錯 妾曰□") 簡K49의 "隷"와 "妾"의 관련성이 제기된 바 있지만, 簡K30/45의 "妾"는 "妻"를 잘못 석독한 것이다. 따라서 호적상 제Ⅰ란의 戶主 및 성인 남성을 이어 제Ⅱ란 妻와 나란히 기록되는 隷는 제Ⅴ란에 기록되는 臣妾과는 다르다(陳偉, 2017, 앞의 책, p.174).

61) 『奏讞書』에서도 大夫 明이 隷인 女子 符를 隱官 解에게 시집보내주었다는 기록이 있다(彭浩 等 主編, 2008, 앞의 책, p.341, 『奏讞書』 案例4 簡28-29, "符曰: 誠亡. 詐自以爲未有名數, 以令自占書名數, 爲大夫明隷, 明嫁符隱官解妻, 弗告亡, 它如蒜.").

62) "□廣隷小上造臣, 黑色, 長可六尺, 年十五歲, 依褌衣一.☒"(陳偉 主編, 2018, 앞의 책, p.75, 簡9-142+9-337)의 "隷小上造臣" 부분을 隷인 小上造 臣으로 읽는다면 隷도 작을 가질 수 있었던 것처럼 보이지만, 陳偉에 따르면 이 간은 형태와 내용상 符의 일종으로 보이며 符의 전형적인 양식에 따라 "隷"라는 신분이 아니라 "廣隷"라는 지명일 가능성이 크다(陳偉, 2017, 앞의 책 p.176). 본문 사료㉮가 포함된 嶽麓秦簡 案例7 "識劫娩案"에서 大夫 沛의 隷였던 識의 작이 公士로 나오지만, 이 역시 識이 隷로서 가진 작이 아니라 沛가 識을 이미 分戶("異識")한 뒤 識이 從軍한 결과일 가능성이 크다(朱漢民·陳松長 主編, 2013, 앞의 책, p.153, 簡109-110). 이 두 사례를 제외하고 현재까지 확인되는 대부분의 隷가 여성 혹은 미성년인 것을 볼 때, 隷가 작을 가지고 있었을 가능성은 현저히 낮으며 작을 소유한 증거는 찾을 수 없다.

63) 孫玉榮은 隷를 봉건귀족의 의부민에서 군공작제 하의 의부 신분으로 轉變된 것으로 이해한다(孫玉榮, 2019, 「也論秦及漢初簡牘中的"隷"」, 『簡帛研究二〇一九(春夏卷)』, 廣西師範大學出版社).

64) 陳偉, 2017, 앞의 책, pp.166-180.

65) 王佳는 실질적으로 隷가 대개 미성년 혹은 여성인데다 戶主가 無爵者인 경우도 있기 때문에(陳偉 主編, 2012, 앞의 책, p.394, 簡8-1813, "☒陵鄕成里戶人士伍成隷☒") 孫玉榮의 주장과 반대로 隷와 작제의 관련성을 부정한다(王佳, 2023, 「再談秦漢簡牘中的"隷"」, 『江漢考古』 2023-01).

것이라는 설명도 있다.[66]

하지만 이들의 연원이 무엇이었는가에 대한 다양한 해석과는 별개로, 주목해야 할 점은 隸가 국가의 공인을 받아 등록되고 관리되었던 존재였다는 사실이다. ㉲의 사례에서 확인할 수 있듯 隸는 호적에 명확히 등재되어 있었고 이는 隸가 국가에 의해 제도적으로 파악된 인구 구성원이었다는 점을 보여준다. 里耶秦簡에 근거하면, 隸가 새롭게 타인의 隸가 될 때에도 반드시 관부의 확인 절차를 거쳐야 했고,[67] 이러한 "戶隸"에 대해서는 일반적인 上計와 마찬가지로 매년 8월에 上計가 이루어졌다.[68] 즉 隸는 단순한 예속적 존재가 아니라 국가의 행정 체계 속에서 공공연히 존재가 인정되고 호적을 통해 관리된 인속 집단이라 할 수 있다.

이러한 隸는 舍人과 마찬가지로 범죄에 대한 연대 책임과 일정한 법적 관련성을 지니고 있었다. 예를 들어 범죄에 대한 연대 책임과 관련해서는 隸가 범죄를 저지를 경우에는 同居가 처벌 대상이 되는 반면, 隸 자신은 同居의 범죄에 연좌되지 않는다.[69] 앞서 살펴본 바와 같이 舍主와 舍人의 경우에는 舍人의 범죄에 舍主가 연좌되거나 반대로 舍主의 범죄에 舍人이 연좌되는 경우가 있는 만큼 연좌 책임의 적용 양상에서 隸와 舍人은 차이를 보인다. 그럼에도 불구하고 적어도 범죄에 대한 연대 책임이 일정 부분 적용된다는 점에서 隸와 舍人은 공통점을 지닌다.

뿐만 아니라 요역 동원 측면에서도 隸 역시 隸라는 신분만으로 요역에서 면제되거나 특별한 혜택을 받은 사례는 존재하지 않는다. 孫玉榮은 『商君書』의 "庶子"를 隸와 연관지어 隸가 국가에 대한 요역 대신 戶主에게 일정 기간 사역하였을 가능성을 제기한 바 있으나,[70] 정작 요율에서는 隸의 요역 및 사역에 관한 언급이 없다는 점에서 동의하기 어렵다. 결국 隸는 戶主의 명의 아래 의부되어 있기는 하지만 법적으로는 일반 백성과 동일한 지위에 있었고, 舍人과 마찬가지로 예속 관계에 있다는 이유만으로 요역 면제나 특별한 보호를 받았던 것은 아니었던 것으로 보인다.[71]

이처럼 진대 민간 사회에는 弟子·復子·敖童·私屬·奴 외에도 隸와 舍人처럼 다양한 예속 관계가 실재하였지만, 국가가 이들 모든 인속 집단을 법적으로 동등하게 인정하거나 일괄적으로 대우한 것은 아니었다. 상술한 바와 같이 弟子·復子·敖童·私屬·奴는 요역 동원에 일정한 제한을 받았던 반면, 舍人과 隸는 그러한 혜택의 대상이 아니었다. 이는 곧 弟子·復子·敖童·私屬·奴가 요역에서 제외되었던 이유가 단순히 개인에 대한 예속성 때문만은 아니라는 점을 시사한다. 그렇다면 국가가 어떤 기준과 시각에 따라 다양한 예속 집단을 구분하고, 제도적으로 차등 대우하였던 것일까?

66) 吳方基, 2019, 「里耶"戶隸"簡與秦及漢初附籍問題」, 『中國史研究』 2019-03.

67) 陳偉 主編, 2012, 앞의 책, p.355, 簡8-1546, "南里小女子苗, 卅五年徙爲陽里户人大女子嬰隸."

68) 위의 책, p.362, 簡8-1565, "卅五年八月丁巳朔, 貳春鄉茲敢言之: 受酉陽盈夷鄉戶隸計大女子一人, 今上其校一牒, 謁以從事. 敢言之."

69) 睡虎地秦墓竹簡整理小組 編, 1990, 앞의 책, p.98, 「法律答問」 簡22, "'盜及諸它罪, 同居所當坐.' 何爲'同居'? 戶爲'同居', 坐隸, 隸不坐戶謂也." "坐隸, 隸不坐戶謂也"의 해석에 대해서는 陳偉, 2017, 앞의 책, p.177 참조.

70) 孫玉榮, 2019, 앞의 논문.

71) 사료㉲에 따르면 沛의 隸였던 識이 從軍하였다는 점에서 적어도 병역 부과 대상이었을 것으로 추정할 수 있다. 하지만 이는 沛가 "異識", 즉 識과 分戶하였기 때문일 가능성도 배제할 수 없기 때문에 확증으로 삼을 수는 없다.

우선 가장 예속성이 강한 奴는 주지하다시피 매매의 대상이 되는 사유 재산으로 간주되었기 때문에 사유 재산을 인정하는 한 국가는 이들을 임의로 동원할 수 없었을 것이다. 私屬 또한 애초에 奴가 면천된 상태로 주인의 생전에는 奴와 동일한 취급을 받았다.[72] 敖童은 私屬·奴에 비해서는 예속성이 약했지만 이들과 동일한 범주로 묶일 정도로 다른 인속 집단보다는 훨씬 강한 개인적 종속 관계를 갖고 있었던 것으로 보인다. 국가는 적어도 敖童·私屬·奴 세 집단에 대해서는 이들을 개인의 사유 재산이거나 그에 준하는 존재로 간주하며, 요역 동원에 최대한 개입하지 않으려 했던 것으로 이해된다.

弟子·復子의 경우 敖童·私屬·奴와는 달리 비교적 예속성이 약한 집단으로 별도의 범주로 묶을 수 있다. 예속성의 정도만 놓고 본다면 이들이 舍人이나 隸와는 달리 특별한 대우를 받아야 할 뚜렷한 근거는 찾기 어렵다. 그러나 復子의 경우 앞서 살펴본 바와 같이 '復'의 혜택을 입은 자가 그 혜택을 부여한 개인에 대해 일정한 의무를 지게 되면서 "人復復子"라는 명칭이 생긴 것으로 보이며, 이는 『商君書』「境內」에 서술된 有爵者가 無爵者를 庶子로 삼아 국가에 대한 요역을 대신하여 매달 6일씩 부릴 수 있게 한 혜택과 상당히 유사하다.[73] 軍功授爵制라는 제도 하에서 국가에 대한 요역을 면제해 주는 대신 전쟁에서 군공을 세운 有爵者나 특별한 재주가 있어 국가에 공헌한 工人에게 '庶子'로서 봉사하도록 한 것이 復子의 연원이라면, 復子는 사적인 예속 관계를 공인한 것을 넘어 국가의 필요에 의해 만들어진 존재라고 볼 수 있다.

이러한 맥락은 진대 율령 전반에 나타나는 혜택의 이전이 가능한 규정들과도 일관된 방향성을 공유한다. 예를 들어 故塞徼外蠻夷 지역에서 온 간첩이나 약탈자를 여러 명이 함께 체포한 경우 본인 몫의 포상을 받지 않고 타인에게 이전하는 것이 허용되었다.[74] 또한 解爵令에 따르면 작 1급으로 1만 전 이하의 貲·贖을 감면할 수 있었는데 이 혜택을 친족은 물론 완전한 타인까지 포함하여 최대 3인까지 공유할 수 있었다.[75] 이들은 모두 군공수작의 기제를 보다 유연하게 운용하고 그 적용 범위를 확장하기 위한 제도적 장치였다. 復子 역시 국가가 군공수작제의 운용 속에서 예속성을 제도적으로 승인한 존재로 이해할 수 있다.

한편 弟子에게 요역 방면에서 혜택이 주어진 배경은 이들이 근본적으로 전국시대 이후 고도로 발전한 관료제를 지탱하기 위한 관료 예비군에 속했다는 점에서 이해할 수 있다. 상술하였듯 사학 금지령은 진시황 34년에야 비로소 반포되었다. 통일 전후의 진 율령을 보면 급속한 제국의 팽창으로 인해 기층 단위에서

---

72) 彭浩 等 主編, 2008, 앞의 책, p.155, 「二年律令」亡律 簡162-163, "奴婢爲善而主欲免者, 許之, 奴命曰私屬, 婢爲庶人, 皆復使及算事之如奴婢. 主死若有罪, 以私屬爲庶人, 刑者以爲隱官. 所免不善, 身免者得復入奴婢之. 其亡, 有它罪, 以奴婢律論之."

73) 『商君書錐指』卷5,「境內」, p.115, "其有爵者乞無爵者以爲庶子, 級乞一人. 其無役事也, 其庶子役其大夫, 月六日; 其役事也, 隨而養之軍.; 能得甲首一者, 賞爵一級, 益田一頃, 益宅九畝. 級役庶子一人, 乃得入兵官之吏."; 韓藝娜, 2017, 앞의 논문.

74) 陳松長 主編, 2017, 앞의 책, p.128, 簡180, "數人共捕道故塞徼外蠻夷來爲閒及來盜略人·以城邑反及舍者若詗告, 皆共其賞. 欲相移, 許之."

75) 위의 책, pp.113-116, 簡138-145, "令曰: 吏及黔首有貲贖萬錢以下而謁解爵一級以除, 【及】當爲疾死·死事者後, 謁毋受爵, 以除貲贖, 皆許之. 其所除貲贖, [皆許之其所除貲贖]過萬錢而謁益【解】爵·【毋受爵者, 亦許之. 一級除貲贖毋過萬】錢, 其皆謁以除親及它人及幷自爲除, 毋過三人. 貲贖不盈萬錢以下, 亦皆【許之. 其年過卌五以上者, 不得解】爵·毋受爵, 毋免以除它人. 年晥老以上及罷癃不事從晥老事及有令終身不事·疇吏解爵而當復爵者, 皆不得解爵以自除·除它人. 鼎者勞盈及諸當拜爵而即其故爵如鼎及拜後爵者, 皆不得解其故爵之當即者以除貲贖. 爲人除貲贖者, 內史及郡各得爲其界中人除, 毋得爲它郡人除. 【中】縣·它郡人爲吏它郡者, 得令所爲吏郡黔首爲除貲贖. 屬邦與內史通相爲除. 爲解爵者, 獨得除貲贖. 令七牒.　尉郡卒令第乙七十六"

심각한 吏의 부족 사태가 발생하였음을 짐작할 수 있다.[76] 이러한 어려움 속에서 私學弟子는 배척 대상이 아니라 오히려 끌어안아 활용해야 할 대상이었을 것이다. 적어도 진시황 34년까지는 私學弟子의 효용은 필요하다는 판단하에 官學弟子나 學吏弟子에게 주어지던 혜택과 지위를 私學弟子에게도 부여하여 그들이 교육을 충분히 받고 吏로 충원될 수 있도록 국가가 보장했을 가능성이 크다. 다만 진시황 34년 이후에는 통일 전쟁이 마무리된 지 약 8년이 지난 시점으로, 이제는 제국 내 통합을 한층 더 강화하기 위한 조치로서 사학을 전면 금지하고 관학 체계로 일원화할 필요성이 제기되었을 것이다. 이후 실제로 사학이 전면 금지되거나 私學弟子의 吏 진출 통로는 차단되었을 가능성이 높다.

그러나 이 사학 금지령이 실제로 효력을 발휘한 기간은 그리 길지 않았다. 불과 3년 뒤 진시황이 붕어하고 이세 황제가 즉위한 이후 얼마 지나지 않아 제국은 반란의 소용돌이에 휩싸였기 때문이다. 한대에 들어서면서 다시금 사학이 공공연히 운영되었고, 私學弟子가 양성되어 일부는 관직에 진출하기도 하였다.[77]

한대에도 官學弟子에게는 요역 면제 혜택이 주어졌던 것이 확인된다.[78] 다만 이 혜택이 私學弟子에게까지 확대되었는지에 대해서는 현재로선 자료의 한계로 인해 단정하기 어렵다. 그러나 적어도 走馬樓吳簡에 적지 않은 수의 私學弟子가 보이고 이들이 요역을 면제받거나 세금 납부에 있어 일반민과 다른 지위에 있었던 점이 확인되는 이상,[79] 진시황 34년 이후 일시적으로 금지되었던 私學弟子에 대한 혜택이 한대와 삼국시대를 거치며 다시 확대·복원되어 갔음을 보여주는 간접적인 증거가 될 수 있을 것이다.

정리하면 전국시대 이래 민간 사회에는 다양한 형태의 예속 관계가 존재하였으며, 그 양상과 예속의 정도 역시 다양하였다. 특히 舍人이나 隷와 같이 민간 유력자에게 사적으로 종속된 人屬 집단은 秦代에도 여전히 사회 곳곳에서 확인된다. 그러나 이들에 대해 명적이나 호적에 등재하여 존재를 파악하되 예속성 자체는 법적으로 승인하지 않고, 편호제민체제 하의 개별 백성으로 간주하였다. 이들은 법적으로 요역 면제와 같은 보호의 대상이 아니라 舍主나 戶主와 함께 연좌 책임을 지는 대상으로 규정될 뿐이었다.

그에 반해 이러한 광범위한 인속 집단 가운데에서도 특정 대상에 대해서는 예외적으로 예속 신분으로서 법적으로 제도화한 사례도 존재한다. 私屬과 奴는 개인에 대한 예속성이 가장 강하여 사실상 사유 재산에 가까운 존재였기 때문에 국가는 이들에 대해 원칙적으로 개입하지 않았다. 敫童은 私屬·奴보다는 예속성이 약하지만 유사한 범주에 속하였으며, 임무나 연령에 따라 제한적으로 동원될 수 있는 존재였다. 한편 弟子와 復子는 敫童·私屬·奴와는 달리 작의 서열과 연결되어 있어 일반 백성에 가까운 성격을 지녔다. 그럼에

---

76) 이성규, 2022, 「秦帝國의 '新地' 統治策-縣吏難의 타개책을 중심으로-」, 『학술원논문집(인문·사회과학편)』 제61집 1호, 학술원, pp.153-291.

77) 이를테면 儒林傳에는 한대에 들어서 민간에서 사학을 통해 이름을 날려 발탁된 인물들이 보인다. 대표적으로 申公은 齊人 浮丘伯에게 詩를 배운 私學弟子였다. 『漢書』卷88, 「儒林傳」 p.3608, "申公, 魯人也. <u>少與楚元王交俱事齊人浮丘伯受詩</u>. 漢興, 高祖過魯, 申公以弟子從師入見于魯南宮. 呂太后時, 浮丘伯在長安, 楚元王遣子郢與申公俱卒學."

78) 『漢書』卷89, 「循吏傳」, p.3626, "又修起學官於成都市中, 招下縣子弟以爲學官弟子, 爲除更繇, 高者以補郡縣吏, 次爲孝弟力田."

79) 학계 내 走馬樓吳簡 私學弟子의 의부성에 대해서는 논쟁이 있지만, 이들이 특수 신분으로 限米를 납부하고 일반 요역은 면제받았다고 보는 점에서는 견해가 일치한다(侯旭東, 2001, 앞의 논문; 于振波, 2005, 「走馬樓吳簡之"私學"身份考述」, 『大學敎育科學』 2005-5; 王素, 2022, 「長沙走馬樓三國吳簡《竹木牘》內容綜述」, 『文物』 2022-12 등).

도 국가는 이들이 지닌 예속성을 일정 부분 인정하고, 요역 동원에 있어 일정한 혜택을 부여하였다. 敖童·私屬·奴는 개인의 사유 재산으로 간주되어 국가의 개입이 제한되었고, 弟子와 復子는 각각 국가의 吏 충원을 위한 관료예비군이자, 군공수작제의 기제 속에서 그 예속성이 제도적으로 활용될 필요가 있었기 때문에 보호와 혜택의 대상이 되었다.

이처럼 요율에서 弟子·復子·敖童·私屬·奴가 요역 면제 또는 제한 규정의 대상으로 명시된 것은 단순히 이들이 예속 상태에 있었기 때문이 아니라, 각 집단의 예속 관계가 국가가 허용할 수 있는 범위 내에서 필요성과 운영 논리에 부합한다고 판단되었기 때문이다. 이러한 국가의 대응 방식은 漢代 太守府 屬吏 조직의 운영 사례와 견주어 볼 수 있다. 漢初 율령에서 속리 인원을 대체로 20명 내외로 제한하였던 데 반해, 西漢 말기의 출토자료인 尹灣漢簡에는 東海郡에서 93명의 속리가 확인되어 약 5배에 달하는 인원 증가가 있었음을 보여준다.[80] 이는 郡 기능의 확대에 따라 속리 인력 수요가 증가하였고 그에 따라 태수부 조직의 확대가 불가피해진 현실을 반영한 것이다. 주목할 점은 이러한 인원 증설도 국가가 허용 가능한 범위 내에서 일정 기준에 따라 제한적으로 이루어졌다는 사실이다. 율의 규정에 근거하여 둘 수 있었던 정원은 25명으로 여전히 한초 율령이 정한 수준을 유지하였으며, 이를 초과한 68명은 과거 전례가 있거나 특정 업무의 필요에 한하여 태수가 국가에 '請'을 올려 승인을 받은 어디까지나 정원 외 인원이었다. 특히 당시 東海郡 태수의 개인 문하생들은 "贏員"으로 분류되었는데, 이는 태수와 사적으로 밀접한 관계에 있는 이들을 공적 영역으로 받아들이면서도 태수가 자의적으로 속리를 임용하지 못하도록 국가가 제도적 통제를 가한 결과였다.[81] 이는 국가가 실무 수요에 대응하면서도 태수의 사적 권력의 자의적 확대를 견제한 방식이었다.

이러한 원리는 秦代 인속 집단의 제도화에도 적용할 수 있다. 즉 弟子·復子·敖童·私屬·奴가 요율에서 요역 동원으로부터 면제되거나 제한되는 혜택과 보호의 대상으로 규정된 것은 단지 유력자에 예속된 집단이라는 이유만으로 법적 보호를 부여한 것이 아니라, 태수의 문하생 중 일정한 기준에 부합한 경우만을 속리로 편입시킨 것처럼, 인속 집단 가운데에서도 국가가 특정 인속 관계에 대해 법제 내에서 실질적으로 국가 운영에 필요하거나 승인할 만한 요소가 있는 집단만을 선별하여 제도화한 결과였다. 따라서 舍人이나 隷와 같은 인속 집단 중 일부를 復子로 전환되거나 弟子로 편입하여 요역 면제 혜택을 받는 일은 가능했겠지만, 이는 국가가 예속 관계 자체를 인정한 것이 아니라 국가가 허용하는 범위 내에서 법령의 원칙에 부합하는 경우에 한하여 예외적으로 그 지위를 재편입한 결과에 불과하다.

이러한 다양한 예속 관계들은 제민지배체제를 기반으로 한 秦의 지배 이념과 본질적으로 충돌하는 것이 아니라, 오히려 先秦 시기 이래 이어져 내려온 사회 구조의 연속성을 보여주는 현상이었다. 秦은 편호제민 체제를 통해 개별 인신에 대한 국가의 직접 지배를 구현하고자 했지만, 민간 사회 내부의 예속 관계까지 완전히 타파하지는 못하였다. 실제로 그러한 예속 관계들은 일정한 형태로 존속했고, 국가는 이를 무조건 억제하기보다는 필요와 기준에 따라 선택적으로 수용하는 태도를 보였다. 西嶋定生에 따르면 작제적 질서조

---

80) 連雲港市博物館 등 編, 1997, 『尹灣漢墓簡牘』, 中華書局, pp.100-103.
81) 김병준, 1997, 「漢代 太守府 屬吏組織의 變化와 그 性格」, 『고대중국의 이해』 3, 서울대학교 동양사학연구실, pp.293-345.

차도 기층 민간 질서를 완전히 대체한 것이 아니라 그 일부를 흡수하며 형성된 측면이 있었다. 예컨대 漢代에는 새 황제의 즉위, 생일, 태자 책봉 등 갖가지 이유로 '民爵'이 활발하게 수여되었고 그 결과 오래 살수록 작을 받을 기회가 많아져 자연스럽게 나이가 많을수록 더 높은 작을 지니게 되는 양상이 나타났다.[82] 이로써 작의 질서는 長幼有序라는 전통적인 민간 질서와 접점을 형성하게 되었고, 이는 국가가 민간의 관념과 질서를 일정 부분 받아들였음을 보여주는 사례라 할 수 있다. 같은 맥락에서 요율에 명시된 弟子·復子·敖童·私屬·奴에 대한 국가의 동원 제한 규정 역시 단순한 보호나 혜택의 부여 차원을 넘어서, 이미 존재하던 민간의 예속 질서에 대응하면서 국가 통치 질서를 안착시키기 위한 제도적 조치의 일환이었다. 다시 말해 국가는 이들 집단의 예속성을 전면적으로 인정하지는 않았으나 그 사회적 실재를 부정하지도 않은 채, 일정한 기준과 필요에 따라 선별 수용함으로써 민간 질서와의 조율을 시도했던 것이다.

V. 맺음말

이상 본고에서는 진대 율령 자료를 중심으로 민간 사회 내부의 다양한 예속 관계를 살펴보았다. 여러 예속 집단 가운데 私屬과 奴는 개인에 대한 예속성이 가장 강하며 사실상 사유 재산에 가까운 존재였기 때문에 국가는 이들에 대해 원칙적으로 개입하지 않았다. 敖童은 私屬·奴보다는 예속성이 약하나 유사한 범주에 속했으며, 임무나 연령에 따라 제한적으로 동원 가능했다. 弟子와 復子는 敖童·私屬·奴와 달리 작의 서열과 연결되는 것을 볼 때 일반 검수에 가까운 존재였을 것이다. 그럼에도 국가는 이들이 가진 예속성을 일정 부분 인정하고 요역 동원에 있어 일정한 혜택을 부여하였다. 이와 다르게 율령에서 개인의 舍人이나 隸에 대한 혜택은 특별히 드러나지 않는 반면, 그 舍主나 戶主와 법적 책임을 연대시키는 것을 볼 때 舍人이나 隸의 존재 양태 자체는 인정을 하지만 예속성은 인정해 주지 않았던 것으로 보인다. 이처럼 弟子·復子·敖童·私屬·奴가 요율에서 요역 동원으로부터 면제되거나 제한되는 혜택과 보호의 대상으로 규정된 것은 단순히 이들이 예속적 신분이었기 때문이 아니라 국가가 특정 인속 관계에 대해 법제 내에서 승인할 필요가 있다고 판단했기 때문이다. 敖童·私屬·奴는 개인의 사유 재산에 가까운 존재로 분류되어 국가의 개입이 제한되었고, 弟子와 復子는 각각 국가의 吏 충원을 위한 관료예비군으로서, 혹은 군공수작제의 기제 속에서 그 예속 관계를 인정하고 보호할 필요성이 있었기에 일정한 혜택이 부여된 것이다. 요율에 반영된 이들 집단의 특수한 법적 지위는 국가의 통치 논리와 관리 필요에 따라 선별적으로 제도화된 결과였다. 다시 말해 고대 중국의 법 체제에서 나타나는 예속 관계는 민간 사회의 실제와 국가의 통치 논리가 교차하는 지점에서 선택적으로 제도 내에 편입된 결과로 이해할 수 있으며, 이를 통해 진 제국의 법 운영과 통치 구조를 보다 입체적으로 조망할 수 있다.

다만 본고에서는 진 요율에 명시된 집단에 초점을 맞추어 분석한 결과, 舍人이나 隸에 대한 논의가 상대

---

82) 西嶋定生, 1983, 『中國古代國家と東アジア世界』, 東京大學出版會, pp.30-41.

적으로 소략하게 다루어졌고 진한시대 존재했던 더 다양한 인속 집단을 모두 포괄하지 못했다는 한계가 있다. 특히 이러한 인속 집단들이 왜 한의 율령에는 보이지 않는지에 대해서도 고찰이 필요하다.[83] 후속 연구를 통해 보완하고자 한다.

투고일: 2025.05.15   심사개시일: 2025.05.30.   심사완료일: 2025.06.16.

---

83) 다만 隷의 경우 漢代 호적에도 보인다(陳偉, 2017, 앞의 책, pp.178-179).

1. 문헌사료

商鞅, 『商君書錐指』, 中華書局(2017).

賈誼, 『新書校注』, 中華書局(2000).

班固, 『漢書』, 中華書局(1964).

司馬遷, 『史記』, 中華書局(1963).

2. 출토자료

睡虎地秦墓竹簡整理小組 編, 1990, 『睡虎地秦墓竹簡』, 文物出版社.

陳偉 主編, 2014, 『秦簡牘合集1卷(上): 睡虎地秦墓簡牘』, 武漢大學出版社.

朱漢民·陳松長 主編, 2013, 『嶽麓書院藏秦簡(參)』, 上海辭書出版社.

陳松長 主編, 2015, 『嶽麓書院藏秦簡(肆)』, 上海辭書出版社.

陳松長 主編, 2017, 『嶽麓書院藏秦簡(伍)』, 上海辭書出版社.

陳松長 主編, 2020, 『嶽麓書院藏秦簡(陸)』, 上海辭書出版社.

陳松長 主編, 2022, 『嶽麓書院藏秦簡(柒)』, 上海辭書出版社.

湖南省文物考古研究所 編, 2007, 『里野發掘報告』, 嶽麓書社.

里耶秦簡博物館 等編, 2016, 『里耶秦簡博物館藏秦簡』, 中西書局.

陳偉 主編, 2012, 『里耶秦簡牘校釋第1卷』, 武漢大學出版社.

陳偉 主編, 2018, 『里耶秦簡牘校釋第2卷』, 武漢大學出版社.

彭浩 等 主編, 2008, 『二年律令與奏讞書』, 上海古籍出版社.

連雲港市博物館 등 編, 1997, 『尹灣漢墓簡牘』, 中華書局,

3. 연구서

姚磊, 2023, 『西北漢簡整理及考釋』, 中國社會科學出版社.

朱紅林, 2021, 『嶽麓書院藏秦簡(肆)疏證』, 上海古籍出版社.

宮宅潔 編, 2023, 『嶽麓書院所藏簡《秦律令(壹)》譯注』, 汲古書院.

西嶋定生, 1983, 『中國古代國家と東アジア世界』, 東京大學出版會.

宇都宮淸吉, 1955, 『漢代社會經濟史研究』, 弘文堂.

增淵龍夫, 1996, 『(新版)中國古代の社會と國家』, 岩波書店.

4. 연구논문

김병준, 1997, 「漢代 太守府 屬吏組織의 變化와 그 性格」, 『고대중국의 이해』 3, 서울대학교 동양사학연구실.

김병준, 2013, 「秦漢帝國의 이민족 지배: 部都尉 및 屬國都尉에 대한 재검토」, 『역사학보』 217, 역사학회.

김병준, 2018, 「표지로서의 虛辭 ─ 秦漢시기 법률 속 '及'의 어법적 기능」, 『중국고중세사연구』 48, 중국고중세사학회.

오준석, 2020, 「秦代 '以吏爲師'와 '史職'의 위상」, 『東洋史學研究』 152, 동양사학회.

오준석, 2021, 「秦代 '舍人'의 존재 형태와 인적 네트워크」, 『中國古中世史研究』 59, 중국고중세사학회.

이성규, 2022, 「秦帝國의 '新地' 統治策-縣吏難의 타개책을 중심으로-」, 『학술원논문집(인문·사회과학편)』 제61집 1호, 학술원.

郭子直, 1986, 「戰國秦封宗邑瓦書銘文新釋」, 『古文字研究』 14.

孫玉榮, 2019, 「也論秦及漢初簡牘中的"隷"」, 『簡帛研究二〇一九(春夏卷)』, 廣西師範大學出版社.

吳方基, 2019, 「里耶"戶隷"簡與秦及漢初附籍問題」, 『中國史研究』 2019-03.

王笑, 2016, 「秦簡中所見"弟子"淺釋」, 『出土文獻研究』 14.

王佳, 2023, 「再談秦漢簡牘中的"隷"」, 『江漢考古』 2023-01.

王素, 2022, 「長沙走馬樓三國吳簡《竹木牘》內容綜述」, 『文物』 2022-12.

于振波, 2005, 「走馬樓吳簡之"私學"身份考述」, 『大學教育科學』 2005-5.

張金光, 1984, 「論秦漢的學吏制度」, 『文史哲』 1984-01.

陳偉, 2013, 「"吏歸治病及有它物故免不復之官者"令的復原與解讀」, 2023.10.26. 제11회 신(新)자료를 이용한 고대 동아시아의 법률 연구 국제학술회의 발표 자료.

陳偉, 2017, 『秦簡牘校讀及所見制度考察』, 武漢大學出版社.

韓藝娜, 2017, 「秦簡中的"弟子"與"復子"」, 『內江師範學院學報』 第32卷 第3期.

胡平生, 2018, 「也說"敖童"」 간백망 2018-01-08(http://m.bsm.org.cn/?qinjian/7704.html)

華東政法大學出土法律文獻研究班, 2020, 「嶽麓秦簡律令釋讀(二)」, 『出土文獻與法律史研究』 9.

黃留珠, 1997, 「秦簡"敖童"解」, 『歷史研究』 1997-05.

侯旭東, 2001, 「長沙三國吳簡所見"私學"考─兼論孫吳的占募與領客制」, 『簡帛研究二〇〇一』, 廣西師範大學出版社.

〈Abstract〉

Corvée Exemptions and Their Implications for Subordinated Groups in the Qin Dynasty:
Focusing on Dizi(弟子), Fuzu(復子), Aotong(敖童), Sishu(私屬), and Nu(奴)

Bang, Yun Mi

This study investigates how the Qin dynasty recognized and responded to various privately subordinated groups (人屬 groups) within its legal framework, focusing on exemption provisions in the *Statutes on Corvée Labor* (徭律). Although the Qin state employed the Common-People-Listed-in-the-Household-Register (編戶齊民) system to enforce individual-based authoritarian control, archaeological materials show that private-person subordination persisted. Rather than outright rejection, the state selectively incorporated certain private dependency relationships into its legal code.

In the *Statutes on Corvée Labor*, *Dizi (弟子)*, *Fuzu (復子)*, *Aotong (敖童)*, *Sishu (私屬)*, and *Nu (奴)* are exempted from corvée duty. While *Sishu* and *Nu* appear to have been treated as private property and thus clearly exempt, the legal status of *Dizi, Fuzu*, and *Aotong* has remained ambiguous, prompting varied scholarly interpretations. Research on these groups has typically treated them separately, but this paper contends that all five functioned as privately subordinated groups which were listed together in the statutes because their subordinate status fell within categories the state deemed legally acceptable for exemption. By comparing them with other privately subordinated groups like *Sheren (舍人)* and *Li (隸)*, which appear in contemporary documents but are not listed in the *Statutes on Corvée Labor*, this study pursues why only these specific five were selected for exemption. It asks: What qualifying conditions allowed the state to extend protection or exemption? And to what extent did the state accommodate private dependency? The answers bring us closer to understanding how Qin's corvée system—central to its Common-People-Listed governing model—negotiated with private societal institutions.

The analysis demonstrates that Qin legal policy did not attempt to dismantle all forms of private dependency. Instead, it institutionalized certain relationships consistent with imperial administrative goals and legal boundaries. This selective integration reflects a nuanced state strategy that balanced direct rule with practical accommodation of existing social orders. The findings contribute to a richer understanding of the Qin empire's legal-administrative structure and how state power incorporated local social norms.

▶ Key words: Statutes on Corvée Labor, privately subordinated groups, Dizi, Fuzu, Aotong, Sishu, Nu, Sheren and Li

신출토 문자자료

양주대모산성 원형집수시설 출토 목간

양주대모산성 원형집수시설 출토 목간[*]

– 양주대모산성 14차 발굴조사 –

김병조[**]·고재용[***]

Ⅰ. 머리말
Ⅱ. 조사내용
Ⅲ. 新출토 목간의 특징
Ⅳ. 목간 판독안
Ⅴ. 맺음말

〈국문초록〉

양주대모산성은 통일신라시대에 축조된 테뫼식 석축산성으로, 한강과 임진강 유역을 연결하는 고대 교통로상의 전략적 요충지에 입지한다. 2023~2024년 2년간 진행된 정밀발굴조사에서는 성내 상단부 평탄지에 원형집수시설이 확인되었으며, 특히 유구 내 출토유물에서 주목할 만한 고고학적 성과가 도출되었다.

원형집수시설은 지름 약 18m, 깊이 3.6m 이상의 대규모 시설로, 계단식 석축호안과 박석, 삿자리 등의 체계적 구조가 확인되었으며, 3D촬영·GPS측량·도면실측 등 가장 최신의 정밀한 기법을 활용하여 조사·기록되었다. 또한 원형집수시설의 외곽석렬과 도수로로 추정되는 구상유구 등 수원관리부속시설도 함께 확인되었다.

2023년 13차 발굴조사에서는 원형집수시설의 최하층 점질토 퇴적층에서 후고구려 궁예의 태봉국 연호(政開三年, 916년)가 기록된 목간이 출토되었고, 이어 2024년 14차 발굴조사에서는 추가로 4점의 목간이 확인되어 총 5점의 목간이 확보되었다. 출토된 목간들은 다양한 형태와 내용을 지니며, 특히 목간5에는 토지면적 및 중량·수량 단위(結, 負, 斗, 刀, 合, 分)가 판독되어 경제적·행정적 기록의 가능성을 제시한다. 이번 조사성과는 후고구려 궁예의 태봉국 시기 절대연대를 고고학적으로 입증한 중요한 자료일 뿐만 아니라,

---

*   이 글은 한국목간학회 제50회 정기발표회 발표문 '양주 대모산성 新출토 목간 소개'를 수정·보완한 것임.

**   (재)기호문화유산연구원 학술연구팀장

***   (재)기호문화유산연구원장

고대 산성 운영 체계와 의례 행위를 이해하는 데도 중요한 단서를 제공할 수 있다고 기대된다.

▶ 핵심어: 양주대모산성, 원형집수시설, 통일신라, 후고구려, 태봉, 목간

I. 머리말

양주대모산성은 1980년 국립문화재연구소의 북문지일대 발굴조사를 시작으로 2023년 기호문화유산연구원의 발굴조사까지 14차에 걸친 발굴조사를 통해서 총 2개소의 집수시설이 확인되었다.

하단부의 집수시설은 2020년 10차 발굴조사에서 확인되었다. 서문지 남쪽 하단부 일대에서 전체적인 유구 범위가 확인되었으며, 평면형태는 방형으로 치석된 석재로 축조하였으며, 상단부의 집수시설은 2023년 13차 발굴조사에서 확인되었다. 성내 상단부 평탄대지에 위치하며, 원형의 평면형태에 박석시설과 계단식 석축호안을 갖춘 전형적인 통일신라시대의 집수시설이다.

2023년 13차 발굴조사에서 확인된 성내 상단부 원형집수시설은 당시 내부를 4분법을 활용하여 조사하

사진 1. 양주 대모산성 집수시설 조사현황

던 중, 최하층의 중앙부에서 목간이 출토되었다. 이 목간은 다면형으로 123자 이상의 묵서가 적외선촬영으로 확인되었고, 목간의 2면에서 태봉국의 연호(年號)와 간지(干支)가 판독되면서 궁예의 후고구려시대 절대연대가 기록된 최초의 목간으로 발표되었다. 이에 따라 체계적인 발굴조사를 위해 유구를 우선 보호조치한 후, 차년도에 내부조사를 이어서 진행하기로 하였다.

14차 발굴조사는 13차 발굴조사의 조사성과에 따라 체계적인 조사방법을 검토하고, 추가로 확인될 수 있는 공반유물들에 대해서도 출토수습과 유물보존처리가 동시에 진행될 수 있도록 준비를 한 후 추가조사를 진행하였다.

정밀발굴조사결과, 성내 상단부 원형집수시설 내부에서는 13차 발굴조사에 이어 14차 발굴조사에서도 목간 4점이 추가로 출토되었다. 본 고에서는 총 5점의 목간이 출토된 원형집수시설의 발굴조사 당시 현황과 조사 내용을 간략하게 살펴보고 추가로 출토된 목간들의 세부사진과 2차례의 학술자문회의(목간판독)와 1차례의 목간학회 정기학술대회 발표를 걸쳐 진행된 판독내용[1] 등에 대해 보고하고자 한다.

II. 조사내용

1. 조사대상지역의 현황 및 지형

양주대모산성은 양주시 백석읍과 유양동 일대에 자리한 해발 213m의 대모산(大母山)에 위치하며, 산성의 둘레는 약 1.4㎞이다. 현재 발굴조사 중인 성곽은 7세기 이후에 축조된 것으로 통일신라시대 테뫼식 석축산성의 특징이 나타난다.

양주대모산성의 내부는 동고서저(東高西低)의 지형적 특징이 있으며, 주변으로 북동쪽에는 불곡산(466.4m)과 남서쪽에는 호명산

사진 2. 대모산성 입지양상(Google Earth 편집)

---

1) 2024년 11월 12일 : 1차 학술자문회의(목간판독) 개최(양주시종합관광안내센터).
　　　　　　　　김병준·김창석·윤용구·이재환·최연식·조인성
　2024년 11월 26일 : 2차 학술자문회의(목간판독) 개최(양주시종합관광안내센터).
　　　　　　　　주보돈·윤용구·이동주·이미란
　2025년 1월 9일 : 제50회 한국목간학회 정기발표회(국립중앙박물관).

(425m)이 자리하고 있다. 산성에서 북서쪽으로는 양주시 광적면부터 동두천까지, 남동쪽으로는 의정부시 녹양동부터 서울특별시 송파구의 롯데월드타워까지 광범위한 가시권역을 형성하고 있다. 이와 같은 입지적 특징은 한강과 임진강 유역을 연결하는 고대 교통로 상에서 전략적 요충지의 역할을 가능하게 하였다.

양주 대모산성의 최초 발굴조사는 '매초성(買肖城)'의 단서를 찾기위해 1980년 북문지를 시작으로 1984년까지 국립문화재연구소에서 발굴조사를 진행하였고, 이후 1995년, 1998년 2차례에 걸쳐 한림대학교 박물관에서 동문지와 서문지 일대를 조사하였다. 이러한 발굴조사와 학술연구를 바탕으로 2013년 6월 양주 대모산성이 사적으로 지정되면서 2016년 대모산성 일대에 대한 종합정비계획이 수립되었고 이에 따른 본격적인 발굴조사가 2018년부터 (재)기호문화재연구원(現 기호문화유산연구원)에 의해 시작되었다. 현재 양주대모산성의 전체적인 유구양상과 시·공간적 성격을 확인하기 위해 성벽구간 및 성내 평탄지 일대 등을 중심으로 정밀발굴조사가 진행되고 있으며, 성벽의 축조양상, 성내시설, 배수체계 등의 복원과 3D촬영, GPS측량 등 정밀계측기기를 통한 객관적인 기록 축적을 병행하고 있다. 특히, 2019~2020년에는 서문지 주변의 평탄지에서 건물지 및 방형집수시설이 발굴되어 산성 내 배수체계 양상의 일부를 검토해 볼 수 있는 주요 계기가 되었다. 또한 2023년 13차 발굴조사에서는 동성벽구간에서 체성벽·2차성벽·보강석렬·보강토 순서의 전체적인 축조양상을 확인하였고, 성내 상단부의 원형집수시설에서는 후고구려시대 궁예의 '태봉국' 연호가 묵서된 목간이 출토되어 절대연대를 확인할 수 있는 중요자료로 보고되었다.

2024년에 진행된 14차 학술조사는 양주대모산성(사적 제526호)의 종합정비계획과 관련하여 실시된 학술조사이다.

14차 학술조사의 조사범위는 행정구역상 경기도 양주시 유양동 733 일원에 해당하며, 총 조사면적은 1,030㎡(성내 상단부 원형집수시설 일대 : 530㎡ + 북문지 일대 : 500㎡)이다. 현장조사는 2024년 6월 10일부터 2024년 12월까지 정밀발굴조사가 진행되었다.

2024년에는 북문지 주변과 성내 상단부 원형집수시설 주변이 추가로 조사되었다. 특히, 원형집수시설 내부의 추가조사구역에서 목간 4점이 추가로 확인되면서 2023년과 2024년에 걸쳐 조사가 진행된 원형집수시설에서는 총 5점의 목간이 확인되는 성과가 있었다.

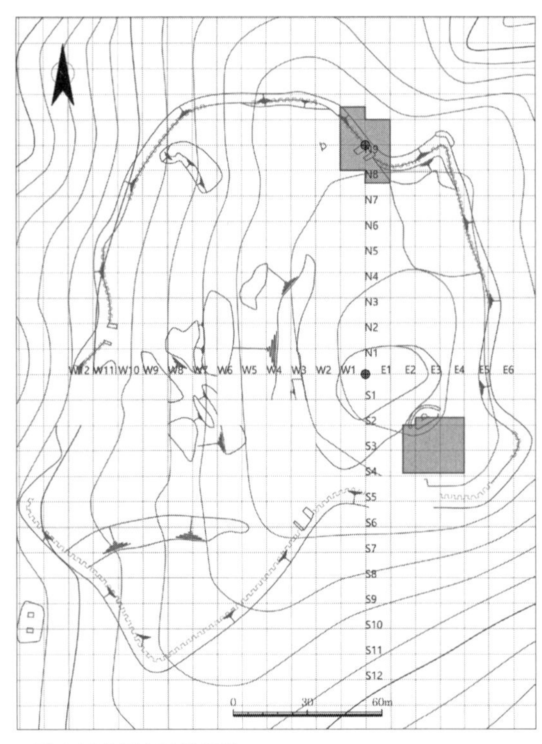

도면 1. 14차 학술조사 위치

2. 원형집수시설

본 고에서는 목간이 추가로 확인된 원형집수시설을 중심으로 살펴보고자 한다.

원형집수시설은 성내 동쪽 상단부 평탄대지에 위치하며, 방격구획된 그리드(10×10m) 4칸의 범위에서 확인되었다.

주변에는 북동쪽으로 약 12m 정도 이격되어 성곽이 축조되어 있으며, 북서쪽으로는 성내 최상단부에 해당되는 추정장대지가 조성되어 있다.

유구의 평면형태는 원형으로 외곽에는 30~60㎝ 크기로 치석된 장방형 석재와 할석들을 2~3단씩 면맞춤하여 원형으로 축조하였다. 규모는 전체 지름 18m, 잔존 깊이 3.6m 이상이며, 내부 호안석축의 잔존하는 상부 지름은 11m에 달하고 있다. 내부 호안석축은 5단 이상으로 축조되었을 것으

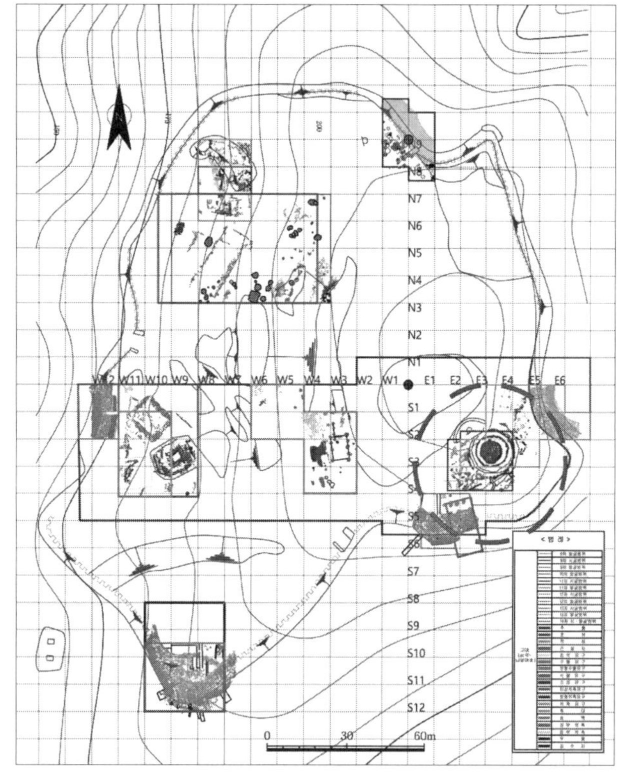

도면 2. 대모산성 內 상단부 원형집수시설 위치

로 추정되며, 1단의 구성은 장방형으로 치석된 석재를 '品'형태로 약 4~5단씩 '수직바른층쌓기'하였고, 한 단이 마감될 때마다 상면에 판석을 덮었다. 다음 단이 시작될때는 25㎝정도 들여쌓기한 뒤, 수직으로 축조하였다. 전체적으로 단면은 직각삼각형의 계단식형태이다.

원형집수시설의 축조과정은 크게 6단계로 분류할 수 있다. 우선 1단계 '입지설정'은 집수시설을 축조하기 좋은 대지면에 지름 18m의 원형을 구획하고, 2단계 '기반굴토' 단계에서 깊이 약 3.6m 이상을 사선 또는 계단식으로 굴착작업을 하였다. 3단계 '바닥다짐'에서는 점성이 강한 황갈색 사질점토를 깔아 다짐작업을 하고, 4단계 '삿자리시설' 단계에서 다짐층 위에 격자로 짠 삿자리를 2겹 정도 깔아 시설하였다. 5단계 '박석시설' 단계에서는 30~90㎝ 크기의 대형 할석을 편평하게 바닥석으로 시설하였다. 바닥면은 상부면을 맞춰 편평하게 박석시설을 하였으나, 석재를 치석하지 않고 깨진면을 맞춰 축조하였다. 바닥석을 시설한 뒤, 6단계 '벽체조성'에서는 30~60㎝ 크기로 치석된 장방형의 석재를 '品'형태로 '수직바른층쌓기'하였으며, 30~60㎝×20~25㎝×10~15㎝ 크기의 세장방형의 판석을 쌓아 한 단을 마감하였다. 총 높이 80~90㎝의 한 단을 축조한 뒤, 같은 방법으로 잔존하는 4개 단을 약 25㎝씩 들여쌓기하였다. 원형은 5차례에 걸쳐 단을 내고, 지표면 상부로도 한 단 정도 더 축조되었을 것으로 추정되나, 현재는 4단까지만 뚜렷이 확인된다.

사진 3. 원형집수시설 일대 전경

사진 4. 외곽석렬

사진 5. 석축호안 및 박석

호안석축의 면석 내부로는 20~50㎝ 크기의 할석들을 채움석으로 축조한 양상이 상부에서 확인된다. 채움석 외부로는 굴광면까지 황갈색 점질토를 밀도있게 채웠으며, 토층에서 판축행위는 확인되지 않았다. 가장 외곽으로는 상부에 20~30㎝×40~50㎝ 크기의 할석을 바깥쪽으로 면맞춤하여 마감하였다.

1	2	3	4	5	6
입지설정	기반굴토	바닥다짐	삿자리시설	박석시설	벽체조성

도면 3. 원형집수시설 축조방법 모식도

조사방법은 유적 전체에 적용된 방격구획안 내에서 개별적으로 각 그리드마다 수직평면하강조사를 실시하였다. 각각의 그리드 내에서 유구의 형태 및 범위를 확인하고, 중심좌표말뚝과 중심토층을 설정하였다. 중심좌표값을 설정한 뒤, '十'형태의 중심토층 우측 하단부부터 4분법조사를 진행하였다. 조사순서는 북-남방향의 중심선을 기준으로 2023년의 13차 발굴조사에서 동쪽 구역을 조사하였고, 2024년 14차 발굴조사에서 서쪽 구역을 조사하였다.

내부조사는 중심토층을 유지한 채 층위와 호안석축 벽면을 검토하며 바닥석까지 하강하였다. 결과적으로 9차례의 하강조사와 실측·촬영을 활용한 전체적인 내부조사가 진행되었다. 조사기록은 유구의 평면양상이 특징적인 차이점을 보이는 과정마다 3D촬영(메타쉐이프)과 GPS측량, 도면실측을 꼼꼼하게 기록하였다.

점질토층으로 퇴적된 최하단부에 이르러서는 유물의 출토양상을 안정적이고 체계적으로 파악하기 위해 1×1m 크기의 세부 방안구획을 재설정한 후, 각 칸별로 조사를 진행하였다.

최하단부 조사과정에서는 하강작업보다는 점토제거를 중점으로 작업하였으며, 유물로 추정되는 모든 퇴적물을 채질하여 수습하는 과정으로 원형집수시설의 조사과정 중, 가장 지난하고 신중을 요하는 작업이었다.

사진 6. 내부 방안구획(grid) 설정

사진 7. 최하단부 내부조사 중

3. 수원관리부속시설

원형집수시설 주변으로 유구의 연속성이 확인되는 시설들이 확인되었다. 그리드(10×10m) 5칸에 걸쳐 외곽석렬·구상유구등의 유구가 확인되었다.

1) 외곽석렬

원형집수시설을 일주하는 점성이 강한 '황갈색 사질점토' 외곽으로 석렬이 축조되어 있다.

외곽석렬은 할석으로 축조되었으며, 원형집수시설을 기준으로 북쪽에서 북서쪽(10시 방향) 11m 정도 공간과 남서쪽 일부 공간은 석렬이 확인되지 않았다.

외곽석렬은 사용된 석재나 쌓기수법이 다양하게 확인된다. 북동쪽(2시 방향)에는 할석을 바깥쪽으로 면

사진 8. 원형집수시설 주변 외곽석렬

맞춤하여 1매씩 세로로 축조하였고, 이어서 장방형의 면석을 약 0.32m 정도 2단으로 바른층쌓기 하였다.

동쪽으로는 약 3단 정도 층지어쌓기가 진행되다가 동쪽(4시 방향)에서 남동쪽까지는 할석 1매씩을 세로로 축조하였다. 남동쪽에서 남쪽으로는 약 3단으로 층지어쌓기가 진행되다가 남쪽에서 대형 할석을 세로로 축조한 것이 확인되었다. 남쪽에서 남서쪽으로는 쌓기수법은 확인되지 않으며, 약 20㎝ 내외의 할석과 와편이 다량으로 지정한 것처럼 바닥에 넓게 깔려있다. 다시 서쪽에서는 치석된 장방형의 석재들이 바깥으로 면맞춤하여 1단으로 축조되고 있으며, 북서쪽 방향으로 올라갈수록 2단까지 바른층쌓기로 축조하고 마감된다.

전체적으로 호안석축과 외곽석렬 사이에는 점성이 강한 '황갈색 사질점토'가 인위적으로 퇴적되어 있고, 남서쪽에서 남쪽까지는 황갈색사질토와 외곽석렬 사이에 갈색 사질점토층이 평면에서 확인된다.

2) 구상유구

원형집수시설을 기준으로 북쪽에서부터 동쪽으로, 동쪽에서 남서쪽으로는 구상유구가 외곽석렬 바깥에 인접하여 확인된다.

구상유구는 2기가 확인되는데, 1호 구상유구는 북쪽에서부터 동쪽으로 호를 이루며 크게 돌아 남서쪽방향으로 빠져나가고 있으며, 2호 구상유구는 남서쪽 외곽석렬부터 직선에 가깝게 해발이 낮은 하단부로 이어진다.

1호와 2호 구상유구는 금번 조사지역의 경계 밖으로 연속되어 진행되고 있기

사진 9. 원형집수시설 주변 구상유구 전경

때문에 명확한 배수방향은 확인이 어려우나 원형집수시설의 수원관리부속시설로서 도수로의 역할을 했을 것으로 판단된다.

III. 新출토 목간의 특징

　원형집수시설 출토 목간은 2023년에 1점, 2024년에 4점이 출토되어 총 5점이 확인되었다. 점질토가 약 60㎝ 두께로 퇴적된 최하층에서 기와, 토기 등과 함께 출토되었으며, 2023년의 목간 1점은 정중앙부에서, 2024년의 목간 4점은 정중앙부에서 약간 서쪽으로 치우친 위치에서 확인되었다.

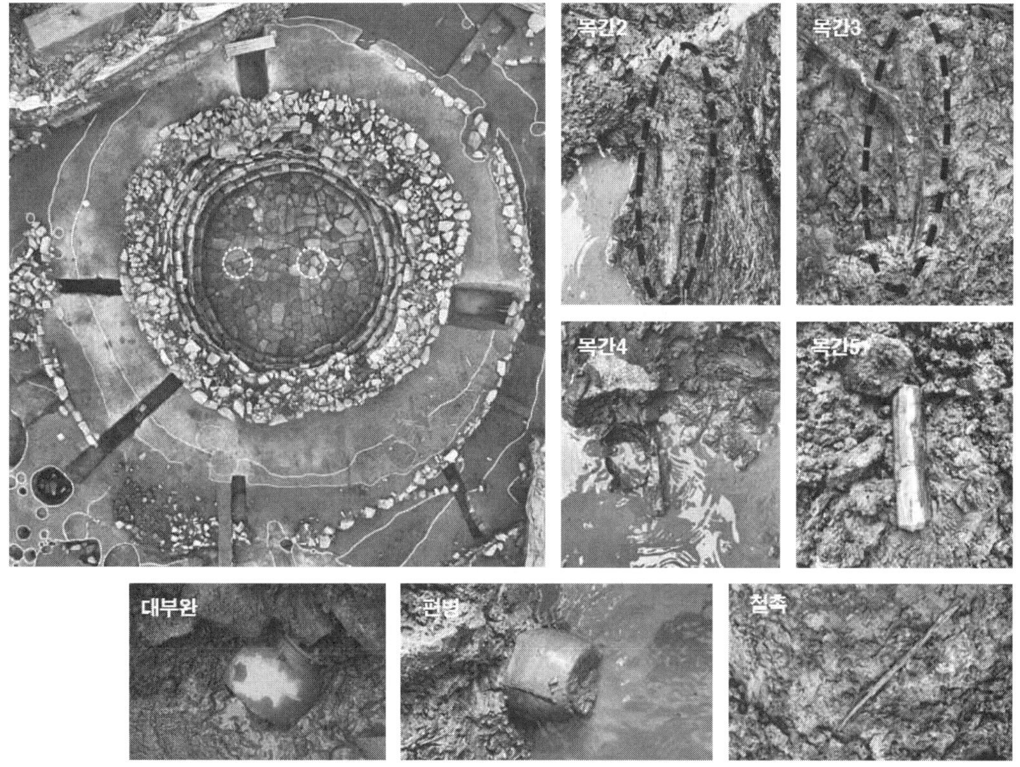

사진 10. 목간 및 공반유물 출토 양상

　2023년에 출토된 원통형 목간(양주 대모산성 목간1)은 총 8면으로 구성되었고 그림이 있는 면과 여백인 면을 제외한 나머지 6면에 8행의 글씨가 묵서되어 있으며, 총 글자수는 123자 이상으로 구성되어 있다. 목간의 2면에 적혀있는 '정개 3년 병자 4월 9일(政開三年丙子四月九日)'의 '政開'(914~918)는 태봉국 궁예(? ~ 918년)의 마지막 연호이며, 정개 3년은 916년을 의미한다. 목간의 4면에 적혀있는 '신해세입육무등'(辛亥歲卅六茂登)에서는 신해년 태생의 26세 "무등(茂登)"이라는 사람이 등장하는데, 신해년은 891년으로 정개 3년(916년) 시점에 26세로 계산되어 목간의 제작 시점과 일치한다.[2]

---

2) 김병조·고재용, 2024, 「양주대모산성 원형집수시설 출토 목간」, 『목간과문자』 32.

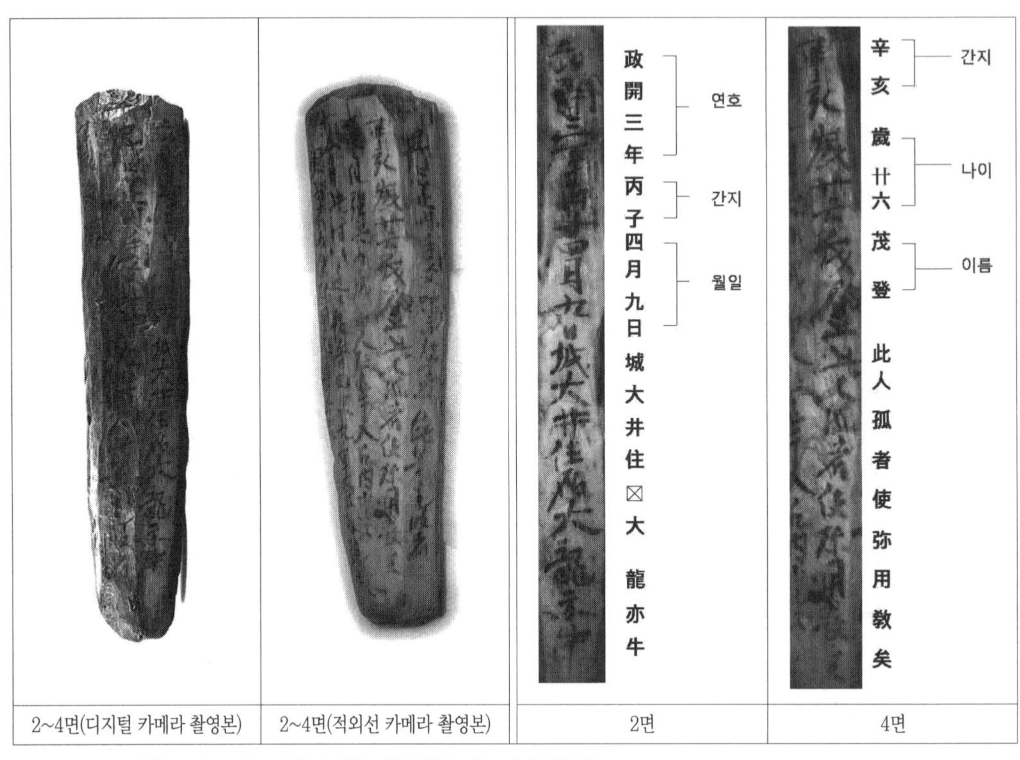

사진 11. 2023년 출토 양주 대모산성 목간1(左:실물촬영, 右: 적외선촬영)

2024년에 출토된 목간 총 4점 중, 2점은 약 50㎝ 길이의 무구형(칼 모양)이며, 반듯하게 자른 단면에 각각 1행(약 17자), 2행(약 24자) 이상이 묵서되어 있다. 또한 약 20㎝ 길이의 원통형 1점, 나무토막형 1점이

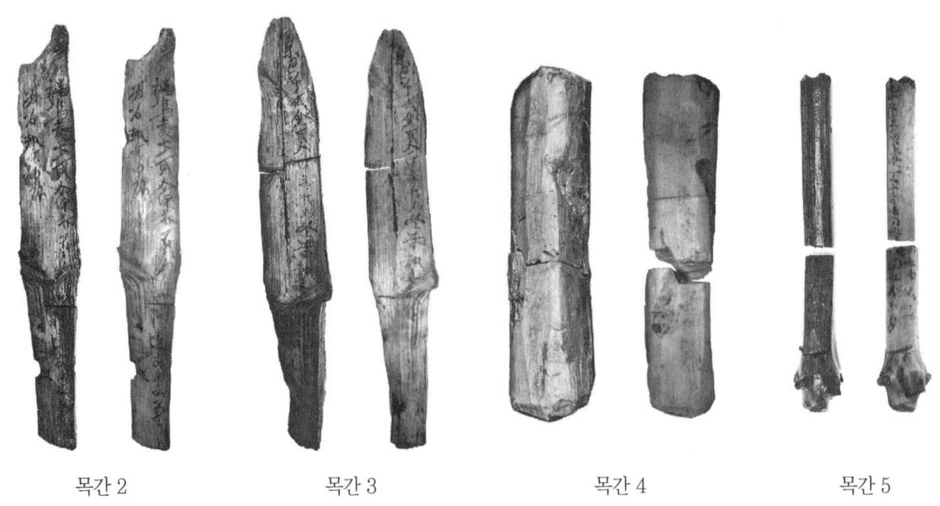

사진 12. 2024년 출토 양주 대모산성 목간2~5(左:실물촬영, 右: 적외선촬영)

확인되었으며, 나무토막형태의 목간에서는 토지면적단위인 '結', '負'와 중량수량단위인 '斗, 刀, 合, 分'의 묵
서가 판독되었다.

IV. 목간 판독안

1. 양주 대모산성 목간2

유물사진 (길이 47cm × 너비 8cm) / 적외선촬영본

	II행	
	爲	
留	爲	
	執	
史 文	□	
	內	~하신,~한
碣	賜	

	I행		
□		魏	
烏		馬 馮	
麥		發	
土	흙기와 제작자	壹	
瓦		貳 耳	
人		今	
節	~하다는 것이므로	仲 甲 辛 河	
亦		秋 亦 未	
在		一 伐	
如		數	
卅		世 廿	
□		間 河	
遠			
民		衣	良 ~하여서
出		省	
去			
不	아니		
冬	하여	令	

목간2는 칼모양의 무구형태로 상단부가 일부 훼손되었으나, 목간3의 형태를 참고하면 위로 올라갈수록

점차 좁아지는 형태였을 것으로 추정된다. 하단부는 칼자루처럼 곧은 형태로 Ⅰ행의 묵서가 하단부까지 확인되고 있어 실질적으로 파지하였는지는 판단하기 어렵다. 뒷면에는 묵서가 확인되지 않는다. '土瓦人'이라는 표현이 특징적이며, 이두식 표현이 혼재한다.

목간2의 묵서는 24자 이상으로 판독안은 다음과 같다.

Ⅰ행 : □烏麥土瓦人節亦在如卅□遠民出去不冬
Ⅱ행 : 爲爲執□內賜

2. 양주 대모산성 목간3

유물사진 길이 50cm × 너비 8cm	적외선촬영본	Ⅰ행		
		宗		宋
		巴		通邑
		兮		莫苦
		□		義瓦伐
		金	동기와제작자(엘리트계층) 지방관으로 파견 추측	
		瓦		貳耳
		人		今
		節		仲甲辛白河
		亦	~임(이두식표현)	未
		在		代歲　一伐
		如		則數
		冬		祭
		失		掌此告
		執		
		文		使史
		□		內
		□		令

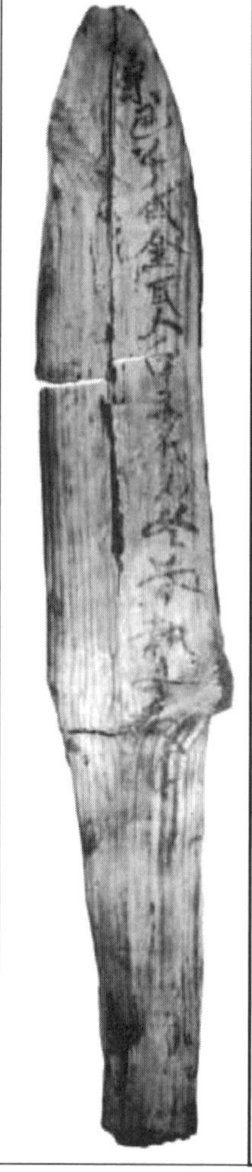

목간3은 칼모양의 무구형태로 목간2와 맞대었을때 본래 한 개체였을 것으로 판단된다. 목간2와는 다르게 칼자루같은 하단부에는 묵서가 확인되지 않았으며, 뒷면에서도 묵서는 확인되지 않았다. '金瓦人'이라는 표현이 특징적이며, 이두식 표현이 혼재한다.

목간3의 묵서는 17자 이상으로 판독안은 다음과 같다.

    Ⅰ행 : 宗巴兮□金瓦人節亦在如祭失執文□□

3. 양주 대모산성 목간4

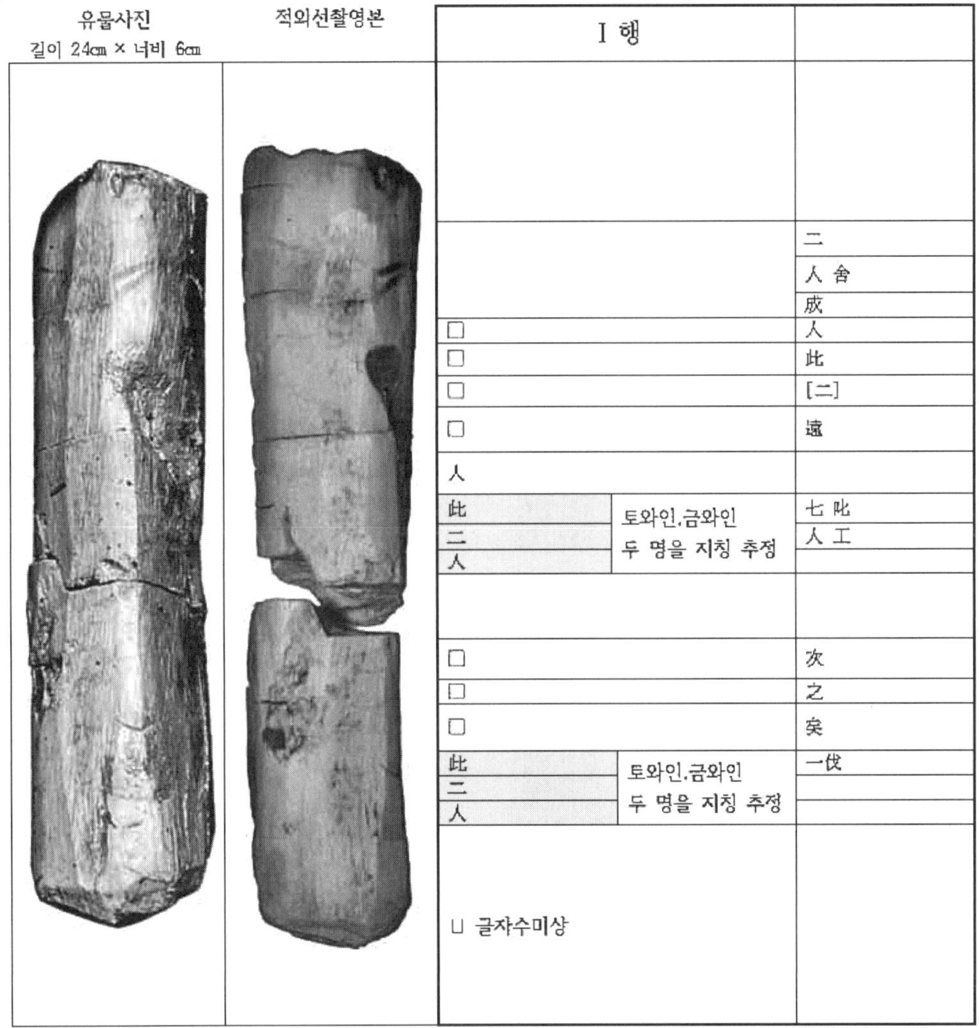

<table>
<tr><th>유물사진
길이 24㎝ × 너비 6㎝</th><th>적외선촬영본</th><th colspan="3">Ⅰ 행</th></tr>
<tr><td rowspan="20"></td><td rowspan="20"></td><td></td><td></td><td></td></tr>
<tr><td></td><td></td><td>二</td></tr>
<tr><td></td><td></td><td>人 舍</td></tr>
<tr><td></td><td></td><td>成</td></tr>
<tr><td>□</td><td></td><td>人</td></tr>
<tr><td>□</td><td></td><td>此</td></tr>
<tr><td>□</td><td></td><td>[二]</td></tr>
<tr><td>□</td><td></td><td>遠</td></tr>
<tr><td>人</td><td></td><td></td></tr>
<tr><td>此</td><td rowspan="3">토와인·금와인
두 명을 지칭 추정</td><td>七 叱</td></tr>
<tr><td>二</td><td>人 工</td></tr>
<tr><td>人</td><td></td></tr>
<tr><td></td><td></td><td></td></tr>
<tr><td>□</td><td></td><td>次</td></tr>
<tr><td>□</td><td></td><td>之</td></tr>
<tr><td>□</td><td></td><td>夬</td></tr>
<tr><td>此</td><td rowspan="3">토와인·금와인
두 명을 지칭 추정</td><td>一伐</td></tr>
<tr><td>二</td><td></td></tr>
<tr><td>人</td><td></td></tr>
<tr><td>ㄴ 글자수미상</td><td></td><td></td></tr>
</table>

목간4는 2023년 13차 발굴조사에서 확인된 목간1과 형태가 원통형으로 유사하다. 묵서는 Ⅰ행만 확인

되는데 묵서가 확인된 면은 인위적으로 깍아낸 흔적이 확인된다. 중간부분이 파손되었고, 다른 목간에 비해 묵서의 잔존상태가 양호하지 않다. '此二人'이라는 표현은 목간2의 '土瓦人'과 목간3의 '金瓦人'을 지칭하는 것으로 추정된다.

목간4의 묵서는 13자 이상으로 판독안은 다음과 같다.

　　　I행 : □□□□人此二人×□□□此二人」

4. 양주 대모산성 목간5

<table>
<tr><th colspan="3">II행</th><th>유물사진
갈이 19.5cm(10.5+9) × 너비 3cm</th><th>적외선촬영본</th><th colspan="3">I행</th></tr>
<tr><td></td><td>籵</td><td rowspan="5">10결13부
토지면적단위
1결=15만㎡</td><td rowspan="20"></td><td rowspan="20"></td><td colspan="3">×절단부</td></tr>
<tr><td>小
伏</td><td>十
結</td><td></td><td>刀</td><td rowspan="6">?되9홉8푼</td></tr>
<tr><td></td><td>十</td><td></td><td>九</td></tr>
<tr><td></td><td>三</td><td></td><td>[合]</td></tr>
<tr><td>負</td><td>角</td><td></td><td>八</td></tr>
<tr><td></td><td>上</td><td></td><td></td><td>[分][勹]
[夕]</td></tr>
<tr><td></td><td>八</td><td></td><td colspan="3"></td></tr>
<tr><td></td><td>[人]</td><td></td></tr>
<tr><td></td><td>一</td><td></td></tr>
<tr><td></td><td>人</td><td></td></tr>
<tr><td></td><td>十</td><td rowspan="8">12말7되9홉
중량수량단위
1말=18리터</td></tr>
<tr><td></td><td>二</td></tr>
<tr><td></td><td>斗</td></tr>
<tr><td></td><td>七</td></tr>
<tr><td></td><td>刀</td></tr>
<tr><td></td><td>九</td></tr>
<tr><td></td><td>合</td></tr>
<tr><td colspan="2">×절단부</td></tr>
<tr><td></td><td>八</td><td rowspan="6">8되9홉8푼</td></tr>
<tr><td></td><td>刀</td></tr>
<tr><td></td><td>九</td></tr>
<tr><td></td><td>[合]</td></tr>
<tr><td></td><td>八</td></tr>
<tr><td>勹
夕</td><td>分</td></tr>
<tr><td colspan="3">*토지면적단위는
삼국~고려</td></tr>
</table>

목간5는 얇은 나무토막형태로 상부와 중앙부가 훼손되어 결실된 상태로 확인되었다. 인위적으로 면을

다듬은 흔적은 확인되지 않으며, 묵서가 II행으로 빼곡히 채워져 있다. 토지면적단위와 중량수량단위가 기록된 것이 특징적이다.

목간5의 묵서는 29자 이상으로 판독안은 다음과 같다.

     I 행 : 凵刀九合八分

     II 행 : 凵籾十結十三負上八人一人十二斗七刀九合×八刀九合八分

V. 맺음말

양주대모산성 성내 상단부 원형집수시설은 원형의 평면형태, 계단식의 단면형태, 바닥면의 박석시설로 조성된 통일신라시대의 집수시설이다. 박석시설 하부에서 격자모양으로 짠 삿자리시설까지 확인되면서 체계적인 축조공법이 적용된 양상이 확인되었다.

2023년 13차 발굴조사에 이어 2024년 14차 발굴조사에 이르기까지 2년여에 걸친 조사를 통해 원형집수시설의 발굴조사가 완료되었으며, Pit조사를 통해 석축호안과 박석시설의 축조양상까지 3D촬영·GPS측량·도면실측 등으로 기록을 하였다.

출토유물은 13차 발굴조사 당시 출토되었던 후고구려 궁예의 태봉국 연호(政開三年丙子四月九日)가 묵서된 목간1의 층위에서 목간 4점이 추가로 출토되었다. 14차 발굴조사에서 추가로 출토된 목간 4점은 절대연대(916년)가 확인된 목간1과 동일한 층위, 유사한 서체로 같은 시기에 사용되었던 유물로 추정된다.

양주대모산성 성내 상단부 원형집수시설에서 출토된 목간 5점으로 인해 당시 원형집수시설에서 행해졌던 의례와 산성의 위계까지도 짐작해 볼 수 있는 중요한 발굴조사 성과가 확보되었다. 또한 출토된 목간의 형태과 내용을 연구하여 원형집수시설이 중점적으로 사용되었던 시기 추정과 유구가 위치한 성내 상단부 평탄대지의 시·공간적 성격을 추정할 수 있는 객관적인 근거가 마련되었다고 판단되며, 앞으로도 원형집수시설 주변 일대의 지속적인 발굴조사와 목간의 내용에 대해 다방면의 전문가들과 함께 다양하고 심도있는 분석이 진행된다면 산성 내에서 집수시설이 내포하고 있는 성격 규명에 성과가 있을 것으로 기대한다.

투고일: 2025.04.30.   심사개시일: 2025.05.30.   심사완료일: 2025.06.16.

국립문화재연구소·한림대학교박물관, 1990, 『양주 대모산성 발굴보고서』.

한림대학교박물관, 2002, 『양주 대모산성-동문지·서문지-』.

(재)기호문화재연구원, 2021, 『양주 대모산성 발굴조사-8·9차 발굴조사 보고서 합본-』.

(재)기호문화재연구원, 2022, 『양주 대모산성 발굴조사-10차 발굴조사 보고서-』.

(재)기호문화재연구원, 2023, 『양주 대모산성 발굴조사-11차 발굴조사 보고서-』.

한림대학교박물관, 2023, 『양주 대모산성-1980년~1984년 발굴조사 신규 보고 유물-』.

(재)기호문화재연구원, 2023, 「양주 대모산성(사적 제526호) 12차 발굴(시굴)조사 결과보고서」.

(재)기호문화유산연구원, 2024, 「양주 대모산성(사적 제526호) 13차 발굴(시굴)조사 약식보고서」.

(재)기호문화유산연구원, 2024, 「양주 대모산성(사적 제526호) 14차 발굴(시굴)조사 약식보고서」.

이재환, 2013, 「한국 고대 '呪術木簡'의 연구 동향과 展望」, 『목간과문자』 10.

백종오, 2015, 「韓日 古代 集水遺構 出土遺物의 儀禮性 硏究」, 『선사와고대』 46.

백종오, 2020, 「한국고대 산성의 집수시설과 용도-한강유역 석축집수지를 중심으로-」, 『목간과문자』 25.

전혁기, 2023, 「남한강유역 성곽 내 집수시설과 排水體系」, 『선사와고대』 72.

이동주, 2024, 「고대 연못 유물의 주술적 의미」, 『진단학보』 142.

김병조·고재용, 2024, 「양주대모산성 원형집수시설 출토 목간 -양주대모산성13차 발굴조사-」, 『목간과문자』 32.

〈Abstract〉

The Wooden Document excavated from Yangju Daemosanseong circular water collection facility
- Yangju Daemosanseong 14th excavation -

Kim, Byung Jo
Ko, Jae Yong

Yangju Daemosanseong Fortress is a Teme-style stone fortress constructed during the Unified Silla period, strategically located along an ancient transportation route connecting the Hangang and Imjingang River basins. A detailed excavation conducted over two years (2023-2024) revealed a large circular water collection facility situated on a leveled area at the summit of the fortress interior. The facility measures approximately 18m in diameter and more than 3.6m in depth, and features a systematic structure including a stepped stone embankment, paved flat stones (bakseok), and layers of woven mats (satjari). Advanced documentation techniques, such as 3D scanning, GPS surveying, and detailed architectural recording, were employed during the investigation.

Associated features, including an outer stone alignment and a trench presumed to have functioned as a water channel, were also identified. In the 13th excavation (2023), a wooden document (mokgan) inscribed with the reign year "政開三年" (916) of the Taebong Kingdom under 'Gung Ye' was recovered from the lowest clay deposit of the facility. Subsequently, four additional wooden documents were discovered in the 14th excavation (2024), bringing the total to five. These artifacts display a variety of forms and inscriptions; notably, one document records land area and weight units (結, 負, 斗, 刀, 合, 分), suggesting their use in economic and administrative contexts.

The discovery provides crucial archaeological evidence for the absolute chronology of the Taebong Kingdom during 'Gung Ye's rule and offers significant insights into the management systems and ritual practices associated with ancient mountain fortresses.

▶ Key words: Yangju Daemosanseong Fortress, Circular water collection facility, Unifide Silla, Later Goguryeo, Taebong, Wooden document

휘 보

학술대회, 신년휘호, '진한간독(秦漢簡牘)을 알면 한국 고대가 보인다', 자료교환

학술대회, 신년휘호,
'진한간독(秦漢簡牘)을 알면 한국 고대가 보인다', 자료교환

1. 학술대회

1) 한국목간학회 제50회 정기발표회

- 주최 : 한국목간학회
- 일시 : 2025년 1월 9일(목) 13:00~17:30
- 장소 : 국립중앙박물관 교육관 소강당
- 세부일정

  13:00~13:10 : 등록

  13:10~13:20 : 인사말(한국목간학회장) 및 축사(국립중앙박물관장)

  13:20~14:00 : 문자자료로 본 오금산성(舊 익산토성)의 축조 연대와 그 성격 – 이문형(원광대학교 마한백제문화연구소)

  14:00~14:40 : 남원 척문리산성 집수시설 출토 목간 소개 – 전학상(전주문화유산연구원)

  14:40~15:20 : 경주 동궁과 월지 출토 백자 묵서의 기초적 검토 – 이현태(국립경주박물관)

  15:20~15:40 : 신년 휘호 작성 – 효산 손창락

  15:40~15:50 : 휴식

  15:50~16:30 : 양주 대모산성 新 출토 목간 소개 – 김병조(기호문화유산연구원)

  16:30~17:10 : 白前과 前白의 사이 – 신라 '백전'목간의 사례와 성립배경 – 김창석(강원대학교)

2) 한국목간학회 제51회 정기발표회

- 주최 : 한국목간학회
- 일시 : 2025년 4월 11일(금) 13:00~17:30
- 장소 : 동국대학교 혜화관 미래융합세미나실(320호)
- 세부일정

  13:00~13:10 : 인사말 – 한국목간학회장

13:10~14:10 : 경산 소월리 출토 신라 목간과 인면문토기의 성격 - 이주헌(부경역사연구소)

14:10~15:10 : 삼국사기와 금석문 역일기록의 재해석 지점 논의 - 김일권(한국학중앙연구원)

15:10~15:30 : 휴식

15:30~16:30 : 「興德王 教書(834)」를 통해 본 신라 하대 사치 금령의 운용 - 고태진(서울대학교)

16:30~17:30 : 목간 정의와 분류 등의 문제- 이재환(중앙대학교)

2. 신년휘호

* 2025년 1월 9일

* 曉山 孫昌洛 先生

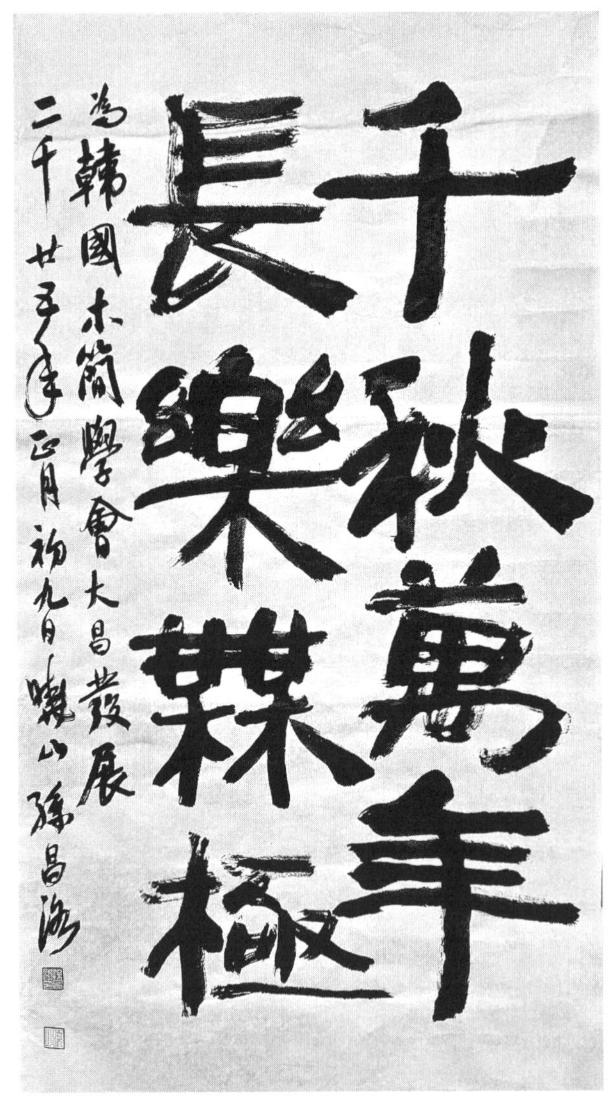

3. '진한간독(秦漢簡牘)을 알면 한국 고대가 보인다'

■ 제1강: 진한시기 간독의 내용, 형태, 자료 접근 방법에 대한 총괄적 설명
- 주 최 : 한국목간학회
- 일 시 : 2025년 5월 17일(토) 15:00~18:00
- 장 소 : 중앙대학교 303관 108호
- 강 사 : 김병준(서울대학교)
- 발 제 : 이재환(중앙대학교)

■ 제2강: 율령의 제정, 반포, 전달
- 주 최 : 한국목간학회
- 일 시 : 2025년 6월 7일(토) 14:00~17:00
- 장 소 : 중앙대학교 303관 108호
- 강 사 : 김병준(서울대학교)
- 발 제 : 고태진(서울대학교)

4. 자료교환

日本木簡學會와의 資料交換

* 韓國木簡學會 『木簡과 文字』 33호 일본 발송

부록 1

제안호칭 및 목간 명칭 대비표

〈부록〉 제안호칭 및 목간 명칭 대비표

국적	출토지	제안 호칭	소개	보고서	목간 (2004)	백제 (2008)	자전 (2011)	총람 (2022)	사비 (2023)	소장품/유물/임시번호	국가귀속번호	기타	비고
고구려	서울 몽촌토성	몽촌토성 목간1	목간 (2022)										
백제	금산 백령산성	백령산성 1호		墨書木板			[栢]1	보고서 묵서목판	백령성 001			墨書 木板(연구)	
백제	나주 복암리	복암리 목간1	木簡 1 (2009)	403 (목간1)			[伏]1	보고서 1호	복암리 001	국립나주문화 재연구소-유 물번호 403		1호 수혈 출토유 물 403호(연구)	
백제	나주 복암리	복암리 목간2	木簡 2 (2009)	404 (목간2)			[伏]2	보고서 2호	복암리 002	국립나주문화 재연구소-유 물번호 404		1호 수혈 출토유 물 404호(연구)	
백제	나주 복암리	복암리 목간3	木簡 3 (2009)	405 (목간3)			[伏]3	보고서 3호	복암리 003	국립나주문화 재연구소-유 물번호 405		1호 수혈 출토유 물 405호(연구)	
백제	나주 복암리	복암리 목간4	木簡 4 (2010)	406 (목간4)			[伏]4	보고서 4호	복암리 004	국립나주문화 재연구소-유 물번호 406		1호 수혈 출토유 물 406호(연구)	
백제	나주 복암리	복암리 목간5	木簡 5 (2010)	407 (목간5)			[伏]5	보고서 5호	복암리 006	국립나주문화 재연구소-유 물번호 407		1호 수혈 출토유 물 407호(연구)	
백제	나주 복암리	복암리 목간6	木簡 6 (2010)	408 (목간6)			[伏]6	보고서 6호	복암리 005	국립나주문화 재연구소-유 물번호 408		1호 수혈 출토유 물 408호(연구)	봉함 목간
백제	나주 복암리	복암리 목간7	木簡 7 (2010)	409 (목간7)			[伏]7	보고서 7호	복암리 007	국립나주문화 재연구소-유 물번호 409		1호 수혈 출토유 물 409호(연구)	
백제	나주 복암리	복암리 목간8	木簡 8 (2010)	410 (목간8)			[伏]8	보고서 8호	복암리 008	국립나주문화 재연구소-유 물번호 410		1호 수혈 출토유 물 410호(연구)	
백제	나주 복암리	복암리 목간9	木簡 9 (2010)	411 (목간9)			[伏]9	보고서 9호	복암리 009	국립나주문화 재연구소-유 물번호 411		1호 수혈 출토유 물 411호(연구)	
백제	나주 복암리	복암리 목간10	木簡 10 (2010)	412 (목간10)			[伏]10	보고서 10호	복암리 010	국립나주문화 재연구소-유 물번호 412		1호 수혈 출토유 물 412호(연구)	
백제	나주 복암리	복암리 목간11	木簡 11 (2010)	413 (목간11)			[伏]11	보고서 11호	복암리 011	국립나주문화 재연구소-유 물번호 413		1호 수혈 출토유 물 413호(연구)	
백제	나주 복암리	복암리 목간12	木簡 12 (2010)	414 (목간12)			[伏]12	보고서 12호	복암리 012	국립나주문화 재연구소-유 물번호 414		1호 수혈 출토유 물 414호(연구)	
백제	나주 복암리	복암리 목간13	목간 13 (2010)	415 (목간13)			[伏]13	보고서 13호	복암리 013	국립나주문화 재연구소-유 물번호 415		1호 수혈 출토유 물 415호(연구)	
백제	남원 척문리산성	척문리산성 목간1	1										
백제	남원 척문리산성	척문리산성 목간3	3										
백제	남원 척문리산성	척문리산성 목간5	5										
백제	남원 척문리산성	척문리산성 목간6	6										
백제	부여 관북리	관북리 1호		1	283	283	[官]5	관북리 1차 1호	관북리 005			관북 1차 목간 1(연구)	
백제	부여 관북리	관북리 보고서 3-808		808 목간	286		[官]2	관북리 3차 808호	관북리 002			관북리 3차 808호(연구)	
백제	부여 관북리	관북리 보고서 3-831		831 목간	289		[官]3	관북리 3차 831호	관북리 003				

국적	출토지	제안 호칭	소개	보고서	목간(2004)	백제(2008)	자전(2011)	총람(2022)	사비(2023)	소장품/유물/임시번호	국가귀속번호	기타	비고
백제	부여 관북리	관북리 보고서 3-823		823 목간	288		[官]4	관북리 3차 823호	관북리 004			관북리 3차 823호(연구)	
백제	부여 관북리	관북리 보고서 3-827		827 목간형 목제품	291		[官]6		관북리 006		827		
백제	부여 관북리	관북리 보고서 3-833		833 목간	285		[官]1	관북리 3차 833호	관북리 001			관북리 3차 833호(연구)	
백제	부여 관북리	관북리 보고서 3-838		838 목간					관북리 013				
백제	부여 관북리	관북리 보고서 6-284		284				관북리 추가분 2호(목제품 6번)					
백제	부여 관북리	관북리 보고서 6-285		285				관북리 추가분 1호(목제품 3번)					
백제	부여 구아리 319번지 (중앙성결교회)	구아리319 목간19	19번(2011)	449. 19번 목간			[舊]12	보고서 19호	구아리 012		부여 29139		
백제	부여 구아리 319번지 (중앙성결교회)	구아리319 목간31	31번(2011)	441. 31번 목간			[舊]7	보고서 31호	구아리 007		부여 29131	중앙성결교회 출토 31호(연구)	
백제	부여 구아리 319번지(중앙성결교회)	구아리319 목간47	47번(2011)	442. 47번 목간			[舊]2	보고서 47호	구아리 002		부여 29132	중앙성결교회 출토 47호(연구)	
백제	부여 구아리 319번지(중앙성결교회)	구아리319 목간88	88번(2011)	443. 88번 목간			[舊]3	보고서 88호	구아리 003		부여 29133	중앙성결교회 출토 88호(연구)	
백제	부여 구아리 319번지(중앙성결교회)	구아리319 목간89	89번(2011)	444. 89번 목간			[舊]8	보고서 89호	구아리 008		부여 29134	중앙성결교회 출토 89호(연구)	
백제	부여 구아리 319번지(중앙성결교회)	구아리319 목간93	93번(2011)	446. 93번 목간			[舊]6	보고서 93호	구아리 006		부여 29136	중앙성결교회 출토 93호(연구)	
백제	부여 구아리 319번지(중앙성결교회)	구아리319 목간90	90번(2011)	445. 90번 목간			[舊]1	보고서 90호	구아리 001		부여 29135	중앙성결교회 출토 90호(연구)	
백제	부여 구아리 319번지(중앙성결교회)	구아리319 목간102	102번(2011)	447. 102번 목간			[舊]4	보고서 102호	구아리 004		부여 29137	중앙성결교회 출토 102호(연구)	
백제	부여 구아리 319번지(중앙성결교회)	구아리319 목간109	109번(2011)	448. 109호 목간			[舊]5	보고서 109호	구아리 005		부여 29138	중앙성결교회 출토 109호(연구)	
백제	부여 구아리 325·326번지	구아리 325·326 77호		유물번호 77.「後丁○」(도면 35, 도판 57)									
백제	부여 궁남지	궁남지 1호		1 木簡	315	297	[宮]1	보고서 [궁남지] 목간1호	궁남지 001		부여 8241	궁남지 1호(연구)	
백제	부여 궁남지	궁남지 보고서2-1		木簡(圖面 26, 圖版 239-①), 木簡 1(附錄)		궁Ⅱ1	[宮]3	보고서 [궁남지Ⅱ] 목간1호	궁남지 004		부여 8292	궁2(나무), 궁남지 2차 보고서 2호(연구)	
백제	부여 궁남지	궁남지 보고서2-2		木簡(圖面 82, 圖版 247-④), 木簡 2(附錄)			[宮]2	보고서 [궁남지Ⅱ] 목간2호	궁남지 002			궁1(나무), 궁남지 2차 보고서 2호(연구)	

국적	출토지	제안 호칭	소개	보고서	목간 (2004)	백제 (2008)	자전 (2011)	총람 (2022)	사비 (2023)	소장품/유물/ 임시번호	국가귀속번호	기타	비고
백제	부여 능산리사지	능산리 6차1호	1. '天'銘 刻 墨書木簡 (2002)	6차 ①	295	295	[陵]1	능사6차 1호	능산리 002			양물형목간 (2005), 남근형 목간 (2010), 능사 6차 목간 1(연구)	
백제	부여 능산리사지	능산리 6차2호		6차 ②	306	306	[陵]12	능사 6차 2호	능산리 012			'두지말'명 목간 (2010), 능사 6차 목간 2(연구)	
백제	부여 능산리사지	능산리 6차3호		6차 ③	309	309	[陵]15	능사 6차 3호	능산리 015			'칠정'명 목간 (2010), 능사 6차 목간 3(연구)	
백제	부여 능산리사지	능산리 6차4호		6차 ④	310	310	[陵]16	능사 6차 4호	능산리 016			'반면'명 목간 (2010), 능사 6차 목간 4(연구)	
백제	부여 능산리사지	능산리 6차5호		6차 ⑤		능9(p.43)		능사 6차 5호				2000-3 (2008), 능사 6차 목간 5(연구)	
백제	부여 능산리사지	능산리 6차6호		6차 ⑥		능1	[陵]21	능사 6차 6호	능산리 021			2000-1 (2008), 능사 6차 목간 6(연구)	
백제	부여 능산리사지	능산리 6차8호		6차 ⑧	314	314	[陵]20		능산리 020			능사 6차 목간 8(연구)	
백제	부여 능산리사지	능산리 6차9호		6차 ⑨		능11			능산리 031			2000-4 (2008), 29 중 9-1 (2011), 능사 6차 목간 9(연구)	
백제	부여 능산리사지	능산리 6차10호		6차 ⑩		능10			능산리 030			2000-2 (2008), 29 중 9-2 (2011), 능사 6차 목간 10(연구)	
백제	부여 능산리사지	능산리 6차11-1호		6차 ⑪1		능16				능산리 036-1(사비)		2000-5 (2008), 29 중 10-1 (2011), 능사 6차 목간 11-1(연구)	
백제	부여 능산리사지	능산리 6차11-2호		6차 ⑪2		능16						2000-6 (2008), 능사 6차 목간 11-2(연구)	
백제	부여 능산리사지	능산리 6차11-3호		6차 ⑪3		능16중						2000-7 (2008), 능사 6차 목간 11-3(연구)	
백제	부여 능산리사지	능산리 6차11-4호		6차 ⑪4 (도판 141-4④)								2000-8 (2008), 능사 6차 목간 11-4(연구)	
백제	부여 능산리사지	능산리 6차11-5호		6차 ⑪5		능16						2000-9 (2008), 능사 6차 목간 11-5(연구)	
백제	부여 능산리사지	능산리 6차11-6호		6차 ⑪6		능16						2000-10 (2008), 능사 6차 목간 11-6(연구)	
백제	부여 능산리사지	능산리 6차11-7호		6차 도판 141-4								능산리036(사비)	
백제	부여 능산리사지	능산리 6차11-8호		6차 도판 141-4								능산리036(사비)	
백제	부여 능산리사지	능산리 7차1호		7차 ①				능사 7차 1호				2001-1 (2008), 능사 7차 목간 1(연구)	
백제	부여 능산리사지	능산리 7차2호	9. 기타목간 (1)(4)	7차 ②	296	296	[陵]2	능사7차 2호	능산리 001		부여 6092	'이전'명 목간 (2010), 능사 7차 목간 2(연구)	
백제	부여 능산리사지	능산리 7차3호	6. '對德'銘 목간	7차 ③	297	297	[陵]3	능사7차 3호	능산리 003		부여 6088	'대덕'명 목간 (2010), 능사 7차 목간 3(연구)	

국적	출토지	제안 호칭	소개	보고서	목간 (2004)	백제 (2008)	자전 (2011)	총람 (2022)	사비 (2023)	소장품/유물/ 임시번호	국가귀속번호	기타	비고
백제	부여 능산리사지	능산리 7차4호	9. 기타목간 (6)	7차 ④	298	298	[陵]4	능사7차 4호	능산리 004			'나솔'명 목간 (2010), 능사 7차 목간 4(연구)	
백제	부여 능산리사지	능산리 7차5호	7. '女貴'銘 목간	7차 ⑤	299	299	[陵]5	능사7차 5호	능산리 005		부여 6090	(6) (2004), '삼귀'명 목간 (2010), 능사 7차 목간 5(연구)	
백제	부여 능산리사지	능산리 7차6호	9. 기타목간 (2)	7차 ⑥	300	300	[陵]6	능사 7차 6호	능산리 006		부여 6094	'시산'먹글씨목간 (2003), '경내'명 목간 (2010), 능사 7차 목간 6(연구)	
백제	부여 능산리사지	능산리 7차7호	5. '六部五 方銘 목간	7차 ⑦	301	301	[陵]7	능사 7차 7호	능산리 007		부여 6091	(8) (2004), 능사 7차 목간 7(연구)	
백제	부여 능산리사지	능산리 7차8-1호	8. 默書樹皮	7차 ⑧상	302	302	[陵]8-1		능산리 008			(14) (2004), 능사 7차 삭설 8-1(연구)	
백제	부여 능산리사지	능산리 7차8-2호		7차 ⑧하	302	302						능사 7차 삭설 8-2(연구)	
백제	부여 능산리사지	능산리 7차9호	9. 기타목간 (5)	7차 ⑨	303	303	[陵]9	능사 7차 9호	능산리 009		부여 6104	'죽산'먹글씨목간 (2003), (12) (2004), 능사 7차 목간 9(연구)	
백제	부여 능산리사지	능산리 7차10호	3. '子基寺'銘 목간	7차 ⑩	313	312	[陵]19	능사 7차 10호	능산리 019		부여 6099	(3) (2004), 능사 7차 목간 10(연구)	
백제	부여 능산리사지	능산리 7차11호	4. '宿世結業 同生一處'銘 목간	7차 ⑪	305	305	[陵]11	능사 7차 11호	능산리 011		부여 6089	숙세…'먹글씨목 간 (2003), (9) (2004), '숙세'명 목간(나무), 능사 7차 목간 11(연구)	
백제	부여 능산리사지	능산리 7차12호	9. 기타목간 (7)	7차 ⑫	307	307	[陵]13	능사 7차 12호	능산리 013		부여 6096	'덕간'먹글씨목간 (2003), (7) (2004), 능사 7차 목간 12(연구)	
백제	부여 능산리사지	능산리 7차13호		7차 ⑬	308	308	[陵]14	능사 7차 13호	능산리 014		부여 6100	'이백'명 목간 (2010), 능사 7차 목간 13(연구)	
백제	부여 능산리사지	능산리 7차14호		7차 ⑭	311	311	[陵]17	능사 7차 14호	능산리 017		부여 6101	능사 7차 목간 14(연구)	
백제	부여 능산리사지	능산리 7차15호		7차 ⑮	312	312	[陵]18	능사 7차 15호	능산리 018		부여 6102	능사 7차 목간 15(연구)	
백제	부여 능산리사지	능산리 7차16호		7차 ⑯		능6	[陵]22	능사 7차 16호	능산리 022		부여 6103	2001-2 (2008), '치마'명 목간 (2010), 26 (2011), 능사 7차 목간 16(연구)	
백제	부여 능산리사지	능산리 7차17호		7차 ⑰		능9 (pp.40- 41)		능사 7차 17호	능산리 029		부여 6093	2001-3 (2008), 능사 7차 목간 17(연구)	
백제	부여 능산리사지	능산리 7차18호		7차 ⑱		능3	[陵]23	능사 7차 18호	능산리 023		부여 6097	2001-4 (2008), '모'명 목간 (2010), 능사 7차 목간 18(연구)	
백제	부여 능산리사지	능산리 7차21호	2. '寶熹寺'銘 목간	7차 ㉑	304	304	[陵]10	능사 7차 21호	능산리 010		부여 6087	(2) (2004), 능사 7차 목간 21(연구)	
백제	부여 능산리사지	능산리 7차22호		7차 ㉒		능4	[陵]24	능사 7차 22호	능산리 024			2001-5 (2008), '도화'명 목간 (2010), 능사 7차 목간 22(연구)	

국적	출토지	제안 호칭	소개	보고서	목간 (2004)	백제 (2008)	자전 (2011)	총람 (2022)	사비 (2023)	소장품/유물/ 임시번호	국가귀속번호	기타	비고
백제	부여 능산리사지	능산리 8차1호		8차 ①		능2	[陵]25	능사 8차 1호	능산리 025			(15) (2004), 능산리 사면목간 (2007b), 食米記 (2007a), 2002-1 (2008), '지약아식 미기'명목간 (2010), 22 (2011), 능사 8차 목간 1(연구)	
백제	부여 능산리사지	능산리 백제-능5				능5	[陵]26	보고서에 없음	능산리 026			2001-8 (2008), '영춘'명 목간 (2010), 25 (2011), 2001-8 호 목간	
백제	부여 능산리사지	능산리 백제-능7				능7	[陵]27	보고서에 없음	능산리 027			새모양 목간 (2010), 능7(연 구)	
백제	부여 능산리사지	능산리 백제-능8				능8	[陵]28	보고서에 없음	능산리 028			능8(연구)	
백제	부여 능산리사지	능산리 백제-능12				능12			능산리 032			목간편 (2010), 능12(연 구)	
백제	부여 능산리사지	능산리 백제-능13				능13			능산리 033			능13(연구)	
백제	부여 능산리사지	능산리 백제-능14				능14			능산리 034			능14(연구)	
백제	부여 능산리사지	능산리 백제-능15				능15			능산리 035			능15(연구)	
백제	부여 능산리사지	능산리 백제-능 17-1				능17-1			능산리 038-1			능17-1(연구)	
백제	부여 능산리사지	능산리 백제-능 17-2				능17-2			능산리 038-2			능17-2(연구)	
백제	부여 능산리사지	능산리 백제-능 17-3				능17-3			능산리 038-3			능17-3(연구)	
백제	부여 능산리사지	능산리 백제-능 17-4				능17-4			능산리 038-4			능17-4(연구)	
백제	부여 능산리사지	능산리 백제-능 17-5				능17-5		削片-5	능산리 038-5			능17-5(연구)	
백제	부여 능산리사지	능산리 백제-능 17-6				능17-6			능산리 038-6			능17-6(연구)	
백제	부여 능산리사지	능산리 백제-능 17-7				능17-7			능산리 038-7			능17-7(연구)	
백제	부여 능산리사지	능산리 백제-능 17-8				능17-8			능산리 038-8			능17-8(연구)	
백제	부여 능산리사지	능산리 백제-능 17-9				능17-9			능산리 038-9			능17-9(연구)	
백제	부여 능산리사지	능산리 백제-능 17-10				능17-10		削片-10	능산리 038-10			능17-10(연구)	
백제	부여 능산리사지	능산리 백제-능 17-11				능17-11			능산리 038-11			능17-11(연구)	

국적	출토지	제안 호칭	소개	보고서	목간 (2004)	백제 (2008)	자전 (2011)	총람 (2022)	사비 (2023)	소장품/유물/ 임시번호	국가귀속번호	기타	비고
백제	부여 능산리사지	능산리 백제-능 17-12				능17-12		削片-12	능산리 038-12			능17-12(연구)	
백제	부여 능산리사지	능산리 백제-능 17-13				능17-13			능산리 038-13			능17-13(연구)	
백제	부여 능산리사지	능산리 백제-능 17-14				능17-14			능산리 038-14			능17-14(연구)	
백제	부여 능산리사지	능산리 백제-능 17-15				능17-15			능산리 038-15			능17-15(연구)	
백제	부여 능산리사지	능산리 백제-능 17-16				능17-16			능산리 038-16			능17-16(연구)	
백제	부여 능산리사지	능산리 백제-능 17-17				능17-17			능산리 038-17			능17-17(연구)	
백제	부여 능산리사지	능산리 백제-능 17-18				능17-18			능산리 038-18			능17-18(연구)	
백제	부여 능산리사지	능산리 백제-능 17-19				능17-19			능산리 038-19			능17-19(연구)	
백제	부여 능산리사지	능산리 백제-능 17-20				능17-20			능산리 038-20			능17-20(연구)	
백제	부여 능산리사지	능산리 백제-능 17-21				능17-21		削片-21	능산리 038-21			능17-21(연구)	
백제	부여 능산리사지	능산리 백제-능 17-22				능17-22			능산리 038-22			능17-22(연구)	
백제	부여 능산리사지	능산리 백제-능 17-23				능17-23			능산리 038-23			능17-23(연구)	
백제	부여 능산리사지	능산리 백제-능 17-24				능17-24			능산리 038-24			능17-24(연구)	
백제	부여 능산리사지	능산리 백제-능 17-25				능17-25		削片-25	능산리 038-25			능17-25(연구)	
백제	부여 능산리사지	능산리 백제-능 17-26				능17-26		削片-26	능산리 038-26			능17-26(연구)	
백제	부여 능산리사지	능산리 백제-능 17-27				능17-27			능산리 038-27			능17-27(연구)	
백제	부여 능산리사지	능산리 백제-능 17-28				능17-28		削片-28	능산리 038-28			능17-28(연구)	
백제	부여 능산리사지	능산리 백제-능 17-29				능17-29			능산리 038-29			능17-29(연구)	
백제	부여 능산리사지	능산리 백제-능 17-30				능17-30			능산리 038-30			능17-30(연구)	
백제	부여 능산리사지	능산리 백제-능 17-31				능17-31			능산리 038-31			능17-31(연구)	
백제	부여 능산리사지	능산리 백제-능 17-32				능17-32			능산리 038-32			능17-32(연구)	

국적	출토지	제안 호칭	소개	보고서	목간 (2004)	백제 (2008)	자전 (2011)	총람 (2022)	사비 (2023)	소장품/유물/ 임시번호	국가귀속번호	기타	비고
백제	부여 능산리사지	능산리 백제-능 17-33				능17-33			능산리 038-33			능17-33(연구)	
백제	부여 능산리사지	능산리 백제-능 17-34				능17-34			능산리 038-34			능17-34(연구)	
백제	부여 능산리사지	능산리 백제-능 17-35				능17-35			능산리 038-35			능17-35(연구)	
백제	부여 능산리사지	능산리 백제-능 17-36				능17-36			능산리 038-36			능17-36(연구)	
백제	부여 능산리사지	능산리 백제-능 17-37				능17-37			능산리 038-37			능17-37(연구)	
백제	부여 능산리사지	능산리 백제-능 17-38				능17-38			능산리 038-38			능17-38(연구)	
백제	부여 능산리사지	능산리 백제-능 17-39				능17-39			능산리 038-39			능17-39(연구)	
백제	부여 능산리사지	능산리 백제-능 17-40				능17-40			능산리 038-40			능17-40(연구)	
백제	부여 능산리사지	능산리 백제-능 17-41				능17-41						능17-41(연구)	
백제	부여 능산리사지	능산리 백제-능 17-42				능17-42						능17-42(연구)	
백제	부여 능산리사지	능산리 백제-능 17-43				능17-43						능17-43(연구)	
백제	부여 능산리사지	능산리 백제-능 17-44				능17-44						능17-44(연구)	
백제	부여 능산리사지	능산리 백제-능 17-45				능17-45						능17-45(연구)	
백제	부여 능산리사지	능산리 백제-능 17-46				능17-46						능17-46(연구)	
백제	부여 능산리사지	능산리 백제-능 17-47				능17-47						능17-47(연구)	
백제	부여 능산리사지	능산리 백제-능 17-48				능17-48						능17-48(연구)	
백제	부여 능산리사지	능산리 백제-능 17-49				능17-49	削片-49					능17-49(연구)	
백제	부여 능산리사지	능산리 백제-능 17-50				능17-50						능17-50(연구)	
백제	부여 능산리사지	능산리 백제-능 17-51				능17-51						능17-51(연구)	
백제	부여 능산리사지	능산리 백제-능 17-52				능17-52						능17-52(연구)	
백제	부여 능산리사지	능산리 백제-능 17-53				능17-53						능17-53(연구)	

국적	출토지	제안 호칭	소개	보고서	목간 (2004)	백제 (2008)	자전 (2011)	총람 (2022)	사비 (2023)	소장품/유물/ 임시번호	국가귀속번호	기타	비고
백제	부여 능산리사지	능산리 백제-능 17-54				능17-54						능17-54(연구)	
백제	부여 능산리사지	능산리 백제-능 17-55				능17-55						능17-55(연구)	
백제	부여 능산리사지	능산리 백제-능 17-56				능17-56						능17-56(연구)	
백제	부여 능산리사지	능산리 백제-능 17-57				능17-57						능17-57(연구)	
백제	부여 능산리사지	능산리 백제-능 17-58				능17-58						능17-58(연구)	
백제	부여 능산리사지	능산리 백제-능 17-59				능17-59						능17-59(연구)	
백제	부여 능산리사지	능산리 백제-능 17-60				능17-60						능17-60(연구)	
백제	부여 능산리사지	능산리 백제-능 17-61				능17-61						능17-61(연구)	
백제	부여 능산리사지	능산리 백제-능 17-62				능17-62						능17-62(연구)	
백제	부여 능산리사지	능산리 백제-능 17-63				능17-63						능17-63(연구)	
백제	부여 능산리사지	능산리 백제-능 17-64				능17-64						능17-64(연구)	
백제	부여 능산리사지	능산리 백제-능 17-65				능17-65						능17-65(연구)	
백제	부여 능산리사지	능산리 백제-능 17-66				능17-66						능17-66(연구)	
백제	부여 능산리사지	능산리 백제-능 17-67				능17-67						능17-67(연구)	
백제	부여 능산리사지	능산리 백제-능 17-68				능17-68						능17-68(연구)	
백제	부여 능산리사지	능산리 백제-능 17-69				능17-69						능17-69(연구)	
백제	부여 능산리사지	능산리 백제-능 17-70				능17-70						능17-70(연구)	
백제	부여 능산리사지	능산리 백제-능 17-71				능17-71						능17-71(연구)	
백제	부여 능산리사지	능산리 백제-능 17-72				능17-72						능17-72(연구)	
백제	부여 능산리사지	능산리 백제-능 17-73				능17-73						능17-73(연구)	
백제	부여 능산리사지	능산리 백제-능 17-74				능17-74						능17-74(연구)	

국적	출토지	제안 호칭	소개	보고서	목간 (2004)	백제 (2008)	자전 (2011)	총람 (2022)	사비 (2023)	소장품/유물/ 임시번호	국가귀속번호	기타	비고
백제	부여 능산리사지	능산리 백제-능 17-75				능17-75						능17-75(연구)	
백제	부여 능산리사지	능산리 백제-능 17-76				능17-76						능17-76(연구)	
백제	부여 능산리사지	능산리 백제-능 17-77				능17-77						능17-77(연구)	
백제	부여 능산리사지	능산리 백제-능 17-78				능17-78						능17-78(연구)	
백제	부여 능산리사지	능산리 백제-능 17-79				능17-79						능17-79(연구)	
백제	부여 능산리사지	능산리 백제-능 17-80				능17-80						능17-80(연구)	
백제	부여 능산리사지	능산리 백제-능 17-81				능17-81						능17-81(연구)	
백제	부여 능산리사지	능산리 백제-능 17-82				능17-82						능17-82(연구)	
백제	부여 능산리사지	능산리 백제-능 17-83				능17-83						능17-83(연구)	
백제	부여 능산리사지	능산리 백제-능 17-84				능17-84						능17-84(연구)	
백제	부여 능산리사지	능산리 백제-능 17-85				능17-85						능17-85(연구)	
백제	부여 능산리사지	능산리 백제-능 17-86				능17-86						능17-86(연구)	
백제	부여 능산리사지	능산리 백제-능 17-87				능17-87						능17-87(연구)	
백제	부여 능산리사지	능산리 백제-능 17-88				능17-88						능17-88(연구)	
백제	부여 능산리사지	능산리 백제-능 17-89				능17-89						능17-89(연구)	
백제	부여 능산리사지	능산리 백제-능 17-90				능17-90						능17-90(연구)	
백제	부여 능산리사지	능산리 백제-능 17-91				능17-91						능17-91(연구)	
백제	부여 능산리사지	능산리 백제-능 17-92				능17-92						능17-92(연구)	
백제	부여 능산리사지	능산리 백제-능 17-93				능17-93						능17-93(연구)	
백제	부여 능산리사지	능산리 백제-능 17-94				능17-94						능17-94(연구)	
백제	부여 능산리사지	능산리 백제-능 17-95				능17-95						능17-95(연구)	

국적	출토지	제안 호칭	소개	보고서	목간 (2004)	백제 (2008)	자전 (2011)	총람 (2022)	사비 (2023)	소장품/유물/ 임시번호	국가귀속번호	기타	비고
백제	부여 능산리사지	능산리 백제-능 17-96				능17-96						능17-96(연구)	
백제	부여 능산리사지	능산리 백제-능 17-97				능17-97						능17-97(연구)	
백제	부여 능산리사지	능산리 백제-능 17-98				능17-98						능17-98(연구)	
백제	부여 능산리사지	능산리 백제-능 17-99				능17-99						능17-99(연구)	
백제	부여 능산리사지	능산리 백제-능 17-100				능17-100						능17-100(연구)	
백제	부여 능산리사지	능산리 백제-능 17-101				능17-101						능17-101(연구)	
백제	부여 능산리사지	능산리 백제-능 17-102				능17-102						능17-102(연구)	
백제	부여 능산리사지	능산리 백제-능 17-103				능17-103						능17-103(연구)	
백제	부여 능산리사지	능산리 백제-능 17-104				능17-104						능17-104(연구)	
백제	부여 능산리사지	능산리 백제-능 17-105				능17-105						능17-105(연구)	
백제	부여 능산리사지	능산리 백제-능 17-106				능17-106						능17-106(연구)	
백제	부여 능산리사지	능산리 백제-능 17-107				능17-107						능17-107(연구)	
백제	부여 능산리사지	능산리 백제-능 17-108				능17-108						능17-108(연구)	
백제	부여 능산리사지	능산리 백제-능 17-109				능17-109						능17-109(연구)	
백제	부여 능산리사지	능산리 백제-능 17-110				능17-110						능17-110(연구)	
백제	부여 능산리사지	능산리 백제-능 17-111				능17-111						능17-111(연구)	
백제	부여 능산리사지	능산리 백제-능 17-112				능17-112						능17-112(연구)	
백제	부여 능산리사지	능산리 백제-능 17-113				능17-113						능17-113(연구)	
백제	부여 능산리사지	능산리 백제-능 17-114				능17-114						능17-114(연구)	
백제	부여 능산리사지	능산리 백제-능 17-115				능17-115						능17-115(연구)	
백제	부여 능산리사지	능산리 백제-능 17-116				능17-116						능17-116(연구)	

국적	출토지	제안 호칭	소개	보고서	목간 (2004)	백제 (2008)	자전 (2011)	총람 (2022)	사비 (2023)	소장품/유물/ 임시번호	국가귀속번호	기타	비고
백제	부여 능산리사지	능산리 백제-능 17-117				능17-117						능17-117(연구)	
백제	부여 능산리사지	능산리 백제-능 17-118				능17-118						능17-118(연구)	
백제	부여 능산리사지	능산리 백제-능 17-119				능17-119						능17-119(연구)	
백제	부여 능산리사지	능산리 백제-능 17-120				능17-120						능17-120(연구)	
백제	부여 능산리사지	능산리 백제-능 17-121				능17-121						능17-121(연구)	
백제	부여 능산리사지	능산리 백제-능 17-122				능17-122						능17-122(연구)	
백제	부여 능산리사지	능산리 백제-능 17-123				능17-123						능17-123(연구)	
백제	부여 능산리사지	능산리 백제-능 17-124				능17-124						능17-124(연구)	
백제	부여 능산리사지	능산리 백제-능 17-125				능17-125						능17-125(연구)	
백제	부여 능산리 동나성 내·외부 유적	동나성 1호		木簡 1【圖 面 141-1, 寫眞 248-1】									
백제	부여 능산리 동나성 내·외부 유적	동나성 2호		木簡 2【圖 面 141-2, 寫眞 248-2】									
백제	부여 동남리 49-2번지	동남리 49-2 목간1	목간①						동남리 003				
백제	부여 동남리 49-2번지	동남리 49-2 목간2	목간②						동남리 002				
백제	부여 동남리 49-2번지	동남리 49-2 목간3	목간③										
백제	부여 동남리 49-2번지	동남리 49-2 목간4	목간④										
백제	부여 동남리 49-2번지	동남리 49-2 목간5	목간⑤										
백제	부여 석목리 143-16번 지	석목리 143-16 228호	228번 (2019)	228.「前部 ○」銘 목간				보고서 228. 목간	석목리 001				
백제	부여 석목리 143-16번 지	석목리 143-16 229호	229번 (2019)	229.「○糧 好邪」銘 목 간				보고서 229. 목간	석목리 002				
백제	부여 석목리 143-16번 지	석목리 143-16 목간29	목간편(일련 번호 29) (2022)										
백제	부여 쌍북리 56번지	쌍북리56 목간1	목간 1-"論語"	461. 사면목간				보고서 461호	쌍북리 048		부여 56970	논어목간
백제	부여 쌍북리 56번지	쌍북리56 목간2	목간 2	206. 목간				보고서 206호	쌍북리 043		부여 56715	
백제	부여 쌍북리 56번지	쌍북리56 목간3	목간 3	235. 목간					쌍북리 046		부여 56744	
백제	부여 쌍북리 56번지	쌍북리56 목간9	목간 9	79. 목간					쌍북리 039		부여 56588	

국적	출토지	제안 호칭	소개	보고서	목간(2004)	백제(2008)	자전(2011)	총람(2022)	사비(2023)	소장품/유물/임시번호	국가귀속번호	기타	비고
백제	부여 쌍북리 56번지	쌍북리56 목간10	목간 10-"丁巳年十月卅(七?)日"명	463. 목간				보고서 463호	쌍북리 049		부여 56971		
백제	부여 쌍북리 56번지	쌍북리56 목간11	목간 11-"里(侯?)"명 목간	462. 목간				보고서 462호	쌍북리 047		부여 56971		
백제	부여 쌍북리 56번지	쌍북리56 목간12	목간 12	464. 목간					쌍북리 050		부여 57044		
백제	부여 쌍북리 56번지	쌍북리56 목간13	목간 13-"[丁]土□□"명	535. 목간				보고서 535호	쌍북리 051		부여 57044		
백제	부여 쌍북리 56번지	쌍북리56 목간15	목간 15	483. 목간				보고서 483호	쌍북리 052		부여 56992		
백제	부여 쌍북리 56번지	쌍북리56 목간16	목간 16	537. 목간					쌍북리 054		부여 57046		
백제	부여 쌍북리 56번지	쌍북리56 목간17	목간 17	538. 목간				보고서 537호	쌍북리 055		부여 57047		
백제	부여 쌍북리 102번지	쌍북리102 목간-316		【도면 24-6, 사진 43-8】	316	316	[雙102] 1	보고서 도면 24-6	쌍북리 001			316호(연구)	
백제	부여 쌍북리 102번지	쌍북리102 목간-317		【도면 24-5, 사진 43-5】	317	317	[雙102] 2	도면 24-5	쌍북리 002			꼬리표 목간 (2010), 317호(연구)	
백제	부여 쌍북리 173-8번지 (119안젠센터부지)	쌍북리 173-8 122호		122호				보고서 122호	쌍북리 024		부여 27269	122번 (2013), 쌍북리 173-8번지 122호(연구)	
백제	부여 쌍북리 173-8번지 (119안젠센터부지)	쌍북리 173-8 194호	부찰목간	194호				보고서 194호	쌍북리 025		부여 27315	94번 (2013), 쌍북리 178-3번지 194호(연구)	
백제	부여 쌍북리 173-8번지 (119안젠센터부지)	쌍북리 173-8 197호		197호				보고서 197호	쌍북리 026		부여 27318	197번 (2013), 쌍북리 178-3번지 197호(연구)	
백제	부여 쌍북리 173-8번지 (119안젠센터부지)	쌍북리 173-8 223호		223호				보고서 223호	쌍북리 027		부여 27335	223번 (2013), 쌍북리 178-3번지 223호(연구)	
백제	부여 쌍북리 184-11번지	쌍북리 184-11 71호		71. 목간				보고서 斤止受子 명 목간	쌍북리 037		부여 39960	쌍북리 184-11 81호	
백제	부여 쌍북리 201-4번지	쌍북리 201-4 55호		55. 목간				보고서 55. 목간	쌍북리 034		부여 50233	목간1 (2016)	
백제	부여 쌍북리 201-4번지	쌍북리 201-4 56호		56. 목간				보고서 56. 목간	쌍북리 035		부여 50234	목간2 (2016)	
백제	부여 쌍북리 280-5번지	쌍북리 280-5 131호	2. "佐官貸食記" 木簡 (2008)	131			[雙280] 1	보고서 131호	쌍북리 017		부여 41057	좌관대식기(나무), 쌍북리 280-5번지 131호(연구)	
백제	부여 쌍북리 280-5번지	쌍북리 280-5 132호	3. "与□"銘 목간 (2008)	132				보고서 132호	쌍북리 019		부여 41058	쌍북리 280-5번지 132호(연구)	
백제	부여 쌍북리 280-5번지	쌍북리 280-5 390호	1. "外椋部" 銘 목간 (2008)	390				보고서 390호	쌍북리 018		부여 41091	쌍북리 280-5번지 390호(연구)	
백제	부여 쌍북리 328-2번지	쌍북리 328-2 1호		1. 목간				보고서 1. 목간	쌍북리 032		부여 45579	목간B (2016)	
백제	부여 쌍북리 328-2번지	쌍북리 328-2 5호		5. 목간				보고서 5.목간	쌍북리 033		부여 45583	목간C (2016), 구구단목간(총람)	

국적	출토지	제안 호칭	소개	보고서	목간(2004)	백제(2008)	자전(2011)	총람(2022)	사비(2023)	소장품/유물/임시번호	국가귀속번호	기타	비고
백제	부여 쌍북리 328-2번지	쌍북리 328-2 34호		34. 목간				보고서 34. 목간	쌍북리 031		부여 45579	목간A (2016)	
백제	부여 쌍북리 뒷개유적(15번지)	쌍북리15 목간1	1번	112. 4면 목간			[雙뒷개]1	보고서 112	쌍북리 029	백제역사문화연구원-112		뒷개 출토목간(연구)	
백제	부여 쌍북리 현내들	현내들 목간85-4	85-4호 목간	85-4호 목간					쌍북리 011		부여 37343		
백제	부여 쌍북리 현내들	현내들 목간85-8	85-8호 목간	85-8호 목간			[雙현내]1	보고서 85-5호	쌍북리 003		부여 37335	현85-8(나무), 현내들 85-8호(연구)	
백제	부여 쌍북리 현내들	현내들 목간86	86호 목간	86호 목간			[雙현내]14		쌍북리 016		부여 37339		
백제	부여 쌍북리 현내들	현내들 목간87	87호 목간	87호 목간			[雙현내]6	보고서 87호	쌍북리 007		부여 37340	현87(나무), 현내들 87호(연구)	
백제	부여 쌍북리 현내들	현내들 목간91	91호 목간	91호 목간			[雙현내]4	보고서 87호	쌍북리 006		부여 37338	현91(나무), 현내들 91호(연구)	
백제	부여 쌍북리 현내들	현내들 목간94	94호 목간	94호 목간			[雙현내]3	보고서 94호	쌍북리 005		부여 37337	현94(나무), 현내들 94호(연구)	
백제	부여 쌍북리 현내들	현내들 목간95	95호 목간	95호 목간			[雙현내]2	보고서 95호	쌍북리 004		부여 37336	현95(나무), 현내들 95호(연구)	
백제	부여 쌍북리 현내들	현내들 목간96	96호 목간	96호 목간			[雙현내]5	보고서 96호	쌍북리 008		부여 37348	현96(나무), 현내들 96호(연구)	
백제	부여 쌍북리 현내들	현내들 목간105	105호 목간	105호 목간			[雙현내]12	보고서 105호	쌍북리 014		부여 37346	현105(나무), 현내들 105호(연구)	
백제	익산 오금산성	오금산성 봉축편	봉축편										봉축
백제	정읍 고사부리성	고사부리성 목간1	목간					①목간					
신라	경산 소월리	소월리 목간1	목간(2020)					목간					
신라	경주 국립경주박물관 남측부지	경주49090	목간1(2013)	1호				1호 목간		경주 49090	2011-0373-0000668	경주49090(왕경)	눈금
신라	경주 국립경주박물관 남측부지	경주15596	324(신라)	37	279		[博]1	보고서 37. 목간		경주 15596	新館우물62	경주15596(왕경)	
신라	경주 국립경주박물관 남측부지	경주15597		39	280		[博]2	보고서 39. 목간		경주 15597	新館우물62	경주15597(왕경)	
신라	경주 국립경주박물관 남측부지	경주15715		40						경주 15715		경주15715(왕경)	
신라	경주 안압지 (현 동궁과 월지)	안압지 1호		1 〈398,399〉				보고서 1호(24)		안1484(3-1)		안압지 보고서-1(왕경, p.206)	
신라	경주 안압지 (현 동궁과 월지)	안압지 목간-182		4 〈404,405〉	182		[雁]1	보고서 4호(26)		안1294(6-1)		안압지 목간-182(왕경, p.186)	
신라	경주 안압지 (현 동궁과 월지)	안압지 목간-183		〈456, 457〉	183		[雁]2	보고서34호(16)	-			안압지 목간-183(왕경, p.214)	
신라	경주 안압지 (현 동궁과 월지)	안압지 목간-184		3 〈402,403〉	184		[雁]3	보고서 3호(27)		안1289		안압지 목간-184(왕경, p.162)	

국적	출토지	제안 호칭	소개	보고서	목간(2004)	백제(2008)	자전(2011)	총람(2022)	사비(2023)	소장품/유물/임시번호	국가귀속번호	기타	비고
신라	경주 안압지 (현 동궁과 월지)	안압지 목간-185		15 〈426,427〉	185		[雁]4	보고서 15호(17)		안1484(3-2)		안압지 목간-185(왕경, p.210)	
신라	경주 안압지 (현 동궁과 월지)	안압지 목간-186		17 〈430,431〉	186		[雁]5	보고서 17호(23)		안1292(3-2)		안압지 목간-186(왕경, p.170)	
신라	경주 안압지 (현 동궁과 월지)	안압지 목간-187		18 〈432,433〉	187		[雁]6	보고서 18호(28)		안 1158(79-39+55+63)		안압지 목간-187(왕경, p.126)	
신라	경주 안압지 (현 동궁과 월지)	안압지 목간-188		25 〈442,443〉	188		[雁]7	보고서 25호(10)		안 1158(79-52)		안압지 목간-188(왕경, p.138)	
신라	경주 안압지 (현 동궁과 월지)	안압지 목간-189		〈464, 465〉	189		[雁]8	보고서38 호(11)	–	안 1158(79-12)		안압지 목간-189(왕경, p.96)	
신라	경주 안압지 (현 동궁과 월지)	안압지 목간-190			190		[雁]9	보고서에 없음 (29)		안 1158(79-33)		안압지 목간-190(왕경, p.120)	
신라	경주 안압지 (현 동궁과 월지)	안압지 목간-191		2 〈400,401〉	191		[雁]10	보고서 2호(30)		안1294(6-6)		안압지 목간-191(왕경, p.204)	
신라	경주 안압지 (현 동궁과 월지)	안압지 목간-192		16 〈428,429〉	192		[雁]11	보고서 16호(20)		안 1158(79-53)		안압지 목간-192(왕경, p.140)	
신라	경주 안압지 (현 동궁과 월지)	안압지 목간-193		〈458, 459〉	193		[雁]12	보고서35 호(1)	–	안 1158(79-37+41)		안압지 목간-193(왕경, p.122)	
신라	경주 안압지 (현 동궁과 월지)	안압지 목간-194		6 〈408,409〉	194		[雁]13	보고서 6호(8)		안1293(6-5)		안압지 목간-194(왕경, p.182)	
신라	경주 안압지 (현 동궁과 월지)	안압지 목간-195		24 〈440,441〉	195		[雁]14	보고서 24호(2)		안1293(6-4)		안압지 목간-195(왕경, p.180)	
신라	경주 안압지 (현 동궁과 월지)	안압지 목간-196		28 〈4476, 448〉	196		[雁]15	보고서 28호(3)		안1294(6-3)		안압지 목간-196(왕경, p.196)	
신라	경주 안압지 (현 동궁과 월지)	안압지 목간-197		〈467〉	197			보고서에 없음(4)	–	안 1158(79-29)		안압지 목간-197(왕경, p.116)	
신라	경주 안압지 (현 동궁과 월지)	안압지 목간-198		〈454, 455〉	198		[雁]16	보고서본 문에없음 (25)		안 158(79-19+35)		안압지 목간-198(왕경, p.100)	
신라	경주 안압지 (현 동궁과 월지)	안압지 목간-199			199, 223		[雁]17	보고서에 없음(32)		안 158(79-38+45)		199(199+223) (문물), 안압지 목간-199(왕경, p.124)	
신라	경주 안압지 (현 동궁과 월지)	안압지 목간-200		〈473〉	200		[雁]18	보고서42 호(31)		안1292(3-1)		안압지 목간-200(왕경, p.168)	

국적	출토지	제안 호칭	소개	보고서	목간 (2004)	백제 (2008)	자전 (2011)	총람 (2022)	사비 (2023)	소장품/유물/ 임시번호	국가귀속번호	기타	비고
신라	경주 안압지 (현 동궁과 월지)	안압지 목간-201			201					안 1158(79-9)		안압지 목간-201(왕경, p.94)	
신라	경주 안압지 (현 동궁과 월지)	안압지 목간-202			202					안 1158(79-18)		안압지 목간-202(왕경, p.98)	
신라	경주 안압지 (현 동궁과 월지)	안압지 목간-203		〈470〉	203					안1291(3-1)		안압지 목간-203(왕경, p.166)	
신라	경주 안압지 (현 동궁과 월지)	안압지 목간-204			204					안 1158(79-2)		안압지 목간-204(왕경, p.86)	
신라	경주 안압지 (현 동궁과 월지)	안압지 목간-205		19 〈434,435〉	205		[雁]19	보고서 19호(23)		안1294(6-2)		안압지 목간-205(왕경, p.190)	
신라	경주 안압지 (현 동궁과 월지)	안압지 목간-206		14 〈424,425〉	206		[雁]20	보고서 14호(34)		안1292(3-3)		안압지 목간-206(왕경, p.172)	
신라	경주 안압지 (현 동궁과 월지)	안압지 목간-207		29 〈449,450〉	207		[雁]21	보고서에 없음(35)		안1290		안압지 목간-207(왕경, p.164)	옆면 각치
신라	경주 안압지 (현 동궁과 월지)	안압지 목간-208		23 〈438,439〉	208		[雁]22	보고서 23호(36)		안1294(6-4)		안압지 목간-208(왕경, p.198)	
신라	경주 안압지 (현 동궁과 월지)	안압지 목간-209-1			209		[雁]23	보고서 26호(19)		안 1158(79-22)		209-1(문물), 안 압지 목간-209-1(왕 경, p.106)	
신라	경주 안압지 (현 동궁과 월지)	안압지 목간-209-2		26 〈444〉	209		[雁]23	보고서 26호(18)		안 1158(79-22)		209-2(문물), 안 압지 목간-209-2(왕 경, p.108)	
신라	경주 안압지 (현 동궁과 월지)	안압지 목간-210		7 〈410,411〉	210		[雁]24	보고서 7호(9)		안1484(3-3)		안압지 목간-210(왕경, p.212)	
신라	경주 안압지 (현 동궁과 월지)	안압지 목간-211		〈460, 461〉	211		[雁]25	보고서에 없음(12)	–	안 1158(79-4)		안압지 목간-211(왕경, p.90)	
신라	경주 안압지 (현 동궁과 월지)	안압지 목간-212		5 〈406,407〉	212		[雁]26	보고서에 없음(13)	–	안1293(6-6)		안압지 목간-212(왕경, p.184)	
신라	경주 안압지 (현 동궁과 월지)	안압지 목간-213		13 〈422,423〉	213		[雁]27	보고서 13호(21)		안1293(6-2)		안압지 목간-213(왕경, p.176)	
신라	경주 안압지 (현 동궁과 월지)	안압지 목간-214		31 〈452,453〉	214		[雁]28	보고서 31호(5)		안 1158(79-57)		안압지 목간-214(왕경, p.152)	
신라	경주 안압지 (현 동궁과 월지)	안압지 목간-215		12 〈420,421〉	215		[雁]29	보고서 12호(14)		안1293(6-3)		안압지 목간-215(왕경, p.178)	

국적	출토지	제안 호칭	소개	보고서	목간 (2004)	백제 (2008)	자전 (2011)	총람 (2022)	사비 (2023)	소장품/유물/ 임시번호	국가귀속번호	기타	비고
신라	경주 안압지 (현 동궁과 월지)	안압지 목간-216		10 〈416,417〉	216		[雁]30	보고서 10호(6)		안1158(79-27)		안압지 목간-216(왕경, p.112)	
신라	경주 안압지 (현 동궁과 월지)	안압지 목간-217		〈462, 463〉	217		[雁]31	보고서에 없음(37)		안1158(79-21)		안압지 목간-217(왕경, p.104)	
신라	경주 안압지 (현 동궁과 월지)	안압지 목간-218		30 〈451〉	218		[雁]32	보고서 30호(38)		안1158(79-3)		안압지 목간-218(왕경, p.88)	
신라	경주 안압지 (현 동궁과 월지)	안압지 목간-219			219		[雁]33	보고서에 없음(39)		안1158(79-28)		안압지 목간-219(왕경, p.114)	
신라	경주 안압지 (현 동궁과 월지)	안압지 목간-220		9 〈414,415〉	220		[雁]34	보고서 9호(22)		안1293(6-1)		안압지 목간-220(왕경, p.174)	
신라	경주 안압지 (현 동궁과 월지)	안압지 목간-221		8 〈412, 413〉	221		[雁]35 (221)	보고서 8호(7)		안1158(79-50+74+78)		221 (271+221+234-2)(문물), 안압지 목간-221(왕경, p.134)	
신라	경주 안압지 (현 동궁과 월지)	안압지 목간-222		11 〈418,419〉	222		[雁]36	보고서 11호(15)		안1158(79-47+58)		안압지 목간-222(왕경, p.130)	
신라	경주 안압지 (현 동궁과 월지)	안압지 목간-224			224		[雁]37	보고서에 없음(40)		안1158(79-54)		안압지 목간-224(왕경, p.142)	
신라	경주 안압지 (현 동궁과 월지)	안압지 목간-225			225			보고서에 없음(41)		안1158(79-25)		안압지 목간-225(왕경, p.110)	
신라	경주 안압지 (현 동궁과 월지)	안압지 목간-226		〈469〉	226, 230, 239, (268)		[雁]38 (226)	보고서39 호(42)		안1158(79-59+61+62+68)		226 (239+226+230+268)(문물), 안압지 목간-226(왕경, p.154)	
신라	경주 안압지 (현 동궁과 월지)	안압지 목간-227			227					안1158(79-49)		안압지 목간-227(왕경, p.132)	
신라	경주 안압지 (현 동궁과 월지)	안압지 목간-228			228, 234-1					안1158(79-51+70+71)		228+234(上)+265(문물), 안압지 목간-228(왕경, p.136)	
신라	경주 안압지 (현 동궁과 월지)	안압지 목간-229			229		[雁]39	보고서에 없음(43)		안1294(6-5)		32(1994), 안압지 목간-229(왕경, p.200)	
신라	경주 안압지 (현 동궁과 월지)	안압지 목간-231			231, 238		[雁]44 (238)	보고서에 없음(44)		안1158(79-5+16)		231 (231+238)(문물), 안압지 목간-231(왕경, p.92)	
신라	경주 안압지 (현 동궁과 월지)	안압지 목간-232		〈474〉	232			보고서에 없음(45)		안1158(79-31)		안압지 목간-232(왕경, p.118)	

국적	출토지	제안 호칭	소개	보고서	목간 (2004)	백제 (2008)	자전 (2011)	총람 (2022)	사비 (2023)	소장품/유물/ 임시번호	국가귀속번호	기타	비고
신라	경주 안압지 (현 동궁과 월지)	안압지 목간-233			233, 236		[雁]41 (233), [雁]42 (236)	보고서에 없음(46)		안 1158(79- 66+67)		233 (236+233)(문물), 안압지 목간-233(왕경, p.158)	
신라	경주 안압지 (현 동궁과 월지)	안압지 목간-235			235					안 1158(79-56) ①		안압지 목간-235(왕경, p.144)	
신라	경주 안압지 (현 동궁과 월지)	안압지 목간-237	27 〈445,446〉		237		[雁]43	보고서에 없음(47)		안 1158(79-42)		안압지 목간-237(왕경, p.128)	
신라	경주 안압지 (현 동궁과 월지)	안압지 목간-240			240					안 1158(79-56) ②		안압지 목간-240(왕경, p.148)	
신라	경주 안압지 (현 동궁과 월지)	안압지 목간-241			241					안 1158(79-65)		안압지 목간-241(왕경, p.156)	
신라	경주 안압지 (현 동궁과 월지)	안압지 목간-242			242					안 1158(79-73)		안압지 목간-242(왕경, p.160)	
신라	경주 안압지 (현 동궁과 월지)	안압지 20호		20				보고서 20호					실물 미확인
신라	경주 안압지 (현 동궁과 월지)	안압지 21호		21				보고서 21호					실물 미확인
신라	경주 안압지 (현 동궁과 월지)	안압지 22호		22 〈436,437〉				보고서 22호					실물 미확인 (사진 있음)
신라	경주 안압지 (현 동궁과 월지)	안압지 주령 주사위		주사위 〈175,176, 177〉									주사위, 실물 망실 (사진 있음)
신라	경주 안압지 (현 동궁과 월지)	안압지 연보19-1	No.1 (연보19)				[雁]45					안압지 연보 19-1(왕경, p.218)	
신라	경주 안압지 (현 동궁과 월지)	안압지 연보19-2	No.2 (연보19)				[雁]46					안압지 연보 19-2(왕경, p.220)	
신라	경주 안압지 (현 동궁과 월지)	안압지 연보19-4	No.4 (연보19)				[雁]49					안압지 연보 19-4(왕경, p.222)	
신라	경주 안압지 (현 동궁과 월지)	안압지 연보19-5	No.5 (연보19)				[雁]48					안압지 연보 19-5(왕경, p.224)	
신라	경주 안압지 (현 동궁과 월지)	안압지 연보19-6	No.6 (연보19)				[雁]40					안압지 연보 19-6(왕경, p.226)	
신라	경주 월성해자	월성해자 1호		목간 1호	150		[月]1	보고서 1호		월성해자 1호	1985- 0044-1	월성해자 1호(왕경)	
신라	경주 월성해자	월성해자 2호		목간 2호	149		[月]2	보고서 2호		월성해자 2호	1985- 0044-2	월성해자 2호(왕경)	

국적	출토지	제안 호칭	소개	보고서	목간 (2004)	백제 (2008)	자전 (2011)	총람 (2022)	사비 (2023)	소장품/유물/ 임시번호	국가귀속번호	기타	비고
신라	경주 월성해자	월성해자 3호		목간 3호	163		[月]3	보고서 3호		월성해자 3호	1985- 0044-3	월성해자 3호(왕경)	
신라	경주 월성해자	월성해자 4호		목간 4호	156		[月]4	보고서 4호		월성해자 4호	1985- 0044-4	월성해자 4호(왕경)	
신라	경주 월성해자	월성해자 5호		목간 5호	173		[月]5	보고서 5호		월성해자 5호	1985- 0044-5	월성해자 5호(왕경)	
신라	경주 월성해자	월성해자 6호		목간 6호	154		[月]6	보고서 6호		월성해자 6호	1985- 0044-6	월성해자 6호(왕경)	
신라	경주 월성해자	월성해자 7호		목간 7호	175		[月]7			월성해자 7호	1985- 0044-7	월성해자 7호(왕경)	
신라	경주 월성해자	월성해자 9호		목간 9호	151		[月]8	보고서 9호		월성해자 9호	1985- 0044-9	월성해자 9호(왕경)	
신라	경주 월성해자	월성해자 10호		목간 10호	148		[月]9	보고서 10호		월성해자 10호	1985- 0044-10	월성해자 10호(왕경)	
신라	경주 월성해자	월성해자 11호		목간 11호	152		[月]10	보고서 11호		월성해자 11호	1985- 0044-11	월성해자 11호(왕경)	
신라	경주 월성해자	월성해자 12호		목간 12호	153		[月]11	보고서 12호		월성해자 12호	1985- 0044-12	월성해자 12호(왕경)	
신라	경주 월성해자	월성해자 13호		목간 13호	161		[月]12	보고서 13호		월성해자 13호	1985- 0044-13	월성해자 13호(왕경)	
신라	경주 월성해자	월성해자 15호		목간 15호	160		[月]13	보고서 15호		월성해자 15호	1985- 0044-15	월성해자 15호(왕경)	
신라	경주 월성해자	월성해자 16호		목간 16호	157		[月]14	보고서 16호		월성해자 16호	1985- 0044-16	월성해자 16호(왕경)	
신라	경주 월성해자	월성해자 17호		목간 17호	174		[月]15	보고서 17호		월성해자 17호	1985- 0044-17	월성해자 17호(왕경)	
신라	경주 월성해자	월성해자 18호		목간 18호	155		[月]16	보고서 18호		월성해자 18호	1985- 0044-18	월성해자 18호(왕경)	
신라	경주 월성해자	월성해자 19호		목간 19호	168		[月]17	보고서 19호		월성해자 19호	1985- 0044-19	월성해자 19호(왕경)	
신라	경주 월성해자	월성해자 20호		목간 20호	169		[月]18	보고서 20호		월성해자 20호	1985- 0044-20	월성해자 20호(왕경)	
신라	경주 월성해자	월성해자 21호		목간 21호	159		[月]19	보고서 21호		월성해자 21호	1985- 0044-21	월성해자 21호(왕경)	
신라	경주 월성해자	월성해자 22호		목간 22호	158		[月]20	보고서 22호		월성해자 22호	1985- 0044-22	월성해자 22호(왕경)	
신라	경주 월성해자	월성해자 23호		목간 23호	167		[月]21	보고서 23호		월성해자 23호	1985- 0044-23	월성해자 23호(왕경)	
신라	경주 월성해자	월성해자 24호		(목간 24호)	162					월성해자 24호	1985- 0044-24	월성해자 24호(왕경)	
신라	경주 월성해자	월성해자 25호		(목간 25호)	181					월성해자 25호	1985- 0044-25	월성해자 25호(왕경)	
신라	경주 월성해자	월성해자 26호		목간 26호	164		[月]23	보고서 26호		월성해자 26호	1985- 0044-26	월성해자 26호(왕경)	
신라	경주 월성해자	월성해자 28호		(목간 28호)	166		[月]24			월성해자 28호	1985- 0044-28	월성해자 28호(왕경)	
신라	경주 월성해자	월성해자 58호		(목간 58호)	170		[月]27			월성해자 58호	1985- 0044-57	월성해자 58호(왕경)	
신라	경주 월성해자	월성해자 87호		(목간 87호)	176		[月]29			월성해자 87호	1985- 0044-86	월성해자 87호(왕경)	
신라	경주 월성해자	월성해자 101호		(목간 101호)	172		[月]30			월성해자 101호	1985- 0044-100	월성해자 101호(왕경)	
신라	경주 월성해자	월성해자 105호		목간 105호	171		[月]31	보고서 105호		월성해자 105호	1985- 0044-104	월성해자 105호(왕경)	
신라	경주 월성해자	월성해자 2016-023	임023 (2017)					월성해자 신출토 7호		WS-M1- 2016-09-임 023		임023 (2016) (2018a), 목간 신 7호(2018b), WS-M1-2016- 09-임023(왕경)	

국적	출토지	제안 호칭	소개	보고서	목간 (2004)	백제 (2008)	자전 (2011)	총람 (2022)	사비 (2023)	소장품/유물/ 임시번호	국가귀속번호	기타	비고
신라	경주 월성해자	월성해자 2016-069	임069 (2017)					월성해자 신출토 1호		WS-M1- 2016-05-임 069		임069 (2016) (2018a), 목간 新 1호(2018b), WS-M1-2016- 05-임069(왕경)	
신라	경주 월성해자	월성해자 2016-392	임392 (2017)					월성해자 신출토 2호		WS-M1- 2016-12-임 392		임392 (2016) (2018a), 목간 신 2호(2018b), WS-M1-2016- 12-임392(왕경)	
신라	경주 월성해자	월성해자 2016-418	임418 (2017)					월성해자 신출토 3호		WS-M1- 2016-12-임 418		임418 (2016) (2018a), 목간 신 3호(2018b), WS-M1-2016- 12-임418(왕경)	
신라	경주 월성해자	월성해자 2017-001	임001 (2017)					월성해자 신출토 4호		WS-M1- 2017-02-임 001		임001 (2017) (2018a), 목간 신 4호(2018b), WS-M1-2017- 02-임001(왕경)	
신라	경주 월성해자	월성해자 2017-071	임071 (2017)					월성해자 신출토 5호		WS-M1- 2017-03-임 071		임071 (2017) (2018a), 목간 신 5호(2018b), WS-M1-2017- 03-임071(왕경)	
신라	경주 월성해자	월성해자 2017-098	임098 (2017)					월성해자 신출토 6 호		WS-M1- 2017-03-임 098		임098 (2017) (2018a), 목간 신 6호(2018b), WS-M1-2017- 03-임098(왕경)	
신라	경주 월성해자	월성해자 2018-006	경주 월성 해자 삼면목간 (2021)					월성해자 신출토 8호		WS-M1- 2018-05-임 006		WS-M1-2018- 05-임006(왕경)	
신라	경주 월성해자	월성 4호 해 자 419		월성 4호 해자 419						월성 4호 해자 419	2003- 0144-50	월성 4호 해자 (왕경)	
신라	경주 전인용 사지 (현 인 왕동 사지)	전인용사지 1417호		1417			[仁]1	보고서 1417. 목간		傳 인용사지 418	2002- 0387-추 가-578	傳인용사지(현 인 왕동 사지)(왕경)	
신라	경주 전황복사지	전황복사지 목간1						① 보고서 미간				傳황복사지(왕경)	
신라	경주 황남동 376번지 유적	경주 42560(3-1)	69 (1998)	19	281		[皇]1	보고서 19·20·21		경주 42560 (3-1)	1280	목간1 (2001b), 325(신 라), 경주 42560(3-1) (왕경)	
신라	경주 황남동 376번지 유적	경주 42560(3-2)	제1호 (2001a)	20	282		[皇]2			경주 42560 (3-2)	1280	목간2 (2001b), 326(신 라), 경주 42560(3-2) (왕경)	
신라	경주 황남동 376번지 유적	경주 42560(3-3)	제2호 (2001a)	21			[皇]3			경주 42560 (3-3)	1280	목간3(김창석), 경 주42560(3-3) (왕경)	왕경 미수록
신라	경주 황룡사 남측 도로 유적	황룡사 남측도로 30 호		30. 목간				목간					왕경 미수록
신라	김해 봉황동 저습지 유적	봉황동 목간-147		목간	147		[鳳]1	①				논어목간 (보고서), 논어명 문 목간(신라)	

국적	출토지	제안 호칭	소개	보고서	목간 (2004)	백제 (2008)	자전 (2011)	총람 (2022)	사비 (2023)	소장품/유물/임시번호	국가귀속번호	기타	비고
신라	김해 양동산성	양동산성 128호		128. 목간				보고서 128				1호(2020)	
신라	김해 양동산성	양동산성 129호		129. 목간편				보고서 129				2호(2020)	
신라	김해 양동산성	양동산성 130호		130. 목간				보고서 130				3호(2020)	
신라	남원 아막성	아막성 목간1	목간 (2021)	목간									
신라	대구 팔거산성	팔거산성 목간1	1호(2022)					1호					
신라	대구 팔거산성	팔거산성 목간2	2호(2022)					2호				목간 1(사진 28) (2021)	
신라	대구 팔거산성	팔거산성 목간3	3호(2022)					3호					
신라	대구 팔거산성	팔거산성 목간4	4호(2022)					4호				목간 2(사진 29) (2021)	
신라	대구 팔거산성	팔거산성 목간6	6호(2022)					6호					
신라	대구 팔거산성	팔거산성 목간7	7호(2022)					7호					
신라	대구 팔거산성	팔거산성 목간9	9호(2022)					9호				목간 3(사진 30) (2021)	
신라	대구 팔거산성	팔거산성 목간14	14호(2022)					14호					
신라	대구 팔거산성	팔거산성 목간15	15호(2022)					15호					
신라	대구 팔거산성	팔거산성 목간16	16호(2022)					16호				목간 4(사진 31) (2021)	
신라	부산 배산성	배산성 74호	1호 집수지 출토 목간 (2018)	74				보고서 74					
신라	부산 배산성	배산성 386호	2호 집수지 출토 목간 (2018)	386				보고서 386					
신라	부여 동남리 216-17번지	동남리 216-17 1호		목간					동남리 001		부여 19275	동1(나무)	
신라	서울 아차산성	아차산성 목간	1번 목간 (2018)	목간형 목기(도면 번호 130-1, 도판번호 140-1)				목간					
신라	안성 죽주산성	죽주산성 목간1	A6-② 집수시설 목재 (2011)	용도미상 목재품(사진 745, 도면 697)				1호					
신라	안성 죽주산성	죽주산성 목간2	A6-② 집수시설 추정 목제 자 (2011)	눈금새긴 목재품(사진 671, 도면 623)				2호					
신라	익산 미륵사지	미륵사지 목간-318		큰 목간편	318		[彌]1	① 보고서에 없음					
신라	익산 미륵사지	미륵사지 목간-319		작은 목간편	319		[彌]2	② 보고서에 없음					
신라	인천 계양산성	계양산성 1호		목간 Ⅰ			[桂]1	보고서 1호				논어 목간	

국적	출토지	제안 호칭	소개	보고서	목간(2004)	백제(2008)	자전(2011)	총람(2022)	사비(2023)	소장품/유물/임시번호	국가귀속번호	기타	비고
신라	인천 계양산성	계양산성 2호		목간 II			[桂]2	보고서 2호					
신라	장수 침령산성	침령산성 114호		114				보고서 114					
신라	창녕 화왕산성 연지	화왕산성 목간1	목간1 (2009)	164. 묵서명 목제품			[火]4, [火]2, [火]3	보고서 164호					3개 절단 후 구멍 2개)
신라	창녕 화왕산성 연지	화왕산성 목간2	목간2 (2009)	173. 목제품				보고서 173호					
신라	창녕 화왕산성 연지	화왕산성 목간3	목간3 (2009)	182. 목간									
신라	창녕 화왕산성 연지	화왕산성 목간4	목간4 (2009)	196. 목제인형			[火]1	보고서 196호				인형 목간	인형, 못
신라	하남 이성산성	이성산성 보고서3-1		木簡 1 (보고서3)	118		[二]1	보고서 III차-1호				312(신라)	
신라	하남 이성산성	이성산성 보고서3-2		木簡 2 (보고서3)	119		[二]2					310(신라)	
신라	하남 이성산성	이성산성 보고서3-3		木簡 3 (보고서3)	128		[二]7					311(신라)	
신라	하남 이성산성	이성산성 보고서3-4		木簡 4 (보고서3)	129							311(신라)	
신라	하남 이성산성	이성산성 보고서4-2		木簡 2 (보고서4)	126		[二]6					312(신라)	
신라	하남 이성산성	이성산성 보고서4-5		木簡 5 (보고서4)	125							312(신라)	
신라	하남 이성산성	이성산성 보고서7-4		목간4 (보고서7)	120		[二]3					목간 1 (보고서7 부록1)	
신라	하남 이성산성	이성산성 보고서7-5		목간5 (보고서7)	121		[二]4					목간 2 (보고서7 부록2)	
신라	하남 이성산성	이성산성 보고서8-1		木簡 1 (보고서8)	117		[二]5	보고서 8차 1호					
신라	하남 이성산성	이성산성 보고서8-2		木簡 2 (보고서8)	123			보고서 8차 2호					
신라	하남 이성산성	이성산성 보고서8-5		木簡 5 (보고서8)	124								
신라	하남 이성산성	이성산성 보고서8-6		木簡 6 (보고서8)	127								
신라	함안 성산산성	성산산성 가야27		보고서2-1	28		[城]28	고대목간 II 1호			가야27		
신라	함안 성산산성	성산산성 가야28		보고서2-2	29		[城]29	고대목간 II 2호			가야28		
신라	함안 성산산성	성산산성 가야29		보고서2-3	30		[城]30	고대목간 II 3호			가야29		
신라	함안 성산산성	성산산성 가야30		보고서2-4	31		[城]31	고대목간 II 4호			가야30		
신라	함안 성산산성	성산산성 가야31		보고서2-5	32		[城]32	고대목간 II 5호			가야31		
신라	함안 성산산성	성산산성 가야32		보고서2-6	33		[城]33	고대목간 II 6호			가야32		
신라	함안 성산산성	성산산성 가야33		보고서2-7	34		[城]34	고대목간 II 7호			가야33		
신라	함안 성산산성	성산산성 가야34		보고서2-8	35		[城]35	고대목간 II 8호			가야34		
신라	함안 성산산성	성산산성 가야35		보고서2-9	36		[城]36	고대목간 II 9호			가야35		

국적	출토지	제안 호칭	소개	보고서	목간 (2004)	백제 (2008)	자전 (2011)	총람 (2022)	사비 (2023)	소장품/유물/임시번호	국가귀속번호	기타	비고
신라	함안 성산산성	성산산성 가야36		보고서 2-10	37		[城]37	고대목간 Ⅱ 10호			가야36		
신라	함안 성산산성	성산산성 가야37		보고서 2-11	38		[城]38	고대목간 Ⅱ 11호			가야37		
신라	함안 성산산성	성산산성 가야38		보고서 2-12	39		[城]39	고대목간 Ⅱ 12호			가야38		
신라	함안 성산산성	성산산성 가야39		보고서 2-13	40		[城]40	고대목간 Ⅱ 13호			가야39		
신라	함안 성산산성	성산산성 가야40		보고서 2-14	41		[城]41	고대목간 Ⅱ 14호			가야40		
신라	함안 성산산성	성산산성 가야41		보고서 2-15	42		[城]42	고대목간 Ⅱ 15호			가야41		
신라	함안 성산산성	성산산성 가야42		보고서 2-16	43		[城]43	고대목간 Ⅱ 16호			가야42		
신라	함안 성산산성	성산산성 가야43		보고서 2-17	44		[城]44	고대목간 Ⅱ 17호			가야43		
신라	함안 성산산성	성산산성 가야44		보고서 2-18+66	45+95		[城]45	고대목간 Ⅱ 18호			가야44		
신라	함안 성산산성	성산산성 가야45		보고서 2-19	46		[城]46	고대목간 Ⅱ 19호			가야45		
신라	함안 성산산성	성산산성 가야46		보고서 2-20	47		[城]47	고대목간 Ⅱ 20호			가야46		
신라	함안 성산산성	성산산성 가야47		보고서 2-21	48		[城]48	고대목간 Ⅱ 21호			가야47		
신라	함안 성산산성	성산산성 가야48		보고서 2-22	49		[城]49	고대목간 Ⅱ 22호			가야48		
신라	함안 성산산성	성산산성 가야49		보고서 2-23	50		[城]50	고대목간 Ⅱ 23호			가야49		
신라	함안 성산산성	성산산성 가야50		보고서 2-24	52		[城]51	고대목간 Ⅱ 24호			가야50		
신라	함안 성산산성	성산산성 가야51		보고서 2-25	53		[城]52	고대목간 Ⅱ 25호			가야51		
신라	함안 성산산성	성산산성 가야52		보고서 2-26	54		[城]53	고대목간 Ⅱ 26호			가야52		
신라	함안 성산산성	성산산성 가야53		보고서 2-27	55		[城]54	고대목간 Ⅱ 27호			가야53		
신라	함안 성산산성	성산산성 가야54		보고서 2-28	56		[城]55	고대목간 Ⅱ 28호			가야54		
신라	함안 성산산성	성산산성 가야55		보고서 2-29	57		[城]56	고대목간 Ⅱ 29호			가야55		
신라	함안 성산산성	성산산성 가야56		보고서 2-30	59		[城]57	고대목간 Ⅱ 30호			가야56		
신라	함안 성산산성	성산산성 가야57		보고서 2-31	60		[城]58	고대목간 Ⅱ 31호			가야57		
신라	함안 성산산성	성산산성 가야58		보고서2-32+46+61	61+75+90		[城]59	고대목간 Ⅱ 32호			가야58		
신라	함안 성산산성	성산산성 가야59		보고서 2-33+37	62+66		[城]60	고대목간 Ⅱ 33호			가야59		
신라	함안 성산산성	성산산성 가야60		보고서 2-34	63		[城]61	고대목간 Ⅱ 34호			가야60		
신라	함안 성산산성	성산산성 가야61		보고서 2-35	64		[城]62	고대목간 Ⅱ 35호			가야61		
신라	함안 성산산성	성산산성 가야62		보고서 2-36	65		[城]63	고대목간 Ⅱ 36호			가야62		
신라	함안 성산산성	성산산성 가야63		보고서 2-38	67		[城]64	고대목간 Ⅱ 37호			가야63		
신라	함안 성산산성	성산산성 가야64		보고서 2-39	68		[城]65	고대목간 Ⅱ 38호			가야64		
신라	함안 성산산성	성산산성 가야65		보고서 2-40	69		[城]66	고대목간 Ⅱ 39호			가야65		

국적	출토지	제안 호칭	소개	보고서	목간 (2004)	백제 (2008)	자전 (2011)	총람 (2022)	사비 (2023)	소장품/유물/ 임시번호	국가귀속번호	기타	비고
신라	함안 성산산성	성산산성 가야66		보고서 2-41	70		[城]67	고대목간 Ⅱ 40호			가야66		
신라	함안 성산산성	성산산성 가야67		보고서 2-42	71		[城]68	고대목간 Ⅱ 41호			가야67		
신라	함안 성산산성	성산산성 가야68		보고서 2-43	72		[城]69	고대목간 Ⅱ 42호			가야68		
신라	함안 성산산성	성산산성 가야69		보고서 2-44	73		[城]70	고대목간 Ⅱ 43호			가야69		
신라	함안 성산산성	성산산성 가야70		보고서 2-45	74		[城]71	고대목간 Ⅱ 44호			가야70		
신라	함안 성산산성	성산산성 가야71	E (2006)	보고서 2-47+E	76		[城]72	고대목간 Ⅱ 45호			가야71		
신라	함안 성산산성	성산산성 가야72		보고서 2-48	77		[城]73	고대목간 Ⅱ 46호			가야72		
신라	함안 성산산성	성산산성 가야73		보고서 2-49	78		[城]74	고대목간 Ⅱ 47호			가야73		
신라	함안 성산산성	성산산성 가야74		보고서 2-50	79		[城]75	고대목간 Ⅱ 48호			가야74		
신라	함안 성산산성	성산산성 가야75		보고서 2-51	80		[城]76	고대목간 Ⅱ 49호			가야75		
신라	함안 성산산성	성산산성 가야76		보고서 2-52	81		[城]77	고대목간 Ⅱ 50호			가야76		
신라	함안 성산산성	성산산성 가야77		보고서 2-53	82		[城]78	고대목간 Ⅱ 51호			가야77		
신라	함안 성산산성	성산산성 가야78		보고서 2-54	83		[城]79	고대목간 Ⅱ 52호			가야78		
신라	함안 성산산성	성산산성 가야79		보고서 2-55	84		[城]80	고대목간 Ⅱ 53호			가야79		
신라	함안 성산산성	성산산성 가야80		보고서 2-56	85		[城]81	고대목간 Ⅱ 54호			가야80		
신라	함안 성산산성	성산산성 가야81		보고서 2-57	86		[城]82	고대목간 Ⅱ 55호			가야81		
신라	함안 성산산성	성산산성 가야82		보고서 2-58	87		[城]83	고대목간 Ⅱ 56호			가야82		
신라	함안 성산산성	성산산성 가야83		보고서 2-59	88		[城]84	고대목간 Ⅱ 57호			가야83		
신라	함안 성산산성	성산산성 가야84		보고서 2-60	89		[城]85	고대목간 Ⅱ 58호			가야84		
신라	함안 성산산성	성산산성 가야85		보고서 2-62	91		[城]86	고대목간 Ⅱ 59호			가야85		
신라	함안 성산산성	성산산성 가야86		보고서 2-63	92		[城]87	고대목간 Ⅱ 60호			가야86		
신라	함안 성산산성	성산산성 가야88		보고서 2-65	94		[城]89	고대목간 Ⅱ 61호			가야88		
신라	함안 성산산성	성산산성 가야89		보고서 2-67	96		[城]90	고대목간 Ⅱ 62호			가야89		
신라	함안 성산산성	성산산성 가야90		보고서 2-68	97		[城]91	고대목간 Ⅱ 63호			가야90		
신라	함안 성산산성	성산산성 가야1590	2006-w1 (2007)	보고서4-1			[城]100	고대목간 Ⅱ 64호			가야1590		
신라	함안 성산산성	성산산성 가야1592	2006-w3 (2007)	보고서 4-16			[城]115	고대목간 Ⅱ 65호			가야1592		
신라	함안 성산산성	성산산성 가야1593	2006-w4 (2007)	보고서4-2			[城]101	고대목간 Ⅱ 66호			가야1593		
신라	함안 성산산성	성산산성 가야1594	2006-w10 (2007)	보고서4-5			[城]104	고대목간 Ⅱ 67호			가야1594		
신라	함안 성산산성	성산산성 가야1595	2006-w11 (2007)	보고서 4-20			[城]119	고대목간 Ⅱ 68호			가야1595		
신라	함안 성산산성	성산산성 가야1596	2006-w5 (2007)	보고서 4-17			[城]116	고대목간 Ⅱ 69호			가야1596		

국적	출토지	제안 호칭	소개	보고서	목간 (2004)	백제 (2008)	자전 (2011)	총람 (2022)	사비 (2023)	소장품/유물/ 임시번호	국가귀속번호	기타	비고
신라	함안 성산산성	성산산성 가야1597	2006-w6 (2007)	보고서4-3			[城]102	고대목간 Ⅱ 70호			가야1597		
신라	함안 성산산성	성산산성 가야1598	2006-w7 (2007)	보고서 4-18			[城]117	고대목간 Ⅱ 71호			가야1598		
신라	함안 성산산성	성산산성 가야1599	2006-w8 (2007)	보고서4-4			[城]103	고대목간 Ⅱ 72호			가야1599		
신라	함안 성산산성	성산산성 가야1600	2006-w9 (2007)	보고서 4-19			[城]118	고대목간 Ⅱ 73호			가야1600		
신라	함안 성산산성	성산산성 가야1601	2006-w12 (2007)	보고서4-6			[城]105	고대목간 Ⅱ 74호			가야1601		
신라	함안 성산산성	성산산성 가야1602	2006-w40 (2007)	보고서 4-28			[城]127	고대목간 Ⅱ 75호			가야1602		
신라	함안 성산산성	성산산성 가야1605	2006-w15 (2007)	보고서 4-11			[城]110	고대목간 Ⅱ 76호			가야1605		
신라	함안 성산산성	성산산성 가야1606	2006-w16 (2007)	보고서4-7			[城]106	고대목간 Ⅱ 77호			가야1606		
신라	함안 성산산성	성산산성 가야1607	2006-w17 (2007)	보고서 4-21			[城]120	고대목간 Ⅱ 78호			가야1607		
신라	함안 성산산성	성산산성 가야1609	2006-w19 (2007)	보고서4-8			[城]107	고대목간 Ⅱ 79호			가야1609		
신라	함안 성산산성	성산산성 가야1613	2006-w24 (2007)	보고서 4-22			[城]121	고대목간 Ⅱ 80호			가야1613		
신라	함안 성산산성	성산산성 가야1614	2006-w25 (2007)	보고서4-9			[城]108	고대목간 Ⅱ 81호			가야1614		
신라	함안 성산산성	성산산성 가야1615	2006-w26 (2007)	보고서 4-23			[城]122	고대목간 Ⅱ 82호			가야1615		
신라	함안 성산산성	성산산성 가야1616	2006-w27 (2007)	보고서 4-10			[城]109	고대목간 Ⅱ 83호			가야1616		
신라	함안 성산산성	성산산성 가야1617	2006-w28 (2007)	보고서 4-13			[城]112	고대목간 Ⅱ 84호			가야1617		
신라	함안 성산산성	성산산성 가야1618	2006-w35 (2007)	보고서 4-26			[城]125	고대목간 Ⅱ 85호			가야1618		
신라	함안 성산산성	성산산성 가야1619	2006-w36 (2007)	보고서 4-14			[城]113	고대목간 Ⅱ 86호			가야1619		
신라	함안 성산산성	성산산성 가야1620	2006-w37 (2007)	보고서 4-27			[城]126	고대목간 Ⅱ 87호			가야1620		
신라	함안 성산산성	성산산성 가야1622	2006-w29 (2007)	보고서 4-15			[城]114	고대목간 Ⅱ 88호			가야1622		
신라	함안 성산산성	성산산성 가야1623	2006-w30 (2007)	보고서 4-24			[城]123	고대목간 Ⅱ 89호			가야1623		
신라	함안 성산산성	성산산성 가야1624	2006-w31 (2007)	보고서 4-12			[城]111	고대목간 Ⅱ 90호			가야1624		
신라	함안 성산산성	성산산성 가야1625	2006-w32 (2007)	보고서 4-25			[城]124	고대목간 Ⅱ 91호			가야1625		
신라	함안 성산산성	성산산성 가야1982	2007-w1 (2007)	보고서 4-29			[城]128	고대목간 Ⅱ 92호			가야1982		
신라	함안 성산산성	성산산성 가야1985	2007-w4 (2007)	보고서 4-30			[城]129	고대목간 Ⅱ 93호			가야1985		
신라	함안 성산산성	성산산성 가야1986	2007-w5 (2007)	보고서 4-31			[城]130	고대목간 Ⅱ 94호			가야1986		
신라	함안 성산산성	성산산성 가야1987	2007-w6 (2007)	보고서 4-32			[城]131	고대목간 Ⅱ 95호			가야1987		
신라	함안 성산산성	성산산성 가야1988	2007-w7 (2007)	보고서 4-33			[城]132	고대목간 Ⅱ 96호			가야1988		
신라	함안 성산산성	성산산성 가야1989	2007-w8 (2007)	보고서 4-34			[城]133	고대목간 Ⅱ 97호			가야1989		
신라	함안 성산산성	성산산성 가야1990	2007-w9 (2007)	보고서 4-35			[城]134	고대목간 Ⅱ 98호			가야1990		
신라	함안 성산산성	성산산성 가야1991	2007-w10 (2007)	보고서 4-36			[城]135	고대목간 Ⅱ 99호			가야1991		

국적	출토지	제안 호칭	소개	보고서	목간 (2004)	백제 (2008)	자전 (2011)	총람 (2022)	사비 (2023)	소장품/유물/ 임시번호	국가귀속번호	기타	비고
신라	함안 성산산성	성산산성 가야1992	2007-w11 (2007)	보고서 4-37			[城]136	고대목간 II 100호			가야1992		
신라	함안 성산산성	성산산성 가야1993	2007-w12 (2007)	보고서 4-38			[城]137	고대목간 II 101호			가야1993		
신라	함안 성산산성	성산산성 가야1994	2007-w13 (2007)	보고서 4-39			[城]138	고대목간 II 102호			가야1994		
신라	함안 성산산성	성산산성 가야1995	2007-w14 (2007)	보고서 4-40			[城]139	고대목간 II 103호			가야1995		
신라	함안 성산산성	성산산성 가야1996	2007-w15 (2007)	보고서 4-41			[城]140	고대목간 II 104호			가야1996		
신라	함안 성산산성	성산산성 가야1997	2007-w16 (2007)	보고서 4-42			[城]141	고대목간 II 105호			가야1997		
신라	함안 성산산성	성산산성 가야1998	2007-w17 (2007)	보고서 4-43			[城]142	고대목간 II 106호			가야1998		
신라	함안 성산산성	성산산성 가야1999	2007-w18 (2007)	보고서 4-44			[城]143	고대목간 II 107호			가야1999		
신라	함안 성산산성	성산산성 가야2000	2007-w19 (2007)	보고서 4-45			[城]144	고대목간 II 108호			가야2000		
신라	함안 성산산성	성산산성 가야2001	2007-w20 (2007)	보고서 4-46			[城]145	고대목간 II 109호			가야2001		
신라	함안 성산산성	성산산성 가야2002	2007-w21 (2007)	보고서 4-47			[城]146	고대목간 II 110호			가야2002		
신라	함안 성산산성	성산산성 가야2003	2007-w22 (2007)	보고서 4-48			[城]147	고대목간 II 111호			가야2003		
신라	함안 성산산성	성산산성 가야2004	2007-w23 (2007)	보고서 4-49			[城]148	고대목간 II 112호			가야2004		
신라	함안 성산산성	성산산성 가야2005	2007-w24 (2007)	보고서 4-50			[城]149	고대목간 II 113호			가야2005		
신라	함안 성산산성	성산산성 가야2006	2007-w25 (2007)	보고서 4-51			[城]150	고대목간 II 114호			가야2006		
신라	함안 성산산성	성산산성 가야2007	2007-w26 (2007)	보고서 4-52			[城]151	고대목간 II 115호			가야2007		
신라	함안 성산산성	성산산성 가야2008	2007-w27 (2007)	보고서 4-53			[城]152	고대목간 II 116호			가야2008		
신라	함안 성산산성	성산산성 가야2009	2007-w28 (2007)	보고서 4-54			[城]153	고대목간 II 117호			가야2009		
신라	함안 성산산성	성산산성 가야2010	2007-w29 (2007)	보고서 4-55			[城]154	고대목간 II 118호			가야2010		
신라	함안 성산산성	성산산성 가야2011	2007-w30 (2007)	보고서 4-56			[城]155	고대목간 II 119호			가야2011		
신라	함안 성산산성	성산산성 가야2012	2007-w31 (2007)	보고서 4-57			[城]156	고대목간 II 120호			가야2012		
신라	함안 성산산성	성산산성 가야2013	2007-w32 (2007)	보고서 4-58			[城]157	고대목간 II 121호			가야2013		
신라	함안 성산산성	성산산성 가야2014	2007-w33 (2007)	보고서 4-59			[城]158	고대목간 II 122호			가야2014		
신라	함안 성산산성	성산산성 가야2015	2007-w34 (2007)	보고서 4-60			[城]159	고대목간 II 123호			가야2015		
신라	함안 성산산성	성산산성 가야2016	2007-w35 (2007)	보고서 4-61			[城]160	고대목간 II 124호			가야2016		
신라	함안 성산산성	성산산성 가야2017	2007-w36 (2007)	보고서 4-62			[城]161	고대목간 II 125호			가야2017		
신라	함안 성산산성	성산산성 가야2018	2007-w37 (2007)	보고서 4-63			[城]162	고대목간 II 126호			가야2018		
신라	함안 성산산성	성산산성 가야2019	2007-w38 (2007)	보고서 4-64			[城]163	고대목간 II 127호			가야2019		
신라	함안 성산산성	성산산성 가야2020	2007-w39 (2007)	보고서 4-65			[城]164	고대목간 II 128호			가야2020		
신라	함안 성산산성	성산산성 가야2021	2007-w40 (2007)	보고서 4-66			[城]165	고대목간 II 129호			가야2021		

국적	출토지	제안 호칭	소개	보고서	목간 (2004)	백제 (2008)	자전 (2011)	총람 (2022)	사비 (2023)	소장품/유물/임시번호	국가귀속번호	기타	비고
신라	함안 성산산성	성산산성 가야2022	2007-w41 (2007)	보고서 4-67			[城]166	고대목간 II 130호			가야2022		
신라	함안 성산산성	성산산성 가야2023	2007-w42 (2007)	보고서 4-68			[城]167	고대목간 II 131호			가야2023		
신라	함안 성산산성	성산산성 가야2024	2007-w43 (2007)	보고서 4-69			[城]168	고대목간 II 132호			가야2024		
신라	함안 성산산성	성산산성 가야2025	2007-w44 (2007)	보고서 4-70			[城]169	고대목간 II 133호			가야2025		
신라	함안 성산산성	성산산성 가야2026	2007-w45 (2007)	보고서 4-71			[城]170	고대목간 II 134호			가야2026		
신라	함안 성산산성	성산산성 가야2027	2007-w46 (2007)	보고서 4-72			[城]171	고대목간 II 135호			가야2027		
신라	함안 성산산성	성산산성 가야2028	2007-w47 (2007)	보고서 4-73			[城]172	고대목간 II 136호			가야2028		
신라	함안 성산산성	성산산성 가야2029	2007-w48 (2007)	보고서 4-74			[城]173	고대목간 II 137호			가야2029		
신라	함안 성산산성	성산산성 가야2030	2007-w49 (2007)	보고서 4-75			[城]174	고대목간 II 138호			가야2030		
신라	함안 성산산성	성산산성 가야2031	2007-w50 (2007)	보고서 4-76			[城]175	고대목간 II 139호			가야2031		
신라	함안 성산산성	성산산성 가야2032	2007-w51 (2007)	보고서 4-77			[城]176	고대목간 II 140호			가야2032		
신라	함안 성산산성	성산산성 가야2033	2007-w52 (2007)	보고서 4-78			[城]177	고대목간 II 141호			가야2033		
신라	함안 성산산성	성산산성 가야2034	2007-w53 (2007)	보고서 4-79			[城]178	고대목간 II 142호			가야2034		
신라	함안 성산산성	성산산성 가야2035	2007-w54 (2007)	보고서 4-80			[城]179	고대목간 II 143호			가야2035		
신라	함안 성산산성	성산산성 가야2036	2007-w55 (2007)	보고서 4-81			[城]180	고대목간 II 144호			가야2036		
신라	함안 성산산성	성산산성 가야2037	2007-w56 (2007)	보고서 4-82			[城]181	고대목간 II 145호			가야2037		
신라	함안 성산산성	성산산성 가야2038	2007-w57 (2007)	보고서 4-83			[城]182	고대목간 II 146호			가야2038		
신라	함안 성산산성	성산산성 가야2039	2007-w58 (2007)	보고서 4-84			[城]183	고대목간 II 147호			가야2039		
신라	함안 성산산성	성산산성 가야2042	2007-A (2007)	보고서 4-87			[城]186	고대목간 II 148호			가야2042		
신라	함안 성산산성	성산산성 가야2043	2007-B (2007)	보고서 4-88			[城]187	고대목간 II 149호			가야2043		
신라	함안 성산산성	성산산성 가야2044	2007-C (2007)					고대목간 II 150호			가야2044		
신라	함안 성산산성	성산산성 가야2045	2007-D (2007)	보고서 4-89			[城]188	고대목간 II 151호			가야2045		
신라	함안 성산산성	성산산성 가야2046	2007-E (2007)	보고서 4-90			[城]189	고대목간 II 152호			가야2046		
신라	함안 성산산성	성산산성 가야2047	2007-F (2007)	보고서 4-91			[城]190	고대목간 II 153호			가야2047		
신라	함안 성산산성	성산산성 가야2048	2007-G (2007)	보고서 4-92			[城]191	고대목간 II 154호			가야2048		
신라	함안 성산산성	성산산성 가야2049	2007-H (2007)	보고서 4-93			[城]192	고대목간 II 155호			가야2049		
신라	함안 성산산성	성산산성 가야2050	2007-I (2007)	보고서 4-94			[城]193	고대목간 II 156호			가야2050		
신라	함안 성산산성	성산산성 가야2051	2007-w61 (2007)	보고서 4-85			[城]184	고대목간 II 157호			가야2051		
신라	함안 성산산성	성산산성 가야2052	2007-w62 (2007)					고대목간 II 158호			가야2052		
신라	함안 성산산성	성산산성 가야2054	2007-w64 (2007)	보고서 4-86			[城]185	고대목간 II 159호			가야2054		

국적	출토지	제안 호칭	소개	보고서	목간 (2004)	백제 (2008)	자전 (2011)	총람 (2022)	사비 (2023)	소장품/유물/ 임시번호	국가귀속번호	기타	비고
신라	함안 성산산성	성산산성 가야2055		보고서 4-97			[城]196	고대목간 Ⅱ 160호			가야2055		
신라	함안 성산산성	성산산성 가야2056		보고서 4-95			[城]194	고대목간 Ⅱ 161호			가야2056		
신라	함안 성산산성	성산산성 가야2057		보고서 4-96			[城]195	고대목간 Ⅱ 162호			가야2057		
신라	함안 성산산성	성산산성 가야2058	T304 (2007)	보고서 4-98			[城]197	고대목간 Ⅱ 163호			가야2058		
신라	함안 성산산성	성산산성 가야2060	T370 (2007)	보고서 4-99			[城]198	고대목간 Ⅱ 164호			가야2060		
신라	함안 성산산성	성산산성 가야2390		보고서 4-100			[城]199	고대목간 Ⅱ 165호			가야2390		
신라	함안 성산산성	성산산성 가야2391		보고서 4-101			[城]200	고대목간 Ⅱ 166호			가야2391		
신라	함안 성산산성	성산산성 가야2614		보고서 4-102			[城]201	고대목간 Ⅱ 167호			가야2614		
신라	함안 성산산성	성산산성 가야2618		보고서 4-103			[城]202	고대목간 Ⅱ 168호			가야2618		
신라	함안 성산산성	성산산성 가야2619		보고서 4-104			[城]203	고대목간 Ⅱ 169호			가야2619		
신라	함안 성산산성	성산산성 가야2620		보고서 4-105			[城]204	고대목간 Ⅱ 170호			가야2620		
신라	함안 성산산성	성산산성 가야2624		보고서 4-108			[城]207	고대목간 Ⅱ 171호			가야2624		
신라	함안 성산산성	성산산성 가야2625		보고서 4-124			[城]224	고대목간 Ⅱ 172호			가야2625		
신라	함안 성산산성	성산산성 가야2627		보고서 4-109			[城]208	고대목간 Ⅱ 173호			가야2627		
신라	함안 성산산성	성산산성 가야2628		보고서 4-110			[城]209	고대목간 Ⅱ 174호			가야2628		
신라	함안 성산산성	성산산성 가야2629		보고서 4-111			[城]210	고대목간 Ⅱ 175호			가야2629		
신라	함안 성산산성	성산산성 가야2630		보고서 4-112			[城]211	고대목간 Ⅱ 176호			가야2630		
신라	함안 성산산성	성산산성 가야2631		보고서 4-113			[城]212	고대목간 Ⅱ 177호			가야2631		
신라	함안 성산산성	성산산성 가야2632		보고서 4-114			[城]213	고대목간 Ⅱ 178호			가야2632		
신라	함안 성산산성	성산산성 가야2633		보고서 4-115			[城]214	고대목간 Ⅱ 179호			가야2633		
신라	함안 성산산성	성산산성 가야2635		보고서 4-116			[城]215	고대목간 Ⅱ 180호			가야2635		
신라	함안 성산산성	성산산성 가야2636		보고서 4-117			[城]216	고대목간 Ⅱ 181호			가야2636		
신라	함안 성산산성	성산산성 가야2637		보고서 4-118			[城]217	고대목간 Ⅱ 182호			가야2637		
신라	함안 성산산성	성산산성 가야2639		보고서 4-119			[城]218	고대목간 Ⅱ 183호			가야2639		
신라	함안 성산산성	성산산성 가야2640		보고서 4-120			[城]219	고대목간 Ⅱ 184호			가야2640		
신라	함안 성산산성	성산산성 가야2641		보고서 4-121			[城]220	고대목간 Ⅱ 185호			가야2641		
신라	함안 성산산성	성산산성 가야2645		보고서 4-122			[城]221	고대목간 Ⅱ 186호			가야2645		
신라	함안 성산산성	성산산성 가야2954		보고서 4-123			[城]222	고대목간 Ⅱ 187호			가야2954		
신라	함안 성산산성	성산산성 가야2956		보고서 4-125			[城]223	고대목간 Ⅱ 188호			가야2956		
신라	함안 성산산성	성산산성 가야4685		보고서 5-163				고대목간 Ⅱ 189호			가야4685		

국적	출토지	제안 호칭	소개	보고서	목간 (2004)	백제 (2008)	자전 (2011)	총람 (2022)	사비 (2023)	소장품/유물/ 임시번호	국가귀속번호	기타	비고
신라	함안 성산산성	성산산성 가야4686		보고서 5-164				고대목간 II 190호			가야4686		
신라	함안 성산산성	성산산성 가야4687		보고서 5-165				고대목간 II 191호			가야4687		
신라	함안 성산산성	성산산성 가야4688		보고서 5-166				고대목간 II 192호			가야4688		
신라	함안 성산산성	성산산성 가야4689		보고서 5-167				고대목간 II 193호			가야4689		
신라	함안 성산산성	성산산성 가야4691		보고서 5-169				고대목간 II 194호			가야4691		
신라	함안 성산산성	성산산성 가야4692		보고서 5-170				고대목간 II 195호			가야4692		
신라	함안 성산산성	성산산성 가야4693		보고서 5-171				고대목간 II 196호			가야4693		
신라	함안 성산산성	성산산성 가야4694		보고서 5-172				고대목간 II 197호			가야4694		
신라	함안 성산산성	성산산성 가야4695		보고서 5-173				고대목간 II 198호			가야4695		
신라	함안 성산산성	성산산성 가야4696		보고서 5-174				고대목간 II 199호			가야4696		
신라	함안 성산산성	성산산성 가야4697		보고서 5-175				고대목간 II 200호			가야4697		
신라	함안 성산산성	성산산성 가야5581		보고서 6-218				고대목간 II 201호			가야5581		
신라	함안 성산산성	성산산성 가야5582		보고서 6-219				고대목간 II 202호			가야5582		
신라	함안 성산산성	성산산성 가야5583		보고서 6-220				고대목간 II 203호			가야5583		
신라	함안 성산산성	성산산성 가야5584		보고서 6-221				고대목간 II 204호			가야5584		
신라	함안 성산산성	성산산성 가야5585		보고서 6-222				고대목간 II 205호			가야5585		
신라	함안 성산산성	성산산성 가야5586		보고서 6-223				고대목간 II 206호			가야5586		
신라	함안 성산산성	성산산성 가야5587		보고서 6-224				고대목간 II 207호			가야5587		
신라	함안 성산산성	성산산성 가야5588		보고서 6-225				고대목간 II 208호			가야5588		
신라	함안 성산산성	성산산성 가야5589		보고서 6-226				고대목간 II 209호			가야5589		
신라	함안 성산산성	성산산성 가야5590		보고서 6-227				고대목간 II 210호			가야5590		
신라	함안 성산산성	성산산성 가야5591		보고서 6-228				고대목간 II 211호			가야5591		
신라	함안 성산산성	성산산성 가야5592		보고서 6-229				고대목간 II 212호			가야5592		
신라	함안 성산산성	성산산성 가야5593		보고서 6-230				고대목간 II 213호			가야5593		
신라	함안 성산산성	성산산성 가야5594		보고서 6-231				고대목간 II 214호			가야5594		
신라	함안 성산산성	성산산성 가야5595		보고서 6-232				고대목간 II 215호			가야5595		
신라	함안 성산산성	성산산성 가야5596		보고서 6-233				고대목간 II 216호			가야5596		
신라	함안 성산산성	성산산성 가야5597		보고서 6-234				고대목간 II 217호			가야5597		
신라	함안 성산산성	성산산성 가야5598		보고서 6-235				고대목간 II 218호			가야5598		
신라	함안 성산산성	성산산성 가야5599		보고서 6-236				고대목간 II 219호			가야5599		

국적	출토지	제안 호칭	소개	보고서	목간 (2004)	백제 (2008)	자전 (2011)	총람 (2022)	사비 (2023)	소장품/유물/ 임시번호	국가귀속번호	기타	비고
신라	함안 성산산성	성산산성 가야5600		보고서 6-237				고대목간 II 220호			가야5600		
신라	함안 성산산성	성산산성 가야5601		보고서 6-238				고대목간 II 221호			가야5601		
신라	함안 성산산성	성산산성 김해1264		보고서1-2	24		[城]2	고대목간 II 223호			김해1264		
신라	함안 성산산성	성산산성 김해1265		보고서1-3	23		[城]3	고대목간 II 224호			김해1265		
신라	함안 성산산성	성산산성 김해1268		보고서1-6	10		[城]6	고대목간 II 225호			김해1268		
신라	함안 성산산성	성산산성 김해1269		보고서1-7	6		[城]7	고대목간 II 226호			김해1269		
신라	함안 성산산성	성산산성 김해1270		보고서1-8	11		[城]8	고대목간 II 227호			김해1270		
신라	함안 성산산성	성산산성 김해1271		보고서1-9	12		[城]9	고대목간 II 228호			김해1271		
신라	함안 성산산성	성산산성 김해1272		보고서 1-10	7		[城]10	고대목간 II 229호			김해1272		
신라	함안 성산산성	성산산성 김해1274		보고서 1-12	18		[城]12	고대목간 II 231호			김해1274		
신라	함안 성산산성	성산산성 김해1275		보고서 1-13	1		[城]13	고대목간 II 232호			김해1275		
신라	함안 성산산성	성산산성 김해1276		보고서 1-14	9		[城]14	고대목간 II 233호			김해 1276		
신라	함안 성산산성	성산산성 김해1277		보고서 1-15	17		[城]15	고대목간 II 234호			김해1277		
신라	함안 성산산성	성산산성 김해1278		보고서 1-16	19		[城]16	고대목간 II 235호			김해1278		
신라	함안 성산산성	성산산성 김해1279		보고서 1-17	2		[城]17	고대목간 II 236호			김해1279		
신라	함안 성산산성	성산산성 김해1280		보고서 1-18	16		[城]18	고대목간 II 237호			김해1280		
신라	함안 성산산성	성산산성 김해1282		보고서 1-20	13		[城]20	고대목간 II 238호			김해1282		
신라	함안 성산산성	성산산성 김해1284		보고서 1-22	22		[城]22	고대목간 II 240호			김해1284		
신라	함안 성산산성	성산산성 김해1285		보고서 1-23	15		[城]23	고대목간 II 241호			김해1285		
신라	함안 성산산성	성산산성 김해1286		보고서 1-24	14		[城]24	고대목간 II 242호			김해1286		
신라	함안 성산산성	성산산성 김해1287		보고서 1-25	4		[城]25	고대목간 II 243호			김해1287		
신라	함안 성산산성	성산산성 김해1289		보고서 1-27	21		[城]27	고대목간 II 245호			김해1289		
신라	함안 성산산성	성산산성 보고서2-85		보고서 2-85			[城]93						목간II 미수록
신라	함안 성산산성	성산산성 보고서2-88		보고서 2-88	58		[城]94						제첨 축?, 목 간II 미 수록
신라	함안 성산산성	성산산성 보고서3-1		보고서3-1	51								목간II 미수록
신라	함안 성산산성	성산산성 자전-성95	A (2006)				[城]95						목간II 미수록
신라	함안 성산산성	성산산성 자전-성96	B (2006)				[城]96						목간II 미수록
신라	함안 성산산성	성산산성 자전-성97	C (2006)				[城]97						목간II 미수록
신라	함안 성산산성	성산산성 자전-성98	D (2006)				[城]98						목간II 미수록

국적	출토지	제안 호칭	소개	보고서	목간 (2004)	백제 (2008)	자전 (2011)	총람 (2022)	사비 (2023)	소장품/유물/임시번호	국가귀속번호	기타	비고
신라	함안 성산산성	성산산성 자전-성99	F (2006)				[城]99						목간II 미수록
신라	함안 성산산성	성산산성 진주1263		보고서1-1	3		[城]1	고대목간 II 222호			진주1263		
신라	함안 성산산성	성산산성 진주1273		보고서 1-11	8		[城]11	고대목간 II 230호			진주1273		
신라	함안 성산산성	성산산성 진주1283		보고서 1-21	20		[城]21	고대목간 II 239호			진주1283		
신라	함안 성산산성	성산산성 진주1288		보고서 1-26	5		[城]26	고대목간 II 244호			진주1288		
태봉	양주 대모산성	양주 대모산성 목간1	목간 (2024)										
태봉	양주 대모산성	양주 대모산성 목간2	목간2 (2025)										
태봉	양주 대모산성	양주 대모산성 목간3	목간3 (2025)										
태봉	양주 대모산성	양주 대모산성 목간4	목간4 (2025)										
태봉	양주 대모산성	양주 대모산성 목간5	목간5 (2025)										
고려	울산 반구동 유적	울산 반구동 목간 1	목간	1034. 木簡				보고서 1034호					
고려	태안 대섬 태안선	태안선 1호	대섬목간 A-5	목간 1			[船]1	1호(출수 지점 F8-목간)					
고려	태안 대섬 태안선	태안선 2호	대섬목간 A-2	목간 2			[船]2	2호 (F8-목간)					
고려	태안 대섬 태안선	태안선 3호	대섬목간 A-1	목간 3			[船]3	3호 (F8~F9- 목간)					
고려	태안 대섬 태안선	태안선 4호	대섬목간 A-6	목간 4			[船]4	4호(G7~ G10-목 간)					
고려	태안 대섬 태안선	태안선 5호	대섬목간 A-8	목간 5			[船]5	5호 (F1-목간)					
고려	태안 대섬 태안선	태안선 6호	대섬목간 A-7	목간 6			[船]6	6호 (F8~F9- 목간)					
고려	태안 대섬 태안선	태안선 7호	대섬목간 A-4	목간 7			[船]7	7호 (F8~F9- 목간)					
고려	태안 대섬 태안선	태안선 8호	대섬목간 A-3	목간 8			[船]8	8호(G7~ G10-목 간)					
고려	태안 대섬 태안선	태안선 9호	대섬목간 B-1	목간 9			[船]9	9호 (E7-목간)					
고려	태안 대섬 태안선	태안선 10호	대섬목간 B-2	목간 10			[船]10	10호 (F8~F9- 목간)					
고려	태안 대섬 태안선	태안선 11호	대섬목간 B-3	목간 11			[船]11	11호 (E9-목간)					
고려	태안 대섬 태안선	태안선 12호	대섬목간 B-4	목간 12			[船]12	12호 (F10-목 간)					
고려	태안 대섬 태안선	태안선 13호	대섬목간 B-5	목간 13			[船]13	13호(미 상-목간)					

국적	출토지	제안 호칭	소개	보고서	목간 (2004)	백제 (2008)	자전 (2011)	총람 (2022)	사비 (2023)	소장품/유물/ 임시번호	국가귀속번호	기타	비고
고려	태안 대섬 태안선	태안선 14호	대섬목간 C-1	목간 14			[船]14	14호 (F9-목간)					
고려	태안 대섬 태안선	태안선 15호	대섬목간 C-2	목간 15			[船]15	15호 (G5-목간)					
고려	태안 대섬 태안선	태안선 16호	대섬목간 C-3	목간 16			[船]16	16호 (H9-목간)					
고려	태안 대섬 태안선	태안선 17호	대섬목간D	목간 17			[船]17	17호 (E~H-목 간)					
고려	태안 대섬 태안선	태안선 18호		목간 18			[船]18	18호(미 상-목간)					
고려	태안 대섬 태안선	태안선 19호	대섬목간E	목간 19			[船]19	19호 (G6-목간)					한 측면 에만 홈
고려	태안 대섬 태안선	태안선 20호	대섬목간 기타	목간 20			[船]20	20호 (H9-목간)					기호
고려	태안 대섬 태안선	태안선 자전-21					[船]21						
고려	태안 대섬 태안선	태안선 자전-22					[船]22						
고려	태안 대섬 태안선	태안선 자전-23					[船]23						
고려	태안 대섬 태안선	태안선 자전-24					[船]24						
고려	태안 대섬 태안선	태안선 자전-25					[船]25						
고려	태안 대섬 태안선	태안선 자전-26					[船]26						
고려	태안 대섬 태안선	태안선 자전-27					[船]27						
고려	태안 대섬 태안선	태안선 자전-28					[船]28						
고려	태안 대섬 태안선	태안선 자전-29					[船]29						
고려	태안 대섬 태안선	태안선 자전-30					[船]30						
고려	태안 대섬 태안선	태안선 자전-31					[船]31						
고려	태안 대섬 태안선	태안선 자전-32					[船]32						
고려	태안 대섬 태안선	태안선 자전-33					[船]33						
고려	태안 마도1호선	마도1호선 1호		1. 0605-미 상-죽찰				1호					죽간
고려	태안 마도1호선	마도1호선 3호	1. 0705-D17 대나무	3. 0705- D17-죽찰				3호					죽간
고려	태안 마도1호선	마도1호선 4호		4. 0706- C18-목간			[馬1]1	4호					
고려	태안 마도1호선	마도1호선 5호	2. 0725-B19	5. 0725- B19-목간			[馬1]2	5호					
고려	태안 마도1호선	마도1호선 6호		6. 0726- A19-죽찰				6호					죽간
고려	태안 마도1호선	마도1호선 7호	3. 0728-A19	7. 0728- A19-목간			[馬1]3	7호					
고려	태안 마도1호선	마도1호선 8호	4. 0729-D16	8. 0729- D16-목간			[馬1]4	8호					끈 잔존

국적	출토지	제안 호칭	소개	보고서	목간 (2004)	백제 (2008)	자전 (2011)	총람 (2022)	사비 (2023)	소장품/유물/ 임시번호	국가귀속번호	기타	비고
고려	태안 마도1호선	마도1호선 9호	5. 0731-F16 대나무	9. 0731- F16-죽찰				9호					죽간
고려	태안 마도1호선	마도1호선 10호	6. 0810-G16	10. 0810- G16-목간			[馬1]5	10호					
고려	태안 마도1호선	마도1호선 11호	7. 0813-B17 대나무	11. 0813- B17-죽찰				11호					죽간
고려	태안 마도1호선	마도1호선 12호	8. 0813-H16	12. 0813- H16-목간			[馬1]6	12호					
고려	태안 마도1호선	마도1호선 13호	9. 0817-G14	13. 0817- G14-목간			[馬1]7	13호					
고려	태안 마도1호선	마도1호선 14호		14. 0817-미 상-목간			[馬1]8	14호					
고려	태안 마도1호선	마도1호선 15호	10. 0828-H12	15. 0828- H12-목간			[馬1]9	15호					
고려	태안 마도1호선	마도1호선 16호	11. 0828-H13	16. 0828- H13-목간			[馬1]10	16호					끈 잔존
고려	태안 마도1호선	마도1호선 17호	12. 0828-I12대 나무	17. 0828- I12-죽찰				17호					죽간
고려	태안 마도1호선	마도1호선 18호	13. 0829-Z16 대나무	18. 0829- Z16-죽찰				18호					죽간
고려	태안 마도1호선	마도1호선 19호	14. 0831-I11대 나무	19. 0831- I11-죽찰				19호					죽간
고려	태안 마도1호선	마도1호선 20호	15. 0831-I12대 나무	20. 0831- I12-죽찰				20호					죽간
고려	태안 마도1호선	마도1호선 21호		21. 0831- Z11-목간			[馬1]11	21호					
고려	태안 마도1호선	마도1호선 22호		22. 0901- E15-죽찰				22호					죽간
고려	태안 마도1호선	마도1호선 23호		23. 0907- Y16-죽찰1				23호					죽간
고려	태안 마도1호선	마도1호선 24호		24. 0907- Y16-죽찰2				24호					죽간
고려	태안 마도1호선	마도1호선 25호		25. 0907- Y16-죽찰3				25호					죽간
고려	태안 마도1호선	마도1호선 26호		26. 0907- Y17-죽찰				26호					죽간
고려	태안 마도1호선	마도1호선 27호		27. 0907- Z17-목간			[馬1]12	27호					
고려	태안 마도1호선	마도1호선 28호		28. 0908- A18-죽찰				28호					죽간, 한 측면 에만 홈
고려	태안 마도1호선	마도1호선 29호		29. 0908- A19-죽찰				29호					죽간, 한 측면 에만 홈

국적	출토지	제안 호칭	소개	보고서	목간 (2004)	백제 (2008)	자전 (2011)	총람 (2022)	사비 (2023)	소장품/유물/ 임시번호	국가귀속번호	기타	비고
고려	태안 마도1호선	마도1호선 30호		30. 0909- K18-죽찰				30호					죽간
고려	태안 마도1호선	마도1호선 31호		31. 0909- X18-죽찰				31호					죽간
고려	태안 마도1호선	마도1호선 32호		32. 0909- X18-죽찰				32호					죽간
고려	태안 마도1호선	마도1호선 33호		33. 0910- J17-목간			[馬1]13	33호					
고려	태안 마도1호선	마도1호선 34호		34. 0910- K17-죽찰				34호					죽간
고려	태안 마도1호선	마도1호선 35호		35. 0911- J19-죽찰				35호					죽간
고려	태안 마도1호선	마도1호선 36호		36. 0912- I18-죽찰				36호					죽간
고려	태안 마도1호선	마도1호선 37호	16. 0913-I13대 나무	37. 0913- I13-죽찰				37호					죽간, 끈 잔존
고려	태안 마도1호선	마도1호선 38호		38. 0923- A17-죽찰				38호					죽간
고려	태안 마도1호선	마도1호선 39호		39. 0923- J13-죽찰				39호					죽간, 끈 잔존
고려	태안 마도1호선	마도1호선 40호		40. 0923- A18-죽찰 1				40호					죽간
고려	태안 마도1호선	마도1호선 41호		41. 0923- A18-죽찰 2				41호					죽간
고려	태안 마도1호선	마도1호선 42호	17. 0928-I15대 나무	42. 0928- I15-죽찰				42호					죽간
고려	태안 마도1호선	마도1호선 43호		43. 0929- D18-목간			[馬1]14	43호					
고려	태안 마도1호선	마도1호선 44호		44. 1007- D20-죽찰				44호					죽간
고려	태안 마도1호선	마도1호선 45호		45. 1007- J12-죽찰				45호					죽간
고려	태안 마도1호선	마도1호선 46호		46. 1007- J19-죽찰				46호					죽간
고려	태안 마도1호선	마도1호선 47호		47. 1007- D17-죽찰				47호					죽간
고려	태안 마도1호선	마도1호선 48호		48. 1011- K20-죽찰				48호					죽간
고려	태안 마도1호선	마도1호선 49호		49. 1015- J18-죽찰				49호					죽간
고려	태안 마도1호선	마도1호선 50호		50. 1015- D17-죽찰				50호					죽간

국적	출토지	제안 호칭	소개	보고서	목간 (2004)	백제 (2008)	자전 (2011)	총람 (2022)	사비 (2023)	소장품/유물/ 임시번호	국가귀속번호	기타	비고
고려	태안 마도1호선	마도1호선 51호		51. 1015- C17-죽찰				51호					죽간
고려	태안 마도1호선	마도1호선 52호		52. 1023- E17-죽찰				52호					죽간
고려	태안 마도1호선	마도1호선 53호		53. 1024- J15-죽찰				53호					죽간
고려	태안 마도1호선	마도1호선 54호		54. 1024- J15-목간			[馬1]15	54호					
고려	태안 마도1호선	마도1호선 55호		55. 1025- J15-죽찰1				55호					죽간
고려	태안 마도1호선	마도1호선 56호		56. 1025- J15-죽찰2				56호					죽간
고려	태안 마도1호선	마도1호선 57호	18. 1025-좌외 판4-2	57. 1025- J15-목간			[馬1]16	57호					
고려	태안 마도1호선	마도1호선 58호	19. 1026-좌외 판4-2대나 무	58. 1026- J15-죽찰				58호					죽간
고려	태안 마도1호선	마도1호선 59호	20-1. 1027-좌외 판2-3대나 무1	59. 1027- J14-죽찰1				59호					죽간
고려	태안 마도1호선	마도1호선 60호	20-2. 1027-좌외 판2-3대나 무2	60. 1027- J14-죽찰2				60호					죽간
고려	태안 마도1호선	마도1호선 61호	20-3. 1027-좌외 판2-3대나 무3	61. 1027- J14-죽찰3				61호					죽간
고려	태안 마도1호선	마도1호선 62호	20-4. 1027-좌외 판2-3대나 무4	62. 1027- J14-죽찰4				62호					죽간
고려	태안 마도1호선	마도1호선 63호	20-5. 1027-좌외 판2-3대나 무5	63. 1027- J14-죽찰5				63호					죽간
고려	태안 마도1호선	마도1호선 64호	20-6. 1027-좌외 판2-3대나 무6	64. 1027- J14-죽찰6				64호					죽간
고려	태안 마도1호선	마도1호선 65호		65. 1029- J14-죽찰				65호					죽간
고려	태안 마도1호선	마도1호선 66호		66. 1107- D17-죽찰 1				66호					죽간
고려	태안 마도1호선	마도1호선 67호		67. 1107- D17-죽찰 2				67호					죽간
고려	태안 마도1호선	마도1호선 68호		68. 1107- I15-죽찰				68호					죽간, 끈 잔존
고려	태안 마도1호선	마도1호선 69호		69. 1109- D17-죽찰				69호					죽간

국적	출토지	제안 호칭	소개	보고서	목간 (2004)	백제 (2008)	자전 (2011)	총람 (2022)	사비 (2023)	소장품/유물/ 임시번호	국가귀속번호	기타	비고
고려	태안 마도1호선	마도1호선 70호		70. 2010- 0524-A6- 죽찰				70호					죽간
고려	태안 마도1호선	마도1호선 71호		71. 2010- 0526-B4- 죽찰				71호					죽간
고려	태안 마도1호선	마도1호선 72호		72. 2010- 0526-A7- 죽찰				72호					죽간
고려	태안 마도1호선	마도1호선 자전-17					[馬1]17						
고려	태안 마도2호선	마도2호선 1호	1. 0524-F4- 목간	1. 0524-F4- 목간				1호					
고려	태안 마도2호선	마도2호선 2호	2. 0524-K3- 죽찰	2. 0524-K3- 죽찰				2호					죽간
고려	태안 마도2호선	마도2호선 3호		3. 0526-D7- 목간				3호					
고려	태안 마도2호선	마도2호선 4호	3. 0526-L5- 죽찰	4. 0526-L5- 죽찰				4호					죽간
고려	태안 마도2호선	마도2호선 5호	4. 0526-L5- 죽찰	5. 0526-L5- 죽찰				5호					죽간
고려	태안 마도2호선	마도2호선 6호		6. 0606-H4- 죽찰				6호					죽간
고려	태안 마도2호선	마도2호선 7호		7. 0606-H4- 죽찰				7호					죽간
고려	태안 마도2호선	마도2호선 8호	5. 0607-G7- 목간	8. 0607-G7- 목간				8호					
고려	태안 마도2호선	마도2호선 9호	6. 0608-I3-죽 찰	9. 0608-I3- 죽찰				9호					죽간
고려	태안 마도2호선	마도2호선 10호		10. 0609-L4- 죽찰				10호					죽간
고려	태안 마도2호선	마도2호선 11호		11. 0610-E5- 죽찰				11호					죽간
고려	태안 마도2호선	마도2호선 12호		12. 0610-E5- 죽찰				12호					죽간, 끈 잔존
고려	태안 마도2호선	마도2호선 13호	7. 0620-E4- 죽찰	13. 0620-E4- 죽찰				13호					죽간, 끈 잔존
고려	태안 마도2호선	마도2호선 14호		14. 0620-E5- 죽찰				14호					죽간
고려	태안 마도2호선	마도2호선 15호		15. 0620-L5- 죽찰				15호					죽간
고려	태안 마도2호선	마도2호선 16호		16. 0621-J7- 목간				16호					
고려	태안 마도2호선	마도2호선 17호	8. 0622-J7- 목간	17. 0622-J7- 목간				17호					

국적	출토지	제안 호칭	소개	보고서	목간 (2004)	백제 (2008)	자전 (2011)	총람 (2022)	사비 (2023)	소장품/유물/임시번호	국가귀속번호	기타	비고
고려	태안 마도2호선	마도2호선 18호		18. 0622-K7-목간				18호					
고려	태안 마도2호선	마도2호선 19호		19. 0623-I5-죽간				19호					죽간
고려	태안 마도2호선	마도2호선 20호		20. 0623-J2-죽찰				20호					죽간, 끈 잔존
고려	태안 마도2호선	마도2호선 21호		21. 0623-J7-목간				21호					
고려	태안 마도2호선	마도2호선 22호		22. 0701-J6-죽찰				22호					죽간
고려	태안 마도2호선	마도2호선 23호	9. 0702-F5-죽찰	23. 0702-F5-죽찰				23호					죽간
고려	태안 마도2호선	마도2호선 24호		24. 0702-J6-죽찰				24호					죽간
고려	태안 마도2호선	마도2호선 25호		25. 0704-G5-목간				25호					
고려	태안 마도2호선	마도2호선 26호		26. 0704-H5-목간				26호					
고려	태안 마도2호선	마도2호선 27호	10. 0707-F5-죽찰	27. 0707-F5-죽찰				27호					죽간
고려	태안 마도2호선	마도2호선 28호	11. 0707-F6-목간	28. 0707-F6-목간				28호					
고려	태안 마도2호선	마도2호선 29호		29. 0707-H4-죽찰				29호					죽간
고려	태안 마도2호선	마도2호선 30호		30. 0708-G6-죽찰				30호					죽간
고려	태안 마도2호선	마도2호선 31호	12. 0721-F4-목간	31. 0721-F4-목간				31호					
고려	태안 마도2호선	마도2호선 32호	13. 0807-J8-목간	32. 0807-J8-목간				32호					
고려	태안 마도2호선	마도2호선 33호		33. 0808-J7-목간				33호					
고려	태안 마도2호선	마도2호선 34호	14. 0808-J7-목간	34. 0808-J7-목간				34호					
고려	태안 마도2호선	마도2호선 35호		35. 0807-J8-목간				35호					
고려	태안 마도2호선	마도2호선 36호		36. 0814-E4-죽찰				36호					죽간
고려	태안 마도2호선	마도2호선 37호		37. 0815-J9-죽찰				37호					죽간
고려	태안 마도2호선	마도2호선 38호	15. 0815-J9-목간1	38. 0815-J9-목간				38호					

국적	출토지	제안 호칭	소개	보고서	목간 (2004)	백제 (2008)	자전 (2011)	총람 (2022)	사비 (2023)	소장품/유물/ 임시번호	국가귀속번호	기타	비고
고려	태안 마도2호선	마도2호선 39호	16. 0815-J9- 목간2	39. 0815-J9- 목간				39호					
고려	태안 마도2호선	마도2호선 40호		40. 0816-J9- 죽찰				40호					죽간
고려	태안 마도2호선	마도2호선 41호		41. 0818-J2- 목간				41호					
고려	태안 마도2호선	마도2호선 42호	17. 0820-F7- 목간	42. 0820-F7- 목간				42호					
고려	태안 마도2호선	마도2호선 43호		43. 0916- I18-목간				43호					
고려	태안 마도2호선	마도2호선 44호		44. 0929-저판 밑부분-목 간				44호					
고려	태안 마도2호선	마도2호선 45호		45. 1001-I 8-목간				45호					
고려	태안 마도2호선	마도2호선 46호		46. 1012-J8- 죽찰				46호					죽간
고려	태안 마도2호선	마도2호선 47호		47. 1012-J8- 목간				47호					
고려	태안 마도3호선	마도3-93		1				1호		마도3-93			
고려	태안 마도3호선	마도3-94		2				2호		마도3-94			
고려	태안 마도3호선	마도3-95	1. 마도 3-0804- L7-목간	3				3호		마도3-95			
고려	태안 마도3호선	마도3-96		4				4호		마도3-96			
고려	태안 마도3호선	마도3-97	2. 마도 3-0826- M7-목간	5				5호		마도3-97			
고려	태안 마도3호선	마도3-98	3. 마도 3-0826- M7-목간	6				6호		마도3-98			
고려	태안 마도3호선	마도3-99	4. 마도 3-0901- L8-목간	7				7호		마도3-99			
고려	태안 마도3호선	마도3-100		8				8호		마도3-100			
고려	태안 마도3호선	마도3-101	6. 마도 3-0901- L9-죽찰	9				9호		마도3-101			죽간
고려	태안 마도3호선	마도3-102		10				10호		마도3-102			
고려	태안 마도3호선	마도3-104		12				12호		마도3-104			죽간
고려	태안 마도3호선	마도3-105	9. 마도 3-0904- K9-죽찰	13				13호		마도3-105			죽간
고려	태안 마도3호선	마도3-106	7. 마도 3-0903-미 상-죽찰	14				14호		마도3-106			죽간
고려	태안 마도3호선	마도3-107	10. 마도 3-0904- F6-죽찰	15				15호		마도3-107			죽간, 끈 잔존

국적	출토지	제안 호칭	소개	보고서	목간 (2004)	백제 (2008)	자전 (2011)	총람 (2022)	사비 (2023)	소장품/유물/ 임시번호	국가귀속번호	기타	비고
고려	태안 마도3호선	마도3-108	11. 마도 3-0904-K9-죽찰편	16				16호		마도3-108			죽간
고려	태안 마도3호선	마도3-109		17				17호		마도3-109			죽간
고려	태안 마도3호선	마도3-110		18				18호		마도3-110			죽간
고려	태안 마도3호선	마도3-111	12. 마도 3-0904-F6-죽찰	19				19호		마도3-111			죽간
고려	태안 마도3호선	마도3-112	13. 마도 3-0905-G6-죽찰	20				20호		마도3-112			죽간
고려	태안 마도3호선	마도3-113		21				21호		마도3-113			죽간
고려	태안 마도3호선	마도3-114	8. 마도 3-0903-K9-죽찰편	22				22호		마도3-114			죽간
고려	태안 마도3호선	마도3-115	5. 마도 3-0907-K7-목간	23				23호		마도3-115			
고려	태안 마도3호선	마도3-116	14. 마도 3-0907-L7-죽찰	24				24호		마도3-116			죽간
고려	태안 마도3호선	마도3-117	15. 마도 3-0908-G6-죽찰	25				25호		마도3-117			죽간
고려	태안 마도3호선	마도3-118		26				26호		마도3-118			
고려	태안 마도3호선	마도3-119	16. 마도 3-0908-G6-죽찰	27				27호		마도3-119			죽간
고려	태안 마도3호선	마도3-120	17. 마도 3-0909-K7-목간	28				28호		마도3-120			
고려	태안 마도3호선	마도3-121	18. 마도 3-0917-H7-죽찰	29				29호		마도3-121			죽간
고려	태안 마도3호선	마도3-122		30				30호		마도3-122			죽간
고려	태안 마도3호선	마도3-123		31				31호		마도3-123			
고려	태안 마도3호선	마도3-124	19. 마도 3-0921-G7-죽찰	32				32호		마도3-124			죽간
고려	태안 마도3호선	마도3-125		33				33호		마도3-125			죽간
고려	태안 마도3호선	마도3-126		34				34호		마도3-126			죽간
고려	태안 마도3호선	마도3-127		35				35호		마도3-127			
고려	태안 파도리 해역	파도리 목주	명문 목주										
조선	여주 파사성	여주 파사성 목간 1	목간	25. 목간									
조선	태안 마도4호선	마도4-164		마도4-164 0824-E10-목간				1호		마도4-164			
조선	태안 마도4호선	마도4-165		마도4-165 0808-D5-목간				2호		마도4-165			

국적	출토지	제안 호칭	소개	보고서	목간 (2004)	백제 (2008)	자전 (2011)	총람 (2022)	사비 (2023)	소장품/유물/임시번호	국가귀속번호	기타	비고
조선	태안 마도4호선	마도4-166		마도4-166 0623-C11-죽찰				3호		마도4-166			죽간
조선	태안 마도4호선	마도4-167		마도4-167 0722-F8-죽찰				4호		마도4-167			죽간
조선	태안 마도4호선	마도4-168		마도4-168 목간				5호		마도4-168			
조선	태안 마도4호선	마도4-169		마도4-169 목간				6호		마도4-169			
조선	태안 마도4호선	마도4-170		마도4-170 0808-C9-목간				7호		마도4-170			
조선	태안 마도4호선	마도4-171		마도4-171 0720-D8-목간				8호		마도4-171			
조선	태안 마도4호선	마도4-172		마도4-172 0805-E8-죽찰				9호		마도4-172			죽간
조선	태안 마도4호선	마도4-173		마도4-173 0811-C8-죽찰				10호		마도4-173			죽간
조선	태안 마도4호선	마도4-174		마도4-174 0720-H8-목간				11호		마도4-174			
조선	태안 마도4호선	마도4-175		마도4-175 0821-C7-목간				12호		마도4-175			
조선	태안 마도4호선	마도4-176		마도4-176 0621-G10-목간				13호		마도4-176			
조선	태안 마도4호선	마도4-177		마도4-177 0705-D4-목간				14호		마도4-177			
조선	태안 마도4호선	마도4-178		마도4-178 0622-G5-목간				15호		마도4-178			
조선	태안 마도4호선	마도4-179		마도4-179 0623-C11-죽찰				16호		마도4-179			죽간
조선	태안 마도4호선	마도4-180		마도4-180 0623-C11-죽찰				17호		마도4-180			죽간
조선	태안 마도4호선	마도4-181		마도4-181 0705-E11-죽찰				18호		마도4-181			죽간
조선	태안 마도4호선	마도4-182		마도4-182 0708-F9-죽찰				19호		마도4-182			죽간
조선	태안 마도4호선	마도4-183		마도4-183 0710-G8-목간				20호		마도4-183			
조선	태안 마도4호선	마도4-184		마도4-184 0711-H10-목간				21호		마도4-184			
조선	태안 마도4호선	마도4-185		마도4-185 0720-D8-목간				22호		마도4-185			
조선	태안 마도4호선	마도4-186		마도4-186 0720-F5-죽찰				23호		마도4-186			죽간
조선	태안 마도4호선	마도4-187		마도4-187 0821-E6-목간				24호		마도4-187			

국적	출토지	제안 호칭	소개	보고서	목간 (2004)	백제 (2008)	자전 (2011)	총람 (2022)	사비 (2023)	소장품/유물/ 임시번호	국가귀속번호	기타	비고
조선	태안 마도4호선	마도4-188		마도4-188 0821-F9- 목간				25호		마도4-188			
조선	태안 마도4호선	마도4-189		마도4-189 0823-B5- 죽찰				26호		마도4-189			죽간
조선	태안 마도4호선	마도4-190		마도4-190 0723-E7- 목간				27호		마도4-190			
조선	태안 마도4호선	마도4-191		마도4-191 0727-F4- 목간				28호		마도4-191			
조선	태안 마도4호선	마도4-192		마도4-192 0810-B6- 목간				29호		마도4-192			
조선	태안 마도4호선	마도4-193		마도4-193 0810-C6- 죽찰				30호		마도4-193			죽간
조선	태안 마도4호선	마도4-194		마도4-194 0817-D5- 목간				31호		마도4-194			죽간
조선	태안 마도4호선	마도4-195		마도4-195 0817- C10-죽찰				32호		마도4-195			죽간
조선	태안 마도4호선	마도4-196		마도4-196 0819-D7- 목간				33호		마도4-196			
조선	태안 마도4호선	마도4-197		마도4-197 0822- C11-목간				34호		마도4-197			
조선	태안 마도4호선	마도4-198		마도4-198 0823-E9- 목간				35호		마도4-198			죽간
조선	태안 마도4호선	마도4-199		마도4-199 0823-E9- 죽찰				36호		마도4-199			죽간
조선	태안 마도4호선	마도4-200		마도4-200 0802-E9- 죽찰				37호		마도4-200			죽간
조선	태안 마도4호선	마도4-201		마도4-201 0807-D7- 목간				38호		마도4-201			
조선	태안 마도4호선	마도4-202		마도4-202 0811-D8- 목간				39호		마도4-202			
조선	태안 마도4호선	마도4-203		마도4-203 0811-C7- 목간				40호		마도4-203			
조선	태안 마도4호선	마도4-204		마도4-204 0623- C11-죽찰				41호		마도4-204			죽간
조선	태안 마도4호선	마도4-205		마도4-205 0822- D10-목간				42호		마도4-205			
조선	태안 마도4호선	마도4-206		마도4-206 0721-F5- 목간				43호		마도4-206			
조선	태안 마도4호선	마도4-207		마도4-207 0820-E8- 목간				44호		마도4-207			
조선	태안 마도4호선	마도4-208		마도4-208 0620- G5,G10제 토중-목간				45호		마도4-208			

국적	출토지	제안 호칭	소개	보고서	목간 (2004)	백제 (2008)	자전 (2011)	총람 (2022)	사비 (2023)	소장품/유물/ 임시번호	국가귀속번호	기타	비고
조선	태안 마도4호선	마도4-209		마도4-209 0812-C7- 죽찰				46호		마도4-209			죽간
조선	태안 마도4호선	마도4-210		마도4-210 0817- D10-목간				47호		마도4-210			
조선	태안 마도4호선	마도4-211		마도4-211 0709-C8- 목간				48호		마도4-211			
조선	태안 마도4호선	마도4-212		마도4-212 0722-F8- 죽찰				49호		마도4-212			죽간
조선	태안 마도4호선	마도4-213		마도4-213 0706- C11-목간				50호		마도4-213			
조선	태안 마도4호선	마도4-214		마도4-214 0728-D5- 목간				51호		마도4-214			
조선	태안 마도4호선	마도4-215		마도4-215 0818-C6- 목간				52호		마도4-215			
조선	태안 마도4호선	마도4-216		마도4-216 0724-D8- 목간				53호		마도4-216			
조선	태안 마도4호선	마도4-217		마도4-217 0722-E9- 목간				54호		마도4-217			
조선	태안 마도4호선	마도4-218		마도4-218 0710-F8- 목간				55호		마도4-218			
조선	태안 마도4호선	마도4-219		마도4-219 0809-D9- 목간				56호		마도4-219			
조선	태안 마도4호선	마도4-220		마도4-220 0622-G8- 목간				57호		마도4-220			
조선	태안 마도4호선	마도4-221		마도4-221 0720-D8- 목간				58호		마도4-221			
조선	태안 마도4호선	마도4-222		마도4-222 0705- D11-죽찰				59호		마도4-222			죽간
조선	태안 마도4호선	마도4-223		마도4-223 0818-C6- 목간				60호		마도4-223			
조선	태안 마도4호선	마도4-224		마도4-224 0710-G7- 목간				61호		마도4-224			
조선	태안 마도4호선	마도4-225		마도4-225 0623- C11-목간				62호		마도4-225			
조선	태안 마도4호선	마도4-296		마도4-296 대나무						마도4-296			죽간
조선	창녕 관산서당	관산서당 위패		위패(신주)									

부록 2

학회 회칙, 간행예규, 연구윤리규정

학회 회칙

제 1 장 총칙

제 1 조 (명칭)　본회는 한국목간학회(韓國木簡學會, The Korean Society for the Study of Wooden Documents)라 한다.

제 2 조 (목적)　본회는 목간을 비롯한 금석문, 고문서 등 문자자료와 기타 문자유물을 중심으로 한 연구 및 학술조사를 통하여 한국의 목간학 발전에 이바지함을 목적으로 한다.

제 3 조 (사업)　본회는 목적에 부합하는 다음의 사업을 한다.
1. 연구발표회
2. 학보 및 기타 간행물 발간
3. 유적·유물의 답사 및 조사 연구
4. 국내외 여러 학회들과의 공동 학술연구 및 교류
5. 기타 위의 각 사항의 사업을 수행하기 위해 필요한 사업

제 4 조 (회원의 구분과 자격)
① 본회의 회원은 본회의 목적에 동의하여 회비를 납부하는 개인 또는 기관으로서 연구회원, 일반회원 및 학생회원으로 구분하며, 따로 명예회원, 특별회원을 둘 수 있다.
② 연구회원은 평의원 2인 이상의 추천을 받아 평의원회에서 심의, 인준한다.
③ 일반회원은 연구회원과 학생회원이 아닌 사람과 기관 및 단체로 한다.
④ 학생회원은 대학생과 대학원생으로 한다.
⑤ 명예회원은 본회의 발전에 크게 기여한 회원 또는 개인 중에서 운영위원회에서 추천하여 평의원회에서 인준을 받은 사람으로 한다.
⑥ 특별회원은 본회의 활동과 운영에 크게 기여한 개인 또는 기관 중에서 운영위원회에서 추천하여 평의원회에서 인준을 받은 사람으로 한다.

제 5 조 (회원징계)　회원으로서 본회의 명예를 손상시키거나 회칙을 준수하지 않았을 경우 평의원회의 심의와 총회의 의결에 따라 자격정지, 제명 등의 징계를 할 수 있다.

제 2 장 조직 및 기능

제 6 조 (조직)　본회는 총회·평의원회·운영위원회·편집위원회를 두며, 필요한 경우 별도의 위원회를 구성할 수 있다.

제 7 조 (총회)
① 총회는 정기총회와 임시총회로 나누며, 정기총회는 2년에 1회 정기적으로 개최하고 임시총회는 필요한 때에 소집할 수 있다.
② 총회는 회장이나 평의원회의 의결로 소집한다.
③ 총회는 평의원회에서 심의한 학회의 회칙, 운영예규의 개정 및 사업과 재정 등에 관한 보고를 받고 이를 의결한다.
④ 총회는 평의원회에서 추천한 회장, 평의원, 감사를 인준한다. 단 회장의 인준이 거부되었을 때는 평의원회에서 재추천하도록 결정하거나 총회에서 직접 선출한다.

제 8 조 (평의원회)
① 평의원은 연구회원 중 평의원회의 추천을 받아 총회에서 인준한 자로 한다.
② 평의원회는 회장을 포함한 평의원으로 구성한다.
③ 평의원회는 회장 또는 평의원 4분의 1 이상의 요구로써 소집한다.
④ 평의원회는 아래의 사항을 추천, 심의, 의결한다.
　　1. 회장, 평의원, 감사, 편집위원의 추천
　　2. 회칙개정안, 운영예규의 심의
　　3. 학회의 재정과 사업수행의 심의
　　4. 연구회원, 명예회원, 특별회원의 인준
　　5. 회원의 자격정지, 제명 등의 징계를 심의

제 9 조 (운영위원회)
① 운영위원회는 회장과 회장이 지명하는 부회장, 총무·연구·편집·섭외이사 등 20명 내외로 구성하고, 실무를 담당할 간사를 둔다.
② 운영위원회는 평의원회에서 심의·의결한 사항을 집행하며, 학회의 제반 운영업무를 담당한다.
③ 부회장은 회장을 도와 학회의 업무를 총괄 지원하며, 회장 유고시에는 회장의 권한을 대행한다.

④ 총무이사는 학회의 통상 업무를 담당, 집행하며 회장을 대신하여 재정·회계사무를 대표하여 처리한다.

⑤ 연구이사는 연구발표회 및 각종 학술대회의 기획을 전담한다.

⑥ 편집이사는 편집위원을 겸하며, 학보 및 기타 간행물의 출간을 전담한다.

⑦ 섭외이사는 학술조사를 위해 자료소장기관과의 섭외업무를 전담한다.

제 10 조 (편집위원회)　편집위원회는 학보 발간 및 기타 간행물의 출간에 관한 제반사항을 담당하며, 그 구성은 따로 본회의 운영예규에 정한다.

제 11 조 (기타 위원회)　기타 위원회의 구성과 활동은 회장이 결정하며, 그 내용을 평의원회에 보고한다.

제 12 조 (임원)

① 회장은 본회를 대표하고 총회와 각급회의를 주재하며, 임기는 2년으로 한다.

② 평의원은 제 8 조의 사항을 담임하며, 임기는 종신으로 한다.

③ 감사는 평의원회에 출석하고, 본회의 업무 및 재정을 감사하여 총회에 보고하며, 그 임기는 2년으로 한다.

④ 임원의 임기는 1월 1일부터 시작한다.

⑤ 임원이 유고로 업무를 수행할 수 없게 된 때에는 평의원회에서 보궐 임원을 선출하고 다음 총회에서 인준을 받으며, 그 임기는 전임자의 잔여임기가 1년 미만인 경우는 잔여임기에 규정임기 2년을 더한 기간으로 하고, 잔여임기가 1년 이상인 경우는 잔여기간으로 한다.

제 13 조 (의결)

① 총회에서의 인준과 의결은 출석 회원의 과반수로 한다.

② 평의원회는 평의원 4분의 1 이상의 출석으로 성립하며, 의결은 출석한 평의원 과반수의 찬성으로 한다.

제 3 장 출판물의 발간

제 14 조 (출판물)

① 본회는 매년 6월 30일과 12월 31일에 학보를 발간하고, 그 명칭은 “목간과 문자”(한문 “木簡과 文字”, 영문 “Wooden documents and Inscriptions Studies”)로 한다.

② 본회는 학보 이외에 본회의 목적에 부합하는 출판물을 발간할 수 있다.

③ 본회가 발간하는 학보를 포함한 모든 출판물의 저작권은 본 학회에 속한다.

제 15 조 (학보 게재 논문 등의 선정과 심사)

　① 학보에는 회원의 논문 및 본회의 목적에 부합하는 주제의 글을 게재함을 원칙으로 한다.

　② 논문 등 학보 게재물은 편집위원회에서 선정한다.

　③ 논문 등 학보 게재물의 선정 기준과 절차는 따로 본회의 운영예규에 정한다.

제 4 장 재정

제 16 조 (재원)　　본회의 재원은 회비 및 기타 수입으로 한다.

제 17 조 (회계연도)　　본회의 회계연도 기준일은 1월 1일로 한다.

제 5 장 기타

제 18 조 (운영예규)　　본 회칙에 명시하지 않은 운영에 필요한 사항은 따로 운영예규에 정한다.

제 19 조 (기타사항)　　본 회칙에 규정되지 않은 사항은 일반관례에 따른다.

부칙

1. 본 회칙은 2007년 1월 9일부터 시행한다.

2. 본 회칙은 2009년 1월 9일부터 시행한다.

3. 본 회칙은 2012년 1월 18일부터 시행한다.

4. 본 회칙은 2015년 10월 31일부터 시행한다.

5. 본 회칙은 2021년 11월 23일부터 시행한다.

편집위원회에 관한 규정

제 1 장 총칙

제 1 조 (명칭)　본 규정은 '편집위원회에 관한 규정'이라 한다.

제 2 조 (목적)　본 규정은 한국목간학회 편집위원회의 조직 및 편집 활동 전반에 관한 세부 사항을 규정하는 것을 목적으로 한다.

제 2 장 조직 및 권한

제 3 조 (구성)　편집위원회는 회칙에 따라 구성한다.

제 4 조 (편집위원의 임명)　편집위원은 세부 전공 분야 및 연구 업적을 감안하여 평의원회에서 추천하며, 회장이 임명한다.

제 5 조 (편집위원장의 선출)　편집위원장은 편집위원 전원의 무기명 비밀투표 방식으로 편집위원 중에서 선출한다.

제 6 조 (편집위원장의 권한)　편집위원장은 편집회의의 의장이 되며, 학회지의 편집 및 출판 활동 전반에 대하여 권한을 갖는다.

제 7 조 (편집위원의 자격)　편집위원은 다음과 같은 조건을 갖춘자로 한다.
1. 박사학위를 소지한 자.
2. 대학의 전임교수로서 5년 이상의 경력을 갖추었거나, 이와 동등한 연구 경력을 갖춘자.
3. 역사학·고고학·보존과학·국어학 또는 이와 관련된 분야에서 연구 업적이 뛰어나고 학계의 명망과 인격을 두루 갖춘자.

4. 다른 학회의 임원이나 편집위원으로 과다하게 중복되지 않은 자.

제 8 조 (편집위원의 임기)   편집위원의 임기는 2년으로 하되, 연임할 수 있다.

제 9 조 (편집자문위원)   학회지 및 기타 간행물의 편집 및 출판 활동과 관련하여 필요시 국내외의 편집자문위원을 둘 수 있다.

제 10 조 (편집간사)   학회지를 비롯한 제반 출판 활동 업무를 원활히 하기 위하여 편집간사 약간 명을 둘 수 있다.

제 3 장 임무와 활동

제 11 조 (편집위원회의 임무와 활동)   편집위원회의 임무와 활동 내용은 다음과 같다.
　　1. 학회지의 간행과 관련된 제반 업무.
　　2. 학술 단행본의 발행과 관련된 제반 업무.
　　3. 기타 편집 및 발행과 관련된 제반 활동.

제 12 조 (편집간사의 임무)   편집간사는 편집위원회의 업무와 활동을 보조하며, 편집과 관련된 회계의 실무를 담당한다.

제 13 조 (학회지의 발간일)   학회지는 1년에 2회 발행하며, 그 발행일자는 6월 30일과 12월 31일로 한다.

제 4 장 편집회의

제 14 조 (편집회의의 소집)   편집회의는 편집위원장이 수시로 소집하되, 필요한 경우에는 3인 이상의 편집위원이 발의하여 회장의 동의를 얻어 편집회의를 소집할 수 있다. 또한 심사위원의 추천 및 선정 등에 필요한 경우에는 전자우편을 통한 의견 수렴으로 편집회의를 대신할 수 있다.

제 15 조 (편집회의의 성립)   편집회의는 편집위원장을 포함한 편집위원 과반수의 출석으로 성립된다.

제 16 조 (편집회의의 의결)   편집회의의 제반 안건은 출석 위원 과반수의 찬성으로 의결하되, 찬반 동수인 경우에는 편집위원장이 결정한다.

제 17 조 (편집회의의 의장)　　편집위원장은 편집회의의 의장이 된다. 편집위원장이 참석하지 아니한 경우에는 편집위원 중의 연장자가 의장이 된다.

제 18 조 (편집회의의 활동)　　편집회의는 학회지의 발행, 논문의 심사 및 편집, 기타 제반 출판과 관련된 사항에 대하여 논의하고 결정한다.

부칙

제1조 이 규정은 운영위원회의 의결을 거쳐 2007년 11월 24일부터 시행한다.

제2조 이 규정은 운영위원회의 의결을 거쳐 2009년 1월 9일부터 시행한다.

제3조 이 규정은 운영위원회의 의결을 거쳐 2012년 1월 18일부터 시행한다.

학회지 논문의 투고와 심사에 관한 규정

제 1 장 총칙

제 1 조 (명칭)　본 규정은 '학회지 논문의 투고와 심사에 관한 규정'이라 한다.

제 2 조 (목적)　본 규정은 한국목간학회의 학회지인 『목간과 문자』에 수록할 논문의 투고와 심사에 관한 절차를 정하고 관련 업무를 명시함에 목적을 둔다.

제 2 장 원고의 투고

제 3 조 (투고 자격)　논문의 투고 자격은 회칙에 따르되, 당해 연도 회비를 납부한 자에 한한다.

제 4 조 (투고의 조건)　본 학회에서 발표한 논문에 한하여 투고하는 것을 원칙으로 한다.

제 5 조 (원고의 분량)　원고의 분량은 학회지에 인쇄된 것을 기준으로 각종의 자료를 포함하여 20면 내외로 하되, 자료의 영인을 붙이는 경우에는 면수 계산에서 제외한다.

제 6 조 (원고의 작성 방식)　원고의 작성 방식과 요령 등에 관하여는 별도의 내규를 정하여 시행한다.

제 7 조 (원고의 언어)　원고는 한국어로 작성함을 원칙으로 하되, 외국어로 작성된 원고의 게재 여부는 편집회의에서 정한다.

제 8 조 (제목과 필자명)　논문 제목과 필자명은 영문으로 附記하여야 한다.

제 9 조 (국문초록과 핵심어)　논문을 투고할 때에는 국문과 외국어로 된 초록과 핵심어를 덧붙여야 한다. 요약문과 핵심어의 작성 요령은 다음과 같다.

1. 국문초록은 논문의 내용과 논지를 잘 간추려 작성하되, 외국어 요약문은 영어, 중국어, 일어 중의 하나로 작성한다.
2. 국문초록의 분량은 200자 원고지 5매 내외로 한다.
3. 핵심어는 논문의 주제 및 내용을 대표할 만한 단어를 뽑아서 요약문 뒤에 행을 바꾸어 제시한다.

제 10 조 (논문의 주제 및 내용 조건)　논문의 주제 및 내용은 다음에 부합하여야 한다.
1. 국내외의 출토 문자 자료에 대한 연구 논문
2. 국내외의 출토 문자 자료에 대한 소개 또는 보고 논문
3. 국내외의 출토 문자 자료에 대한 역주 또는 서평 논문

제 11 조 (논문의 제출처)　심사용 논문은 온라인투고시스템을 이용한다.

제 3 장　원고의 심사

제 1 절 : 심사자

제 12 조 (심사자의 자격)　심사자는 논문의 주제 및 내용과 관련된 분야에서 박사학위를 소지한 자를 원칙으로 하되, 본 학회의 회원 가입 여부에 구애받지 아니한다.

제 13 조 (심사자의 수)　심사자는 논문 한 편당 2인 이상 5인 이내로 한다.

제 14 조 (심사 의뢰)　편집위원장은 편집회의에서 추천·의결한 바에 따라 심사자를 선정하여 심사를 의뢰하도록 한다. 편집회의에서의 심사자 추천은 2배수로 하고, 편집회의의 의결을 거쳐 선정한다.

제 15 조 (심사자에 대한 이의)　편집위원장은 심사자 위촉 사항에 대하여 대외비로 회장에게 보고하며, 회장은 편집위원장에게 이의를 제기할 수 있다. 심사자 위촉에 대한 이의에 대하여는 편집회의를 거쳐 편집위원장이 심사자를 변경할 수 있다. 다만, 편집회의 결과 원래의 위촉자가 재선정되었을 경우 편집위원장은 회장에게 그 사실을 구두로 통지하며, 통지된 사항에 대하여 회장은 이의를 제기할 수 없다.

제 2 절 : 익명성과 비밀 유지

제 16 조 (익명성과 비밀 유지 조건)　심사용 원고는 반드시 익명으로 하며, 심사에 관한 제반 사항은 편집위원장 책임하에 반드시 대외비로 하여야 한다.

제 17 조 (익명성과 비밀 유지 조건의 위배에 대한 조치)   위 제16조의 조건을 위배함으로 인해 심사자에게 중대한 피해를 입혔을 경우에는 편집위원 3인 이상의 발의로써 편집위원장의 동의 없이도 편집회의를 소집할 수 있으며, 다음 각 호에 따라 위배한 자에 따라 사안별로 조치한다. 또한 해당 심사자에게는 편집위원장 명의로 지체없이 사과문을 심사자에게 등기 우송하여야 한다. 편집위원장 명의를 사용하지 못할 경우에는 편집위원 전원이 연명하여 사과문을 등기 우송하여야 한다. 익명성과 비밀 유지 조건에 대한 위배 사실이 학회의 명예를 손상한 경우에는 편집위원 3인의 발의만으로써도 해당 편집위원장 및 편집위원에 대한 징계를 회장에게 요청할 수 있으며, 이 경우 그 처리 결과를 학회지에 공지하여야 한다.

1. 편집위원장이 위배한 경우에는 편집위원장을 교체한다.
2. 편집위원이 위배한 경우에는 편집위원직을 박탈한다.
3. 임원을 겸한 편집위원의 경우에는 회장에게 교체하도록 요청한다.
4. 편집간사 또는 편집보조가 위배한 경우에는 편집위원장이 당사자를 해임한다.

제 18 조 (편집위원의 논문에 대한 심사)   편집위원이 투고한 논문을 심사할 때에는 해당 편집위원을 궐석시킨 후에 심사자를 선정하여야 하며, 회장에게도 심사자의 신원을 밝히지 않는 것을 원칙으로 한다.

제 3 절 : 심사 절차

제 19 조 (논문심사서의 구성 요건)   논문심사서에는 '심사 소견', 그리고 '수정 및 지적사항'을 적는 난이 포함되어야 한다.

제 20 조 (심사 소견과 영역별 평가)   심사자는 심사 논문에 대하여 영역별 평가를 감안하여 종합판정을 한다. 심사 소견에는 영역별 평가와 종합판정에 대한 근거 및 의견을 총괄적으로 기술함을 원칙으로 한다.

제 21 조 (수정 및 지적사항)   '수정 및 지적사항'란에는 심사용 논문의 면수 및 수정 내용 등을 구체적으로 지시하여야 한다.

제 22 조 (심사 결과의 전달)   편집간사는 편집위원장의 지시를 받아 투고자에게 심사자의 논문심사서와 심사용 논문을 전자우편 또는 일반우편으로 전달하되, 심사자의 신원이 드러나지 않도록 각별히 유의하여야 한다. 논문 심사서 중 심사자의 인적 사항은 편집회의에서도 공개하지 않는다.

제 23 조 (수정된 원고의 접수)   투고자는 논문심사서를 수령한 후 소정 기일 내에 원고를 수정하여 편집위원장에게 송부하여야 한다. 기한을 넘겨 접수된 수정 원고는 학회지의 다음 호에 접수된 투고 논문과

동일한 심사 절차를 밟되, 논문심사료는 부과하지 않는다.

　　제 4 절 : 심사의 기준과 게재 여부 결정

　　제 24 조 (심사 결과의 종류)　심사 결과는 '종합판정'과 '영역별 평가'로 나누어 시행한다.

　　제 25 조 (종합판정과 등급)　종합판정은 게재(A), 수정후 게재(B), 수정후 재심사(C), 게재 불가(D) 중의 하나로 한다.

　　제 26 조 (영역별 평가)　영역별 평가 기준은 다음과 같다.
　　　　1. 학계에의 기여도
　　　　2. 연구 내용 및 방법론의 참신성
　　　　3. 논지 전개의 타당성
　　　　4. 논문 구성의 완결성
　　　　5. 문장 표현의 정확성

　　제 27 조 (게재 여부의 결정 기준)　심사용 논문의 학회지 게재 여부는 심사자의 종합판정에 의거하여 이들을 합산하여 시행한다. 게재 여부의 결정은 최종 수정된 원고를 대상으로 한다.

　　제 28 조 (게재 여부 결정의 조건)　심사위원의 심사 결과를 종합하여 다음과 같이 판정한다.
　　　　1. A·A·B, A·A·B : 게재
　　　　2. A·A·C, A·A·D, A·B·B, A·B·C, B·B·B : 수정후 게재
　　　　3. A·B·D, B·B·C : 편집위원회에서 판정
　　　　4. A·C·C, A·C·D, B·B·D, B·C·C, B·C·D, C·C·C : 수정후 재심사
　　　　5. A·D·D, B·D·D, C·C·D, C·D·D, D·D·D : 게재 불가

　　제 29조 〈삭제 2023.11.17.〉

　　제 30 조 (논문 게재 여부의 통보)　편집위원장은 논문 게재 여부에 대한 최종 확정 결과를 투고자에게 통보하여야 한다.

　　제 5 절 : 이의 신청

제 31 조 (이의 신청) 투고자는 심사와 논문 게재 여부에 대하여 이의를 신청할 수 있다. 이 때에는 200자 원고지 5매 내외의 이의신청서를 작성하여 심사 결과 통보일 15일 이내에 편집위원장에게 송부하여야 하며, 편집위원장은 이의 신청 접수일로부터 15일 이내에 이에 대한 처리 절차를 완료하여야 한다.

제 32 조 (이의 신청의 처리) 이의 신청을 한 투고자의 논문에 대해서는 편집회의에서 토의를 거쳐 이의 신청의 수락 여부를 의결한다. 수락한 이의 신청에 대한 조치 방법은 편집회의에서 결정한다.

제 4 장 게재 논문의 사후 심사 및 조치

제 1 절 : 게재 논문의 사후 심사

제 33 조 (사후 심사) 학회지에 게재된 논문에 대하여는 사후 심사를 할 수 있다.

제 34 조 (사후 심사 요건) 사후 심사는 편집위원회의 자체 판단 또는 접수된 사후심사요청서의 검토 결과, 대상 논문이 그 논문이 수록된 본 학회지 발행일자 이전의 간행물 또는 타인의 저작권에 귀속시킬 만한 연구 내용을 현저한 정도로 표절 또는 중복 게재한 것으로 의심되는 경우에 한한다.

제 35 조 (사후심사요청서의 접수) 게재 논문의 표절 또는 중복 게재와 관련하여 사후 심사를 요청하는 사후심사요청서를 편집위원장 또는 편집위원회에 접수할 수 있다. 이 경우 사후심사요청서는 밀봉하고 겉봉에 '사후심사요청'임을 명기하되, 발신자의 신원을 겉봉에 노출시키지 않음을 원칙으로 한다.

제 36 조 (사후심사요청서의 개봉) 사후심사요청서는 편집위원장 또는 편집위원장이 위촉한 편집위원이 개봉한다.

제 37 조 (사후심사요청서의 요건) 사후심사요청서는 표절 또는 중복 게재로 의심되는 내용을 구체적으로 밝혀야 한다.

제 2 절 : 사후 심사의 절차와 방법

제 38 조 (사후 심사를 위한 편집위원회 소집) 게재 논문의 표절 또는 중복 게재에 관한 사실 여부를 심의하고 사후 심사자의 선정을 비롯한 제반 사항을 의결하기 위해 편집위원장은 편집위원회를 소집할 수 있다.

제 39 조 (질의서의 우송) 편집위원회의 심의 결과 표절이나 중복 게재의 개연성이 있다고 판단된 논문에 대해서는 그 진위 여부에 대해 편집위원장 명의로 해당 논문의 필자에게 질의서를 우송한다.

제 40 조 (답변서의 제출) 위 제39조의 질의서에 대해 해당 논문 필자는 질의서 수령 후 30일 이내 편집위원장 또는 편집위원회에 답변서를 제출하여야 한다. 이 기한 내에 답변서가 없을 경우엔 질의서의 내용을 인정한 것으로 판단한다.

제 3 절 : 사후 심사 결과의 조치

제 41 조 (사후 심사 확정을 위한 편집위원회 소집) 편집위원장은 답변서를 접수한 날 또는 마감 기한으로부터 15일 이내에 사후 심사 결과를 확정하기 위한 편집위원회를 소집한다.

제 42 조 (심사 결과의 통보) 편집위원장은 편집위원회에서 확정한 사후 심사 결과를 7일 이내에 사후 심사를 요청한 이 및 관련 당사자에게 통보하여야 한다.

제 43 조 (표절 및 중복 게재에 대한 조치) 편집위원회에서 표절 또는 중복 게재로 확정된 경우에는 회장에게 지체 없이 보고하고, 회장은 운영위원회를 소집하여 다음 각 호와 같은 조치를 집행할 수 있다.
    1. 차호 학회지에 그 사실 관계 및 조치 사항들을 기록한다.
    2. 학회지 전자판에서 해당 논문을 삭제하고, 학회논문임을 취소한다.
    3. 해당 논문 필자에 대하여 제명 조치하고, 향후 5년간 재입회할 수 없도록 한다.
    4. 관련 사실을 한국연구재단에 보고한다.

제 4 절 : 제보자의 보호

제 44 조 (제보자의 보호) 표절 및 중복 게재에 관한 이의 및 논의를 제기하거나 사후 심사를 요청한 사람에 대해서는 신원을 절대적으로 밝히지 않고 익명성을 보장하여야 한다.

제 45 조 (제보자 보호 규정의 위배에 대한 조치) 위 제44조의 규정을 위배한 이에 대한 조치는 위 제17조에 준하여 시행한다.

부칙
제1조(시행일자) 본 규정은 2007년 11월 24일부터 시행한다.
제2조(시행일자) 본 규정은 2009년 1월 9일부터 시행한다.

제3조(시행일자) 본 규정은 2015년 10월 31일부터 시행한다.

제4조(시행일자) 본 규정은 2018년 1월 12일부터 시행한다.

제5조(시행일자) 본 규정은 2023년 11월 17일부터 시행한다.

학회지 논문의 투고와 원고 작성 요령에 관한 내규

제 1 조 (목적)　이 내규는 본 한국목간학회의 회칙 및 관련 규정에 따라 학회지에 게재하는 논문의 투고와 원고 작성 요령에 대하여 명시하는 것을 목적으로 한다.

제 2 조 (논문의 종류)　학회지에 게재되는 논문은 심사 논문과 기획 논문으로 나뉜다. 심사 논문은 본 학회의 학회지 논문의 투고와 심사에 관한 규정에 따른 심사 절차를 거쳐 게재된 논문을 가리키며, 기획 논문은 편집위원회에서 기획하여 특정의 연구자에게 집필을 위촉한 논문을 가리킨다.

제 3 조 (기획 논문의 집필자)　기획 논문의 집필자는 본 학회의 회원 여부에 구애받지 아니한다.

제 4 조 (기획 논문의 심사)　기획 논문에 대하여도 심사 논문과 동일한 절차의 심사를 시행하는 것을 원칙으로 하되, 편집위원회의 의결을 거쳐 심사를 면제할 수 있다.

제 5 조 (투고 기한)　논문의 투고 기한은 매년 4월 말과 10월 말로 한다.

제 6 조 (수록호)　4월 말까지 투고된 논문은 심사 과정을 거쳐 같은 해의 6월 30일에 발행하는 학회지에 수록하며, 10월 말까지 투고된 논문은 같은 해의 12월 31일에 간행하는 학회지에 수록하는 것을 원칙으로 한다.

제 7 조 (수록 예정일자의 변경 통보)　위 제6조의 예정 기일을 넘겨 논문의 심사 및 게재가 이루어질 경우 편집위원장은 투고자에게 그 사실을 통보해 주어야 한다.

제 8 조 (게재료)　논문 게재 확정시에 내국인의 경우 일반 논문 10만원, 연구비 수혜 논문 30만원의 게재료를 납부하여야 한다.

제 9 조 (초과 게재료)　학회지에 게재하는 논문의 분량이 인쇄본을 기준으로 20면을 넘을 경우에는 1

면 당 2만원의 초과 게재료를 부과할 수 있다. 단, 한국목간학회 발표회·학술회의를 거친 논문의 경우 면제할 수 있다.

제 10 조 (원고료)　학회지에 게재되는 논문에 대하여는 소정의 원고료를 필자에게 지불할 수 있다. 원고료에 관한 사항은 운영위원회에서 결정한다.

제 11 조 (익명성 유지 조건)　심사용 논문에서는 졸고 및 졸저 등 투고자의 신원을 드러내는 표현을 쓸 수 없다.

제 12 조 (컴퓨터 작성)　논문의 원고는 컴퓨터로 작성함을 원칙으로 하며, 문장편집기 프로그램은「한글」을 사용할 것을 권장한다.

제 13 조 (제출물)　원고 제출시에는 온라인투고시스템을 이용하며, 연구윤리규정과 저작권 이양동의서에 동의하여야 한다.

제 14 조 (투고자의 성명 삭제)　편집간사는 심사자에게 심사용 논문을 송부할 때 반드시 투고자의 성명과 기타 투고자의 신원을 알 수 있는 표현 등을 삭제하여야 한다.

제 15 조 (출토 문자 자료의 표기 범례 등 기타)　출토 문자 자료의 표기 범례를 비롯하여 위에서 정하지 않은 학회지 논문의 투고와 원고 작성 요령 및 용어 사용 등에 관한 사항들은 일반적인 관행에 따르거나 편집위원회에서 결정한다.

부칙
제1조(시행일자) 이 내규는 2007년 11월 24일부터 시행한다.
제2조(시행일자) 이 내규는 2009년 1월 9일부터 시행한다.
제3조(시행일자) 이 내규는 2012년 1월 18일부터 시행한다.
제4조(시행일자) 이 내규는 2015년 10월 31일부터 시행한다.
제5조(시행일자) 이 내규는 2018년 1월 12일부터 시행한다.
제6조(시행일자) 이 내규는 2023년 11월 17일부터 시행한다.

韓國木簡學會 研究倫理 規定

제 1 장 총칙

제 1 조 (명칭)　　이 규정은 '한국목간학회 연구윤리 규정'이라 한다.

제 2 조 (목적)　　이 규정은 한국목간학회 회칙 및 편집위원회 규정에 따른 연구윤리 등에 관한 세부사항을 규정하는 것을 목적으로 한다.

제 2 장 저자가 지켜야 할 연구윤리

제 3 조 (표절 금지)　　저자는 자신이 행하지 않은 연구나 주장의 일부분을 자신의 연구 결과이거나 주장인 것처럼 논문이나 저술에 제시하지 않는다.

제 4 조 (업적 인정)
1. 저자는 자신이 실제로 행하거나 공헌한 연구에 대해서만 저자로서의 책임을 지며, 또한 업적으로 인정받는다.
2. 논문이나 기타 출판 업적의 저자나 역자가 여러 명일 때 그 순서는 상대적 지위에 관계없이 연구에 기여한 정도에 따라 정확하게 반영하여야 한다. 단순히 어떤 직책에 있다고 해서 저자가 되거나 제1저자로서의 업적을 인정받는 것은 정당화될 수 없다. 반면, 연구나 저술(번역)에 기여했음에도 공동저자(역자)나 공동연구자로 기록되지 않는 것 또한 정당화될 수 없다. 연구나 저술(번역)에 대한 작은 기여는 각주, 서문, 사의 등에서 적절하게 고마움을 표시한다.

제 5 조 (중복 게재 금지)　　저자는 이전에 출판된 자신의 연구물(게재 예정이거나 심사 중인 연구물 포함)을 새로운 연구물인 것처럼 투고하지 말아야 한다.

제 6 조 (인용 및 참고 표시)
1. 공개된 학술 자료를 인용할 경우에는 정확하게 기술하도록 노력해야 하고, 상식에 속하는 자료가

아닌 한 반드시 그 출처를 명확히 밝혀야 한다. 논문이나 연구계획서의 평가 시 또는 개인적인 접촉을 통해서 얻은 자료의 경우에는 그 정보를 제공한 연구자의 동의를 받은 후에만 인용할 수 있다.

2. 다른 사람의 글을 인용하거나 아이디어를 차용(참고)할 경우에는 반드시 註[각주(후주)]를 통해 인용 여부 및 참고 여부를 밝혀야 하며, 이러한 표기를 통해 어떤 부분이 선행연구의 결과이고 어떤 부분이 본인의 독창적인 생각·주장·해석인지를 독자가 알 수 있도록 해야 한다.

제 7 조 (논문의 수정) 저자는 논문의 평가 과정에서 제시된 편집위원과 심사위원의 의견을 가능한 한 수용하여 논문에 반영되도록 노력하여야 하고, 이들의 의견에 동의하지 않을 경우에는 그 근거와 이유를 상세하게 적어서 편집위원(회)에게 알려야 한다.

제 3 장 편집위원이 지켜야 할 연구윤리

제 8 조 (책임 범위) 편집위원은 투고된 논문의 게재 여부를 결정하는 모든 책임을 진다.

제 9 조 (논문에 대한 태도) 편집위원은 학술지 게재를 위해 투고된 논문을 저자의 성별, 나이, 소속 기관은 물론이고 어떤 선입견이나 사적인 친분과도 무관하게 오로지 논문의 질적 수준과 투고 규정에 근거하여 공평하게 취급하여야 한다.

제 10 조 (심사 의뢰) 편집위원은 투고된 논문의 평가를 해당 분야의 전문적 지식과 공정한 판단 능력을 지닌 심사위원에게 의뢰해야 한다. 심사 의뢰 시에는 저자와 지나치게 친분이 있거나 지나치게 적대적인 심사위원을 피함으로써 가능한 한 객관적인 평가가 이루어질 수 있도록 노력한다. 단, 같은 논문에 대한 평가가 심사위원 간에 현저하게 차이가 날 경우에는 해당 분야 제3의 전문가에게 자문을 받을 수 있다.

제 11 조 (비밀 유지) 편집위원은 투고된 논문의 게재가 결정될 때까지는 심사자 이외의 사람에게 저자에 대한 사항이나 논문의 내용을 공개하면 안 된다.

제 4 장 심사위원이 지켜야 할 연구윤리

제 12 조 (성실 심사) 심사위원은 학술지의 편집위원(회)이 의뢰하는 논문을 심사규정이 정한 기간 내에 성실하게 평가하고 평가 결과를 편집위원(회)에게 통보해 주어야 한다. 만약 자신이 논문의 내용을 평가하기에 적임자가 아니라고 판단될 경우에는 편집위원(회)에게 지체 없이 그 사실을 통보한다.

제 13 조 (공정 심사) 심사위원은 논문을 개인적인 학술적 신념이나 저자와의 사적인 친분 관계를 떠나 객관적 기준에 의해 공정하게 평가하여야 한다. 충분한 근거를 명시하지 않은 채 논문을 탈락시키거나, 심사자 본인의 관점이나 해석과 상충된다는 이유로 논문을 탈락시켜서는 안 되며, 심사 대상 논문을 제대로 읽지 않은 채 평가해서도 안 된다.

제 14 조 (평가근거의 명시) 심사위원은 전문 지식인으로서의 저자의 인격과 독립성을 존중하여야 한다. 평가 의견서에는 논문에 대한 자신의 판단을 밝히되, 보완이 필요하다고 생각되는 부분에 대해서는 그 이유도 함께 상세하게 설명해야 한다.

제 15 조 (비밀 유지) 심사위원은 심사 대상 논문에 대한 비밀을 지켜야 한다. 논문 평가를 위해 특별히 조언을 구하는 경우가 아니라면 논문을 다른 사람에게 보여주거나 논문 내용을 놓고 다른 사람과 논의하는 것도 바람직하지 않다. 또한 논문이 게재된 학술지가 출판되기 전에 저자의 동의 없이 논문의 내용을 인용해서는 안 된다.

제 5 장 윤리규정 시행 지침

제 16 조 (윤리규정 서약) 한국목간학회의 신규 회원은 본 윤리규정을 준수하기로 서약해야 한다. 기존 회원은 윤리규정의 발효 시 윤리규정을 준수하기로 서약한 것으로 간주한다.

제 17 조 (윤리규정 위반 보고) 회원은 다른 회원이 윤리규정을 위반한 것을 인지할 경우 그 회원으로 하여금 윤리규정을 환기시킴으로써 문제를 바로잡도록 노력해야 한다. 그러나 문제가 바로잡히지 않거나 명백한 윤리규정 위반 사례가 드러날 경우에는 학회 윤리위원회에 보고할 수 있다. 윤리위원회는 윤리규정 위반 문제를 학회에 보고한 회원의 신원을 외부에 공개해서는 안 된다.

제 18 조 (윤리위원회 구성) 윤리위원회는 회원 5인 이상으로 구성되며, 위원은 평의원회의 추천을 받아 회장이 임명한다.

제 19 조 (윤리위원회의 권한) 윤리위원회는 윤리규정 위반으로 보고된 사안에 대하여 제보자, 피조사자, 증인, 참고인 및 증거자료 등을 통하여 폭넓게 조사를 실시한 후, 윤리규정 위반이 사실로 판정된 경우에는 회장에게 적절한 제재조치를 건의할 수 있다.
단, 사안이 학회지 게재 논문의 표절 또는 중복 게재와 관련된 경우에는 '학회지 논문의 투고와 심사에 관한 규정'에 따라 편집위원회에 조사를 의뢰하고 사후 조치를 취한다.

제 20 조 (윤리위원회의 조사 및 심의)　윤리규정 위반으로 보고된 회원은 윤리위원회에서 행하는 조사에 협조해야 한다. 이 조사에 협조하지 않는 것은 그 자체로 윤리규정 위반이 된다.

제 21 조 (소명 기회의 보장)　윤리규정 위반으로 보고된 회원에게는 충분한 소명 기회를 주어야 한다.

제 22 조 (조사 대상자에 대한 비밀 보호)　윤리규정 위반에 대해 학회의 최종적인 징계 결정이 내려질 때까지 윤리위원은 해당 회원의 신원을 외부에 공개해서는 안 된다.

제 23 조 (징계의 절차 및 내용)　윤리위원회의 징계 건의가 있을 경우, 회장은 이사회를 소집하여 징계 여부 및 징계 내용을 최종적으로 결정한다. 윤리규정을 위반했다고 판정된 회원에 대해서는 경고, 회원자격정지 내지 박탈 등의 징계를 할 수 있으며, 이 조처를 다른 기관이나 개인에게 알릴 수 있다.

제 6 장 보칙

제 24 조 (규정의 개정)
　　1. 편집위원장 또는 편집위원 3인 이상이 규정의 개정을 發議할 수 있다.
　　2. 재적 편집위원 3분의 2 이상의 찬성으로 개정하며, 총회의 인준을 얻어야 효력이 발생한다.

제 25 조 (보칙)　이 규정에 정해지지 않은 사항은 학회의 관례에 따른다.

부칙
제1조(시행일자) 이 규정은 2007년 11월 24일부터 시행한다.

[Contents]

Articles

New Discoveries of Literary Data

Miscellanea

Appendix

The Korean Society for the Study of Wooden Documents

木蘭과 文字 연구 33

엮은이 | 한국목간학회
펴낸이 | 최병식
펴낸날 | 2025년 7월 30일
펴낸곳 | 주류성출판사
　　　　서울시 서초구 강남대로 435 15층
　　　　전화 | 02-3481-1024 / 전송 | 02-3482-0656
　　　　www.juluesung.co.kr
　　　　e-mail | juluesung@daum.net

책　값 | 20,000원
ISBN　978-89-6246-560-0　94910
세트　978-89-6246-006-3　94910

＊ 이 책은 『木簡과 文字』 34호의 판매용 출판본입니다.